D1713810

Alpheratz

Requiem

Roman

Avertissement

Dans cet ouvrage, l'autrice a créé *al*, un pronom personnel de genre neutre singulier pour éviter une hiérarchie des genres grammaticaux. *Al* se décline en *als*, *aux* et *çaux* qui se substituent à *ils*, *eux* et *ceux*.

Si un adjectif qualifie plusieurs noms de genres différents, il s'accorde au pluriel et en genre avec le nom le plus proche selon la règle dite « de proximité ».

Les noms possédant les deux genres (*autre, enfant, ministre, etc.*) ne prennent pas systématiquement le masculin, mais prennent le genre le plus représentatif de la réalité énoncée, ou celui de l'autrice.

Ce roman est une œuvre de fiction. Toute ressemblance avec des personnes ou des évènements existant ou ayant existé serait purement fortuite.

Le masculin ne l'emporte pas sur le féminin.

Introït

Introduction

Dans les vieilles légendes,
Dans ces contes si anciens
Que les dieux et les déesses y existent,
Où l'avenir est fléau et les fléaux
Musique,
Dans ces histoires magiques
Où les prédictions se réalisent,
La geste d'un livre est rapportée.

C'est un livre qui raconte tout ce qui existe,
De l'immortalité du vide
À la fugacité de ce monde
Qui compte moins qu'un souvenir,
Moins que du vent.
Il connaît les formules du désespoir et celles du bonheur
Et si cela est vrai que l'un ne peut se connaître
Sans l'autre.
Et comme il décrit le sentiment ultime de la victoire,
Il raconte également ces miroirs que tu poses
Sans regret,
Visage contre terre.
Chaque créature vivante

Celle qui grouille dans l'ombre
Et celle qui plane sans bruit,
Celle qui est muette
Et celle qui,
D'un geste,
Impose le Silence,
Les Parents bourreaux pareils aux papes génocidaires
Et cette ombre qui te suit,
Que tu appelles lentement,
Sans te retourner ;
Toutes ces créatures,
Les vivantes et les mortes,
Ce livre
En raconte le destin.
Tu peux te pencher au-dessus de ses Mots,
Faire glisser ton pouce le long d'une phrase
Et dans son brusque rayon de lumière,
Tout à coup te reconnaître.

Dans les vieilles légendes,
Dans ces contes si anciens
Que les dieux et les déesses y existent,
Où l'avenir est fléau et les fléaux
Musique,
Dans ces histoires magiques
Où les prédictions se réalisent,
La venue de la messagère est rapportée.

C'est une créature qui n'a pas de sexe
Et qui se reconnaît à son regard sans sommeil.
L'histoire la représente avec des ailes,
Parce qu'elle vient des méandres du Temps,
De par-delà les nuages,
Où la grâce de sa danse

Epouse les courbes des planètes.
Elle a le regard grave
Car elle offre une vie
Où la morale la plus scrupuleuse
Ne peut te dispenser d'être cruelle.
Et ses pouvoirs sont au nombre de trois :
Comprendre
Même le bourreau le plus pervers,
Même la victime qui ne cesse de l'aimer.
Accepter
Même la souffrance d'une enfant,
Même l'ultime séparation.
Et parce qu'elle peut déployer ses ailes,
S'élever au-dessus des mers
Et ne jamais revenir,
Elle a le pouvoir de partir ;
Mais partir
Sans laisser de traces,
Pas même un visage,
Pas même un nom.
Ce livre est à l'aune de son étrangeté et de sa
Démesure.
Il est comme le rêve d'une jeune fille,
Ou celui d'un oiseau :
Rien n'existe de plus fou que son désir,
Et son histoire se raconte en Silence,
A ses Enfants
Ou à soi seule,
À la seule enfant que tu connaisses, parfois.
C'est un livre qui peut retenir
Même celui qui n'est lié à rien,
Même celui qui n'est lié à personne,
Alors que son dernier désir se consume
Et que les bruits de la ville montent jusqu'à lui,
Distincts comme jamais.
Regarde celui-là avec le livre :

Il reste immobile,
La main sur sa couverture ;
C'est à croire qu'il l'a lu.
Il ferme les yeux,
Il laisse ses doigts filtrer les phrases
Dont les braises incandescentes,
Tout doucement,
S'élèvent vers ton monde.

Dans les vieilles légendes,
Dans ces contes si anciens
Que les dieux et les déesses y existent,
Où l'avenir est fléau et les fléaux
Musique,
Dans ces histoires magiques
Où les prédictions se réalisent,
Le jour du livre est rapporté.

Et sa messagère est si belle
Que les hommes et les femmes n'ont pas de désir
Pour elle.
C'est une créature si improbable
Que la stupeur l'accompagne,
Car là où son pied se pose,
Le sable ne se creuse pas ;
Là où sa Pensée la mène,
L'imagination ne la suit pas ;
Sa main ne tremble, son pied n'hésite
Ni ne faiblit ;
Et la folie quitte les fous,
La fièvre décroît chez les malades,
L'équilibre en toutes choses se rétablit
Car elle vient de par-delà les nuages ;
Elle a le pouvoir de comprendre, d'accepter et de

Partir ;
Mais partir
Sans laisser de traces,
Pas même un visage,
Pas même un nom.
Alors,
Mû par des forces magnétiques,
Le livre tourne ses pages
À une vitesse prodigieuse ;
Sa Musique se déploie
Parmi les nuages de poussière,
Parmi les grands fonds marins ;
Son histoire fait le tour de la terre,
Dans les marais habités par la brume,
Dans les déserts infiltrés par les scorpions ;
Et les nuages se rejoignent,
Les éléments se rassemblent,
Du sommet des minarets
Aux îles du bout du monde,
Là où les statues tournent le dos à la mer ;
Les cyclones se connectent à la terre,
Le ciel s'ouvre comme une bouche ;
Plus rien ne lui résiste ;
Toutes les créatures sont désignées coupables,
Des vendeurs d'armes aux enfants qui les commandent,
Des moines reclus tout occupés d'images pieuses
Aux femmes asservies qui perpétuent leur calvaire ;
Regarde
Comme toutes et tous
Se tordent sous les salves du ciel
Et brûlent sur le bûcher de leur monde ;
La planète craque et s'ouvre comme une figue
Trop mûre,
Manipulée par une force qui la dépasse ;
Ecoute
Leurs cris qui se perdent

Et résonnent dans la nuit.

Qui pourrait écrire ce livre ?
N'a-t-il pas déjà été écrit ?

Il repose quelque part,
Dans tes rêves,
Dans les pays en paix où tu trouves moyen
D'être malheureuse,
Comme dans ceux où tu meurs
Sous les pierres des oulémas ;
Et son désir est beau,
Oui,
Comme tous les rêves des impuissants et des humiliées.
Car c'est un livre qui peut retenir
Même celui qui n'est lié à rien,
Même celui qui n'est lié avec personne.
Regarde celui-là
Faire les gestes de la lecture.
Il ouvre un volume,
Il tourne lentement les pages.
Sa nuque s'apaise.
Sa poitrine se calme.
Son esprit se ferme à la laideur.
Sans bruit, il s'éloigne.
Il part.

Tu peux passer derrière lui,
Reconnaître le livre par-dessus son épaule.

C'est une vieille légende,
Un conte si ancien

Que les dieux et les déesses y existent,
Où l'avenir est fléau et les fléaux
Musique ;
Une de ces histoires magiques où,
Quel que soit l'avenir,
Même si l'attente est longue,
Les prédictions se réalisent.

Nox perpetua

Nuit perpétuelle

C'est par flashs que je revois cette nuit cruelle et insensée dont je suis sortie vivante, mais qui n'a jamais réellement fini. Car parfois, dans mes cauchemars, elle recommence, tout recommence, cette Figure en moi qui tombe à genoux, en hurlant des questions qui restent sans réponses. Le sommeil me livrant à nouveau à ma Jeunesse, je retrouve son grand brasier zébré de Colère et d'horreur, où me sont restitués leurs visages hagards, leur violence explosive, leur égarement de bêtes qu'on observe en train de brûler. Et bien sûr, parmi toutes ces têtes renversées par des souffrances trop grandes, je croise à nouveau ton regard, d'azur et de prison, que je crois pouvoir définir − depuis que, pour m'en délivrer, j'ai cherché à en nommer l'étrangeté − comme le regard un peu triste de celui qui ne peut rien changer à ce qu'il voit.

Kyrie eleison

Seigneur, aie pitié

Monsieur Mirak ne nous demande rien. il nous regarde. Ses explications terminées, il attend. Alors, nous arrêtons toutes de bavarder et de Rire. Et nous faisons aussi bien que possible l'exercice dans la diagonale.

Ailleurs, dans une église. J'imite Monsieur Mirak qui s'avance vers le prêtre. L'ayant vu s'arrêter, mettre un genou à terre et faire un grand geste devant le visage et la poitrine, l'envie de faire de même s'impose à moi si puissamment que, malgré les grands gestes de mes camarades, je rejoins mon Entraîneur. Mais je chavire en mettant un genou à terre, n'ayant pas prévu la perte d'équilibre que provoque ce grand geste qui m'est inconnu. Flageolante et ne réussissant pas à maintenir le dos très droit comme lui, je parviens malgré tout à toucher moi aussi mon front, ma poitrine, une épaule après l'autre, tandis que me parvient la désapprobation de l'équipe restée sur les bancs, faite de chuchotements et de souffles outragés.

Mais je ne me démonte pas. Au contraire, je ralentis mes gestes pour que Monsieur Mirak me voie. Pour quelle raison je ne sais pas, je veux seulement qu'il me voie, qu'il sache que je fais tout comme lui. Seulement, en retournant à sa place, notre Entraîneur me frôle sans un seul coup d'œil, sans une seule parole. Et c'est un poids que je recueille, vaste comme son dos, lourd comme son reproche.

Al fait nuit dans le gymnase.

J'attends. Les Mères des autres sont venues les chercher et les Mots *issue de secours* luisent dans la pénombre. Le saut de cheval semble sur le point d'uriner, avec ses quatre pattes grossièrement écartées. Les barres blanches de magnésie, trop grosses pour nos mains, attendent que je m'en détourne pour se moquer de moi. La poutre fixe l'horizon d'un trait menaçant et que je sais râpeux, aussi instable qu'un fil tendu au-dessus d'un gouffre. Seul le sol, le grand carré de tapis d'où nous nous projetons dans les airs, semble libre de toutes limites.

Le Silence vient à moi.

La volière qu'était le gymnase traversé d'échos et de corps tournoyants s'est tue. Elle ne résonne plus des ordres brefs et sonores lancés par Monsieur Mirak pour nous apprendre à nous jeter dans le vide. Maintenant, tous les cris s'éteignent en moi. Je les sens qui se télescopent à l'intérieur de mon corps soûlé d'ordres et d'accélérations et qui résonnent encore, loin, quelque part.

Pendant l'entraînement, je n'ai pas le Temps d'apprivoiser les agrès. Ils restent distants, butés. C'est pour ça que je dois les apprivoiser. De mes mains je les réchauffe. Dans le secret de mon cœur, je leur parle, je les supplie. Mais eux ne veulent rien savoir. Je parle mal leur langue, j'arrive à peine à attirer leur attention, à comprendre leur structure. Parfois, nous concluons un pacte. Mais en me lançant, je ne sais jamais s'ils ont bien compris, ou s'ils ne me jouent pas un tour. Ce sont des menteurs et des tricheurs.

Le Silence se répand en moi.

Tous les entraînements commencent par le même jeu : nous laisser tomber de la plus haute barre dans les bras de Monsieur Mirak. Il est parfois surpris par nos trajectoires, mais il nous rattrape toujours. Son corps vif et ses bras infinis nous accompagnent jusqu'au bout. Mon Rire éclate avec tant de force qu'il se communique à notre Entraîneur. Ses yeux pétillent, ses lèvres serrées se décrispent. Pour le surprendre, je chute de toutes les manières possibles : lentement, subitement, en arrière, les yeux fermés. Et mon Rire monte sans fin vers la verrière aux poutres enchevêtrées.

Seuls les agrès demeurent.

Qui parle ?

Pourquoi cette phrase fugitive et sombre, qui fuse comme une sphère avec sa voix de métal, en me parcourant de frissons ?

Ce n'est rien, ce n'est que mon imagination, ses audaces et ses projections qui me remplissent de fulgurances, comètes, feux d'artifice, buts marqués d'une tête et déplacements de foules, mélange de vérités et de mensonges, menaces contenues dans les dialogues des adultes, lues entre les lignes, trahies par leurs visages, tout un monde complexe et délivré sans retenue, avec ses promesses, ses incendies, ses accouchements.

Le Silence finit par me prendre.

Et tout enfant, toute mosaïque éclatée que je sois, remplie de ces images crues et incompréhensibles, Conscience aveugle et esclave dévouée à mes Parents et à mes Maîtres, je sais en cet instant reconnaître l'espace que m'offre le Temps, un lieu en dehors du monde, sans obligation ni fin.

Je monte sur la poutre, pourtant c'est l'agrès que j'aime le moins. Un pied devant l'autre et les deux bras tendus à l'horizontale, je veux tenter la souplesse arrière. Même avec Monsieur Mirak à côté de moi, monté sur une pyramide de tapis et prêt à me rattraper si je tombe, je n'ose pas me lancer. Alors, pourquoi la tenter seule, ici, maintenant ?

C'est une affaire entre moi et moi, ça ne regarde même pas mon Entraîneur. Les pouces joints, prêts à saisir la poutre, je ferme mon esprit à tout sauf à la trajectoire de la souplesse arrière.

Inlassablement, je revois le chemin que doit suivre mon corps dans l'espace.

A quel moment la Peur m'en fera-t-elle dévier ?

Mon renversement a été trop franc, trop violent, et mes jambes passent toutes les deux du même côté. Précipitée en bas de la poutre, je mets quelques secondes à me remettre. Mais ce qui me maintient au sol, c'est la surprise.

Je ne me suis pas fait mal.

Aussitôt, je me replace sur la poutre. Mes organes s'affolent, mes Pensées s'emmêlent, tous mes membres se mettent à trembler. Al y a tant de choses à contrôler !

Tais-toi... Calme-toi...

Je me lance.

Et je réussis !

Aussitôt, la Peur me précipite à terre.

De retour là-haut.

Une tempête se lève à l'intérieur, tandis que j'essaie de ne penser qu'à la ligne magique de la souplesse arrière, cette ligne pure que tu traces avec le corps, et dont tu n'oublies jamais la sensation.

C'est reparti !

Mais la Peur se déplace, impossible de la localiser.

Comment peut-elle être si maligne ?

Elle surgit quand je m'y attends le moins, lorsque l'acrobatie est lancée et que, la tête en bas et les poumons comprimés, je me rends compte de ce que je veux faire.

Mon buste se tord en une vrille, et cette fois, en râpant la chair de mes côtes, la poutre m'arrache même un cri.

Alors, je m'ouvre tout entière à la Colère.

Je bondis sur mes pieds et je râle longuement, comme une bête sauvage.

Je me replace.

Cet essai sera le bon !

Toujours pas.

Mais, propulsée au sol après un énième échec, je me sens brusquement envahie d'un grand calme.

Je suis tombée de toutes les manières possibles.

Je remonte lentement sur la poutre.

Mais cette fois je m'y colle et je m'y frotte. Je l'étreins et je la caresse avec mon visage, mes cuisses l'enserrent et je la suce avec mon entrejambe. Moi aussi je deviens droite, dure et râpeuse, tout en restant concentrée sur ce qui est en train d'arriver. C'est mon corps qui s'ordonne, ma Conscience qui s'imprègne de chaque atome de l'univers. Et je n'ai plus besoin de réfléchir, je n'ai plus besoin de me contrôler. Mes gestes ne m'appartiennent plus, ce sont ceux d'une autre, plus grande, plus sage. Elle est si fluide, si naturelle ! Elle et moi nous sommes enfin ensemble.

Soigneusement, je règle ma respiration, mes placements, mes rythmes.

Ce n'est plus l'heure de douter.

Et je réussis la souplesse arrière.

Soudain, Madame Mirak s'approche, me sourit. La triade stupéfiante de son expression : surprise, amusement, sérénité. Elle passe près de moi sans même tourner la tête.

Je nous suis reconnaissante, à elle, de ne pas avoir brisé ce moment avec des paroles, à moi, de ne pas l'avoir fait en tentant de lui plaire.

Et elle disparaît.

Je ne cherche pas à comprendre, cette réussite est trop énorme, les démons trop tapis un peu partout. Alors je saute de la poutre, sans forcer ma chance.

Je plonge dans le bac qui réceptionne nos vols planés, grand comme une piscine et rempli de cubes en mousse. Du bout de l'ongle, je grave ma signature sur le revêtement en cuir du saut de cheval : *Miam !*

Mais quelque chose a été contrarié par ma réussite. Des créatures au visage ravagé, tellement affreux que je ne peux en supporter la vue, se déploient derrière les grands rideaux qui tombent sur les lignes de couleur tracées au sol pour les matchs de basket ou de hand. Ils vont s'ouvrir sur un fantôme à l'aspect insoutenable, qui va me dévorer dans le trou noir de sa gueule. Sa laideur va fondre sur moi et, comme je me sens prête à crier, je me réfugie sur le sol.

J'enlève mes chaussons et la fraîcheur, la rugosité de la toile épaisse et brute des tapis, presque granuleuse, se propagent à travers la plante de mes pieds. La sensation en est délicieuse et, prolongée par l'étalement de mes orteils, me tient occupée quelques secondes à elle seule. Droit devant moi, la diagonale étire une perspective infinie.

Je salue comme Monsieur Mirak nous l'a appris : le corps prolongé par le ciel comme s'il en était une des colonnes.

Et je me lance.

Mes sauts retombent aussitôt mais si je décide de ne pas retomber tout de suite, je peux rester une seconde de plus en l'air et *FREEEEZE !!!* tu peux prendre une photo. Un petit sursaut et j'atteins ma vitesse maximale en quelques pas. Mes bras se lèvent spontanément et je me projette dans les airs avec la vitesse d'un obus. *BLAM !* J'atterris triomphante et je cambre en déployant mes ailes. Déboulés les-bras-qui-font-des-vagues, tour plané en arabesque... *Vas-y... prends tout ton Temps...*

prends tout l'espace… Qui parle ? Tout-à-coup je me fige en grimaçant comme un démon chinois, le buste recroquevillé, les bras grands ouverts. Je les referme, avec la plus grande lenteur dont je sois capable.

Alors, me parviennent des sensations infinitésimales, des atomes d'air à travers les doigts, des traces filandreuses, des matières aériennes que mes bras ont déplacées et qui flottent encore.

Etonnée, je considère mes mains, comme si je ne les avais jamais vues.

Ça ouvre un vortex où je suis aspirée comme par un aspirateur.

J'atterris un jour de compétition.

Immobile devant la ligne de démarcation du sol, j'attends.

J'ai monté les quelques marches qui mènent face à la table des juges, et l'énergie de ces pas m'a renseignée avant tout le monde.

J'attends depuis trop longtemps, tandis que Monsieur Mirak proteste auprès des juges. Les bras le long du corps, je me sens traversée d'éclairs. C'est mon corps qui se charge, je deviens invincible, malgré l'œil goguenard des spectatrices les plus proches, le regard fixe et désabusé des juges, ou encore le sourire figé de mes camarades, aveuglées par leur propre Peur. Je n'entends déjà plus l'indignation de Monsieur Mirak.

Et soudain, Elle est là.

Alors, je me coule en son explosion douce et dévastatrice qui me traverse, en son anéantissement libérateur. Elle couvre tous les bruits de la terre, tandis que je me précipite le long de la falaise et que des forces telluriques secouent le ciel, même les prénoms scandés, le brouhaha incessant, les grondements de la foule. Tous les bruits sont happés par Elle, son écharpe les a cueillis et ils se sont envolés avec sa partition, qui traverse le toit de verre et s'élève sans fin vers le ciel.

Je suis les feuilles d'automne qui hésitent, en l'air, sur la direction à prendre.

Je suis le lent voyage du pollen qui monte vers le ciel.

Je suis la douceur d'une pluie sur la mer.

Mais aussi les Colères explosives, les gifles reçues à l'improviste de la personne que tu aimes le plus au monde.

Je suis des choses incroyables, une interjection, un élément chimique, un flocon de neige, une extraterrestre. Et je peux me mouvoir avec une délicatesse sans nom, une facilité et une grâce que seule une enfant qui a Confiance en tout ce qui l'entoure peut posséder.

Et les difficultés ne sont plus. De cet espace étoilé, soit très grand, soit très petit, auquel j'ai soudain accès, je deviens une partie mouvante et libre, une créature qui n'est plus vraiment humaine.

Déjà, Elle s'atténue, va decrescendo.

Elle retourne d'où Elle est venue, de ces milliards d'éclats qui nous composent, molécules, flocons, gemmes, pétales. Elle est bue par les mains des juges, par les muscles fuselés des gymnastes, par les bouches ouvertes des Parents et, à un moment, Elle disparaît.

Alors, ma note apparaît sur les écrans.

La réussite a tellement d'importance pour les adultes.

Je lis dans la lumière du jour, dans cette lumière radieuse qui tombe directement du ciel.

Une latte du plancher craque sous un poids. Le Silence se perpétue et s'enrichit de chaque bruit, inopiné et rare, qui résonne avec l'éclat pur d'une corde à l'oreille d'un luthier, dans ce halo cotonneux et ensoleillé dans lequel je m'éveille au monde. Ma Mère s'affaire dans la cuisine, quelque part, dans les tréfonds de l'appartement. Ce sont des troubles paisibles qui m'assurent de sa présence, celle de l'être le plus aimant qui existe. Le monde s'offre à moi dans la quiétude, à travers les livres, avec le ciel vaste en guise de décor et ma Mère au fond de ses perspectives.

Mon Père est absent. Il est parti pour l'un de ses grands voyages ou bien il est là et ne fait aucun bruit.

Posée sur les grandes lignes que trace le plancher – ces lignes que mon corps d'enfant tache à la façon d'une gigantesque guimauve, informe et un peu collante – je tourne les pages d'un livre.

Les contes de l'Antiquité gréco-romaine racontent comment les dieux et les déesses s'amusent avec les êtres humains.

Les contes des pays d'Europe parlent de petites filles qui ont des malheurs, mais qui finissent toujours par trouver un prince. Le livre a une couverture claire, avec une ballerine d'or incrustée au milieu. Je la touche et la caresse pendant des heures, du bout des doigts.

Les contes des pays d'Asie abritent des détails inouïs, des insectes ventrus dont tu peux compter les soies, des pétales de fleurs où se blottissent des mondes.

Les contes des amants indiens, toujours séparés, toujours réunis, sont peuplés de grands yeux étirés sur le côté et de longues mains qui tiennent chaque chose du bout des doigts.

Les contes nordiques m'ont jeté un sort : que je fasse défiler leurs pages à toute vitesse, que je les ouvre d'un coup au hasard ou que je les entrouvre avec des tas de précautions, je tombe toujours sur la même image : un barbu aux yeux exorbités, posté à la proue d'un navire, tient une tête coupée.

Malgré l'horreur qu'il m'inspire, je reste fascinée par l'expression de son visage.

Quel plaisir peux-tu avoir à tuer ?

Lorsque je suis malade, je rejoins la quiétude raffinée et un peu triste de l'impératrice, qui joue du koto dans le Palais d'été des contes japonais. Assise à ses côtés, devant le jardin de pierres dont les sillons contournent les rochers, je contemple le spectacle que donnent les arbres dont les bras ondulent. *Kimono, koto, Amateratsu* écrivent-ils dans tous les sens. Et soudain, un rossignol fait fléchir la branche sur laquelle il se pose.

Les contes japonais refermés, les naïfs losanges de leur couverture me rappellent la fine résille que les fenêtres des Temps anciens dessinent aux murs des châteaux. Leurs phrases continuent de s'entrelacer sur mes mains et sur mon visage en un moucharabieh derrière lequel je ne fais qu'assister au monde. Ce grillage aérien et invisible décide pour moi, ainsi le comprendrai-je un jour, de ma vision de l'univers. Et si, dans les autres contes, je peux atterrir sans prévenir au milieu des personnages pour en bouleverser les relations et le destin, dans les contes japonais en revanche, je n'éprouve pas le désir de les importuner, tant les formes et les parfums de leurs jardins me paraissent subtils, leurs Mots sacrés comme des talismans et leur pouvoir éphémère et fragile, sensible à l'émeri de tout élément extérieur.

La symphonie fantastique des livres ondule entre mes peluches et mes poupées, passe ses doigts dans mes cheveux, dépose des bribes d'images, de souvenirs et de rêves derrière mes classeurs et mes stylos, laisse l'écho de leurs batailles et de leurs chansons flotter dans ma Pensée. Aggloméré à leur souvenir, se reproduit le geste fumigatoire qui les y a déposées, avec ses phalanges blanchies et ses tressautements imperceptibles, et bientôt un cou apparaît, suivi d'un buste, puis d'un visage, et enfin, toute une personne se déverse d'une bouteille d'encre, aussitôt effacée par mon énergie d'enfant qui va et court au-devant de tout.

Déjà, la réalité commune n'est plus qu'une obligation, un lieu de transition où je ne suis que de passage entre deux livres. Elle n'a pas vraiment de sens, je la subis comme les autres, sans savoir pourquoi, parce que je dois obéir.

Alors que les livres, je peux les mettre à plat dans ma main et évaluer leur poids. Je peux les ouvrir au hasard, faire craquer leur tranche et humer le parfum qui s'élève de leur fente. Je peux écouter leur histoire qui ne s'arrête pas, jamais, qui m'éloigne toujours un peu des autres et identifie tout ce qui est ordinaire comme la seule et véritable folie.

J'ai toujours Faim. Ma Mère me cède sa part de melon, un beau quartier de chair croquante et gorgée d'eau, sous les commentaires désapprobateurs de mon Père et de ma Sœur. Le fruit est pulpeux et juteux, d'un orange à la nuance corail, si lumineux qu'il en paraît fluorescent. Quand je mords dedans, mes dents en font jaillir le jus, et je l'aspire très vite, tandis que son fluide se répand à travers mon palais. Je regarde la peau que je dépose dans mon assiette : de minuscules bulles de toutes les couleurs parsèment une multitude de cavités. Mon œil n'est pas assez puissant pour voir à l'intérieur.

— Vous savez combien je pesais à la sortie des camps ?

Mon Père mange, le corps ramassé et le cou allongé jusqu'à son bol, les yeux allant et venant autour de lui.

Cette histoire, nous l'avons entendue tant et plus, mais jamais elle ne nous lasse, car nous sentons combien elle est importante pour lui.

— Vingt-neuf kilos ! Alors… *mhfr !*

Ma Mère le ressert sans qu'il en fasse la demande et moi aussi je mange jusqu'à la saturation, jusqu'au malaise, parce que mon Père est le meilleur de tous les

Pères, et qu'il a vécu des aventures de guerre fantastiques, qu'aucun autre n'a vécues. Et moi aussi je finis mon assiette en ayant toujours Faim, tandis que ses contes se désagrègent et flottent autour de son visage dont je révère toutes les lignes.

Ma Mère me réserve toujours les dernières frites, que convoitent également mon Père et ma Sœur. Notre amour absolu, basé sur l'idée que je suis, comme elle aime à me le répéter, son « chevalier servant », les agace. Als nous jettent des regards qui nous critiquent et qui nous désapprouvent. Mais de droiture et de combat je me construis, m'imaginant née pour servir ma Mère et la défendre.

Contre quoi ?

Les heures qui entourent les repas sont de Silence et de vide, de pas qui résonnent dans un appartement d'où la vie semble enfuie. Je reste avec ma Mère de longues heures sans paroles, et les craquements du plancher ont la puissance d'une explosion. Les coups que les inconnues assènent de plus en plus fort contre notre porte nous font sursauter, et aussitôt elle met son index sur ses lèvres. Sa paume tendue vers moi me commande de me taire, mais quand les inconnues lui parlent de Dieu, elle leur ouvre.

L'incompréhension où me laissent leurs conversations chuchotées n'est pas moins grande que celle où me plonge sa mélancolie, celle qui est au fond de toutes ses paroles, de tous ses gestes, et qui lui fait verser des larmes d'une manière affranchie de toute raison visible, qu'elle pétrisse une pâte dans la cuisine ou qu'elle écoute un opéra. Dans ces moments, même le chevalier servant que je suis non seulement n'est plus, mais l'insupporte au point qu'elle me décoche ce regard inquiétant qu'elle a parfois, fixe et qui ne sourit pas.

Des momies cachées dans l'obscurité de sa chambre, elle prélève des rubans défraîchis, déroule avec précaution des tresses de cheveux châtain foncé qu'elle persiste à qualifier de blonds, ou s'émeut devant un camée rose répugnant, comme taillé dans la peau de celle qui l'a porté. Et ses paroles s'avancent prudemment, ne formant que des histoires tronquées, sans commencement ni fin, lesquelles viennent se mouvoir dans la torpeur vigilante où la maison est plongée.

Pourquoi sommes-nous toutes deux vouées au Silence ?

Est-ce à cause de l'épicerie que son Père tenait pendant la guerre ?

— *Chut !*

Son index saute devant ses lèvres.

— Ne parle pas de ces choses-là !

Au large, le ciel se charge à bloc, très vite. Mes chutes de clown, mes maladresses de mime, rien de ce qu'invente mon cirque ambulant pour l'égayer ne peut plus la ramener parmi nous, et tout à coup sa Colère pleut en larmes, en reproches et en cris. Ma Sœur ne lui pardonne pas ces crises, mais moi qui suis toujours pendue à ma Mère comme un petit singe, j'ai vu dans ses yeux les nuages obscurs où se forment ses averses et ses crachats ; j'ai vu les horizons lointains d'où viennent ses joies et ses peines, et je reçois ses pluies acides comme je reçois ses bises, sans m'étonner d'un phénomène naturel, bien que cet orage n'épargne rien sur terre, même les êtres ou les choses qu'elle disait aimer et trouver belles. Son torrent de rancœur et de méchanceté, injustifiable pour les autres, tombe sur mon visage, mes épaules et mes bras, dépose ses larmes vitriolées pour m'effacer. Après l'averse, restent nos joues inondées et nos peaux fumantes, par les trous desquelles la voix de la chanteuse d'opéra s'élève et plane sur des jungles de choses non dites.

Mais au loin, le cri d'un aigle nous transperce de sa clarté et de sa puissance.

Flèche dématérialisée qu'aucune mangrove de secrets pourrissants ne peut arrêter, oiseau libre fondant du haut des falaises, ma Sœur s'abat sur nous avec une énergie rafraîchissante, qui nous rend brusquement à la vie.

Aspergées du souvenir de ses plongeons, de ses vols et de ses parades, nous sommes fascinées par ses certitudes impérieuses, éblouies par ce regard qui va bien au-delà de l'horizon car, douée des yeux et des attributs de son totem, ma Sœur voit ce que nous ne voyons pas, elle va là où nous n'allons pas. Les embruns dont elle nous éclabousse fouettent nos visages marbrés par la décomposition avant l'heure, et son cri est à la fois celui d'une créature céleste et celui d'un prédateur, dont le vol ne s'encombre de rien, et qui fond sans scrupules sur les plus faibles.

— Le masculin l'emporte sur le féminin.

Les garçons ricanent, les filles se taisent.

Je regarde le Maître pour lui signaler son erreur, pour arrêter le fil du cours qui continue sans que personne n'éclate de Rire.

Mais non.

Il est sérieux.

Comment est-ce possible ?

Lorsqu'ils te tordent le bras dans le dos pour t'immobiliser et que tu lances le signal qu'est le cri, les garçons ne te lâchent pas tout de suite. Ils augmentent la torsion une dernière fois, appuient plus fort, brusquement, comme pour te donner une bonne leçon, comme pour te laisser une marque, afin que tu n'oublies pas que ce sont eux les plus forts.

Alors, nous nous mettons toutes en cercle dans la cour et nous les regardons faire. Nous les encourageons pour qu'ils placent leur balle dans les buts. Nous applaudissons, nous crions, nous hurlons lorsque l'un d'entre eux marque. Nous les félicitons, nous chantons leurs prénoms, nous allons chercher leur balle lorsqu'elle s'égare au-delà de nos sacs à dos posés par terre pour délimiter le terrain. Nous essayons d'attirer leur attention par des mensonges, des histoires incroyables et insensées de magiciennes, mais ça ne marche pas. Ce qu'ils veulent c'est que tu te taises et que tu leur obéisses.

Parfois, l'une d'entre nous veut participer à leurs jeux. Ils la prennent à contre-cœur, après le dernier garçon disponible, si vraiment ils ne peuvent pas faire autrement.

Pour nous venger, nous crions plus fort qu'eux, nous les provoquons et nous les soûlons de paroles. Ça les désarçonne un peu. Ils ne comprennent pas ces brusques attaques sans cause, ces explosions de Colère sans raison. Ils nous regardent comme si nous étions folles. Tout allait si bien et puis soudain nous gâchons tout.

En classe, les garçons ne sont jamais parmi les premiers. Ils sont trop excités et s'ennuient trop rapidement, leur attention court à la surface des choses. Je vois les fenêtres attirer leur regard malheureux, leur faire désirer d'être dehors pour bouger, sauter, courir après leur balle chérie. Mais quels que soient nos efforts, quels que soient nos résultats, *le masculin l'emporte sur le féminin.* Qui oserait contredire le Maître ?

Moi, je l'aime trop. Je lève le doigt avant même qu'il termine sa question car je suis sa meilleure élève, « la chouchoute » comme disent les autres. C'est une Joie de lui faire plaisir en lui donnant, avant tout le monde, les réponses qu'il attend. Dans la cour, je ne suis qu'un sous-garçon, mais en classe, je ressens les vertus et la puissance d'un Ordre qui se veut égalitaire, et la bonté, la supériorité de celui qui nous l'inculque.

Le masculin l'emporte sur le féminin ? Tu n'y peux rien, c'est écrit dans les livres, dans cette grammaire à laquelle même moi, la bonne élève, je ne comprends rien, et que je déteste.

Un jour, je tente une expérience.

Lorsque le Maître, confiant, pose sa question de dos, depuis l'estrade où il écrit au tableau, je ne réponds pas.

Personne ne répond.

Je vois ses épaules qui se haussent, son dos qui se contracte. Quand il se retourne, nous plongeons toutes et tous la tête dans nos cahiers.

Les secondes passent et tambourinent sur mon crâne avec leurs becs durs et frénétiques mais je résiste.

Et le Silence revient.

Je risque un œil en haut de la falaise, là d'où le Maître nous observe. Et soudain, je tressaille.

Est-ce lui qui se penche ainsi, dangereusement, au-dessus du vide ?

Et l'impensable arrive.

Est-ce bien lui qui bascule et qui chute ?

Je vois les nuages qui emportent une silhouette sombre dont j'ai peine à croire que c'est la sienne. Mais malgré la distance, je reconnais son regard autoritaire, la crainte et la culpabilité qu'il sait m'inspirer, alors même que je n'ai commis aucune faute. Je vois les positions grotesques de son corps dans le ciel. Ce n'est plus qu'un pantin, un fantôme sombre et mou que le vent déforme et disperse comme si, soudain vidé de ma ferveur, le Maître avait perdu toute substance.

Stupéfaite, je regarde son corps chuter et s'écraser sur nos tables, projeter son fluide épais et visqueux d'angles en angles, se transformer en flaque d'encre bouillonnante.

Enfin, pour reprendre sa forme d'avant, le Maître préfère donner lui-même la réponse.

Je sens le malaise de cet homme – le Maître ! – que j'ai provoqué – moi !

Je touche ma joue brûlante, un feu me brûle à l'intérieur, mais je résiste !

La tête toujours baissée comme celle des autres, je sens le vol de son regard qui s'attarde sur moi, qui m'effleure de sa grande aile sombre. Je suis si bouleversée par la distance qu'al y a soudain entre nous que je vais lever la main pour me dénoncer, pour tout expliquer. Mais au dernier moment, quelque chose m'arrête. *Le masculin l'emporte sur le féminin.*

Je n'ai jamais recommencé.

Pourquoi ?

La Peur.

Et la Résignation.

La formidable Résignation de la majorité.

La nuit aussi a ses règles. Mes Parents sont restés dans la lumière de la salle à manger, de l'autre côté de la porte noire et de son liseré incandescent, là où mon Père se couche seul dans le divan, avec la télévision allumée jusque tard dans la nuit.

L'oreille collée à la porte de notre chambre, ma Sœur écoute un très long moment après m'avoir fait signe de me taire. J'observe son cou tendu et raidi, son regard préoccupé. J'aimerais que nous riions ou que nous chantions ensemble, même tout doucement. Je ne profite jamais assez de sa présence. C'est un rapace que tu contemples de loin, avec l'envie de le caresser et la Peur de son bec, qui pourrait te crever les yeux.

Enfin, elle se couche et m'ordonne de la laisser tranquille. Ce n'est plus la peine d'essayer.

Je me place sur le dos en contemplant le papier peint jaune. Il représente un ensemble géométrique complexe, sans commencement ni fin, qui répand sa tuyauterie sur les murs.

Je commande par télépathie le rideau translucide de la fenêtre, et il se met à gonfler.

Soudain, le bruit de la télévision s'arrête et les monstres peuvent sortir avec leurs hurlements, leurs grognements et leurs gémissements qui s'élèvent de partout. Parfois mon Père hurle par la canalisation, en ouvrant la tirette du vide-ordure :

— C'est pas un peu fini, oui ?!

Tu entends les heurts des corps qui s'entrechoquent, la bousculade des meubles, le fracas d'objets qui se brisent, le grincement des ressorts. C'est normal que Monsieur Sadiradra batte sa Fille, elle est tellement bête ! D'ailleurs mes Parents disent que c'est une attardée. Et puis son assurance muette mais orgueilleuse, sa gentillesse qu'aucune vexation ne décourage, même lorsque j'essaie de lui faire comprendre que c'est une attardée. Quand, avec son Frère, nos corps maigres et durs se heurtent et bondissent de chutes en chutes en des courses effrénées et griffues, elle reste placide, avec sa poitrine trop lourde et son regard aux aguets.

Les bosses du lit d'en face ne cessent de s'agiter. Ma Sœur ne dort pas. Dans le Silence revenu, je l'appelle.

— Aquil !

— Quoi ?!

— Ne t'inquiète pas.

Et dans mon esprit d'enfant, ma Sœur s'endort tout de suite, comme terrassée.

Un serment me protège : *Que Dieu te garde.*

Assise au bord de mon lit, avant que le Silence m'avale, ma Mère me souhaite bonne nuit.

— Tu sais comment je t'aime, ma chérie ?

Sa voix est solennelle.

— Tu te souviens de ce que je t'ai dit ?

J'acquiesce du menton, déjà sous le charme, dans l'incapacité de lui répondre. Son regard magnétique, qui semble défier la logique, la réalité même, m'empêche de formuler la moindre Pensée, et je ne peux que lui faire *oui* de la tête.

— Je veux que tu t'en souviennes toute ta vie...

Mon torse se met à se soulever. Sa voix commande à ma respiration et elle le sait.

— Quoi que tu dises...

Ça ébranle une sorte de vague à l'intérieur...

— ... quoi que tu fasses...

... la vague monte toujours, vers les intestins emberlificotés de la tapisserie...

— ... même si tu te drogues... même si on me demande de témoigner contre toi au tribunal...

... ligotée par des kilomètres de boyaux, au cœur de ces entrailles, je me laisse guider par sa voix...

— ... même si un jour tu as volé...

... son énergie défait les liens qui m'entravent, mes muqueuses fleurissent et s'ouvrent à des poches d'air...

— ... même si un jour tu as tué...

... mon corps gonfle, mon ventre s'arc-boute...

— ... je viendrai au tribunal...

... je me développe... je me déploie...

— ... je te défendrai...

... je vais crier...

— ... parce que je t'aime, ma chérie, je t'aime...

— Je t'aime aussi Maman !

— Tais-toi... Personne ne peut t'aimer comme moi... Je t'aime plus que n'importe qui...

... *Oui... oui...*

— Et je t'aimerai toujours, tu m'entends ?

... *Oui... oui...*

— Toujours !

Elle se redresse lentement.

Dégagé de son emprise, le matelas se soulève tandis que, le cœur encore battant, je la regarde s'en aller, rabattre doucement la porte. Ses yeux me suivent jusque dans l'entrebâillement. Ce sont eux qui disparaissent en dernier.

Alors, je crois que mon cri va éclater et embrasser l'univers, je crois que je vais décoller de cette vague que ma Mère a créée en moi, et qui laisse tomber quelques gouttes d'écume sur mon front tandis que je demeure crispée et tendue dans l'obscurité, prête pour le départ. Et je continue de m'élever dans les ténèbres, tandis que le Silence envahit la Terre, dépose sur moi sa grande cape étoilée où s'allongent des filaments de bras, où apparaissent des yeux. Les grandes constellations tournent vers moi leurs visages, le Rire, la Peur, la Colère, la Faim. Le bras de mon nounours sur mon cou, je visite leurs architectures mouvantes et compliquées, faites de trajectoires et de matières en décomposition, tout en restant cachée sous le drap pour qu'Elles ne me voient pas, surtout la Peur, avec ses plaintes lancinantes et ses longs cheveux collés par la sueur.

Parmi les particules en suspension et les tissus qui se déchirent, le sol m'entraîne, comme sur une planche de surf, en me faisant traverser les nuages de poussières et les éruptions de plasma, les champs de force et les essaims de molécules, vers le Silence qui attire tout l'univers à lui. Des hommes m'empoignent et me secouent en hurlant. Que me veulent-ils ? Qui sont-ils ? *Je ne comprends pas !* Tout disparaît en un point lointain à l'horizon, toutes ces images diffusées par la télévision jour après jour et que je gobe sans discontinuer, les unes chassant les autres ou bien incrustées à jamais, les images des sagas familiales pleines du vice des adultes qui toujours parlent, un verre d'alcool à la main, et finissent par se les envoyer à la figure. Je jaillis sous les yeux du Temps, dans un Silence qui se peuple de mensonges, de robes de princesses et de galops dans des prairies paradisiaques, mais ma vitesse me protège. Je vais trop vite pour les forêts de bras, et les fantômes reculent, effrayés par ma fulgurance, sur le sol qui toujours me porte et me fait traverser l'espace comme une fusée.

Et moi aussi je m'enfonce dans ce Silence dévorant qui avale tout ce qui existe, même Monsieur Mirak, même ma Sœur, même mes Parents, et jusqu'au Maître lui-même, tandis que je disparais à mon tour dans le cosmos, à l'attraction aussi puissante qu'une étoile qui aurait explosé en un Temps et en un lieu inconnus, et dont la magnitude aurait raison de tout.

Alors, pour ne pas disparaître, avalée comme les autres par ce trou noir plus vaste que la Terre, je me persuade que je deviens aussi dure, aussi indigeste qu'un caillou, et je surprends tout le monde en fusant comme en sortie de poutre, pareille à un projectile que rien ne peut arrêter, plongeant au cœur de cette Faim cosmique, au cœur de cette Faim monstrueuse.

Une Faim qui n'est pas la mienne.

Requiem aeternam

Repos éternel

Alpha, une étoile ? La première lettre de l'alphabet grec ? Si tu veux. C'est sympa, ça change, c'est mieux qu'Bernard ou Sauciflard. Et *Miam* ? Une quoi ?! Une *interjection* ? Parce que tu « veux pas d'leurs Mots » ? Calme-toi, ma petite biche, tu fais comme tu veux. J'm'en tape, 'toutes façons. Depuis que j'suis à l'isolement et qu'ils m'ont tout enlevé, même de quoi t'écrire, tout est bon à ressasser, même tes idées d'pucelle. Alors *Alpha*, *Miam* ou *Bigorneau* !

La prison j'te raconte pas, j'te l'invente plutôt, t'as pas besoin d'savoir. Comme j'ai plus droit à rien, ni aux livres, ni à la téloche, j'm'occupe comme j'peux avec mes délires. J'ai plus conscience des heures. Quand ils rallument, c'est le jour. Quand ils éteignent, c'est la nuit. J'm'en tape, j'dors plus. J'attends rien. J'vais m'tuer moi-même, bande de trous d'balles, vous aurez l'air fin !

Le plateau d'bouffe claque contre le carrelage. Ils espèrent encore à c'que j'vois ! J'soulève même pas une paupière. Si l'odeur de leur vie c'est celle de leur bouffe, qu'ils s'la gardent ! Tiens, j'parle comme toi, maintenant. « Leur vie, leurs Mots ». J'm'endormirais tout doucement, t'en parlerais plus. En attendant la grande nuit, j'm'entraîne à devenir plus froid qu'leur cellule, plus foutu qu'leur avenir. Ils ont beau en faire des tonnes pour m'impressionner, j'sais que j'fais peur à voir. Plus d'mensonges. Enfin presque… Faut gérer tous les souvenirs. 'Toutes manières, j'préfère ce noir à la téloche. Tout c'qu'ils passent me fout en rogne. Les pubs, les films, les infos. Et surtout leur gueule. Leur gueule à tous.

Comment j'en suis arrivé là ?

J'aimerais mourir vite, ça m'fait mal au bide quand j'pense à ma daronne. Mon père j'l'ai jamais connu. Il est mort ou il s'est cassé. Ma mère en parlait qu'avec une indifférence verrouillée sur ses larmes et j'avais pas trop envie d'savoir si j'pouvais gérer l'océan qu'y avait derrière cette porte, alors j'ai jamais posé d'questions. *Comment c'est possible ?* C'était l'époque. Tu les respectais, les parents. Elle nous a élevés seule. Avec mes frères, ça faisait assez d'yeux pour m'surveiller. Moi, fallait que j'voie le vaste monde. Et l'vaste monde c'était : les gosses qui s'font taper dessus, le bonnet d'âne et tout. T'obéissais au doigt et à l'œil, y avait la trilogie des notables respectés : le prof, le médecin, le gendarme. T'imagines quelqu'un les respecter aujourd'hui ?

D'abord, y avait la guerre. Tu sais c'que c'est, toi, la guerre ? Moi non plus. T'as pas idée, tu peux pas ! Tu crois qu'les livres d'histoire ils peuvent restituer leur patriotisme à la con, la paranoïa dans les veines, la France qui roule les r ? T'as jamais vu les images d'archives ? Cette voix aigre qui clame les nouvelles sans l'moindre recul, sans l'moindre doute ! *La grrrrrrrrrandeur de la Frrrrrrrrance !* Et c'coq débile en plein écran ! Non, j'te dis, l'esprit critique, c'est une invention d'mon époque. Mais j'te rassure j'y suis pour rien.

La guerre, ma mère a jamais pu l'oublier. Pourtant, elle l'a pas vécue, elle est née juste après. Si tu comprends ça, t'as tout compris. Au parloir elle m'parle les dents serrées, elle a beau m'poser des tas d'questions sur ma santé ou mon linge, c'est tout l'temps d'elle qu'elle me parle, elle et sa faim d'amour, d'beauté, de fric, de reconnaissance, de chaleur, elle et sa peur de manquer, de souffrir, d'être volée, peur des clochards, des Arabes, du chômage, peur que l'État paie pas sa retraite, peur du lendemain, peur de tout, ouais… la faim et la peur qui la font pulser comme deux cœurs, comme deux détonateurs qu'attendent que d'la faire exploser.

Quand j'étais petit, notre barre d'immeubles c'était déjà la tour de Babel. Ma mère me parlait d'un temps mythique où y avait eu que des blancs bien élevés. Mais j'les avais jamais vus, ceux-là ! Mes potes c'était Dragon l'Albanais − prononce *dra-gonne* − un géant qui faisait un mètre quatre-vingt à treize ans, Mirak dit *Mimir,* noir d'chez noir, et Polaris surnommée *Popol,* une nana qu'avait sûrement du sang étranger dans les veines, vu qu'sa mère s'enfilait toute la barre pour acheter sa came. Moi, j'étais l'seul blond aux yeux bleus. T'as vu comme ça m'a servi !

À cette époque, tu parlais pas d'racisme, c'était trop officiel comme mot, ç'aurait été l'affiche de l'prononcer. Les jeunes faisaient leurs coups ensemble, pendant qu'leurs vieux se regardaient d'travers. Mais pour faire plaisir à papa-maman, t'insultais les Noirs et les Arabes, tu t'foutais d'la gueule des Portos, et les Tsiganes, c'était tous des voleurs. Les Italiens c'était d'bons artisans, tu les respectais, mais du bout des lèvres. Ça restait des ritals, hein ! Les vieux disaient pas « des sous-hommes », mais c'était l'idée. Tous mes potes entendaient le même discours à la maison. Certains ont fini par y croire.

Les plus exotiques c'était les Niaks. T'en voyais pas beaucoup dans les années soixante-dix. Ma mère les aimait bien. *Discrets... timides... bien élevés...* Elle ajoutait même *souriants.* Fallait bien qu'elle en sauve une, de communauté ! C'est vrai qu'ils faisaient pas beaucoup d'bruit. Tu connais la suite.

Maintenant, le *made in China* règne sur le monde. T'avais pas prévu qu'acheter et vendre pour toujours moins cher, jusqu'à c'que plus rien aie d'la valeur, ça deviendrait plus qu'un système, ça deviendrait l'seul système. Moi c'était tout l'contraire, d'emblée j'les aimais pas. Trop polis pour être honnêtes. J'me méfiais d'eux, mais j'aurais jamais cru qu'ils iraient aussi loin. Attends, tu trouves même des réacteurs d'avions contrefaits ! Tu vois les ravages que ça peut faire en plein vol ? Eh ben ton monde aussi, il est en train d'exploser en plein vol.

Notre barre, j'l'ai écumée dans tous les sens avec Dragon, Mimir et Popol. Ça donnait sur un boulevard bruyant comme t'as pas idée, de jour comme de nuit. J'me souviens des nuits à écouter passer les voitures, dans la bonne odeur de gasoil. Leur fil dentaire qui t'passait entre les oreilles... T'avais des pistons à la place des neurones, le matin tu décollais comme Zébulon et tu t'barrais aussi loin que possible.

La vérité suprême, j'l'ai découverte assez rapidement, vers trois-quatre ans.

J'suis minot et j'viens d'm'éclater à vélo. Mes beuglements réveillent toute la barre. Mais j'm'en tape, à cet âge-là tu connais pas encore l'honneur, cette merde. J'me suis déchiré quelque chose et j'suis devenu une éponge tellement j'chiale, un vrai glaire à pattes. Mais personne se pointe ! Putain, je hurle comme jamais, y a ma voix qui m'vient du bide, même moi j'me fais peur. Finalement, y a l'gardien qu'arrive : *po-pom, po-pom,* avec sa bedaine et son marcel. Il arrive mais alors tranquille, hein, plus pépère tu meurs. Quand j'vois ça, j'vomis d'la bile pour lui faire plus d'effet. Peut-être que c'connard va piger qu'y a urgence ? Macache !!! *Po-pom, po-pom,* le mec est en pleine digestion, il va pas s'mettre la rate au court-bouillon pour une crotte de lapin comme moi ! Il s'approche, pas du tout inquiet, et il m'observe. Et là j'ai la grande stupéfaction, la suprême révélation, y a plus rien qui bouge autour. Tu pourrais m'croire complètement anéanti, la bouche pleine de morve, sauf qu'y s'passe autre chose, en même temps c'est la quatrième dimension, y a plus aucun bruit, j'sais même pas où sont passées les bagnoles, le silence est partout, un silence extraordinaire, pur et limpide, la moindre parole va sonner comme une cuillère contre un verre en cristal et j'accède à la vérité suprême.

Ensuite, j'ai toujours vu sa devise écrite au-dessus des horizons, et tout c'que j'ai fait, j'l'ai fait seulement après l'avoir relue, un peu comme les déportés d'Auschwitz ont dû la lire en levant les yeux, et en la voyant écrite sur le porche d'entrée du camp où ils allaient partir en fumée :

le Ciel en a rien à foutre de ta gueule

Pendant c'temps-là, notre gardien il m'tâte un peu trop. J'aime pas son attention gourmande, j'suis pas une pâtisserie, merde !! Qu'est-ce qu'il fait ? Il s'assure de c'que j'ai ou bien ?... C'est qu'y a personne d'autre en vue, là !

Tout à coup, ça s'joue entre lui et moi, le fort et le faible : deuxième vérité suprême.

Finalement, il a pas fait joujou avec moi. Peut-être à cause des mères qui bossaient pas et qui pouvaient l'voir depuis les étages.

Bref, dans ma vie j'ai tout compris tout d'suite mais ça m'a pas empêché d'déconner quand même : troisième vérité suprême.

Tiens ! Une visite. J'parie que l'dirlo revient à la charge.

— Vous avez réfléchi ?

Bingo ! Mais qu'est-ce qu'il espère avec sa gueule de premier d'la classe ?

— Une mise à l'isolement, c'est reconductible indéfiniment, si on veut.

Pourquoi j'me fatiguerais à lui répondre ? J'lui ai déjà tout dit.

— On est en train de vérifier vos accusations.

Vas-y, coco, vérifie.

— On sera vite fixés.

Il rigole ou quoi ? Ça fait dix-huit jours que j'pourris ici !

— Et de toutes façons, nous avons les moyens de vous nourrir de force.

« Nous avons les moyens » ! Putain, il s'croit à la Gestapo ou quoi ?

— C'est vous qui en garderez des séquelles, pas moi. Dès la troisième semaine de jeûne, on perd ses neurones. Et on ne les récupère jamais. À vous de voir si vous voulez finir comme un légume.

J'tourne même pas les yeux quand il s'barre. J'bouge de moins en moins. Me retourner ça m'coûte trop d'effort. Encore combien d'jours avant d'claquer ?

Ils éteignent la lumière. La dix-huitième nuit avant qu'ce connard s'aperçoive que j'ai dit la vérité. Mais 'toutes façons dès que j'sortirai du mitard le vioque me fera découper à la scie. Et même si j'lui échappe et qu'on m'libère, qu'est-ce qui m'attend dehors ? A part le chômage et la came, j'veux dire.

Souvent, j'pense à toi. L'interjection. J'te revois au mariage, l'ado typique, moitié chaton, moitié hachoir.

J't'ai tout d'suite repérée. Complètement paumée, avec tes rayons lasers qui dézinguaient tout l'monde. Quand ta sœur nous a présentés j'ai cru qu'tu voyais la Vierge. Personne m'avait jamais regardé comme ça. Qu'est-ce que t'as vu ? J'aimerais bien l'savoir. Ta sœur a gardé l'sourire, mais elle m'a fusillé du regard. *Pas touche.* T'inquiète, j'fais pas dans les mineures. T'es repartie avec ton envie d'flinguer tout l'monde. Mais qu'est-ce que tu vas faire de mieux ? Rien. T'écarteras les jambes et tu chieras un gosse, comme les autres. Ça oui, ça donne envie d'chialer.

Moi mon destin, c'était ouvrier, costard-cravate ou zonard. Tu faisais ton choix parmi ces trois modèles, point barre. Les bandes existaient pas. Tu faisais tes coups à trois-quatre, maximum. Ça restait artisanal, rien à voir avec c'qui s'passe au Forum, les descentes d'une centaine de mecs, les bagarres entre l'extrême gauche et l'extrême droite. Tu parles de rebelles ! Que des prétextes pour foutre la zone, leur politique ! C'est comme les Barbus qui justifient leur connerie par le Coran et les Renois qui s'croient tout permis parce qu'y a eu l'esclavage ! Sans oublier les Robeus, parce que tu les as colonisés ! Ah ils ont pas fini d'nous les faire payer nos conneries !

Les vrais nazis, ils sont pas rasés. Ils sont au comptoir, sur les chantiers, au marché, à l'église. Tu les entends déblatérer sur les jeunes, les femmes, les homos, les étrangers. Pour eux faudrait des solutions radicales, un tyran ou l'Saint-Sauveur, un magicien qui ferait en sorte qu'on pense comme eux. Les centristes, eux, tu les reconnais parce qu'ils serrent les miches et qu'ils l'ouvrent pas. J'connais trop leur silence complice, leur sourire jaune quand tous les clients du bar trinquent aux sabotages de bateaux d'immigrés, pour qu'ils coulent en pleine mer.

Dans les vieilles chansons, le XXe arrondissement c'était l'paradis, avec des bals, des fêtes, des petites boutiques, des ateliers d'artisans. Paraît qu'les gens s'parlaient, qu'ils chantaient dans les rues. T'en vois, des ruines de c'monde-là : une ruelle pavée qu'a échappé au bétonnage, des villas décrépites avec jardin, habitées par des Mère Laprudence, des Mimi Petitpas. Sous les glycines qui tombent par-dessus leurs murs tagués, elles rentrent la tête dans les épaules, en espérant que personne les remarque. Tout ça a été remplacé par des tours et des barres de vingt, trente, quarante étages. T'y accèdes par des rues où t'as pas un arbre. En haut des marches, t'as un parvis gigantesque, hanté par les courants d'air, et là, un artiste t'as pondu une sculpture qui fait peur. Tous ces vieux qu'on a obligés à passer d'un village à une station spatiale low cost, ils te la disent pas leur haine de l'avenir quand ils t'croisent, mais suffit d'capter leurs sursauts d'angoisse, leur grimace de dégoût. *T'avais pas d'enfants obèses pendant la guerre.* Sauf qu'à l'époque, la bouffe la moins chère c'était pas les barres de chocolat, mémé ! Les vieux cons, avec leur *c'était mieux avant !* Tu parles ! Ils oublient les deux guerres qu'ils se sont fadées, ou quoi ? Et les camps d'concentration ? L'apartheid ? Le droit d'vote que pour les mecs ? C'est quand même cher payé pour des bals et des chansons !

Pour nous les mômes, les démolitions et les terrains vagues c'était du pain béni. T'y trouvais plus de rêves d'aventures que d'vraies aventures, mais sous les échangeurs du périph', les soirées étaient éternelles. T'en avais qui jouaient d'la gratte, t'avais hâte d'avoir leur âge. Les grands nous racontaient des histoires de prison, t'écoutais l'massacre des pédos, les voitures flambées avec une balance enfermée dans l'coffre. Tu regardais les toxicos s'piquer à la lueur du feu et ils t'impressionnaient. Au retour, tu pouvais nous suivre au sillage des vitres explosées.

Mes frères m'accompagnaient jamais. Le plus grand avait quitté l'école pour aller au turbin. Tourneur-fraiseur. Il doit toujours y être, derrière sa machine. Ça donnait pas envie d'aller à l'usine, ses histoires de chefs qui lui prenaient la tête. Mais il ramenait du fric, il était autonome et tu lui marchais pas sur les pieds. Le deuxième, lui c'était monsieur Parfait. Sportif, sérieux. Il a fait son trou dans les bureaux. Mais c'était pareil, ses aventures à la machine à café, ça m'faisait pas bander. Moi, j'voulais mieux. Seulement j'voyais pas comment j'pouvais faire mieux qu'la perfection. Et puis j'me prenais pas assez au sérieux. J'pense que j'ai coché la case vide de la loose pour pas les copier et m'raconter que j'étais différent.

Le vrai nom d'mon pote Dragon c'était Dragon Pal Uksani. Ça en jetait. J'aimais surtout le *Pal* qui faisait instrument d'torture. Avant de devenir un caïd, c'était mon frère jumeau, jusqu'au jour où il a compris que Popol c'était une fille. Ça a tout gâché. Dragon voulait pas s'abaisser à traîner avec une fille. Mais j'adorais sa famille, son monde. Dans sa chambre, y avait l'poster d'un aigle noir à deux têtes qui s'détachait sur un fond rouge, avec des ailes toutes hérissées. J'la ramenais pas avec notre coq à deux balles ! J'adorais sa langue, aussi, une musique molle qui coulait d'sa bouche, avec quasiment pas de *r*. Plus tard, il s'en servirait avec ses putes, comme langage codé. À cause de cette sonorité que j'avais aimée, j'aurais l'impression qu'elles faisaient partie d'ma famille, et j'ai jamais pu coucher avec une seule d'entre elles. En y repensant, j'me rends compte de l'enflure que c'était. Il les frappait pas devant nous, mais rien qu'à leur façon d'baisser les yeux devant lui, tu devinais qu'elles devaient dérouiller.

Popol, elle, elle a toujours fait pitié. Ce pote-là était juste plus maigre, avec des cheveux plus longs. J'lui ai peloté les seins et les miches parce que j'voulais connaître la différence, mais ça avait rien à voir avec de l'amour. Elle s'souvenait de tous les endroits où j'l'avais prise, moi al aurait pas fallu me demander. *Al !!!* Putain mais c'est viral ton truc !!! Si j'fais pas gaffe, j'vais finir par parler comme toi ! C'est vrai qu'si quelqu'un s'était attaqué à elle, j'l'aurais défendue, mais comme j'aurais défendu Dragon, ma mère ou mes frères. C'était la musaraigne de notre trio, moitié brindille, moitié Muppet. J'me suis jamais avalé d'aussi grosses pintes de rire qu'avec elle. En tous cas si y a une personne qu'aurait mérité que j'lui sois fidèle, c'est bien Popol ! Pour tout c'qu'on a traversé, les courses-poursuites dans les parkings, les coïncidences paranormales, le manque, sa protection, et puis pour tous les services qu'elle m'a rendus, et quand j'parle de *services*, j'devrais plutôt parler d'*sacrifices*. À la fin, Dragon la supportait plus. Sa gentillesse, c'était trop pour lui. Il a voulu ressembler aux hommes de son pays, rejouer leurs histoires d'vengeances et d'répudiations. Il voulait voir sa vie comme un péplum, quoi. Et les petites attentions d'Popol, quand on crevait la dalle et qu'elle nous sortait des sandwichs miraculeux, ça lui portait sur les nerfs. Pour lui, c'était plus son baudet qu'son pote, il lui faisait porter ses affaires, il lui donnait des ordres. Ça m'a plu d'moins en moins et j'lui aurais bien foutu sur la gueule, mais elle, elle m'arrêtait : « C'est pas grave ». Mais si, c'était grave, putain ! C'est pas parce que c'était une nana qu'il pouvait s'essuyer les pieds sur elle, bordel ! Où elles vont les nanas comme ça ? En baissant les yeux, en laissant tout passer ? Putain t'as fait d'moi un féministe !

Enfin… moi aussi j'me suis essuyé les pieds sur elle. Elle m'offrait tout et j'ai tout pris. Seulement son histoire d'amour c'était du suicide. J'crois qu'au fond, j'l'ai jamais aimée. Sans moi, elle aurait pu faire quelque chose de sa vie. Quand elle faisait l'pitre c'était jamais balourd, même Dragon restait scotché par la justesse de ses vannes. Elle avait un sens inouï d'l'observation, elle pouvait t'imiter n'importe qui, sa voix c'était pas une voix, c'était un nuancier. Si ça s'trouve, elle aurait pu devenir humoriste, comédienne, chanteuse, ou même intello, comme toi, elle cartonnait à l'école sans même faire ses devoirs. Et puis, vers la fin du collège, ç'a été moins facile, elle aurait dû bosser plus. Mais elle était déjà partie avec moi, très loin.

Question came, le XXe c'était la caverne d'Ali Baba, t'avais qu'à t'servir, t'avais des planques partout. On a tout essayé, jusqu'au jour où on a trouvé l'héro. Et après la vérité suprême, j'ai connu le bien-être suprême. Quand l'attraction terrestre augmente et t'fait coller au sol, que l'plan vertical et l'plan horizontal se confondent gentiment, et que tout a un sens, une place, que tout devient harmonie et sagesse, même lever un bras, même lâcher un pet, tu flottes dans un jacuzzi interstellaire, parmi les échos de voix qui t'chantent en silence les louanges du Présent. En vrai t'es juste écroulé par terre dans ta chiasse, mais c'que t'éprouves, ça ridiculise tous les autres plaisirs, même le sexe. L'héro suspend le temps, ta course, tes besoins, ta quête. Des mots à toi, tout ça.

J'suis devenu accro très vite. La cité Blaise était devenue notre nouveau fief, avec des passages au square des Cardeurs quand t'avais plus de stock. J'ai commencé par le flash du samedi soir et à la fin, on en était à un shoot toutes les quatre heures. Tu m'étonnes qu'avec des clients comme nous, les dealers roulaient en grosse bagnole ! Pour financer tout ça, j'chouravais tout ce qui passait à ma portée, des sacs à main aux cartes de crédit.

Mimir le Renoi, lui, tout l'monde croyait qu'il était indic, mais on a jamais pu l'prouver. Il t'prenait dans ses bras, et il t'disait « Mon frère ». T'aurais voulu qu'il les ouvre jamais. Il avait « la petite santé » comme disait sa mère : hémophile, diabète, tétanie. Ses maladies lui avaient donné l'habitude des injections, ç'a été le premier d'entre nous à s'piquer. Chez lui j'étais heureux. Tu t'sentais pas différent d'un adulte. Tu pouvais l'ouvrir et des fois on t'écoutait avec encore plus d'attention qu'une grande personne. Du coup, tu faisais gaffe à c'que tu disais ! Redoutable. J'adorais ces Renois. Tu pouvais les observer jouer à l'*isigoro*, une sorte de jeu d'dames, sans qu'ils s'croient obligés de t'faire des mamours ou de t'parler comme à un abruti. T'avais même le droit d'jouer avec leurs instruments d'musique ! C'était pas sacré. Avec Mimir, on en a passé des soirées derrière leurs gros pots en terre qu'ils décorent avec des filets. Ou alors on parlait des heures sur son lit, dans sa chambre, en jouant de l'*ikembe*, la demi-noix d'coco couverte de lames de métal que tu fais résonner avec les ongles des pouces.

Sa mère disait que c'était une chance d'être en France, mais sa tronche disait exactement le contraire. T'aurais dit qu'elle avait jeté ses émotions avec les autres dégueulasseries de sa vie d'femme de ménage. Y avait qu'les infos de leur pays pour la ranimer. Sa bouche s'entrouvrait dans l'attente d'en savoir plus, ses yeux s'emplissaient d'lumière et elle était plus là. C'était pas la grosse Renoi sans gêne et à grande gueule que tu vois dans les films. Elle, elle ouvrait sa porte, effacée et pas concernée. Ça m'faisait criser, cet air de victime.

A un moment, Dragon nous a plus du tout encadrés. Peut-être parce qu'il savait quelle merde il nous vendait. Avec ses putes, il s'faisait un max de blé. Ah c'était plus l'zonard qui foutait l'bordel et qui défonçait les vitres des belles bagnoles ! Maintenant c'est lui qui les conduisait ! Il frimait avec ses grosses montres, il portait des lunettes de soleil en pleine nuit bref, il s'sentait plus péter. Pour lui, j'avais fait l'mauvais choix en m'camant, j'étais devenu minable à vie. Pour Mimir il comprenait, parce qu'il était noir et parce qu'il était gentil, deux tares irrémédiables à ses yeux. Popol n'en parlons pas. Mais moi j'contrariais sa vision des choses, j'cadrais pas avec son système, les forts contre les faibles, ceux qui profitent et ceux qui dérouillent. J'représentais une troisième catégorie qu'aurait pas dû exister. Le pire, c'est quand il parlait d'honneur à ses putes.

L'honneur c'était un truc de riches, même nos parents s'emmerdaient pas à nous pipeauter là-dessus. Ma daronne avait l'discours sévère, mais quand j'la voyais tiquer devant les héros des infos, ça matchait pas. Son corps parlait pour elle, même son silence était pas normal. Quand tu hausses les épaules devant les Prix Nobel et les navigateurs en solitaire, ton gosse il pige, qu'est-ce que tu crois ? Et la Légion d'Honneur pour une belle voix, pour un beau cul ? Fallait aller la chercher au fin fond d'sa pupille, sa petite lueur de mépris, mais d'une, quand t'es môme t'as qu'ça à foutre, et de deux, elle était pas fugace cette petite lueur-là, elle était bien ancrée, tu la voyais qui s'rallumait à chaque fois qu'on décorait une princesse, un sportif ou un enfant d'la balle. Alors quand Dragon parlait d'honneur à ses putes, mon rire partait tout seul.

Il s'rappelait pas qui il était ou quoi ? Il avait tiré, racketté, dealé, dépouillé, il s'enfilait des gonzesses pour mieux les foutre sur le trottoir ! Toutes ses conneries, il avait juré sur la tête de sa mère qu'il les ferait plus ! Partout où il avait mis les pieds, ç'avait été l'arnaque en technicolor ! Fallait pas l'inviter à une soirée ! Il repartait les poches pleines, après avoir repeint les murs de sa gerbe, foutu l'feu à l'appart' ! Tout l'monde avait trinqué, ses parents, ses profs, ses chats, ses nanas, s'il avait vécu en enfer, il lui aurait retourné sa boîte au taulier ! Alors *l'honneur* !?

Paraît qu'l'adolescence c'est l'envol. Moi j'quittais plus trop mon lit. J'avais voulu faire briller les yeux d'mes frères avec des histoires pas possibles, mais j'ai seulement ajouté un tome à l'encyclopédie du mensonge. J'avais du mal à garder les yeux ouverts, la lumière me faisait mal. Marcher c'était devenu délicat, mes jambes tricotaient toutes seules. J'sortais la nuit. J'allais chouraver des bagnoles. Le vol à la tire c'était fini pour moi, les vieilles elles m'auraient rattrapé et latté à coups d'keuss ! C'était une vie d'vampire, j'retrouvais Popol dans une cave, un parking, des chiottes, j'me faisais mon shoot qui calmait la honte à l'affût. J'rentrais avec la peur de dormir, j'savais tous les remords qui m'attendaient, bien alignés sur un plateau, comme des scalpels. L'héro c'est juste un buvard qui absorbe toutes les souffrances mais quand t'es plus paf, tu les retrouves toutes, intactes et peut-être même… ouais, allez, j'ose : *décuplées*.

Inutile de dire que j'couchais plus avec personne. J'bandais plus. Baiser, chier, bouffer, j'savais plus ce que c'était. Mon corps turbinait au minimum, il s'mangeait d'l'intérieur. Y avait ces saloperies d'crottes qui m'restaient dans l'côlon. J'les sentais m'polluer, s'décomposer en moi et diffuser leurs matières toxiques que j'arrivais plus à expulser.

Combien d'fois elle m'a sauté à la figure la tête de tox' de Popol, ses yeux cernés, aveuglés par ma lampe torche, dans les trous où on s'cachait ? J'la retrouvais à ses gémissements, j'laissais sa voix m'guider dans l'noir, sa petite voix d'musaraigne. Quand j'avais pas les moyens, elle m'offrait ma dope, j'crois qu'elle avait fini par tapiner pour Dragon. J'm'en foutais, j'étais plus capable de voir au-delà du présent. Popol s'éloignait toujours plus de la lumière en s'accrochant à moi. C'était plus qu'un squelette, elle avait les dents rongées, comme moi, de vrais chicots d'vioque. Au petit matin, on débouchait dans les rues en clignant des yeux, en s'cognant l'un contre l'autre, deux morts-vivants ! La dope rallumait juste le soleil une heure ou deux et puis elle nous faisait rentrer dans notre grotte, c'était qu'une quête permanente pour trouver du fric, faire notre shoot et recommencer. Quiconque s'mettait en travers de ma route expérimentait l'impuissance dans toute sa splendeur. Ça s'raisonne pas un fantôme. Il est dans une autre dimension, tu peux pas plus l'atteindre qu'un nuage, t'as beau agiter les bras, lui faire la morale, lui foutre des torgnoles, il entend rien, il sent rien, c'est toi l'pantin.

Mais les shoots tenaient plus autant la douleur à distance, leurs répits raccourcissaient d'plus en plus, et puis les phobies, la nausée, l'air qu'arrive pas, la bouche sableuse, les dents qui s'déchaussent, ça faisait mal tout ça. Chaque nuit c'était Waterloo, j'me réveillais en sursaut la bouche en sang, parano, dingo, à repousser tout l'monde qu'y avait pas dans ma chambre. Ma mère avait peur d'rentrer chez nous. J'y restais à m'tortiller toute la journée dans l'noir, et j'l'entendais hésiter, s'approcher, s'immobiliser derrière la porte de ma chambre. Et puis la porte s'refermait tout doucement. À la fin, même quand elle chialait ça m'faisait plus honte. La première fois oui, ça avait voulu dire quelque chose. Mais quoi ?

Le blé d'Popol m'a plus suffi. J'ai dû passer la vitesse supérieure et j'ai appris qu'un mec des Lilas faisait du business avec des bagnoles et des motos volées.

Gamal avait plus d'majeur à cause d'une erreur de jeunesse : il avait voulu graisser la chaîne de sa meule en la mettant en première sur sa béquille centrale, au lieu d'tourner la roue à la main. C'était une petite bouse épaisse et fripée au visage de bonobo, noire d'huile de moteur, toujours une cig' aux lèvres, à cracher sur les clients dès qu'ils avaient le dos tourné. Il m'a tout appris sur la mécanique. C'était un ancien des circuits qui pouvait te tenir la jambe toute une journée sur comment faire un wheel, comment déhancher, placer ton genou dans les virages, etc. D'un pneu, il pouvait en déduire le signe astrologique d'une meule, elle pouvait rien lui cacher d'ses vies antérieures. Pour lui, j'étais qu'un nioub de plus qu'espérait lui faire croire qu'il avait l'permis, que j'avais pas effectivement. Il s'était souvent mis au tas et il m'parlait comme si j'allais m'tuer au premier virage. Mais ça prenait pas trop son discours de Père la Morale, vu qu'en même temps, il rançonnait les clients, sans compter qu'il leur rendait de vraies armes en puissance, leurs meules qui pouvaient monter à trois cents.

J'me suis pris d'passion pour la mécanique et grâce à lui j'ai appris un métier. Sa casse est devenue comme un Nouveau Monde, un continent où l'héro existait pas. Me lâcher sur ces collines de gomme et d'acier, c'était comme lâcher un prêtre sur un charnier : moi aussi, j'voulais ressusciter tout l'monde. Ça m'crevait l'cœur de voir toutes ces machines stoppées dans leur élan. Inox, titane, carbone, alu poli, j'ai appris à reproduire toute la gamme de nuances qui peut exister entre un aspirateur et un turbocompresseur. T'as pas un motard qui veut s'faire remarquer par un pot d'échappement qui lâche des pets. Ils veulent tous la Symphonie de la Puissance et du Néant en Ut Majeur, alors j'ai appris à peaufiner le son qui sortait des boyaux miroitants. Suffisait d'ouvrir ses étiquettes au crépitement du métal, au moment d'la brasure, quand les rivets te supplient de pas rater leur soudure. D'une grosse tête de fourche, j'pouvais faire sortir un son digne d'une clochette, et l'air qui gondolait autour d'mon fer à souder ajoutait des trémolos à mes feux d'artifices.

Mes plaisirs mécaniques ont pris une ampleur plutôt délirante. Faut dire que les mecs nous confiaient leurs meules avec des sanglots dans la voix. Avec ma clé à bougie, j'me suis pris pour le Pape de la Soupape. J'montais au sommet des montagnes de ferraille d'où tu voyais tout l'quartier à trois cent soixante degrés, dans la lumière encore rosée du matin et l'vacarme des embouteillages. Là, j'évangélisais les foules. J'faisais d'la magie avec mes bougies, j'noyais des batteries, avec des effets d'manchons, sur l'enfance d'un garde-boue. L'envie d'baiser m'est revenue. J'créais la femme idéale à partir d'un flanc d'carénage, de deux phares et d'une fourche. D'un coup d'accélérateur, j'nous envoyais voltiger au-dessus des lacs, dans des forêts en flammes. J'avais aucune idée de c'qu'était l'grand amour mais j'vivais enfin d'autres trucs aussi intenses que la came et mes cauchemars, même si mes histoires finissaient toujours en fuites éperdues, suicidaires, avec des corps calcinés, incandescents. J'voulais la fin la plus sublime, des fusions définitives, des envols infinis l'un vers l'autre, ou bien la mort de l'un des deux, au point qu'tu t'désintéresses de ton propre sort et qu'tu t'suicides dans la joie. J'ressortais d'mes épaves avec des yeux grands comme des lunettes à souder et j'faisais quelque pas dans un détachement total. J'regrettais de devoir rentrer dans l'cabanon. Avec Gamal on prenait l'café, nos souffles opacifiaient les vitres, dehors ça pelait. Les clients nous expliquaient leur cas, mais j'décrochais vite. J'préférais mes rêves d'amour à leurs emmerdes à la con.

Les motards, quand tu les vois dans leur armure, tu les prends pour des Chevaliers des Temps Modernes. En fait, sous leurs casques noirs aux écrans baissés, c'est des queutards qui s'la mesurent en permanence, et leur passion pour la bécane un concours de bites. Du coup, ils peaufinent les moindres détails : allure, vitesse, nervosité, puissance. C'est à celui qu'aura la plus grande, la plus stylée, la plus puissante. Tout est dans l'look, les mecs en ont des frissons, j'en ai vu qui s'admiraient dans des flaques d'eau. Pourtant, quand tu les entends parler, tu crois avoir affaire à de vrais couillus : fermes, carrés, directs. Des bourrins, quoi. Mais sous leurs protections rembourrées t'as souvent qu'un asticot qui fait un mètre deux, assis et les bras levés. Gamal les laissait bavasser en leur servant l'apéro dans l'cabanon, et ils finissaient toujours par lâcher leur avis sur la politique. C'était jamais eux l'problème. C'était les basanés, les juifs, les bonnes femmes, les pauvres, les pédés. Eux ils payaient leurs impôts, ils suivaient les rails, ils faisaient là où tu leur disais d'faire. J'les écoutais déblatérer en nettoyant mes outils, sans perdre de vue que depuis la nuit des temps, c'était quand même eux qu'étaient au pouvoir, et justement pas les basanés, les bonnes femmes, les pauvres ou les pédés.

Un soir, j'rentre de la casse avec mes outils pour dépanner Popol. J'marche sur le terre-plein central du boulevard de Charonne, c'est la nuit, c'est l'désert, mes pas résonnent, quand tout à coup j'la vois.

Massive et sculptée à la fois, les épaules larges, la taille fine, le cul fin et rebondi, insolente et seule : une sportive sans restriction, énorme, inclinée sur sa béquille. Y a pas un rat, le truc de fou. J'reluque la bécane au fur et à mesure que j'me rapproche : c'est une meule expérimentale, faite pour les performances, inaccessible au commun des mortels, un rêve ! Son nom déchire son flanc avec des lettres tracées au laser :

R1/1500AFXZ/YX12B

J'ai envie d'me l'faire tatouer ! Je check direct l'antivol : un classique SRA. C'est pas compliqué, j'm'en mange un tous les matins ! En plus j'ai mon sac de mécano, un voleur serait moins équipé.

J'enfourche le cycle hyper rigide, j'me couche presque sur l'carénage tellement elle est faite pour la vitesse. Pas grave, j'sais que j'peux compter sur son freinage de folie.

J'fonce dans la nuit, les feux j'les grille, j'décolle au-dessus des dos d'ânes, j'me paie des accélérations d'malade. À un moment, j'passe devant un type qu'est sur le trottoir et j'le trouve bizarre. Quand j'suis passé, il a pas tourné la tête vers moi, il est resté les bras ballants, sans faire attention à moi. J'me dis *Ralentis, ducon !* Ce type me tracasse quelques secondes, j'suis même à deux doigts d'faire demi-tour pour voir si j'ai pas rêvé mais j'le fais pas, les turbines sont les plus fortes. *Ralentis, putain !* Y a que des signaux sur cette route, des panneaux qui s'transforment en êtres humains, des ombres qui brandissent des STOP, des réverbères qui s'jettent sur les passages piétons.

J'me rends compte qu'avec toutes ces caméras en haut des murs, j'vais m'faire choper si j'reste là. En plus, Paris c'est que des feux, des angles et des bagnoles, la banlieue c'est à peine mieux. Faut que j'me trouve une nationale si j'veux en profiter. J'arrive à croiser aucun flic. Direction Sucy. Les autres motards ont repéré ma caisse, y en a qui tentent de m'suivre. Les pauvres, avec ma belle on leur pète à la gueule et on envoie valdinguer leurs châteaux d'certitudes. J'accélère sur l'périph', j'montre les dents — bien sûr que non j'ai pas d'casque ! — j'me prends l'vent et toute la poussière et la crasse de la route dans la gueule, j'ferme presque les yeux. J'en ai plus pour longtemps avant qu'les flics me chopent, faut que j'trouve une sortie vers l'horizon, et vite ! J'sors sur la départementale, j'essaie d'trouver la campagne mais y a que des habitations partout. Putain, une route de campagne, juste une belle route de campagne où j'peux m'éclater comme en circuit ! Surtout qu'maintenant y a un mec qu'arrive à jouer avec moi depuis un bon bout d'temps avec sa trois cent cinquante. J'le sème en vitesse mais lui il connaît l'coin, c'est pas possible, il m'retrouve à chaque fois ! Finalement j'le plante pour de bon mais j'me paume dans les échangeurs. J'prends une bretelle et j'décide de m'arrêter à un feu pour m'poser et réfléchir. J'sais pas où aller. Les flics vont débarquer avec tout l'barouf que j'ai fait. Faut qu'j'abandonne ma nouvelle conquête discrètement. Et après ? Paumé dans une banlieue que j'connais pas, pour retrouver un bus ou un train en pleine nuit, comment j'fais ?

Ma connerie s'révèle à moi dans toute sa splendeur. J'suis tanqué à c'feu, paumé au milieu d'nulle part, et là, qui c'est qui s'pointe en glissant tout doucement à ma hauteur ? Le mec en trois cent cinquante !!!

J'suis dégoûté. J'reste deux-trois minutes à côté d'lui dans l'ronronnement des moteurs. J'suis tellement vert que j'arrive même pas à le regarder, le salaud !

Et puis ça monte.

J'me tourne vers lui et lui vers moi. Nos deux casques métallisés s'renvoient leurs reflets. C'est la guerre. Ma fuite est plus si urgente. J'scelle un truc avec ce mec. Finalement le feu passe au vert. Personne bouge. J'attends qu'il démarre. C'est lui qui va m'mener au large. Il démarre, j'le suis. Les habitations s'espacent et j'vois du coin d'l'œil les premiers champs qui défilent. Le mec a pigé !

Oh qu'c'est beau ! J'lui suce le pneu, j'regarde même pas les panneaux. Putain, ça va gazer ! J'essaie d'me décaler, mais une seconde trop tard. Le mec se rabat sur moi ! Il a pas froid aux yeux, le fils de pute ! À tous les coups il fait du circuit, impossible de l'dépasser ! J'suis furax. J'ai les chevaux mais lui, il a la technique et la connaissance du terrain. Il m'laisse pas l'temps d'réfléchir, j'arrive pas à voir plus loin qu'son cul, j'peux pas anticiper la piste. Ça dure longtemps, une vraie correction ! Et puis soudain il s'décale ! J'vois pourquoi : la ligne droite de mes rêves arrive après l'virage, un long ruban d'bitume qui monte dans l'ciel sans interruption. Va falloir lui couper la route. C'est risqué, j'peux l'embrocher et m'gameller. J'le surprends en m'déportant au dernier moment. J'le déborde en pleine bourre et nos bécanes débouchent du virage ensemble. La route se déroule enfin devant moi. J'tourne la manette en même temps que j'rétablis mon axe. J'l'ai déjà planté !

Putain ! Il existe plus ! Comment j'ai réussi à accélérer avant d'retrouver mon équilibre ! J'suis trop fier, si Gamal était là il applaudirait ! J'ouvre en grand, et j'suis scotché par mon compteur. Il est Marseillais ou quoi ? Sauf que mon beau ruban d'béton, il passe par un rond-point ! Avec terre-plein central en plus !

Dans la nuit mal éclairée, le rond-point m'saute à la gueule. C'est imparable, je vais m'viander. J'fais l'stoppie d'la mort. Ma sportive a d'bons freins mais j'peux pas lui demander la lune ! J'lui fait sonner la tétine sur l'premier virage, mais j'contrebraque trop tôt. La belle comprend pas ! J'me couche, le béton nous arrache des gerbes d'étincelles, j'ai pas l'temps d'admirer l'son et lumière, mon corps coincé sous la meule déboule à pleine vitesse sur le terre-plein central tout en tournant au sol, et devine quoi ? Y a une belle grosse crotte d'art contemporain au milieu.

Quand j'percute le bord du terre-plein, on s'envole avec ma meule et elle s'découpe en deux contre cette statue d'merde. J'suis projeté dans les airs et même si ça va très vite, j'ai l'temps d'halluciner en voyant l'métal s'déchirer comme du papier. Comment j'vais finir ? J'fais un vol plané de cinq mètres au-dessus du sol et j'm'explose en retombant contre un truc non identifié. L'impact est tellement fort que j'ai pas d'souvenir, le cerveau est pas fou, il préfère pas être là. J'ai juste l'impression bizarre d'm'éclater contre le type de tout à l'heure sur l'trottoir, qui voulait pas me regarder, qui voulait rien voir, rien entendre.

— Il m'a arraché la portière ! Regardez les traces de freinage !

Une hystérique hurle ou c'est la douleur qui m'envoie sa sauce. J'suis plus qu'une flaque qui fait des bulles, ah il m'a bien eu l'art contemporain !

— Tu m'entends ?! Tu m'entends ?!

Roule jamais avec des trucs dans les poches : si tu t'viandes, ça t'rentre dans les côtes et ça t'perfore un poumon facile.

— Bradycarde ! Bradycarde ! Tu l'entubes et on part !

Il est foutu. Colonne cassée, fourche détruite. Y a rien à récupérer. Fais voir les disques de frein ?

C'était quand même quelqu'un, le Pape de la Soupape, le chirurgien qui ressuscitait les corps en dix mille pièces.

— Eh ! Oh ! Reste avec moi ! Reste avec moi !

— L'expertise le dira si elle est débridée.

Elle, elle a jamais vu de moto d'sa vie !

— Bilan provisoire : pas d'conscience, trauma crânien, détresse respiratoire, écrasement facial, fractures ouvertes.

Putain ça va nous faire du boulot ça, à la casse ! Fais confiance à Gamal, il finit toujours par dégoter les pièces. J'me demande si j'ai fauché quelqu'un. Noooooon… s'il vous plaît ! Y a des limites au malheur, merde !!! J'vais devoir payer. Combien ? Et la moto ? On va savoir que j'l'ai chouravée. Putain, la gueule que ma mère va tirer ! J'vois d'ici les effets d'ma bombe sur son visage, les sentiments pulsés qui carbonisent sa peau à l'odeur d'eau d'Javel, le travail interne, le flic qui la ménage pas, elle la mère d'un voleur, peut-être d'un tueur, j'vois la déflagration qu'emporte toutes ses molécules pourtant elle bouge pas, y a rien qui bouge dans notre appart, l'affolement des atomes, les fleuves de sang et l'dégueulis d'ses entrailles, la réjouissance effarée des frérots au milieu du bordel. Pour une fois qu'il s'passe quelque chose ! Et puis soudain leur inquiétude : c'est un peu trop énorme quand même. Ils vont pas aller en prison, eux aussi ?!

Rex tremendae

Roi par la Peur

Lyre émergea face à l'église comme une sentence qui eût été lentement prononcée dans le Silence. Au sommet de l'escalier du parc, sa silhouette noire se découpait avec la précision qu'aurait eue, sur les lignes d'une partition gigantesque, la plus haute note d'un chœur puissant et invisible.

La jeune fille portait toujours ce manteau d'où ne dépassait que son visage aux joues rebondies. Il était d'un noir tel qu'il semblait avoir tout épongé, tout bu, extrayant à sa laine des fibres arc-en-ciel et des profondeurs bleues. Elle avait tracé ce symbole dans le dos :

Çaux qui l'apercevaient s'en détournaient aussitôt pour s'engouffrer dans le gigantesque centre commercial qui occupait plusieurs étages en surface et en sous-sol : le Forum.

Tout avait été conçu pour attirer jusqu'à lui, depuis les publicités qui fléchaient le parcours jusqu'à l'agencement des transports publics. La foule allait et venait tout le jour, passant de boutique en boutique, jetant un coup d'œil distrait ou soupçonneux à Lyre. Car celle-ci, immobile au milieu du chassé-croisé permanent, était toute à son admiration pour l'église du XVIe siècle qui dominait le parc.

La jeune fille ne pouvait qu'aimer son peuple de gargouilles, la puissance héliomarine de ses arcs-boutants, la vision gothique de sa façade. Fascinée par l'exosquelette du gigantesque colosse qui eût mué en laissant là sa vieille peau, elle s'imaginait s'élever dans les airs et venir tout contre la dentellerie de ses vertèbres, pour rafraîchir son front contre ses liernes et ses cartilages délicats. Puis, son regard redescendait le long de sa muraille, aussi crasseuse que la colonne vertébrale d'un fossile, et où la pollution opacifiait les vitraux, tandis que, au sommet des tourelles couvertes de fientes, des plumes grises erraient au vent. Lyre terminait son vol imaginaire aux pieds du colosse de pierre, évitait les vomissures qui s'étoilaient au sol et enfin, s'arrêtait près de la sculpture qui reposait au milieu de l'esplanade.

C'était une boule de béton qui représentait un visage aux yeux fermés, mais souriant. Une main surgissait du sol et approchait la paume de son oreille.

Dieu.

Il semblait s'être laissé enterrer là, le sourire aux lèvres, concentré sur cette chose merveilleuse qu'il était seul à entendre. Parole ? Mélodie ? Souvenir ? Il gardait cela pour lui.

La jeune fille s'était forcée à ouvrir la Bible, mais l'avait refermée presque aussitôt, effarée : une femme naissait d'un homme.

Et quand l'humanité cherchait à s'unir – la Tour de Babel – l'entreprise était vouée à l'échec.

Comment allaient-als s'en sortir, cette fois ?

— Alors l'anarchiste, on glande ?

Lyre soupira. Moins que sa voix, elle avait reconnu l'humour totalement inefficace de l'éducateur qui gravitait autour d'aux. Elle lui sourit cependant et se força à tendre la main au cinquantenaire habillé en jean de la tête aux pieds, sa casquette portant le logo d'une marque qui faisait fabriquer ses vêtements par des esclaves. L'adulte sursauta.

— Ah oui, c'est vrai que t'embrasses pas ! T'es pas musulmane, pourtant !

Il s'était toujours demandé pour quelle raison elle ne faisait pas la bise et avait conclu qu'elle avait honte de sa peau cratériforme.

— J'vois que t'as fait ta coupe d'été !

Lui emprisonnant la main, l'homme en jean fit un geste pour lui caresser la tête. Lyre se déroba tout en dégageant aussi doucement que possible sa main qu'elle sentait moite, peut-être un peu collante, du poing ferme qui l'enserrait en un salut fraternel et vigoureux, comme si l'homme eût tenté de lui transmettre son énergie.

— Qu'est-ce que c'est moche ces coiffures ! Oh et puis dis donc ! Pour la propreté tu repasseras ! Avec du crachat vous les faites tenir…

S'ensuivait un long monologue.

Alors, sans entendre une seule de ses paroles, la jeune fille restait perplexe devant cet adulte dont le Rire ne célébrait jamais la Joie, et dont la logorrhée semblait cacher un secret.

— Tu viens à la réunion du parti, ce soir ?

Nouveau soupir intérieur.

— Désolée.

— Pourquoi ? T'as catéchisme ?

A nouveau, l'humour de l'éducateur tomba à plat.

Venir à la réunion du parti ! Elle se remémora la seule fois où elle avait assisté à l'une de ces réunions. Totalement perdue à une table exclusivement composée d'hommes, la jeune fille n'avait pas fini de chercher à comprendre ce que pouvait être « la conception matérialiste de l'histoire » que, dans la seconde suivante, elle avait dû définir en quoi celle-ci était plus humaine que « l'idéologie basée sur la plus-value ». S'y était ajoutée une longue liste d'acronymes qui avait achevé de crypter leur discours.

Par respect pour tout le travail que laissait supposer leur obscurantisme, elle s'était efforcée de rester jusqu'au bout. Mais son embarras était allé décuplant : les grandes causes n'avaient jamais été débattues. La seule question qui les avaient tous déchirés avait concerné un poste à pourvoir. Et elle avait compris que, pour ces hommes, la politique était essentiellement un jeu.

Lorsque l'éducateur lui avait demandé si elle voulait ajouter quelque chose, tous l'avaient regardée. Alors, elle avait eu la sensation d'être acculée au bord d'un précipice, avec son symbole s'enflammant à même la peau.

Ajouter quelque chose ?

Non.

Elle eût seulement aimé renverser la table et loger une balle dans la tête de tous les participants.

Perpétuellement vêtu d'une soutane qui menaçait de le faire tomber à chaque pas, Pégase avait le regard fier et triste de qui endure les sarcasmes sans les rendre.

Il s'en lavait en s'isolant avec Elle.

Emporté par des voix sépulcrales, délivré de sa condition humaine, l'adolescent voltigeait au-dessus des paysages imaginaires qu'Elle lui évoquait : villes glaciales, usines enfumées, lugubres cimetières. Agitant follement les ailes, sa Pensée traversait la brume, planant et croassant au-dessus de ces étranges contrées, l'entraînant loin de la suite d'humiliations qui faisait son quotidien. Les paroles anglaises des chansons qu'il écoutait − globalement incompréhensibles, mais dont çà et là quelques Mots simples, *sometimes, you, crazy,* donnaient un sens à ces modernes liturgies (qui en avaient sans doute un autre) − lui évoquaient toujours la même histoire : un Idéal triomphait d'une masse veule, ignorante et nuisible.

Et de cette masse, il n'eût sauvé que sa Mère.

La Dame à la licorne, comme elle était surnommée pour sa ressemblance avec la femme des célèbres tapisseries de la Renaissance, était une ex reine de beauté qui avait tout misé sur son apparence exceptionnelle, et qui avait *réussi* : devenue riche et célèbre, la blonde sculpturale n'avait plus de soucis matériels à se faire.

Pourtant, son Fils la sortait du lot.

Il aimait l'observer ruminer ses contradictions, au cours de ces fêtes informelles et débridées que donnait le gardien de leur grande demeure. Au bout d'un moment, elle n'avait plus l'énergie de forcer son Rire, ni de surjouer son enthousiasme. Sous l'égide de son propre mythe, sa recherche du vernis à ongles parfait tenait moins d'une quête du Graal que d'une fuite. Mais une fuite de quoi ?

Durant ces fêtes qu'il donnait dans son appartement de fonction, *le permanencier* − ainsi nommé d'après sa charge, qui consistait à garder la demeure en l'absence du Maître − se plaisait à mêler les personnes les plus opposées qui fussent.

Pégase se cachait alors entre un canapé et un ficus, pour observer les joutes qui opposaient éboueurs, banquières, généraux, factrices, clochards et actionnaires. Et, à force d'assister à la comédie humaine, il avait l'impression d'en avoir fait le tour. Ainsi, il avait classé les problèmes de toutes ces personnes en trois catégories :

1/ être belle, riche ou/et puissante ;

2/ convaincre les autres de son importance ;

3/ avoir raison.

La vie semblait devoir se résumer à cela. C'est pourquoi Pégase cherchait une raison de la vivre.

— Eh, l'curé ! Tu vas à la messe ?!

Un trio de garçons surexcités, qui pelotaient les passantes et lorgnaient les marques exposées dans les vitrines, lui tiraient sur la soutane. Son absence de réaction les encouragea. Heureusement, Pégase n'avait plus que quelques mètres à parcourir pour atteindre l'église. Il ferma son esprit aux sarcasmes du trio et aux cris de surprise d'une petite fille qui brandissait le doigt vers lui tandis que sa Mère embarrassée le lui baissait, et il se réfugia dans la maison divine.

Une fois à l'intérieur, il fut tranquille. Il ne sut si ses trois gardes du corps avaient intercepté ses tourmenteurs, ou si ces derniers n'avaient pas osé troubler le Silence de cette demeure seulement habitée par la lueur vacillante des cierges et le regard vide des statues.

Selon elle, Cygne n'avait pas claqué la porte de l'appartement avec assez de fureur. Que sa sœur acceptât d'être humiliée par son mari dépassait son entendement. Mais à sa Colère s'ajoutait maintenant de l'inquiétude pour ses neveux et nièces. Qu'allaient-als devenir, avec de tels Parents ?

Cygne et sa sœur avaient pourtant eu le même environnement, cette cité où les vitres cassées étaient remplacées par du carton aux fenêtres, et où les jeunes hommes qui gênaient et contrôlaient les accès de chaque immeuble en s'exprimant davantage par des cris que par des phrases évoquaient des primates. Parce que la jeune fille devait passer leur barrage plusieurs fois par jour et à chaque fois subir et repousser leurs attouchements, elle les haïssait. Mais elle devait bien reconnaître que son propre discours, qui tentait de convaincre sa sœur de quitter son mari, était aussi inefficace que si elle eût employé leurs cris de bêtes.

La Colère qui la faisait dévaler les escaliers de l'immeuble la jeta au milieu de leur petit groupe.

Dans ce hall faiblement éclairé, leurs silhouettes sombres se confondaient avec leurs ombres distordues. De gigantesques Mots peints au spray chevauchaient rageusement les murs carrelés et les boîtes aux lettres en métal. Cygne avait sauté au-dessus de ceux qui étaient assis sur la dernière marche et leur surprise, conjointement à son élan, la menait sans encombres jusqu'à la porte d'entrée de l'immeuble, lorsqu'elle se sentit violemment tirée en arrière.

— Hé, tu t'crois où, là ?

Un grand Maghrébin au regard intense – elle avait toujours l'impression que ses yeux étaient cerclés de khôl – l'avait empoignée et la maintenait sous la faible lumière de la lampe. Elle pouvait sentir l'odeur de cigarettes que dégageait sa main qui lui enfonçait la trachée.

— Depuis quand tu m'touches, toi !?

C'était la scène habituelle. La jeune fille en était lasse à l'avance, tout en se désespérant de ne pouvoir y échapper.

Il lui mit le poing sous le menton, ce qui lui ferma la bouche, et la fit reculer jusqu'aux petits casiers en métal, que sa tête cogna dans un fracas qui l'étourdit.

Elle savait que, dans ces grandes tours peuplées de familles pauvres aux multiples origines, se jouaient des histoires de frustration et de revanche qui dépassaient leur connaissance de longue date, et leur différence sexuelle.

— Va t'faire enculer, connard ! réussit-elle péniblement à marmonner.

Il approcha son visage à quelques centimètres du sien.

— C'est moi qu'tu traites de connard ?

— Ouais c'est toi, petite bite !

Les autres se mirent à Rire, lui désignant la voie du salut.

— Qu'est-ce qu'il y a, tu t'reconnais pas ?

Un *Ooooh* salua sa répartie avant qu'une gifle envoyât sa joue droite percuter les boîtes aux lettres.

Pendant quelques secondes, elle fut aveuglée, sa tête résonnant une deuxième fois du fracas du métal contre son crâne. Puis, elle discerna à nouveau les Mots qui sortaient de la bouche grimaçante.

— ...de pute ! Tu sais c'qu'on leur fait aux filles comme toi, dans mon pays ? On les enterre à coups d'pierres !

— Et on les baise d'abord.

Le Fils du gardien avait lancé la suggestion d'une voix ralentie par la concupiscence.

Ils partirent tous d'un grand éclat de Rire, mais l'intervention avait allumé quelque chose en eux. Elle prit Peur et passa à la phase suivante.

— T'inquiète ! Vous les baisez mais elles vous baisent aussi, les nanas d'ton pays !

Elle se haïssait d'employer ces vulgarités qui la dégradaient, mais l'argument avait porté.

À l'expression brièvement figée du jeune homme, elle sut qu'elle avait porté un coup important.

Inconsciemment, il relâcha la pression qu'il faisait peser sur son cou pour prendre la mesure de l'attaque et trouver la bonne répartie. Mais elle le devança.

— Tu sais c'qu'elles font ? Tu crois qu'elles attendent le mariage ? Le coup du drap taché d'sang, vous croyez qu'elles l'ont pas prévu avec la sauce tomate ?

Les Rires circulaient en sourdine, cherchant leur camp.

— Vous contrôlez peut-être le devant, mais faudrait peut-être penser à contrôler le derrière !

— *WOUAH !!!!*

C'était le signal de la victoire. Il ne pouvait plus la frapper sans frapper symboliquement les autres jeunes hommes présents, maintenant qu'ils avaient rejoint le camp de Cygne.

Le Fils du concierge lança, agressif :

— 'Toutes façons on n'est pas dans ton pays, j'te signale !

Les deux jeunes hommes se firent face.

Sauvée ! Car en plus de leur bêtise et de leur misogynie, elle pouvait toujours compter sur leur racisme.

Cygne passa le trajet du train de banlieue vers Paris à lutter contre les larmes, la tête tressautant contre la vitre.

Le paysage urbain ne lui offrait rien qu'un enchevêtrement de béton et d'affiches publicitaires. Elle eût aimé échapper à toute cette laideur. Mais comment ?

Ses yeux épièrent les autres personnes qui voyageaient comme elle. Toujours ce regard craintif, soumis ou hargneux qu'elles avaient toutes. Mais sa propre conviction d'être différente n'était étayée d'aucun argument. Les autres n'eussent-als pas répondu comme elle à la question de savoir que faire de leur vie ?

Une chose extraordinaire, eût répondu Cygne.

Oui, mais quoi ?

— Soyez la bienvenue.

Cette séance mensuelle chez sa *psy* était une parenthèse enchantée qui la faisait survivre entre deux rendez-vous. La jeune fille tendit la main à une quinquagénaire au visage aussi rond que celui d'un bébé et auquel une certaine réserve, non dénuée de chaleur, donnait de l'intelligence.

La séance débutait par des questions d'ordre pratique sur le mois que Cygne avait passé, puis progressait à travers tous les domaines de la connaissance. Erudite, douce et bienveillante, attentive à ne jamais s'abandonner à l'autosatisfaction qu'aurait pu lui procurer sa supériorité intellectuelle écrasante, sa psy avait pour Cygne l'étrangeté d'une extraterrestre.

L'adolescente admirait également la grâce de son verbe, son articulation soignée, sa lente élocution, cette langue qui défrichait pour elle les mystères humains, et lui permettait de suivre son mentor jusqu'en cet univers où la violence des jeunes hommes de son immeuble n'était rien en comparaison avec celle qu'elles devaient y retrouver. Et c'était une odyssée trépidante que vivaient les deux femmes, la plus âgée guidant la plus jeune à travers le royaume des vérités invisibles, pour affronter çaux dont personne ne parlait : les dieux et les déesses qui présidaient aux vies humaines, ainsi que leurs grandes familles.

Les Besoins
Survie, Faim, Soif, Sommeil, Sexe, Parentalité…
Les Sentiments
Peur, Confiance, Amour, Haine, Désir, Joie…
Le Corps
Organes, Neurones, Hormones, Cellules, Gènes, Sucs…
L'Esprit
Signes, Pensée, Rêve, Conscience, Inconscient…
La Culture

Education, Langue, Société, Histoire, Religion…
Les Qualités et les Défauts
Constance, Fatalisme, Engagement, Vanité, Humilité…
Les États
Amour, Domination, Bonheur, Solitude, Paix…
Les Troubles
Souffrance, Refoulement, Stress, Névrose, Perversion…
Les Valeurs
Paix, Liberté, Vérité, Justice, Egalité, Savoir…
L'Univers
Energie, Matière, Espace, Temps, Création, Destruction,
etc.

Elles-mêmes jouets de leur interaction, ne cédant leur place que pour y revenir l'instant suivant, ces grandes puissances avaient révélé l'emprise qu'elles avaient sur la jeune fille.

Manipulée, guidée ou fourvoyée par elles, cette dernière se savait, dorénavant, prise depuis bien avant sa naissance dans des enjeux et des stratégies dont elle n'avait jamais été l'objet principal. Et, malgré leurs lagons et leurs abysses, elle ne cessait d'avancer vers cette île nommée *Soi*, et qui n'était cartographiée nulle part.

Ainsi, dans cet appartement parisien décoré à l'ancienne, avec ses hauts murs peints en blanc et ses lustres dont pas un cristal ne frémissait aux grands bouleversements qu'ils surplombaient, la jeune fille avait non seulement découvert un autre milieu social, qui ne songeait pas qu'à survivre, mais également le monde sans limite de l'Inconscient.

Seulement, malgré toutes ces années à voguer en son royaume, Cygne n'avait toujours pas surmonté sa Souffrance.

A qui, à quoi en revenait la faute ? Manquait-elle de Volonté ?

Mais elle avait appris comme cette déesse était faible face au soulagement apporté par la Fuite, la Rancune, la Colère ou la Haine.

Ce voyage l'avait même dépossédée de toute consolation. Car il lui avait appris que ses Parents et ses bourreaux n'étaient que les légataires de çaux qui les avaient précédés.

Sa psy l'encourageait à ne pas désespérer : *elle faisait le travail.* Et au fur et à mesure, la jeune fille avait appris à accorder de l'attention à ces toutes petites choses qui passaient inaperçues, mais qui étaient les matériaux avec lesquels se créait l'édifice de son être : les Mots, les signes, les codes, les images, les symboles, etc. Chaque seconde de sa vie était devenue matière à analyse et interrogation, et jamais elle ne voyait la fin du travail.

Elle commençait à croire qu'une vie n'y suffirait pas.

Sa guide gardait Confiance. Son credo était que Cygne pouvait contrecarrer l'influence de ces grandes puissances et agir sur tout, non seulement sur elle-même, mais également sur le monde, celui-ci n'étant constitué, comme l'être humain, que de multiples et minuscules fragments sur lesquels, pris indépendamment de la montagne infranchissable qu'ils formaient, elle avait un pouvoir. Ainsi les divinités qui la manipulaient pouvaient-elles être vaincues.

Cygne sortait de son cabinet comme ivre, laissait passer la station de métro où elle devait descendre, tant elle était absorbée par le voyage qu'elle venait de vivre. Et elle allait, légère et animée par l'espoir que sa psy avait fait naître, impressionnée par ce vaste horizon qui s'était ouvert devant elle.

Puis, son enthousiasme retombait.

La Souffrance restait la plus forte.

Et elle sombrait à nouveau, quoique le fil rouge qui la reliait à sa guide ne se rompît jamais. Car si la jeune fille avait toujours rêvé de changer le monde, jamais elle n'eût rêvé de le changer à ce point-là.

— Vous êtes allés voir Soleil de Nuit ?

Cancride, l'étudiant en économie, interpellait avec hauteur le groupe que formaient Lyre, Pégase et Cygne.

— *Soleil de Nuit !*

Pégase lui préférait les groupes de rock anglais, son incompréhension de leur langue masquant chez eux les défauts qu'il reprochait à leurs homologues français. Toutes ces paroles sur le chômage ou l'ordre policier, c'était ridicule ! Et chanter en français était pour lui une preuve de leur manque d'Idéal et d'ambition – et la fin de sa Pensée lui inspira de la honte – *contrairement à lui.*

— Parce que tu crois que Les Aesthetes, c'est mieux ?

Cancride n'aimait pas le jeune homme en soutane, mais il n'eût su dire pourquoi. Il mettait son animosité sur le compte de cette qualité de Pégase qu'il ne parvenait pas à nommer, une sorte d'élégance innée dont le plus jeune d'entre aux, malgré son accoutrement ridicule, ne semblait jamais se départir.

En prononçant le nom du groupe, Cancride avait minaudé en pinçant la bouche et en oscillant de la tête comme un métronome pour rappeler que les Aesthetes n'étaient que des gravures de mode qui faisaient de la musique *commerciale.*

— J'les écoute pas !

Ce qui était faux. Pégase se délectait secrètement des ambiances industrielles et glacées que le groupe mondialement célèbre extrayait de ses synthétiseurs. En tâtant justement l'un de leurs symboles dans sa poche, il sentit son cœur se broyer sous la Peur d'être démasqué.

— Pourquoi pas Droits de l'Homme, pendant que tu y es ?

Flèche était une incarnation de la statuaire grecque. Ses larges épaules, ses lèvres charnues et son nez droit étaient ceux de toutes les allégories figurant sur les places et les fontaines de Paris. Seuls ses cheveux raides et noirs, dont la coupe courte lui donnait un caractère androgyne, dissipaient cette première impression, en accentuant son penchant pour l'autorité. C'était une guerrière : elle n'hésitait pas à se battre, même contre les *chasseurs,* lesquels l'évitaient autant que possible, pour ne plus prendre le risque de se faire ridiculiser.

La pratique de la méditation lui avait apporté cette capacité de chatte à se plonger dans une léthargie apparente. Alors, l'amazone gardait le Silence, sans qu'als pussent savoir si elle suivait ou non leurs conversations. Les yeux mi-clos, elle semblait contrôler le moindre atome de son corps. Mais un Mot, un phénomène, et ses yeux reprenaient, en un instant, la vibration d'une flèche décochée.

Pégase sentit la revascularisation de son cœur en voyant tous les regards converger vers l'amazone. Celle-ci continuait, sarcastique.

— Ce sont les intégristes qui doivent bien rigoler ! Au nom de quoi ils devraient s'abstenir de traiter les femmes comme des animaux, déjà ? Au nom des droits de *l'Homme* ?!

Lorsqu'il la regardait, Cancride devait résister contre la ductilité de sa matière. Si elle ne l'eût pas insupporté en s'opposant à lui, l'étudiant en économie en serait tombé amoureux, et il faisait tout pour ne pas céder.

Parce que l'Occident valorisait l'économie plus que tout autre secteur, il avait choisi ce domaine d'études comme moyen de changer le monde, sans s'interdire la possibilité de devenir un jour une personne riche et importante.

— Moi, j'aime bien Droits de l'Homme.

À seulement vingt ans, Aries était obèse. Son unique boucle d'oreille en forme de biche, qui pendait et s'accrochait à ses boucles blondes, rappelait qu'elle avait adopté la cause de l'animal comme être sensible à la Conscience, à la douleur et à la Peur. Devenue végétarienne, elle ne trouvait plus de plaisir dans une nourriture qu'elle ne savait comment varier, et compensait sa frustration en avalant d'énormes quantités. Elle rêvait d'une morale et de relations simples, et ne se sentait épanouie que parmi les enfants. Flèche ne prit même pas la peine de répondre à la future institutrice. Canis le fit pour elle.

— Tu risques pas de les éveiller, tes futurs élèves, avec ta musique commerciale !

La militante communiste n'avait pas hésité à se teindre les cheveux en rouge. Eprise d'Égalité, elle avait les commissures des lèvres tombantes à force de s'empêcher de Rire. Convaincue de viser davantage la destruction du système depuis l'intérieur que la sécurité de l'emploi, elle se destinait à l'administration des impôts et se surveillait autant que Flèche, mais dans le but de ne jamais paraître heureuse. Car avec tous ces gens malheureux sur la terre, le bonheur lui paraissait obscène.

Lyre faillit intervenir. Les groupes de musique qu'als estimaient plus éthiques que les autres souhaitaient peut-être changer le monde, mais aucun ne l'eût fait au prix de leur carrière. Elle songea à Son Evolution, depuis que la muse Euterpe avait fait résonner sa flûte pour le plaisir des déesses et des dieux.

Partie des grottes où Elle avait surgi des mains frappées l'une contre l'autre, Elle s'était envolée en enchâssements complexes et délicats, jusqu'à se réduire à des impacts de gouttes d'eau ou à des grincements de portes. Car Elle pouvait être partout, qu'Elle fût réduite aux effets les plus grossiers pour plaire à la majorité, au sifflement d'un oiseau, ou à l'éoliharpe d'une forêt de sapins.

Cancride la fit atterrir. Déduisant faussement la bêtise d'Aries de sa naïveté, il aimait prendre l'obèse pour cible.

— Tu crois que ce sont les animaux qui mènent le monde ?

— Ben un peu ! Sachant que la biomasse de la planète est composée d'insectes à quatre-vingt-dix pour cent.

L'espace d'un instant, la surprise les domina. *Ah ouais.*

— Non, reprit Cancride. Ce qui mène le monde, c'est l'argent !

Les hypothèses fusèrent.

— Les armes !

— La politique !

— L'égoïsme !

— Le pétrole !

— Plus précisément, l'énergie.

L'obèse était bien plus savante que ne le laissait penser son amour des animaux et des enfants.

— Sur les dix entreprises mondiales les plus riches, tu en as huit qui produisent de l'énergie. L'humanité doit repenser sa relation à son environnement, et vite, par une politique écologique.

Canis éructa.

— Les Verts ? Arrête ! À part bouffer de la salade et s'bouffer le nez !

Flèche se plut à envenimer la conversation.

— Et quand tu penses que le pétrole, ce sont les musulmans qui l'ont, les femmes ne sont pas sorties de l'auberge !

— Qu'est-ce que t'as contre les musulmans ?

Toutes et tous levèrent les yeux au ciel. *Oh non ! Pas eux !*

Car Alhaï, le défenseur des musulmans, ne venait jamais sans Unulk, le défenseur des juifs.

Mais al en fallait plus pour inquiéter Flèche.

— Oh, rien, si ce n'est qu'ils adorent un livre sacré qui affirme l'infériorité des femmes.

L'argument porta puisque personne, hormis elle, n'avait lu le Coran, pas même Alhaï, qui n'avait que parcouru le livre de sept cents pages.

— N'importe quoi !

— Relis tes classiques, vieux.

— Tu as lu une mauvaise traduction !

— *Les hommes ont autorité sur les femmes...*

— Tout est question d'interprétation !

— *... en raison de la préférence que Dieu leur a accordée sur elles.*

Elle citait de tête !

— Tu ne peux pas prendre au pied de la lettre...

— *Celles dont vous craignez la désobéissance, battez-les.*

— ... un texte écrit au VIIe siècle ! Ce n'est plus le même contexte !

Il criait, mais ne parvenait pas à la faire taire.

— Sourate IV, verset trente-quatre.

Elle connaissait la source au verset près.

Als attendaient la réplique d'Alhai. Mais celui-ci s'enfonçait dans la dénégation.

— Demande à Unulk ! reprit-elle. Il s'y connaît en matière de femmes.

Le juif tendit l'oreille, prêt à intervenir au moindre dérapage contre sa communauté.

— C'est-à-dire ?

— *Béni sois-tu Seigneur, qui ne m'a pas fait femme.* Ça te parle, ça ?

Il traita son ignorance par le mépris : dans ce salut du matin, les hommes ne faisaient rien de plus que remercier Dieu de leur demander plus d'efforts qu'aux femmes.

— Ne parle pas de ce que tu connais pas.

— Dans les faits ça donne quoi ? Tu es au courant que les juives doivent demander le consentement de leur mari pour pouvoir divorcer ?

— Parce que tu crois les chrétiens plus féministes ?

— Vas-y, balance, je ne suis pas concernée.

— *De même que l'Eglise est soumise au Christ, les femmes doivent l'être à leurs maris en toutes choses.*

Toutes les têtes se tournèrent vers lui.

— Le Nouveau Testament. Epître de Saint-Paul aux Ephésiens.

Lui aussi !

— Eh ben ne te marie pas, comme ça tu ne seras pas soumis à ton mari.

Le juif se força à participer à l'hilarité générale. Il devait montrer qu'être pris pour une femme n'était *pas* une insulte. Cancride voulut en profiter.

— On s'en fout !

Toutes les filles s'insurgèrent, mais il poursuivit.

— Ce qui compte, c'est le pétrole !

Ce fut une surprise que de le voir saluer l'argument de l'obèse. Mais il avait un plan.

— Le pétrole aujourd'hui, c'est une énergie fossile. Les réserves sont presque épuisées. Seulement la demande, elle ne diminue pas, du fait de son *inélasticité*.

Et il se félicita d'avoir su prononcer le Mot difficile du premier coup.

— *WOUAH !*

Bootes, un Noir aux cheveux verts, s'esclaffa en entendant le Mot inhabituel.

— Et ton cul, il est inélastique ?

Aries reprit.

— Faudrait une loi qui confisque l'énergie et la répartisse à tous les pays.

— Et une union sacrée qui protège ce bien commun, ajouta Lyre.

— Sacrée ?! Tu veux dire protégée par Dieu ?

Sarcastiques, les deux religieux faisaient toujours front commun contre la jeune fille.

— Une union sacrée non parce qu'elle vient de Dieu, mais de l'humanité.

— C'est pas gagné !

Le sarcasme de l'éducateur leur rappela le seul adulte présent.

— On peut essayer, au moins ! reprit Lyre.

— Comme si les autres avaient pas essayé avant vous !

— Alors on devrait s'en tenir là ?

Son œil malicieux surprit l'éducateur. Elle semblait posséder la distance émotionnelle qu'il aurait dû avoir.

— Tu survivrais pas deux secondes dans ton monde.

Mais il savait que cette affirmation n'avait pas force d'argument.

— Qu'en sais-tu ?

Als avaient l'habitude de ses tournures soignées. Mais l'éducateur trouvait plus ridicule qu'impressionnant ce respect de la langue française.

— « Qu'en sais-tu ? Qu'en sais-tu ? » Mais parce que j'le sais, c'est tout !

Il singeait la préciosité de son style en l'enviant secrètement pour son élégance et pour sa persévérance, car elle n'avait jamais cédé à ses railleries sur la question. Son irritation grandissait.

— Tu crois que vous êtes les premiers !

L'idéalisme de la jeune fille le mettait en Colère. N'était-ce pas ce qui les jetait à la rue sans un sou en poche et sans projet professionnel ? Leur folie coûtait une fortune à l'État !

— J'sais même pas par où commencer !... Tiens ! T'es pour l'anarchie !

Elle le regarda sans comprendre.

— Ben oui ! J'te rappelle quand même que tu portes son symbole dans le dos !

Elle parut brusquement se le rappeler.

— Faudrait peut-être te montrer un petit peu cohérente !

La jeune fille sourit. Elle était habituée à ce que les autres se méprissent totalement sur son compte.

— Seulement c'est pas viable, l'anarchie ! Sans loi, sans règle, sans autorité, tu peux rien faire ! Rien que le nom de votre lieu il est parlant : *l'Hôpital* ! Excuse-moi ! C'est l'hôpital qui s'fout de la charité !

Comme sa plaisanterie ne fonctionnait pas, l'homme revint sur le fond.

— Alors explique-moi : sans argent ni chef, comment vous allez le faire fonctionner, votre squat ?

— Est-ce que nous, nous avons un chef ?

La comparaison tomba sur aux doucement, comme un voile.

— Pourtant, ça fonctionne.

— Qu'est-ce qui fonctionne ? Qu'est-ce que vous faites, ici ? Rien ! À part glander !

Il s'emballait malgré lui.

— Vous servez à rien, vous construisez rien ! Mettez-vous à faire quelque chose, et vous verrez si elle tient la route, votre union sacrée !

Il se tut soudain, découvrant l'effet que ses paroles avaient sur aux, sentant leur impact invisible s'enfoncer dans leurs fronts, pareilles à des balles qui eussent été arrêtées par des murs. Et il sentit une pointe de feu percer quelque chose en lui.

— C'est quand tu ne sais plus rêver que tu deviens vieux.

Elle semblait avoir voulu le consoler. Mais l'homme voulait avoir le Mot de la fin.

— Vous changerez !

Il s'entendit une fois encore, prit Conscience de l'espèce de vengeance qui s'exprimait dans cette prédiction.

La jeune fille ne put jamais lui répondre.

A la faiblesse soudaine et généralisée qui l'envahit, elle reconnut celui qui l'avait prise pour cible. Le Pape, qui commandait les chasseurs, s'appuyait déjà sur son épaule, lui révélant autant l'espoir qu'il avait de la frapper que le plaisir qu'il en eût conçu. Car Lyre était l'autrice de ce surnom ridicule qu'als avaient repris, tant ce dernier avait su saisir le dogmatisme religieux de la petite confrérie dont il était le chef.

C'était bien un petit groupe de chasseurs qui avaient fondu sur le Forum, leurs blousons bardés de symboles guerriers et de drapeaux des États-Unis. Mais de ce pays, elles ne les avaient jamais entendus parler, à croire que le rêve américain ne semblait être qu'une cause factice, exhibée uniquement pour justifier le véritable objet de leur dévotion : la Violence.

— Coup d'coude, coup d'poing, balayage, crochet ! *BLAM !* Coup d'pompe et re-coup d'pompe !

Ils s'esclaffaient devant la verve et l'arrogance de leur chef.

— Vas-y que j'te l'tatane ! J'te l'ai détruit en deux secondes trois dixièmes, le type !

Leur dernière *descente* prenait, comme d'habitude, des dimensions épiques.

— T'aurais vu c'que j'lui ai mis ! *Roh lo looo !* Pas vrai, mon pote ?

Un grand Noir opina.

— Et tu devineras jamais qui s'pointe !

Le coude sur l'épaule de Lyre, il semblait s'adresser à elle.

— Bad et sa bande !

Les chasseurs s'étaient postés en demi-cercle autour d'aux.

— *Oh lo looo !* Ils sont six ! Et nous on est dix ! Alors tu sais pas c'qu'ils font ? Ils s'barrent ! Alors là j'te l'dis mon pote, tant pis pour leur gueule ! *BLAM !* Coup d'latte dans les genoux d'Bad ! Son pote s'avance, j'te l'détruis d'un bon crochet et j'te l'achève à la fourchette. Deux phalanges que j'lui ai mis dans l'œil ! Ses potes me tombent dessus, j'te les envoie valser !

— Ouais !!!

Encore excités, ses acolytes approuvaient bruyamment.

— Et l'autre qu'y veut s'relever ! Putain, il fait l'erreur de sa vie ! Moi j'suis sur mes appuis, tu vois ?

Lyre tentait de lutter contre la Peur, mais sa grande ennemie était là, avec une puissance telle qu'elle anéantissait sa Volonté. La jeune fille sentait un tremblement monter depuis ses pieds, découvrait avec stupéfaction qu'elle en était à moitié aveugle. Déjà, elle ne pouvait plus tourner la tête vers le Pape.

— *BLAM ! BLAM !* Ciseaux ! Le mec, par terre ! J'lui laisse pas l'temps de s'relever, j'lui démonte sa tête !

Malgré elle, Lyre suivait des yeux les monstrueuses excroissances qui déformaient les doigts du chef, et qu'il agitait sciemment devant son visage. Ses bagues de combat lui hérissaient les phalanges de têtes de mort, d'aigles et de divers symboles qu'elle ne reconnut pas. S'en servaient-ils vraiment ? Ces bijoux proéminents débridaient follement son imagination. Elle était certaine que le Pape n'aurait eu aucun scrupule à l'éborgner s'il avait pu le faire de manière anonyme. Elle eût aimé garder son sang-froid, mais c'est à peine si elle parvenait à se concentrer sur le tremblement qui prenait inéluctablement, entièrement possession d'elle-même.

— Au fait, ça s'passe bien la manche ?

Il tentait de l'humilier. Mais, outre qu'elle était incapable de secouer la sidération qui l'avait saisie, elle ne savait jouer au jeu des phrases assassines.

Le Silence revint, révélant son malaise. Le Pape en jouit avec délectation.

Elle ignorait de quelle façon il était devenu leur chef, mais elle ne doutait pas qu'il l'était devenu sans effort, simplement en exerçant le charme puissant dans lequel il les enlaçait toutes et tous, et qui les maintenait dans un état second, à la merci de sa Violence imprévisible. Car, sans Colère ni changement d'humeur, il était capable de frapper un parfait inconnu croisant sa route, tout autant que l'une de ses connaissances, juste après lui avoir serré la main. Lyre cherchait en vain quel geste, quelle parole pourrait l'humaniser.

Du reste, cette préoccupation semblait partagée.

Sous le prétexte de la plaisanterie, les chasseurs s'en prenaient aux autres qu'ils effrayaient par de brusques coups de tête, ou en les repoussant violemment. *J'rigole !* s'excusaient-ils en les aidant à se relever. S'ensuivait un nouveau coup qui les renvoyait à terre. Tous les membres de leur confrérie prétendaient être champions de ceci ou de cela, citant des noms d'arts martiaux aux consonances asiatiques, et dont Lyre ignorait tout.

Sa Peur continuait à augmenter. À présent, la jeune fille avait l'impression d'être perdue très loin à l'intérieur d'un scaphandre de chair, à un endroit où tous ses sens étaient amoindris. D'après la régularité des bruits mats qui parvenaient à sa Conscience, elle finit tout de même par comprendre que certains s'étaient mis torse nu et s'entraînaient à donner des coups de tibia répétés contre des obstacles qu'elle n'était pas en état d'identifier. Puis, sans savoir pourquoi, ses yeux furent à nouveau capables de bouger et de fixer le symbole en tissu cousu sur le blouson du Pape. L'écusson, pour qui connaissait l'héraldique des chasseurs, faisait s'entrecroiser leurs emblèmes : une batte de base-ball et une bouteille de bière.

Une intervention la sauva.

— Tu vas pas frapper une fille ?

Celui qui semblait la défendre avait la face plate, les yeux étirés, le corps menu et vif des Asiatiques.

Pourquoi ce Mot en sa faveur ? Leur dévotion à leur chef était sans limites. Sans doute qu'il ne faisait qu'empêcher le Pape d'anéantir leur réputation de Combattants de la Liberté.

Ce dernier hésita. Les chasseurs tenaient à se démarquer de la barbarie de leurs adversaires, les *skinheads*. C'était eux, les méchants. Les chasseurs, eux, protégeaient le monde des racistes, du moins était-ce le dogme qu'ils aimaient répandre.

Soudain, l'Asiatique lui agrippa le revers du manteau. Elle eut un brusque recul. Mais le chasseur ne faisait qu'y poinçonner un badge représentant le drapeau des États-Unis. Le Pape s'esclaffa. La Peur de la jeune fille le faisait jubiler.

— Eh ben voilà ! Maintenant on sait pour qui t'es !

Les autres chasseurs imitaient l'Asiatique.

— À partir de maintenant, faut montrer pour qui vous êtes ! cria le Pape. Si y en a un qu'affiche pas son camp, tant pis pour lui !

Ce fut une fuite éperdue.

Le cerveau des chasseurs les identifia aussitôt comme des proies, et ils se jetèrent à leur poursuite.

En quelques secondes, l'esplanade fut de nouveau habitée par la foule pressée et les courants d'air. Même Flèche avait disparu.

Alors, comme à son arrivée, Lyre se retrouva seule face à l'église. Son regard erra sur le fossile de pierre avant de retomber sur la tête de Dieu. Les yeux fermés, il continuait à écouter le secret qu'il était seul à entendre. Mais elle eut l'impression que la crotte de béton accentuait son sourire.

Sanctus

Saint

Sa Haine était inexpiable, elle l'obnubilait avec une prégnance sidérante, en l'éblouissant à tout instant par des images de fin du monde. Son cerveau les entretenait par les films catastrophe avec lesquels il se divertissait, et dont les affiches menaçaient régulièrement la population de l'anéantissement ultime avec une surenchère qui, avec le Temps, lui avait rendu familiers les raz-de-marée, les invasions de zombies, les collisions de météorites et autres jugements derniers réinventés à la chaîne par les scénaristes de Hollywood. Et il vivait dans l'espoir d'une déflagration fantastique qui eût rasé la vie sur terre, quoique cet espoir morbide, entretenu par le cinéma qu'il aimait, n'apaisait que brièvement son âme qui aspirait à plus de violence encore, au moins égale à celle que son Père lui faisait endurer lorsqu'il le battait, mais qui lui eût été supérieure, à la fois plus grandiose et plus définitive. Alors seulement, Eridan eût connu le repos.

Des rues de son quartier, il tentait d'en voir le moins possible, tellement tout en elles offusquait ses désirs d'ordre, de pureté et de grandeur. Et il traversait dans la répugnance leurs masses en ébullition, leur bouillonnement de gaz, d'excréments et de bactéries, faiblement éclairées par les yeux agrandis de stupeur et de tristesse des colosses de l'architecture parisienne qui, ainsi le devinait-il, avaient été blancs et immaculés. Le pire était sa certitude d'être aussi laid et aussi minable que tous ces gens, lui le « sale clebs », comme l'appelait son Père, le « sac à chiasse », le « flaire-fesse ». Et du chien, c'était vrai qu'il tenait la loyauté, car Eridan se fût haï plus encore en se rebiffant contre son Maître.

Il consulta le tract que celui-ci avait jeté sur le buffet en s'exclamant :

— Voilà ce qu'y faudrait pour le pays ! Ça, ça changerait tout !

Curieux de savoir quelle était la solution qui eût tout arrangé, le jeune homme avait lu le tract, et s'était mis en tête de rencontrer çaux qui voulaient la mettre en œuvre.

L'université où il devait les retrouver le frappa par la majesté de sa façade. Jamais il n'avait approché une église ou un temple aussi formidable. Si majestueuses étaient ses colonnes ! De par ses proportions gigantesques, la rectitude de sa symétrie et l'austérité de son ornementation, cet endroit possédait un caractère martial, que n'avait jamais possédé pour lui, jusqu'à ce jour, le savoir.

Une foule jeune et insouciante débouchait de tous côtés sans lui jeter un regard, toute à sa précipitation et à son enthousiasme que rien ne semblait pouvoir altérer. Als le contrariaient par leur légèreté et leur plaisir évident à vivre qui, à ses yeux, ne s'accordaient pas à la beauté sévère de ce lieu. Il eût voulu la leur rappeler brutalement, en les faisant tomber d'une gifle, pour qu'als eussent Conscience de la superbe et la gravité de ce noble édifice, et il se délecta de cette agression imaginaire. Ah, les faire s'agenouiller d'un regard, les voir le supplier, leur enfoncer les yeux d'une pression des pouces !

Ainsi le reprenait Sa Noire Thaumaturgie, et dont les riffs de guitares, comme directement exécutés sur ses viscères, conféraient virtuellement au lycéen des pouvoirs surhumains : la force du taureau, l'indifférence du cyborg, l'électricité de la foudre. Et, à l'instar de ces miracles qui n'avaient lieu qu'à l'intérieur de lui, l'imposture de sa normalité se poursuivait, toute traversée d'éclairs et de bouffées de démence.

Il reprit le tract dans sa poche.

Deuxième étage, escalier C.

Après une longue errance dans le labyrinthe de l'université, il finit par déboucher dans un couloir désert et aux murs recouverts d'affiches.

VOTE ! L'ACTE CITOYEN
L'UEF a besoin de TOI !
Le FOL pour te défendre

Enfin, le numéro 603 grandit démesurément, et le Silence se fit dans son esprit. Car il avait trouvé le symbole qu'il cherchait :

Sentant les battements de son cœur s'accélérer, il frappa sans réfléchir.

Nulle réponse.

Si bien qu'après avoir actionné la poignée, il déboucha avec surprise dans une salle de rédaction survoltée.

Assis sur une table, au milieu du chassé-croisé des rédacteurs des *Rats*, de Leonis déclamait avec grandiloquence :

— *Cette fois les Rats sont allés trop loin ! Dans le dernier numéro, ils vont jusqu'à citer Marx et Jaurès pour justifier leur antisémitisme ! Ces pauvres tarés ne savent pas que Marx et Jaurès sont incapables d'avoir dit ou écrit les propos qu'ils leur attribuent !* Ah, ah, si tu savais ! *Pour protester contre cette association d'extrême droite au sein de l'université, venez tous manifester dans la cour d'honneur avec Mouvance libertaire, L'Anarchosphère, Objectif Dissidence...*

L'étudiant en sociologie s'interrompit pour regarder l'adolescent à l'air de chien battu qui hésitait à franchir le pas de la porte et, rassuré par son insignifiance, abrégea, non sans décider d'impressionner le nouveau venu.

— Et c'est signé *SPARTACUS* ! Putain ! Le mec il est pas mégalo, déjà ! Spartacus, l'esclave libérateur qui a failli tuer le général Crassus !

— *S.P.A.R.T.A.C.U.S. : Section Pour l'Action Rigolote, Terroriste et Artistique Contre les Ultras de la Stigmatisation.*

La voix avait eu la douceur menaçante d'un chef forcé d'expliquer une évidence à un subalterne imbécile.

Eridan découvrit un skinhead d'une trentaine d'années, au physique épais et musculeux. Tout en haut de son large cou, des yeux en amande luisaient dans un visage impénétrable. L'homme reprit :

— Ça tu vois, si c'est pas de l'ignorance crasse, c'est de l'ignorance *crassus* !

Admiratifs, les autres saluèrent le jeu de Mots. Encore une fois, ce pauvre de Leonis se faisait ridiculiser par Bad.

L'étudiant en sociologie reprit, rageur :

— Bonjour l'acronyme ! Ils pouvaient pas faire plus long ?

Mais les Rires ne changèrent pas de camp.

De Leonis s'imposa de sourire, mais il était furieux. Secrètement, il reconnaissait la supériorité écrasante de ce rival qui l'empêchait depuis toujours d'éblouir les autres rédacteurs des Rats. Il lui enviait sa culture, son estime de soi à toute épreuve, l'impénétrabilité de ses yeux de sphinx et, bien sûr, sa carrure impressionnante. Alors, pour se venger, il transforma toutes ces qualités en défauts, et railla silencieusement son pédantisme, son égocentrisme dont rien ne venait à bout, ses petits yeux étirés qui faisaient ressortir son visage bouffi, et ses épaules si développées que le skinhead ne paraissait pas avoir de cou. De Leonis y ajouta l'accessoire d'un autre Temps et d'un autre monde qui ne le quittait pas – une batte de baseball – sans oublier ces Mots tout aussi ridicules car puisés dans la langue anglaise – *Bad, skinhead* – qui servaient à les désigner, lui et ses pareils, ce qui les plaçait en totale incohérence avec leur cause : la France.

Leur apparence, réellement, lui semblait grotesque. Passait encore leur coupe de cheveux rasés qui pouvait s'apparenter à celle des militaires, mais... leur espèce d'uniforme ! Leur *bomber* était à l'origine porté par les pilotes *américains* ! En nylon brillant, noir et léger, ce blouson doublait quasiment leur carrure, ce qui faisait passer les plus maigres d'entre eux pour d'imposants cerbères, et donnait une silhouette bouboule à Bad, qui n'était pas très grand. Quant à leur marque préférée de polos, elle était... *anglaise* ! Mais la bouffonnerie de ce déguisement atteignait des sommets avec le bas de leur tenue. Leur jean (donc lui aussi *américain*) était tenu par des bretelles portées *par-dessus* le polo ; l'aberration ultime consistant en ces énormes bottes lacées et à bout renforcé qui leur montaient sur le tibia, conçues à l'origine pour des personnes affligées d'un pied-bot – *donc pour des handicapés*, pensait-il, çaux-là même dont ils prônaient l'élimination ! – et dont la marque, une fois encore, était... *anglaise.*

Comment eût-il pu les prendre au sérieux, avec ces grossières incohérences et cette allure de clowns ?

La dernière personne que de Leonis pouvait encore impressionner était cet adolescent triste et abattu qui était resté sur le seuil.

— 'Toutes façons, ça m'étonne pas que les gauchistes aient pris le nom d'un bicot !

Eridan sursauta. L'inconnu qui cherchait à se faire valoir venait-il de l'insulter ?

— Ben oui ! reprit de Leonis, sans le quitter des yeux. Spartacus était un Maghrébin ! Puisque, d'après Plutarque, il était Thrace de nation, mais Numide de race.

L'affolement gagna Eridan. L'étudiant en sociologie continua, narquois (c'était la providence qui lui envoyait ce débile !) :

— Plutarque ? l'interrogea-t-il. Les Grecs ? Les Romains ?

Il se tut, mais trop tard.

Une force incoercible s'était ébranlée dans sa direction, et de Leonis envisagea brièvement de se cacher sous la table avant de conclure d'une voix à peine audible, résigné à affronter le champ vectoriel dont il subissait déjà l'effet :

— *Les Vies parallèles des hommes illustres* ?

Bad avait franchi les derniers centimètres qui les séparaient et sa main énorme s'était doucement abattue sur l'épaule de l'étudiant.

— Comme Crassus ? lui demanda le skinhead.

Pendant quelques secondes, de Leonis refusa d'envisager la possibilité que son rival connût l'œuvre de Plutarque. Mais l'urgence le ramena à la situation présente. Que comptait faire Bad ? Le frapper ? L'étudiant osa lever les yeux vers la face sibylline, et cela lui coûta autant qu'un acte de bravoure.

Sans cesser de sourire, Bad augmenta la pression qu'il exerçait sur son frêle adversaire, le balançant légèrement d'avant en arrière de sa seule main.

Soudain, il le relâcha, et la légère poussée, couplée à la résistance de De Leonis, balança l'étudiant d'avant en arrière, avec la constance et la fluidité comiques d'un culbuto.

Un dernier petit sourire, et le skinhead passa la porte.

— Tu viens ?

C'était à Eridan qu'il s'était adressé, comme s'il l'eût toujours connu.

Le jeune homme marchait léger en sa présence, observant les effets du charisme de Bad. Il s'était placé légèrement en retrait, calquant son allure sur la sienne, et il avait été surpris de la lenteur que le skinhead s'imposait.

Comme lui, le lycéen tentait de garder le buste bien droit et de ne bouger la tête que sur un plan horizontal, présentant les talons pour paraître écraser la chaussée sous ses orteils. Par cette gestuelle, il avait l'impression de libérer son propre pouvoir, et s'imaginait faire passer sur toute chose un rayon invisible et brûlant qui lui fût sorti des yeux.

Il en retirait une assurance inédite.

Magiquement, toutes et tous s'écartaient sur leur passage. Car Bad ne déviait jamais de sa trajectoire, et Eridan comprit que le skinhead avait adopté une cadence suffisamment lente et anormale pour que personne ne pût le rater. Et, tant qu'ils marchèrent, le prodige continua devant les yeux éblouis de l'adolescent, séparant pour eux les eaux de l'océan humain.

Eridan eût voulu que cela ne cessât jamais. Mais Bad finit par s'arrêter.

— T'as pas peur du noir, j'espère ?

Devant la mine interloquée du lycéen, le trentenaire éclata de Rire. Mais sa moquerie était presque affectueuse, comparée à celle de l'*intello* dans les locaux des Rats. Eridan croyait même sentir − il se fiait davantage à son intuition qu'à l'expression indéchiffrable du skinhead – qu'un être aussi insignifiant que lui pouvait intéresser Bad. Mais en quoi ?

L'autre ne lui laissa pas le Temps de réfléchir. Il lui montra le sol du doigt :

— T'y es déjà allé ?

— Où ?

Bad sourit et, du regard, lui désigna ses pieds.

Eridan regarda par terre sans comprendre avant de découvrir la plaque sur laquelle il se tenait.

— Dans les égouts ?

— Tu sais combien y a de rats dans Paris ?

D'un geste doux de l'avant-bras, le skinhead l'avait poussé. Le contact inattendu causa des frissons au jeune homme mais, soit que la fascination qu'il éprouvait pour son compagnon le maintînt dans la léthargie, soit qu'au contraire, il se réappropriât de mieux en mieux ses facultés, Eridan ne sursauta pas. Il fit *non* de la tête tout en le regardant avec incrédulité désobstruer l'accès et s'y engager.

Les épaules de Bad en touchaient la circonférence. Celui-ci descendit les premiers arceaux puis, levant la tête et souriant à Eridan, lui donna la réponse à sa propre question :

— Trois fois plus que d'habitants.

Le monde s'était rétréci à la silhouette noire et mouvante de Bad qui, plaquée contre le halo de sa lampe torche, s'interposait entre lui et la lumière.

Suivant le skinhead dans les boyaux du labyrinthe, Eridan luttait contre la nausée et l'affolement. Couplées au brusque rétrécissement de l'espace, la puanteur et la friabilité de l'air lui intimaient de fuir. Mais son guide ne se pressait pas.

— Ces galeries, c'est la mémoire de Paris.

Le skinhead allait-il lui donner un cours ?

— Au début c'était des carrières. Ça servait de réserves de pierre pour construire la ville. Maintenant ça sert à désencombrer les rues.

N'étant pas certain que « désencombrer » existât, Eridan admira la décomplexion du skinhead avec la langue française. Mais autour de lui, les panneaux participaient à faire monter son angoisse.

SANCTIONS PENALES
RISQUES DE MONTÉE DES EAUX
DANGER DE MORT

Leurs pas pulvérisaient le granulat mouvant de l'atmosphère et répandaient toujours de nouvelles volutes. Soudain, des grattements attirèrent l'attention d'Eridan. Son guide braqua sa lampe vers les canalisations creusées sur le côté des allées, et des mammifères dodus et courts sur pattes détalèrent. *Des rats !* Les fameux rats dont avait parlé Bad. *Et s'ils les attaquaient ?!*

Mais le skinhead ne semblait pas les craindre. Celui-ci, étirant les fils de soie qui se collaient à lui, désigna un réseau de conduites.

— Sans ça, y aurait plus rien qui marcherait à la surface : chauffage, électricité, gaz, téléphone... sans parler de la clim' ! Fais sauter tout ça et tu verras le bordel !

Tout d'un coup, Bad lui rabattit sa capuche sur la tête, tout en remontant son propre blouson sur la sienne. Il se pencha pour entrer dans un boyau plus étroit que les autres. *Pic ! Pac ! Poc !* Eridan sentait des particules et des grappes de choses non identifiées tomber sur lui. Apparemment, les galeries suintaient et, pendant quelques secondes, le jeune homme regarda sans comprendre les gouttes d'eau boueuse leur filer entre les pieds.

Des cafards !

Le boyau en était entièrement recouvert. Les déplacements de l'air en détachaient des poignées qui leur tombaient partout sur le corps. Une sueur froide inonda Eridan. Au bord de la panique, il ferma son esprit à tout ce qui n'était pas l'étoile noire du skinhead.

Enfin, ils débouchèrent dans une galerie plus large. Eructant un râle de soulagement, Eridan découvrit un cours d'eau où se fichaient des pans obliques de lumière scintillante. Son guide lui montra la voûte qui se déployait à une hauteur surprenante.

— Du gypse et du calcaire, deux roches blanches. C'est pour ça que Paris s'appelle *la Ville Lumière.*

C'était comme l'orée d'un nouveau monde.

L'eau semblait avoir la consistance du mercure, tant elle paraissait d'une matière pure et métallique. Ils montèrent dans une embarcation et commencèrent à pagayer, tandis que Bad lui désignait, aux voûtes, des plaques où se lisaient des noms de rues. Eridan l'écoutait à peine, se concentrant sur les clapotis que créaient les lents coups de rame, l'écho des gouttes d'eau qui tombaient, depuis le plafond, sur ce miroir où ils naviguaient.

Finalement, ils accostèrent, et leur visite reprit.

Le skinhead ne cessait de faire des détours, sans que la détermination de son attitude ne suscitât de doutes : il était déjà passé par là.

— Le vrai nom de Paris c'est Lutetia, reprit Bad, de « lutum », *la boue,* parce qu'elle a été construite sur le marécage de l'île de la Cité.

Malgré son physique de brute, il ne s'exprimait pas comme telle. Ce paradoxe rassurait Eridan. Pour la deuxième fois de la journée, le savoir se parait de puissance.

Mais le jeune homme respirait de plus en plus péniblement derrière son guide.

Le skinhead s'arrêta une fois encore, cette fois devant un panneau qui indiquait *PLACE DU PANTHEON* et, montrant le plafond du doigt :

— On est sous l'ancien forum de Lutèce, le croisement entre la rue Saint-Jacques, le *cardo*, et la rue des Ecoles, le *decumanus*.

Etait-ce du latin ?

— Voilà pourquoi on appelle ce quartier *le Quartier Latin*.

Oui, apparemment.

— Le forum c'était le cœur d'une ville romaine. À ne pas confondre avec le centre commercial ! T'y venais faire ton marché, mais t'y venais aussi pour prier, et surtout pour débattre !

Eridan avait l'impression que Bad cherchait à le convaincre. Mais de quoi ?

— Ici, t'as toutes les grandes écoles historiques de France : Louis Le Grand, Henri IV, La Sorbonne, le Collège de France, tout ! Et le Panthéon, le mausolée des grands Hommes.

Il mit son poing sur la plaque et articula avec une rage contenue :

— C'est ici le cœur et la tête de Paris, MERDE !!!

Il avait hurlé le dernier Mot.

Habitué aux éclats de voix, Eridan ne sursauta pas. Au contraire, il apprécia cette clameur jetée à un camp adverse et invisible, cette Haine qu'il partageait. Et il commença à se détendre.

Tout d'un coup, un tremblement de terre fit vibrer le sol et les galeries. Le skinhead pointa le doigt vers la voûte qui n'était qu'à quelques centimètres de leurs têtes.

— Le métro !

C'est alors que, dans un éblouissement, la Conscience de sa situation fut rendue à Eridan : il ne pourrait plus retrouver son chemin sans Bad.

Il était perdu si le skinhead décidait de le planter là ! Il n'avait même pas de lampe de poche !

Son guide ne remarqua pas ses yeux agrandis par la Peur. Eridan se voyait perdu et seul à tâtonner dans le noir, mordu par les rats, envahi par les blattes, enterré vivant ! Mais il continua sans un Mot derrière son compagnon. Celui-ci était devenu sa seule garantie de survie. Le ramènerait-il un jour à la surface ?

Soudain, le skinhead s'immobilisa.

Il restait silencieux.

Qu'est-ce qui se passait ?

Son large dos lui masquant la vue, Eridan fit un pas de côté. Bad passait son doigt sur une inscription pour en enlever la poussière et une inscription apparut : *HINTERHAUS.*

De l'allemand ?

— L'Occupation, expliqua le skinhead, sans qu'Eridan pût savoir si cela lui évoquait des sentiments positifs ou négatifs.

Ils reprirent leur route.

Bad resta un long moment sans parler. Seuls leurs halètements se mêlaient, suivant le même tempo. Eridan devait se retenir pour ne pas lui demander de faire demi-tour. Enfin, il perçut une présence. Dans l'ombre du skinhead, Eridan ne pouvait rien distinguer de précis, mais l'espoir d'arriver quelque part lui permit de fournir un dernier effort.

Peu à peu, il reconnut des voix, des cris. Et tout d'un coup, ils débouchèrent dans une vaste grotte.

Les skinheads faisaient la fête.

La hauteur des concrétions lui fit croire qu'il pourrait respirer normalement. Ses poumons aspirèrent largement, et aussitôt, il fut pris d'une violente série d'éternuements. Moins encombrée que dans les galeries, l'atmosphère transportait néanmoins une fine poussière.

— *OUAIS !!!*

Ne connaissant personne, Eridan suivait humblement son guide au milieu des chants et des danses. Mais la majesté du lieu parvint presque à dissiper son embarras.

Dissimulées sous de massives concrétions, des salles en nombre se perdaient dans une obscurité que les cris et les Rires peuplaient d'échos. Rassuré par la présence des autres, Eridan examinait les formes fantaisistes de la pierre qui tantôt s'aggloméraient au sol, tantôt s'élargissaient en larges piliers soutenant le plafond, ou encore s'abaissaient jusqu'à lui interdire le passage. Et brusquement, il L'entendit.

Elle s'élevait, claire et pure dans ce cloaque qu'elle semblait brièvement éclairer sur son passage, serpentine lorsqu'elle contournait les colonnes, caressante lorsqu'elle se déposait en une fine résille sur leurs épaules, et il reconnut l'introduction étonnante de cette chanson des *Dogs* : le coup sec et léger des cymbales, suivi de la petite mélodie orientale, si fine, de l'instrument à cordes – était-ce une cithare ? – et enfin, le decrescendo tout en rondeur de la basse.

KILLING A BLACK MAN !

Bondissant sur la chanson, une écharpe rouge et bleue autour du cou, ils reprenaient le court refrain en se tenant fraternellement par la taille ou par l'épaule, se déséquilibrant par jeu. Eridan n'avait jamais prêté attention aux paroles de cette chanson et voilà qu'elles commençaient vaguement à prendre un sens, ici, sous terre, reprises en chœur par cette bande de jeunes hommes tondus qui brandissaient des bières et dansaient en riant grassement.

Il s'étonna du contraste qu'als offraient : elle, féminine et racée, s'enroulant autour des choses avec une souplesse gracile, eux, virils et lourds, les pieds lestés de ces bottes étranges. Mais cette Pensée ne fut qu'une fulgurance.

Eridan ne souhaitait rien d'autre que son parachutage passât inaperçu, ce qui se fit. Etait-ce grâce à l'autorité de Bad qui leur avait imposé sa présence sans se justifier ? Son guide avait disparu en l'abandonnant au milieu de la première salle, mais un adolescent rieur, encore plus malingre que lui, l'avait déjà attiré dans l'une de leurs danses.

Leur pied droit se levait vers la gauche, celui de gauche vers la droite : c'était à sa portée. Dès qu'Eridan eût capté leur rythme, les deux adolescents se sourirent et, dans le visage de ce nouveau compagnon qui le découvrait, Eridan décela moins d'ivresse que de Joie. Que voyait-il pour être aussi heureux ?

Avec son nouveau compagnon, il fut d'abord violemment balloté d'un côté à l'autre, dans une chaîne qu'ils constituaient avec une autre paire. Mais il comprit vite qu'étant placé à l'extrémité, il pourrait leur résister et les bousculer à son tour. Et une répartition équilibrée des forces s'instaura.

La Pensée ralentie par l'alcool, les deux autres se calaient sur les Temps de la chanson pour placer leurs tentatives de déstabilisation, tandis qu'Eridan et son compagnon profitaient des passages les plus monotones de la chanson pour les surprendre. Mais lorsque la petite mélodie délicate et orientale revenait, délivrant sa magie exotique, elle semblait leur conférer un peu de son harmonie, et tous les quatre savouraient alors le plaisir d'être ensemble.

KILLING A BLACK MAN !

Hurlait-il avec les autres et, chaque fois que passaient leurs bottes de cuir renforcé et ses propres chaussures en toile devant ses yeux, il s'en inquiétait, ayant hâte de s'enquérir du lieu où il pourrait se chausser et s'habiller comme eux.

Mais son malaise le reprit.

Chaque bouffée d'air semblait provoquer la nébulisation de son sang et lui donner la sensation de se dissoudre parmi les spores allergènes qui flottaient dans cette grotte. Ses doigts, avec lesquels il se frottait les paupières, lui paraissaient curieusement plus lisses que d'habitude, et aggravaient l'irritation de ses yeux. Eridan voulut se dégager de leur emprise mais s'aperçut qu'il n'en avait déjà plus la force. Ils le maintenaient fermement, qu'il le voulût ou non, et…

KILLING A BLACK MAN !

Pourquoi ces paroles les mettaient en Joie ? Leur trépidation cadencée lui paraissait maintenant impossible à maintenir. Son compagnon se tourna vers lui pour déchiffrer dans son regard les raisons de sa mollesse. Et Eridan acheva de se disperser parmi les composés volatiles de l'atmosphère.

Les réunions de l'équipe des Rats se soldaient régulièrement par une frustration qui faisait bouillonner de Leonis.

L'étudiant croyait en souffrir mais en réalité, son caractère aimait baigner dans la plainte. Il n'avait pas Conscience que c'était rassurant de stagner dans ce liquide amniotique, et que le véritable défi eût été d'assumer une émotion, un acte ou un état qui l'eût satisfait.

Alors qu'il sortait du métro, les façades parisiennes de ce quartier chic l'apaisèrent. Il en aimait les contours gondolés en saillies et les détails floraux, ainsi que ces sculptures de femmes aux longs cheveux ondulant jusqu'à leurs chevilles, et qui semblaient pouvoir ployer jusqu'à la contorsion. Alors, pendant quelques secondes, il se rêvait en guide de l'humanité peint par quelque peintre symboliste, contemplant l'horizon sous des cieux infinis, une couronne de laurier sur la tête, un luth à la main et ces femmes aux pieds.

Cette architecture dissipait sa frustration et le ramenait à son Orgueil flatté d'évoluer dans un si beau quartier.

Car d'aristocratique, de Leonis n'avait que la particule. De sa fortune et de sa famille, rien d'autre ne lui restait que son Père, dont il méprisait la vie de maire d'un village de province. Alors que celui-ci ne s'imaginait pas différent des paysans avec lesquels il trinquait au-dessus de leur nappe de toile cirée (dont le revêtement collant avait toujours dégoûté l'enfant qui les avait observés d'un regard sans compassion), lui avait rêvé d'un destin plus grand.

L'étudiant revoyait avec mépris ces rustres qui ne quittaient jamais leur ferme, et qui refaisaient le monde uniquement en paroles, sans finalement faire autre chose que le perpétuer dans ce qu'il avait de plus archaïque, à mesure que défilaient les petits verres d'eau-de-vie. Et il jurait de ne pas reproduire leur passivité, ni les choix de son Père.

Mais comment faire partie de l'élite, sans argent ni relations ?

Il se raidit en approchant des portes perpétuellement battantes de l'Institut des Sciences

Sociales. Sa radicalité et son agressivité lui avaient déjà valu des attaques verbales et des gestes déplacés, et il s'approcha prudemment des battants de bois et de verre.

Il fit bien. Cette fois, ce fut une étudiante spécialiste du féminisme qui le reconnut et qui, au lieu de lui retenir la porte, la lui lança à la figure. C'était une pratique habituelle et il avait prévu le coup. Mais, contrarié par cette lâche impolitesse — la fille était déjà loin — il résolut de montrer qu'il était contre la mixité raciale des peuples à un Professeur noir qui le suivait de près, et fit de même avec lui.

L'exclamation indignée, lorsque celui-ci faillit se recevoir le battant lancé à toute volée, vengea de Leonis, qui poursuivit sa route vers les étages supérieurs, son soulagement déjà tempéré par la crainte d'avoir, un jour, à répondre de son geste.

Le hall d'entrée de l'institut était l'endroit le plus critique de son parcours. D'ici pouvait fuser l'interpellation ou l'invective humiliante qu'il redoutait — quoique la guerre entre courants de Pensées se menât surtout à coups de mémoires et d'essais — car les individus, protégés par leur groupes, se sentaient alors le courage de l'apostropher. Mais cette fois, de Leonis passa sans encombre entre les rassemblements formés par spécialités.

Entré à l'Institut des Sciences Sociales pour monter dans la hiérarchie sociale par le Savoir, l'étudiant y était redescendu au plus bas dès les premiers jours, en découvrant le petit tas d'idées toutes faites qui constituait sa propre Pensée.

Il avait eu assez d'honnêteté pour vouloir s'améliorer et, une fois immergé dans ses cours de sociologie, philosophie, histoire, géopolitique, linguistique, anthropologie et langues, il parvenait presque à s'oublier. Car la magie du Savoir lui procurait des plaisirs aussi vertigineux que les rêves de son Ambition.

Grâce à lui, il entreprenait un voyage fantastique. Dépouillé de ses sens et de ses repères, il était directement projeté dans une tornade stratosphérique faisant tourbillonner peuples et problématiques, là où les dimensions universelles et privées s'interpénétraient sans conventions ni morale. Ecrasé par les chocs des cultures qui se heurtaient comme autant de grandes masses thermiques, ballotté par les ondes fluctuantes et les vents contraires des politiques et des croyances, précipité d'un entonnoir à un autre, soumis aux intempéries des soulèvements et aux turbulences des découvertes, il finissait toujours par tomber dans cette zone de calme qu'était l'œil du cyclone, sans précipitations, au vent nul et au ciel bleu que représentait l'idée maîtresse qui présidait à sa présence ici et à l'existence même de cette école : *un avenir meilleur surgit de l'étude du passé.*

Ce qui était un mensonge.

De Leonis avait constaté, lui, que l'humanité était soumise à d'éternels recommencements, au cours desquels elle perpétuait les plus douloureux et les plus stupéfiants paradoxes. L'étude de la colonisation, par exemple, illustrait parfaitement cette constatation.

Bien que chaque sujet l'emportât dans cette odyssée bouleversante du Savoir, la colonisation lui semblait inépuisable, protéiforme, ne cessant de dessiner ou de défaire l'idée que l'étudiant se faisait de l'être humain. Ses conséquences, surtout, semblaient innombrables, et lui avaient appris que, tant qu'une injustice n'était pas dénoncée, arrêtée, reconnue puis pardonnée, elle demeurait.

A l'institut, de Leonis pouvait croiser les personnages les plus improbables, et néanmoins haut placés dans la hiérarchie sociale, depuis la directrice d'étude burkinabé en boubou à l'académicien spécialiste du créole de Louisiane, en passant par l'entrepreneur en tourisme dans les léproseries de Calcutta, sans oublier cet ethnologue académicien qui avaient acquis la gloire grâce à des années passées au sein d'une tribu exotique menacée de disparition. Et si le jeune homme était là, au milieu de cette horde d'originaux et d'intellectuelles, c'était parce que l'institut offrait à tous et à toutes une chance de s'élever, attendu que leur travail scientifique fût brillant, et qu'il répondît à des enjeux historiques reconnus par la Pensée de l'époque, ou mis en lumière par l'actualité.

Mais pour excentrique qu'il fût, ce micro-univers comportait aussi des courants conservateurs. Et en choisissant l'un des directeurs de recherches les plus controversés de l'institut, l'historien Charles Dhur, l'étudiant était entré dans la sphère sulfureuse de l'*européisme*.

L'idéologie prônait la défense d'une Europe qu'elle définissait comme chrétienne sur le plan privé, laïque sur le plan public, et rassemblant des valeurs qu'elle nommait *occidentales* : la famille traditionnelle, la culture gréco-latine, l'influence des Lumières, le respect de l'identité propre à chaque nation et la préservation de la race blanche. Ces positions savonneuses faisaient de Charles Dhur le loup dans la bergerie. Mais celui-ci avait eu l'intelligence de se garder de toute ostentation, évitant d'invoquer les inégalités naturelles entre les peuples – auxquelles il croyait – d'approuver les négationnistes – auxquels il accordait le bénéfice du doute – et de critiquer trop ouvertement le sionisme – qu'il voyait déjà comme la cause d'une troisième guerre mondiale.

De son côté, l'institut ne pouvait pas nier l'existence ni l'intérêt de ce courant de Pensée. Certes, par le biais de mouvances et partis à dominante populiste, nationaliste ou chrétienne, celui-ci perpétuait l'islamophobie, l'homophobie, le sexisme, le racisme, l'antisémitisme, les positions anti-démocratiques, etc. Mais il existait et fédérait des dizaines de milliers de personnes. Dès lors, il devenait un sujet d'études.

Malgré son grand âge, Charles Dhur était aussi bien un intellectuel qu'un athlète.

Ex parachutiste ayant combattu en Algérie contre les indépendantistes, il avait participé à toutes les opérations coup-de-poing visant les groupes gauchistes de la capitale, lors de mai 68. Mais après sa condamnation par la Justice pour avoir mis le feu à leurs locaux, il avait purgé une année en prison.

Là, seul dans une cellule, coupé de l'action, Charles Dhur s'était apaisé, avait commencé des études d'histoire, pris sa carte du Parti Patriote. Une fois libéré, il avait obtenu ses diplômes, était devenu Professeur et, depuis, publiait des essais où il développait les thèses de sa mouvance politique, allant jusqu'à prôner une action violente, tel un coup d'état ou un assassinat, pour imposer un régime anti-démocratique.

De Leonis se recueillit avant d'entrer dans le bureau du vieil homme.

Quelle différence avec les autres bureaux de recherches ! Ici, point de passage, de conversations ni de Rires. Nulle secrétaire pour plaisanter autour de la photocopieuse – puisque la secrétaire c'était lui – et que la plaisanterie lui semblait, de toute façon, un abaissement. Dans ce fond de couloir où la direction les avait confinés, le Silence et la poussière recouvraient tout d'une fine couche de désuétude, car de Leonis et son mentor ne voyaient pas même une personne pour faire le ménage.

Ils n'étaient que tolérés. Les instances dirigeantes de l'école faisaient surveiller leurs publications au Mot près, afin d'éviter la multitude d'ennuis que pouvaient leur apporter leurs thèses radicales : des procès, une mauvaise presse, ou pire encore, la suppression des crédits que l'institut recevait du gouvernement. Aussi, pas question de faire de l'antre de l'historien un véritable centre de recherches. Pour cela, l'école n'hésitait pas à recourir à la désinformation : leur spécialité ne figurait même pas sur la brochure de l'école.

Les fournitures de bureau et les cartouches d'encre leur étaient fournies au compte-goutte ; les réparations de photocopieuses prenaient plusieurs mois ; pas de crédits, pas de réunions pour définir les orientations de leur domaine. Leur Pensée n'était citée qu'avec répugnance ou condescendance, comme une voie de garage pour l'intelligence, et un mal nécessaire pour l'institut et pour la démocratie.

Cette inertie donnait le résultat escompté : Charles Dhur n'avait guère qu'un ou une étudiante par an, qui devenait, faute de moyens, sa secrétaire.

Derrière la porte, de Leonis cherchait à se donner une contenance. Qu'avait-il à lui annoncer, déjà ? Paralysé par la Peur et l'admiration que lui inspirait son directeur de recherches, il tenta de rassembler ses idées. Ah oui, la documentation qu'il avait dû rassembler pour lui ! Il se trouva bête de rester figé là, prit une profonde inspiration comme s'il allait passer une épreuve et, en apnée, entra sans s'être déterminé sur la contenance appropriée.

— Je ne vous ai pas entendu frapper.

Assis à son bureau, le vieil homme avait les chairs transparentes et veinées qui collaient aux os de ses pommettes. Dans cette pièce où le parquet craquait sans raison apparente, le visage émacié du Professeur entretenait une atmosphère de caserne, glaciale et dénudée, où le moindre geste était guindé, et où la parole du supérieur n'admettait pas de réplique. Parmi les odeurs de cire et de vieux papiers, de Leonis croyait même discerner celle de l'urine.

— Je vous prie de m'excuser.

— Je vous prie de m'excuser *Monsieur le Professeur* !

Le menton outragé du vieil homme le suivit jusque derrière le bureau qui était réservé à son secrétaire. L'étudiant y posa ses affaires sans que la protestation muette et offensée décrût. Alors, de Leonis se souvint de ce qu'il avait oublié et revint tendre une main honteuse à son directeur de recherches.

Charles Dhur la lui broya. Son étudiant ne put retenir une grimace, ni soutenir le regard pétri d'indignation et de mépris qui s'était planté dans le sien. De Leonis baissa son visage malheureux de victime, où se lisaient sa timidité naturelle et son inexpérience. Le vieux pouvait bien l'écraser. Un jour, il le vaincrait.

— Qu'avez-vous pour moi ?

De Leonis lui tendit les documents nécessaires à l'essai que son directeur de recherches avait commencé, et qui célébrait une fois encore une France traditionnelle, patriarcale et puissante, la réaffirmation de son identité face à l'hégémonie économico-culturelle des États-Unis et l'immigration afro-maghrébine, présentée comme une nouvelle invasion arabe malgré des chiffres totalement dérisoires.

De Leonis se cacha pour masser sa main endolorie derrière les piles de dossiers qui s'entassaient sur son bureau – les documents relatifs à sa thèse *De L'Influence de la culture nordique sur l'histoire de France*. Il éprouvait un sentiment d'infériorité en comparant la forme athlétique de l'ancien militaire à son propre corps d'invertébré, et se promit de commencer un entraînement physique intense, tout en sachant qu'il n'en ferait rien. Il fut troublé dans ses réflexions en sentant l'insatisfaction de son directeur, qui feuilletait les dossiers.

— Où sont les documents sur l'OAS ?

De Leonis se gifla en Pensée. Il avait oublié la plus importante de ses tâches, son directeur ayant à participer prochainement à une interview radiophonique sur le sujet. Emporté par ses propres recherches, l'apprenti sociologue avait complètement oublié cette priorité.

— Je… je n'ai pas eu le temps de chercher.

— Comment ?

Le menton outragé le visait à nouveau.

— Que vous ai-je dit, l'autre fois ?

Comme à un petit enfant.

De Leonis n'avait d'autre choix que de jouer le rôle qu'il devait tenir dans cette scène humiliante. Charles Dhur était le seul espoir qu'il avait de s'élever socialement. Et, tout proche du néant qu'il fût, l'étudiant avait tout de même réussi à trouver un monde où ses rêves d'Ambition n'étaient pas tenus pour insensés, quand bien même ils pourraient impliquer, eux aussi, une action violente.

La première sensation qu'Eridan recouvra fut celle du froid et de l'engourdissement de son nez congestionné. Un jeune homme aux cheveux rasé le giflait mais le lycéen ne sentait rien. Il ne pouvait détacher les yeux du bouledogue qui souriait sur l'écharpe de son tourmenteur, un cigare entre les dents. Soudain, il éternua à plusieurs reprises, et les larmes qui lui montèrent aux yeux soulagèrent un instant ses yeux irrités.

— *Ooooh* ça y est, il s'réveille !

— Putain il m'a fait peur, le con !

— ça va ?

Eridan prit le mouchoir que l'un d'entre eux lui tendait pour essuyer son visage englué de poussière et de larmes. Lorsque le jeune skinhead enjoué qui l'avait accueilli s'assit à ses côtés, le lycéen s'aperçut que lui aussi portait l'écharpe au bouledogue.

Entends Ville Lumière,
Notre amour pour notre terre
Ce chant de tes partisans
Qui vont faire couler le sang

A présent, les skinheads chantaient, s'appuyant sur une mélodie qu'ils recréaient a cappella.

Nous nous battrons dans l'honneur
Et dans les règles de l'art
Pour que rayonne ta gloire
Et que brille notre victoire !

Eridan nota le soin que les jeunes hommes, dispersés çà et là contre les muqueuses de la pierre, apportaient au synchronisme et au découpage syllabique, malgré leur ébriété. Il aimait les fluctuations de leurs voix, qui semblaient savoir sur quels appuis faire s'envoler certains Mots plutôt que d'autres et enfin, la longue conclusion de la dernière syllabe vocalique de *victoire.*

Soudain, il comprit. Le foot ! C'était une chanson de supporters !

— Vous êtes fans des Princes de Paris ?

Son compagnon confirma d'une mimique étonnée, comme si l'équipe parisienne eût été la seule au monde. Ce point commun ravit Eridan. Evidemment ! Les vrais hommes aimaient le foot, pas le rugby, comme son Père ! Et ils soutenaient les Princes de Paris !

Oooh Paris !!

Comme ils s'exposaient au ridicule, si bizarrement vêtus et la voix tonnante, non seulement sans Peur, mais provocants, tout dans leur attitude souhaitant la confrontation ! Eridan admira cet esprit de groupe, voulut en faire partie. N'avait-il pas déjà été accepté par au moins deux d'entre eux, dont le charismatique Bad ?

Puis, ils entonnèrent d'une voix plus solennelle :

> *J'avais un camarade*
> *De meilleur il n'en est pas*

Le changement de registre surprit Eridan : leurs vociférations enthousiastes s'étaient transformées en grave célébration.

> *Dans la paix et dans la guerre*
> *Nous allions comme deux frères*
> *Marchant d'un même pas*

De ce chant émanaient une gravité et une ferveur toutes nouvelles, qu'il n'avait jamais connues.

> *Le voilà qui tombe à terre*
> *Il est là dans la poussière*
> *Mon cœur est déchiré*

Il sentait une émotion douce et puissante s'élever en lui, s'abandonna au bien-être étrange qu'elle lui procurait.

> *Ma main il veut me prendre*
> *Mais je charge mon fusil*
> *Adieu donc, adieu mon frère*
> *Dans le ciel et sur la terre*

Soyons toujours unis.

Ces Mots.

mon Frère

Sa Pensée se mit à tourner autour d'eux, et soudain, al ne resta plus rien du monde que sa révolution.

Le jeune homme avait brusquement l'impression d'être devenu le héros d'un film, de *son* film, et de flotter, désormais, au-dessus des contingences, purgé de toute fluctuation de l'humeur. Il découvrait la myriade d'aspects qui composaient cette chose sainte incarnée par ces deux Mots, *mon Frère*, et qui se présentaient à lui sans bousculade, pareils à une foule de rois inféodés qui eussent déposé à ses pieds, en suivant un protocole bien réglé, tous les plaisirs que recèlerait, dorénavant, sa vie.

Bercé par le chant funèbre, il en éprouvait le climat tempéré, la lumière incolore, et l'incomparable sentiment d'avoir trouvé une chose sacrée.

Quelle paix !

N'était-ce pas le repos qu'il appelait de ses vœux ?

Soudain, il vit un skinhead aussi âgé que Bad se diriger vers eux. Sa peau était constellée d'impacts, de plaques brillantes et de tiraillements inégaux qui déformaient ses traits. Son compagnon se mit debout et lui murmura, en le lui désignant.

— Le *capo*.

Sans comprendre, Eridan voulut connaître le nom de l'adolescent.

— Slim. Mais en fait j'm'appelle Theemin.

Ils se turent lorsque l'homme au visage déformé vint se placer près de la concrétion verticale sur laquelle l'un d'eux dansait tout à l'heure. Sa voix tonna :

— *Allez Paris !!!*

Sur quoi ils chantèrent :

Ooooh Princes de Paris

A son commandement, ils reprirent ses clameurs et enchaînèrent les encouragements. Eridan s'était levé et les avait rejoints, tentant de suivre les tempi.

— *Si t'es un Prince frappe dans tes mains !*

Il apprit la réplique et finit par crier avec les autres.

— *Sieg, Sieg, Sieg ?*

— *Heil, Heil, Heil !!!*

Eridan s'esclaffa en faisant le salut nazi. Il se demanda s'ils oseraient le refaire dans un stade. Mais ils ne commentèrent pas le geste.

Du reste, ils partaient.

Eridan resta près de Theemin, se mettant à courir quand ils le faisaient, chantant quand ils chantaient, porté par la jubilation rageuse qui semblait le but de tous leurs actes. La Conscience des évènements ne lui était plus délivrée que par fragments mais, à présent, comme les Pensées du danger et de la mort lui semblaient ridicules ! Et, après un retour aussi rapide que l'aller lui avait semblé long, ils débouchèrent à l'air libre.

Eridan était sonné, hilare et heureux comme jamais. En cet instant, il ne redoutait plus rien, ne désirait plus rien. Et il s'étonnait de l'enchaînement rapide des évènements : encore seul, honteux et faible le matin-même, il effrayait maintenant les passantes avec ce groupe qui l'avait accepté pour membre sans lui poser la moindre question.

Ils s'amusaient en faisant Peur aux hommes, laissant les femmes de côté, victimes trop peu glorieuses. Leur technique était de s'approcher de l'un d'eux, n'importe lequel, noir, blanc, vieux ou jeune, et de le frapper par surprise. Chacun avait son coup préféré, mais le plus impressionnant était le coup de pied balayant de celui qu'ils appelaient *Kick*. Happée au niveau des chevilles, la proie chutait lourdement sur le sol, parfois directement à hauteur de la clavicule, et leur sillage était tout de blessures et de plaintes.

Comme ils parlaient d'assister à un match, Eridan se rappela soudain l'heure. Il remonta leur groupe jusqu'à Bad.

— J'peux pas venir, j'ai pas d'argent.

— T'inquiète, c'est pour moi.

Sans qu'il sût pourquoi, le lycéen fut affolé à l'idée de lui devoir encore davantage. Il prétexta un rendez-vous et les quitta, après s'être assuré de l'endroit où il pourrait bientôt retrouver ses nouveaux Frères.

Une fois rentré chez lui, il subit les coups de son Père mais, pour une fois, une chose était plus forte que la douleur, plus forte même que l'humiliation et le chagrin secrets que lui causaient ces raclées – découvrant ce chagrin lors même que celui-ci avait cessé d'être – et il réprima la tentation de se rebeller contre son Maître.

Curieusement, il décida qu'il le ferait le jour où il aurait acheté ces bottes au cuir épais et au bout renforcé qu'il leur avait vues.

Vaillamment, il endura l'étourdissement et la brûlure qui résultaient de chaque impact. Mais les souffrances de son amour-propre et de son cœur – celles qu'au fond, il redoutait le plus – n'étaient plus. À présent, les supplications de sa Mère ne lui apparaissaient plus pathétiques, mais risibles de couardise. Et il considérait froidement le plaisir sadique

que causait à son Père la possibilité de choisir tout à loisir les endroits de son corps les plus vulnérables.

Il découvrait une à une les failles de son bourreau, maintenant qu'il l'observait avec un œil étranger, et non plus avec celui d'un Fils qui eût tant voulu en être aimé. De ce qui n'était maintenant que son agresseur, lui étaient révélés le ventre mou et débordant, les chairs flasques qui pendaient sous ses bras, la lenteur de ses déplacements, cette somme dérisoire, comparée au physique impressionnant de Bad, à l'horrible visage du capo, ou à la fulgurance des coups de pied de Kick. La vieille menace d'être « jeté à la rue » n'avait dorénavant plus d'emprise sur lui. La rue ? N'était-ce pas là, au contraire, qu'il avait trouvé ce qu'il cherchait ?

Il plia sous les coups et se pelotonna en boule pour lasser l'adversaire. Relevées au-dessus de ses dents serrées, ses lèvres déformées sous la crispation découvraient ses gencives relevées sous la douleur, et qui salivaient. Les coups de pieds s'abattaient sur lui, cherchant les côtes et les parties molles de l'abdomen et de l'entrejambe. Le sang qui coulait de son nez se mêla à la bave qui suintait de sa bouche et chaque fois qu'un choc faisait tressauter sa tête, leur écume mêlée le rafraîchissait. Il voulut, pour soulager ses bras crispés au point qu'il ne les sentait plus, se retourner. Mais il ne fut pas rapide au point d'éviter le dernier coup de pied que son Père lui avait lancé.

Le dernier coup n'était jamais mou. C'était comme s'il se voulait exemplaire, comme si son Père voulait lui laisser un souvenir.

Le craquement de sa côte qui céda sous l'impact lui arracha un cri ainsi qu'à la silhouette en chemise de nuit trouée, qui attendait. La douleur lui fit abandonner toute résistance et dans les larmes qui se joignirent à ses autres humeurs, lui revint à l'esprit l'image grotesque du chien sur leurs écharpes de supporters, avec ses traits bouffis et ses dents qui luisaient sur un cigare. Alors, malgré les flammes qui embrasaient son corps, Eridan sourit.

Domine

Maître

Alkande, dit *le Résistant*, se baissa avec précaution pour s'engouffrer dans le véhicule qui l'attendait dans la cour du Palais de l'Élysée et, en homme orgueilleux qui se sent vieillir mais ne veut pas le laisser voir, s'appliqua à étouffer le râle que l'effort avait arraché à son vieux corps.

Il cala sa mallette entre la portière et son pied gauche et, à l'avant du véhicule, le commandant chargé de la sécurité présidentielle donna le signal du départ.

Les portes du Palais s'ouvrirent sur la file de luxueuses berlines aux vitres teintées.

Alors que celles-ci descendaient le Faubourg Saint-Honoré, le Résistant s'amusa des autres surnoms qui lui étaient donnés : *le Diplomate, l'Africain*, ou encore *le Frère*. Lui-même se serait surnommé *le Fils du Soleil* car, depuis sa déportation quarante ans plus tôt, l'astre lui était à la fois une étoile, un dieu et un Père.

Il comprenait ce besoin de le nommer. N'était-il pas le seul, dans tout l'Élysée, à n'avoir ni titre, ni fonction ?

A son arrivée au Palais un mois plus tôt, avec l'équipe du nouveau pouvoir, il avait semé la panique.

D'abord, il avait obtenu le Salon Vert, traditionnellement dévolu au secrétaire général de l'Élysée. Ensuite, il avait obtenu le Bureau Marigny, le seul à bénéficier d'un accès souterrain qui menait à l'hôtel où logeaient les hôtes et hôtesses étrangères en visite. Grâce à cet accès, Alkande pourrait plus facilement retrouver les chefs d'États avec lesquels il négociait, puis s'endormir entre les bras de sa maîtresse, qui l'attendrait dans l'une des suites.

D'un revers de main agacé, le président ouvrait pour lui toutes les portes, levait tous les obstacles.

Par ses traits d'esprit qui exposaient leur ignorance, Alkande ne se privait pas de ridiculiser conseillères et ministres. Chacun, alors, se régalait de la tête de la victime, tandis que le président, de son fin sourire énigmatique, approuvait le bon Mot. Le Résistant semblait pouvoir tout se permettre.

Il n'avait pas non plus usurpé ses surnoms de *Diplomate* et d'*Africain*. Chargé de la diplomatie officieuse avec l'Afrique et le Moyen-Orient, polyglotte, il tutoyait les chefs d'État, assistait à leurs sommets, fréquentait leurs maisons. Dans les rangs officiels comme dans les salons privés, il résolvait bien des problèmes, tant son pouvoir, sa loyauté et son expérience étaient établies.

Quant à son surnom de *Frère*, la chaleur et les égards que lui témoignaient des personnes venues de tous pays et de tous horizons – qu'il rencontrait parfois pour la première fois – ne laissaient planer aucun doute sur son appartenance à l'une de ces confréries secrètes qui faisaient la une des magazines et agitaient les adeptes des théories complotistes.

Même la Défense devait composer avec ses informations.

Si le PC Jupiter, l'abri anti-aérien situé au sous-sol du Palais et tenu par le Haut Commandement de l'armée lui était sans doute interdit – mais personne n'en avait la certitude – il usait librement des salons privés, car il était également le plus proche ami de la première dame. Et pour tout le personnel de l'Élysée, qui le voyait surgir à toute heure dans l'encadrement des portes qu'il se faisait ouvrir sans qu'il eût besoin de faire un signe au personnel – exclusivement des militaires – le véritable Maître de l'Élysée, c'était lui.

— Alors, cette installation se passe bien ?

Le président s'était tourné vers son plus vieil ami.

Alkande lui sourit en se remémorant l'humiliation effarée de Lorion lorsque, d'un geste agacé, le nouveau chef du pays avait confirmé l'attribution du Salon Vert au Résistant.

Situé au premier étage, avec vue sur le jardin, ce bureau était à la croisée des chemins stratégiques du pouvoir : il communiquait non seulement avec le Salon Doré – le bureau du président – mais aussi avec l'antichambre, où patientaient les personnes en visite. Ainsi localisée, la pièce obligeait tout le monde à passer devant Alkande, y compris le secrétaire général. Ces quelques mètres qui séparaient celui-ci du Salon Doré avaient signifié d'autant son éloignement du pouvoir.

— Demande à Lorion !

Ils rirent doucement, en vieux complices.

— Encore un ennemi ! plaisanta Tempestris.

Alkande fanfaronna en Silence. La jeune garde du Parti de l'Union ne l'impressionnait pas. Mieux valait en imposer tout de suite à ces morveux et à ces donzelles qui s'imaginaient tout connaître de la vie parce que le président avait besoin d'aux pour rajeunir son image. Face à leur petit réseau franco-français, les contacts d'Alkande valaient tous les leurs réunis, sans conteste ! Et même en ne considérant que la valeur personnelle, ces imbéciles ne pouvaient rivaliser avec la somme de ses qualités.

Le Résistant s'imaginait parfois lutter physiquement avec les hommes qui constituaient cette jeune garde et, en dépit de son âge, se voyait terrasser leurs corps mollassons. Qu'est-ce que ces invertis, bronzés en toute saison et portant des bijoux d'une ostentation écœurante sur leurs chemises à moitié ouvertes pouvaient avoir de commun avec le *Français* qu'il était ?

La France.

De ce nom qui sonnait si bien à ses oreilles – il goûtait jusqu'à la musicalité de ce prénom de femme – il occultait les origines barbares, la participation active à l'esclavage, à la colonisation, à la déportation. Il préférait s'obséder de ses sources gréco-romaines, tant il était amoureux de cette mosaïque qui avait donné le Français qu'il était, inspiré de l'idéal d'un être humain complet, mélange de *vir* romain et de *kalos kai agathos* grec que Xénophon avait décrit dans son œuvre.

Ces efféminés et ces parvenues savaient-als seulement qui était Xénophon ?

Alkande les revoyait, au cours de l'investiture présidentielle, entourer Tempestris lors de son allocution, pour être sur le plus grand nombre de photos, et multiplier les courbettes en raillant les grandes figures historiques du parti, repoussées dans l'ombre. Si lui recherchait la discrétion, ce n'était pas le cas des fidèles petites mains du président, qui eussent aimé un peu de reconnaissance publique. La figure de Dhubos, en particulier, lui revint en mémoire.

Suant mais heureux, la chemise sortie du pantalon, ce vieux cadre du Parti de l'Union resterait à jamais, malgré sa nomination au poste de Premier ministre, un Fils d'ouvrier besogneux, qui avait travaillé plus que tout autre pour faire oublier ses origines modestes, mais qui n'avait jamais réussi à s'entourer d'une cour efficace. Et si son mérite le rendait cher aux yeux du

Résistant, il lui avait valu le mépris de la jeune génération de cadres du parti.

Le plus fat et le plus vulgaire de cette nouvelle garde était le grand couturier Kartajan, la « fashion victim » comme lui-même se désignait et, rien que d'entendre cet anglicisme qui en disait long sur cet abruti, le Résistant sentait son visage se contracter. La vision qu'offrait le quinquagénaire à l'auréole de cheveux couleur de feu et à la peau orange, bronzée à coups d'UV, lui donnait la nausée. Le Mot célèbre du couturier, *Si vous n'avez pas de voiture de luxe, c'est que vous êtes un looser,* trahissait l'indigence morale du personnage. Pourtant, celui-ci avait toute la Confiance du président, dont la campagne électorale avait profité de son réseau de grandes fortunes.

Kartajan n'avait jamais fait de politique. Pour se dédouaner de tout Engagement, il arrosait les associations caritatives, se tenant soigneusement à distance de la classe populaire. Il n'avait jamais distribué un tract, méprisait ouvertement le militantisme, qu'il trouvait naïf. Pour lui, toutes les politiques se valaient, et il préférait rester indépendant. C'était cela, sa conception de la liberté, ou plutôt, de la « rebel attitude ».

C'était également Kartajan qui avait décidé du slogan du candidat Tempestris, slogan qui avait été reproduit à des dizaines de milliers d'exemplaires sur les tee-shirts, les banderoles, les affiches et les tracts de la campagne électorale :

CHANGER LES HOMMES

C'était ses Mots que le pays avait vus surnager pendant des mois, et qui avaient suscité l'espoir et l'enthousiasme, au point de réussir à transformer Tempestris, après cinquante ans de politique, en candidat du renouveau.

Si, durant toute la soirée d'investiture, Kartajan avait accaparé le nouveau chef de l'État, Lorion, lui, n'avait pas quitté son ombre.

Alkande n'aurait pu expliquer la répulsion que lui inspirait le nouveau secrétaire général. À tort, il croyait la devoir à son corps tout aussi mou et à ses manières tout aussi efféminées que çaux des autres cadres, voire à ses chemises à col tunisien et portées sans cravate, ainsi qu'à cette pathétique culture limitée au XXe siècle qui semblait être l'apanage de cette jeune garde.

Rival de Tempestris, le nouveau secrétaire général ne s'était retiré de la course à la fonction suprême qu'à la condition d'occuper le Salon Vert. Mais en réalité, il n'avait jamais eu d'autre but. Toutes et tous savaient parfaitement de quelle mission il était chargé : renforcer la puissance de son véritable employeur.

Avec ses bénéfices colossaux et ses ramifications dans tout l'appareil d'État, le complexe militaro-industriel était le véritable Maître du pays.

Personne ne pouvait s'y opposer, car la vie ne représentait rien pour un système qui se perpétuait grâce à la guerre.

De tous Temps, il avait garanti le pouvoir et écrit l'histoire. La France lui devait son empire colonial, les massacres de la première guerre mondiale, la débâcle de la seconde, puis la diffusion de ses armes partout dans le monde, ce qui entretenait les conflits successifs et sanglants à travers toute la planète.

Ses ventes d'armes perpétuaient le sous-développement et contribuait à l'endettement des pays, en maintenant les dictatures en place et en favorisant le terrorisme. Jour après jour, le complexe militaro-industriel continuait à détruire les vies et les biens. Et, sous l'influence de Lorion, le président continuerait à lui verser de gigantesques crédits budgétaires. De nouveaux programmes et de nouvelles armes verraient le jour, majoritairement dédiées à l'exportation. Et la population n'aurait pas une miette, pas même une idée, des bénéfices que ces ventes génèreraient.

Certes, le complexe militaro-industriel français employait un million de personnes et dynamisait l'économie d'une région. Mais ce n'était qu'une amélioration illusoire de la société civile, car ses profits colossaux étaient aussitôt redistribués en interne, avec pour seul objectif sa propre pérennité.

Alkande, lui, se révoltait contre la lecture militariste de l'histoire. Il eût voulu changer les choses, au moins faire bouger quelques lignes. Mais la situation était totalement bloquée. Car, pour la majorité de la population, informée par des journalistes et des experts qui s'inspiraient directement des thèses répandues par le lobby militaire, la puissance militaire de la France contribuait à son prestige et à son rang parmi les premières puissances mondiales.

Lors de l'investiture présidentielle, le grand chancelier de la Légion d'honneur – un général – n'avait présenté que brièvement au président l'imposant collier en or massif, qui consacrait celui-ci grand maître de l'ordre. Auparavant, le collier était passé autour du cou et arboré fièrement par le récipiendaire. *C'est mieux ainsi*, pensa Alkande. Car où était l'honneur, dans tout cela ?

Le Résistant et le jeune aristocrate qu'était Lorion s'étaient haïs tout de suite, avant même d'échanger un Mot. Lettré, ancien soldat, ancien déporté, le septuagénaire ne supportait pas le sourire inamovible de ce Fils de famille, qui semblait avoir reçu le monde à ses pieds et pour son seul divertissement. Du reste, tout opposait les deux hommes : l'expérience à la jeunesse, l'érudition classique au vernis culturel, l'idéalisme aux discours convenus. Pour le Résistant, Lorion resterait toujours le jeune inconscient qui faisait vendre des millions d'armes, mais n'avait jamais eu à s'en servir.

De cette nouvelle garde, Meissan, l'assistant du secrétaire général, était peut-être le plus vulgaire. À la table de fête, somptueusement dressée sous les portraits des puissants et des allégories, l'odieux personnage, dont les lèvres tombantes le faisaient ressembler à un mérou, n'avait cessé de s'allonger de tout son long sous le nez de l'actrice qu'il avait eue pour voisine, afin de se resservir sans cesse, excusant son impolitesse par une expression extatique avec laquelle il accueillait tout ce qu'elle disait, la même qu'eût pris sa physionomie s'il eût appris sa nomination au ministère de la Gastronomie.

Quant à Delguebar, le nouveau ministre des Affaires étrangères, il était resté dans son coin, transparent et mal à l'aise, tâchant de faire bonne figure et de ne pas montrer son mépris des mondanités. Un comble pour le premier des diplomates !

Le président n'avait cependant commis aucune erreur. Il avait sciemment choisi des incapables, pour mieux les contrôler. Et il pouvait compter sur Alkande à l'international.

De cette nouvelle génération, seules Lucida et de Mégrez avaient l'estime du Résistant.

Lucida étant une femme, Alkande ne s'attarda pas sur son cas. Elle n'avait aucune chance de monter très haut.

Mais de Mégrez, lui, pouvait avoir un bel avenir.

Ballotté par la foule, le jeune moustachu avait tenté de ne rien perdre du spectacle. Son parcours sans faute de Fils de grande famille n'avait cependant pas tout tué en lui, et son visage enfantin aux joues rebondies, qu'une calvitie prématurée ne parvenait pas à vieillir, avait naïvement laissé transparaître sa Joie. Il n'avait pas encore sorti son cigare, habitude qu'il se donnait pour que les autres le prissent au sérieux. Kartajan, qui avait supervisé toute la communication de la campagne, le lui avait d'ailleurs confirmé : son aspect puéril le desservait.

Mais personne ne pouvait rivaliser avec l'extraordinaire parcours d'Alkande.

Né dans la région des volcans, le septuagénaire avait d'abord été un brillant Professeur de langues orientales avant de s'engager dans la Résistance. Fait prisonnier, il avait été déporté en Allemagne. Il y avait vécu trois ans de camp et n'en était jamais vraiment sorti.

Si fort avait été le traumatisme de ces trois années que celui-ci dépassait la force de suggestion des Mots. Alkande n'en avait d'ailleurs jamais parlé. Trop faibles, trop doux, trop imprécis, les Mots n'auraient su rendre l'horreur, les fantômes, la folie qui lui en étaient restées, et jusqu'à l'odeur de chair carbonisée qui revenait le hanter lorsqu'il s'y attendait le moins.

Depuis lors, il était devenu le jouet du Temps, voyageant d'un souvenir à un autre, au point que le présent avait parfois moins d'importance que ces fragments inconsistants du passé. Par exemple, il ne pouvait entendre une comptine ou une berceuse sans être à nouveau projeté dans le baraquement où, la nuit, à voix basse, les autres Français et lui en avaient fredonné une après chaque mort. *Fais dodo, Un Kilomètre à pied, Savez-vous planter des choux...* C'était les seuls chants qu'ils connaissaient tous.

L'effervescence de l'après-guerre l'avait happé, lui et toute sa génération, exaltée à l'idée de construire un monde où l'humanité *ne vivrait plus jamais ça*. Il avait alors intégré le ministère des Affaires étrangères grâce à sa connaissance des langues orientales, et y était devenu un brillant diplomate. Sa rencontre avec un jeune ministre, Tempestris, avait donné naissance à l'amitié d'une vie, fondée sur un humanisme commun, l'expérience de la Résistance et de la déportation, ainsi que sur leur foi en l'esprit humain.

Si, au début de sa carrière, Alkande avait pu bénéficier de l'entregent de Tempestris – héritier d'une riche famille bourgeoise et de son réseau politico-industriel – le Diplomate le remerciait depuis en partageant avec lui le réseau qu'il avait développé au cours de sa carrière et grâce à sa confrérie. Mais leurs différences confinaient également à l'opposition.

Le président était un *animal politique*, un stratège doublé d'un cabot, aussi calculateur qu'un joueur d'échecs et aussi artificieux qu'un comédien. Visionnaire, il œuvrait à une France plus progressiste et à la création d'une Europe forte et indépendante. Son caractère le portait à jouir de son autorité, et dans le but de voir les autres en son pouvoir, son contrôle de soi était presque absolu.

Alkande était plus passionné, plus fantaisiste. Dépourvu d'ambition politique, déchargé du pouvoir et de son obligation de résultat, il s'épanouissait pleinement dans son rôle de conseiller officieux, et beaucoup lui enviaient sa parole libérée de tout plan de carrière.

Le premier était fidèle à sa femme par amour de l'absolu, tandis que le second, qui ne s'était jamais remis de sa chance d'être encore en vie, collectionnait les conquêtes.

Tous deux se considéraient comme des humanistes, les tout derniers d'une époque, celle où avait existé une éducation aussi riche en lettres qu'en sciences et qui, sous le nom d'*humanités*, enseignait très tôt la somme culturelle qu'était la France.

Progressivement, leur génération disparaissait.

La relève était assurée par des personnes qui n'avaient jamais fait la guerre, n'avaient pas connu les camps, et qui avaient remplacé les humanités par les statistiques, la publicité, le marketing, la communication, la rentabilité à tout prix. Et, bien qu'au faîte du pouvoir, les deux hommes sentaient leur humanisme tomber en déshérence.

Personne, parmi ces *femmelettes* du Parti de l'Union – comme ce Mot les désignait bien ! – ne semblait capable de poursuivre leur œuvre au service du bien commun, et le mépris dont les deux anciens accablaient les modernes, imperceptible chez Tempestris, flamboyant chez Alkande, leur était bien rendu, quoique le Résistant n'eût jamais surpris chez aux le moindre commentaire, tant son influence donnait lieu à tous les fantasmes.

Il s'en moquait éperdument. Leurs railleries vulnéraires ne pouvait les soulager qu'un Temps de leur jalousie. Suprême paradoxe, cette génération gâtée, qui avait tout, lui enviait ses épreuves !

Les imbéciles, conclut-il silencieusement, alors que les voitures tournaient rue Royale.

Il s'étonna du calme qui y régnait, et notamment de l'absence de journalistes guettant la traversée du cortège, après le délire collectif qui avait suivi la victoire électorale du Parti de l'Union. Pendant longtemps, sympathisants et militantes, groupées devant l'Élysée et contenues par la police, leur avaient crié au passage le slogan de Kartajan, *changer les Hommes,* dont même une chanson avait été tirée.

Où étaient-als, à présent ?

Mais le président le tira de ses rêveries.

— Ton assistante te plaît ?

— Evidemment !

Ils échangèrent un sourire gourmand.

— Malheureusement, je vais devoir me passer d'elle. J'ai déjà une autre petite en vue.

Encore une conquête, se dit Tempestris, et il l'envia. Mais la Pensée de sa femme lui rendit aussitôt son amertume moins douloureuse. Il avait trouvé mieux que cette vaine compétition.

— Comme tu veux.

— De toutes manières, en l'état actuel des choses, je ne peux pas travailler.

Le ton d'Alkande força son ami à se tourner vers lui.

— Pourquoi ?

— Le renseignement est devenu incontrôlable. Ils sont en rupture totale avec la réalité.

— Ah oui, ton projet de refonte.

— Elle est indispensable si tu veux coordonner tes décisions et tes actions en matière de diplomatie. Tant que le renseignement sera sous la coupe des militaires, la politique extérieure t'échappera.

Alkande savait l'effet que produirait cet argument sur un interlocuteur dont il connaissait l'autoritarisme. Tempestris, se sentant manipulé par un contradicteur soigneusement préparé, l'invita sèchement à poursuivre.

— Si les services secrets te présentaient l'Union Soviétique comme un problème, et te proposait des missiles SS-20 en guise de solution, toi, forcément, tu irais dans ce sens ?

Sa question n'en était évidemment pas une. Le président feignit ne pas comprendre.

— Epargne-moi ton glossaire. Des « SS-20 » ?

— Des missiles à tête nucléaire de moyenne portée avec lesquels les Russes peuvent atteindre leurs alliés.

Et, faussement naïf :

— Lorion ne t'en a pas encore parlé ?

En dépit de sa parfaite maîtrise de soi, le président sentit son cœur se crisper jusqu'à acquérir la dureté de la pierre. Il avait le pouvoir de déclencher une guerre mondiale voire même, la puissance des armes étant telle, l'éradication de l'espèce humaine.

Ce risque d'escalade le glaçait. Il ne put s'empêcher de poser une question dont il savait qu'il n'aurait pas la réponse :

— Comment le sais-tu ?

— Et qui te les fournira, ces missiles, sinon le patron d'Aéro-France ?

Agacé, le président ne répondit pas plus.

Alkande sembla brusquement changer de sujet.

— En parlant de lui, il m'a convié aux noces de sa Fille ce week-end.

Le président ne fut pas surpris. Nul doute que son ami devait à sa confrérie ces relations intimes jusqu'avec des personnes dont il combattait par ailleurs les intérêts.

— Une charmante jeune femme. Avec une de ces paires de jambes !...

Le président se détourna vers la vitre.

— ... Son père nous fournira tout ce qu'il nous faut pour notre défense. En échange, bien sûr...

Alkande termina sur un ton railleur.

— ... d'une « petite somme ».

Le budget de la Défense, pensa Tempestris. Quatorze pour cent du budget de l'État ! Un trou béant dans les finances publiques, dont il se passerait bien pour soutenir ses grandes réformes sociales.

— Plus la menace est grande, plus le renseignement prend de l'importance, martelait doctement le Résistant. Plus la menace est grande, et plus le PDG d'Aéro-France s'enrichit. Aucune des deux parties n'a intérêt à ce que les relations avec l'Est se détendent.

Le président détestait s'entendre démontrer des évidences.

— Mais tu crois que ce serait possible ?

— Les Russes ont le même problème que nous : ils ne peuvent plus soutenir la course à l'armement. Le prochain secrétaire général du parti communiste sera probablement un modéré acquis aux idées démocratiques. Nous avons tout à gagner s'il accède au pouvoir. Premièrement, une détente. Deuxièmement, pas besoin d'investir dans des missiles coûteux et inutiles. Et troisièmement, de nouveaux accords commerciaux. Inutile de te rappeler la richesse de leurs réserves d'énergie.

Le président croyait son ami, qu'il ne pouvait soupçonner de collusion avec les communistes même si, dans leur jeunesse, tous deux avaient cédé à certaines exaltations, comme tout le pays. À la fin de la guerre, le communisme faisait encore rêver. Toutefois, Tempestris était surpris de le voir prédire une détente avec les Russes, qui affichaient clairement des positions impérialistes. Si Alkande disait vrai, ce serait en effet gagnant-gagnant.

— Le rapport avec ta refonte ?

Le Résistant se redressa.

— Tu n'aurais jamais eu ces informations par les services secrets… étant donné qu'elles ne servent pas les intérêts des militaires.

Il laissa passer un Silence, puis :

— Ce que je te recommande, c'est de créer un nouveau service, avec des hommes qui *te* sont dévoués, des hommes qui ne seraient pas des militaires.

— Démilitariser le Deuxième bureau ?

— Non, nous avons besoin du renseignement militaire.

Nous ?

Ce pronom, qui associait Alkande à la fonction suprême, contraria le président. Celui-ci continua sans remarquer le regard que son ami lui glissait par en-dessous.

— Mais tant qu'ils seront aux commandes des services secrets, ce seront eux, avec l'industrie de l'armement, qui décideront de la politique extérieure de la France.

Le Silence retomba dans la voiture, tandis que le président ne trouvait rien à répliquer.

Qu'est-ce qui le retenait de purger les services secrets – ainsi que tous les autres corps d'État – des affidés du complexe militaro-industriel, et de mettre en pratique le vaste changement pour lequel la population l'avait élu ?

D'abord, les énormes transformations structurelles que cela représenterait.

Mais ce n'est pas la vraie raison, pensa-t-il.

En réalité, il redoutait de mécontenter le premier des groupes d'influence, qui pouvait s'arranger pour lui faire perdre les élections législatives qui s'annonçaient.

Voire le faire supprimer.

Mais Tempestris se rassura, songeant au caractère sacré de la fonction présidentielle. *Ils n'iraient pas jusque-là.*

Enfin, il craignait que le pouvoir du Résistant sortît renforcé de cette refonte. S'il ne limitait pas son influence, Alkande ne risquait-il pas un jour de développer une ambition politique ?

Ne finirait-il pas par rêver, malgré son caractère peu porté sur les compromis, de conquérir le pouvoir suprême ?

Les longs véhicules aux vitres teintées et blindées glissaient silencieusement le long du Pont de la Concorde.

Alkande admira le spectacle nocturne des eaux noires de la Seine, où vacillaient les lueurs jaunes des réverbères. Paris, la Ville Lumière ! Paris l'Eternelle, le fabuleux décor de sa vie !

Son amitié avec Tempestris le propulsait, à plus de soixante-dix ans, dans une nouvelle aventure, la plus prestigieuse et la plus enthousiasmante de toutes. De nouvelles perspectives, plus nobles et plus plaisantes les unes que les autres, s'ouvraient sans cesse à lui, comme pour le récompenser de ses origines misérables, de ses études austères et des souffrances qu'il avait endurées au camp.

Aujourd'hui, il profitait pleinement de la vie. Pendant la semaine, il vivait avec sa dernière et jeune maîtresse, dans un vaste appartement du patrimoine que l'État mettait à sa disposition. Il ne retournait que le week-end dans le manoir de sa femme, dans la région des volcans, et avec laquelle il n'avait pas eu d'Enfants. Mais plus que ces plaisirs, c'était la certitude de servir la France et l'humanisme qui le remplissait de Joie.

Alors que les voitures tournaient devant le Palais Bourbon pour s'engager le long du quai d'Orsay, l'humeur d'Alkande se fit plus grave.

Des projecteurs invisibles mettaient en valeur la colonnade inspirée d'un temple grec, surmontée d'un fronton triangulaire dédié aux lois qu'ils magnifiaient somptueusement dans la nuit, en créant des faisceaux de lumière entre chaque fût. Pour le Diplomate, le bâtiment de l'Assemblée nationale était peut-être le plus beau des symboles du pouvoir, celui du chœur des voix multiples qui faisaient la France, et qui parvenaient à s'entendre pour déterminer un avenir commun.

Le corps massif d'Athéna, la déesse de la sagesse et de la guerre, disparaissait déjà sur leur gauche. Il avait eu le Temps d'entrevoir la lance avec laquelle elle avait provoqué les maux de tête de Zeus à sa naissance. La légende racontait qu'elle avait jailli du crâne du dieu en poussant un cri formidable, tout en brandissant sa lance et son glaive. Drôle de Sagesse, équipée de tant d'armes ! Il y voyait le cynisme d'une Grèce tout acquise, elle aussi, au pouvoir militaire.

La statue, surplombant celles de deux chauves célèbres mais dont il avait oublié le nom, semblait surveiller çaux qui passaient par là, prête à les pourfendre à la moindre indignité. Aussi chauve que les deux statues, le président du Parti Patriote lui vint à l'esprit.

Héritier de la collaboration et du colonialisme, ce parti rassemblait les pires réactionnaires que comptait la France. Certains allaient même jusqu'à nier l'existence des chambres à gaz ! Leur grand credo – l'immigration est la cause du Mal – incitait à la Haine raciale et montait les communautés les unes contre les autres. Leur extrême conservatisme les poussait à placer l'intérêt national au-dessus de toute autre considération. Mais quel intérêt national résisterait à l'isolement engendré par une sécession d'avec l'Europe, dans un monde dominé par des superpuissances et de grands ensembles d'alliées ?

Et que deviendrait la France, *sa France*, si la popularité de ce parti continuait d'augmenter ?

De plus, la formation populiste, autrefois cantonnée à la marge de la vie politique, gagnait de plus en plus de voix. Le soutien financier d'Yser de Bellatrix, milliardaire à la tête d'un gigantesque groupe agro-alimentaire, y était bien sûr pour beaucoup.

Tempéré par son pragmatisme, Tempestris avait digéré la situation. Il était souvent contraint de serrer la main d'anciens collaborateurs, voire d'anciens nazis, que la raison d'État avait dû protéger. Poussé par la nécessité, il n'avait pas le choix. Mais le Résistant, lui, n'avait jamais pu s'y résoudre. Et celui-ci faisait tout pour affaiblir le Parti Patriote, ainsi que sa bienfaitrice.

La flèche de l'église américaine de Paris attira son regard. Il aimait son allure nerveuse et élancée, due en partie à son élévation et à son enchâssement entre les deux bâtiments qui la jouxtaient, et qu'accentuait son architecture néogothique. L'architecte avait fait du beau travail. Alkande pouvait-il en dire autant du « Grand

Architecte De l'Univers », comme ses Frères nommaient Dieu ?

Il sentit refluer en lui, intacte, sa vieille rage envers ce Dieu prétendument bon et omnipotent. Le Temps ne l'avait jamais apaisée. Son expérience des camps ne lui permettait plus de croire en une puissance occulte, qui plus est bienveillante, qui eût ordonnancé l'univers. Et il mourrait avec la certitude que si le monde était meilleur, c'était aux êtres humains qu'il le devait.

La mort.

Il y songeait de plus en plus souvent. C'était normal, à plus de soixante-dix ans. Mais cette logique n'apaisait pas son angoisse.

Comment finirait-il ?

D'une crise cardiaque, en plein Palais ? Entre les bras de sa maîtresse ? Ou assassiné par l'une de ces grandes puissances dont il contrariait les intérêts ?

Il se savait gênant, ayant peut-être dépassé la limite au-delà de laquelle tout était possible. Le camp ennemi était redoutable. Le complexe militaro-industriel, le Parti Patriote, Yser de Bellatrix. Combien d'argent pouvait-il se permettre de leur faire perdre ?

Il savait qu'il garderait la vie sauve, tant qu'il n'atteindrait pas un certain chiffre. Mais lequel ?

Il se dit de se méfier, quand même, sans s'interroger sur les moyens d'appliquer cette décision.

Et puis, il était prêt à assumer. Il était vieux, sa fortune était faite, et, sans descendance, il n'avait pas vraiment de famille, sa femme n'étant qu'une compagne officielle.

Il n'offrait aucune prise. Et il avait le Pouvoir.

Tout-à-coup, il se rappela la valisette calée contre la portière et la mit sur ses genoux :

— Ah ! Au fait, c'est pour toi.

Les deux hommes échangèrent un regard.

— Combien ?

— Cent mille dollars.

Le président se détourna, offusqué :

— Mais la campagne est terminée !

— Je les lui rends ?

Cette fois, Tempestris ne goûta pas l'humour de son ami. Sans se détourner de la fenêtre vers laquelle il s'efforçait de trouver une solution, il demanda simplement :

— Hassaleh ?

— Notre ami Hassaleh.

— *Notre ami,* non ! C'est l'ami de tout le monde ! Il doit même financer le Chauve !

— Il ne le finance pas.

Le président réprima sa question *Comment le sais-tu ?* et le regarda.

Tu peux me faire confiance.

Mais Tempestris secoua la tête :

— Non ! Non ! Je n'peux pas continuer à accepter son argent, comme ça, sans raison ! Il n'a pas de peuple à nourrir ?

Si seulement la question se fût réduite à nourrir le peuple du Katswanga !

Investi dans les services publics, l'argent de ce petit pays africain riche en pétrole était aussitôt détourné à toutes les strates du pouvoir. À cette corruption endémique s'ajoutait la Haine que se vouaient les deux ethnies majoritaires du pays, empêchant tout action coordonnée.

Pour mieux diviser la population katswangaise, la France avait, à l'époque coloniale, favorisé l'une au détriment de l'autre. Le Temps avait alors vu la concentration des richesses chez les Aka et la mise à l'écart des Tirumbu. Depuis lors, la méfiance et le ressentiment entre les deux camps n'avaient jamais cessé de croître.

Enfin, l'île de Kivalu, la plus grande réserve de pétrole du Katswanga, était convoitée par Alnihan, le dictateur panarabiste à moitié fou qui dirigeait le Mintaka voisin.

Gigantesque exploitation de pétrole aux dimensions du pays, dont les bénéfices revenaient au seul profit des multinationales et de son dirigeant sanguinaire, le Mintaka n'était plus qu'une vaste marée noire où le nombre de cancers et d'attentats explosaient.

Pour s'allier les Tirumbu, l'ethnie défavorisée par la France coloniale, Alnihan les armait et les lançait dans des raids meurtriers contre les Aka à la frontière, leur faisant miroiter les bénéfices qu'als pourraient tirer de leur or noir, s'il était mieux exploité. Alkande n'avait pas pu empêcher le président de lui vendre une flotte aérienne dernier cri et voyait avec inquiétude les conflits internes et externes menacer le Katswanga, premier pourvoyeur en pétrole de la France. Il suggéra :

— Crée une mission de coopération pour développer une presse libre dans le pays.

— Ça prendra des années. Si jamais ça prend !

— Il y a un début à tout !

Alkande avait raison. Le président leva une main lasse.

— Très bien !

Et dans cette intimation s'entendait l'espoir d'être, au moins pour le moment, débarrassé d'un autre problème inextricable.

À leur droite, une gigantesque affiche publicitaire montrant un corps de femme à moitié nu fusa vers l'arrière. Alkande était bientôt arrivé. Il pensa à son secret.

Le Résistant n'avait aucun scrupule à tromper son épouse. Cela ne heurtait en rien sa moralité bien cloisonnée d'homme à femmes, qui avait connu une France où celles-ci n'avaient même pas eu le droit de vote. Et, s'il n'avait jamais trahi un ami, il n'avait jamais hésité à tromper sa femme. Ce n'était pas comparable. Mais il ne savait trop pourquoi.

À chaque fois qu'il s'était honnêtement posé la question, il s'était rendu compte que, tout humaniste qu'il s'estimât être, il considérait les femmes comme naturellement inférieures aux hommes. Et il n'avait jamais osé s'interroger davantage, sachant cette discrimination indéfendable, d'autant plus pour un résistant ayant eu à combattre l'idée même de *sous-hommes*.

Mais la Virilité, en lui, ne pouvait s'imaginer abandonner ses privilèges. Certes, il possédait tous les codes de l'égalitarisme entre les sexes, et même le professait. Mais ce n'était que pure forme. Alkande venait d'une époque où le chef ne pouvait être qu'un homme, et où le patriarcat avait été affirmé en toutes lettres dans le code civil, au fronton des écoles, partout. La loi avait changé mais la société, elle, n'avait pas beaucoup changé.

Les femmes non plus d'ailleurs !

Il n'en connaissait pas une seule qui s'était débarrassée des réflexes, des comportements et des habitudes relatives à la servitude historique de leur sexe. Ainsi, tous ces efforts pour leur plaire ! Il revoyait leurs coiffures compliquées, leurs tenues démonstratives, moulantes ou contraignantes dans lesquelles toutes se débattaient, et qui les avaient occupées pendant des millénaires, pendant qu'eux avaient bâti le monde. Comment les voir autrement que comme des êtres nés pour les divertir ?

Il se remémora la femme du président.

Avant tout choisie pour sa plastique, elle subjuguait. Et ce destin traditionnel tenu par la première d'entre les femmes du pays prenait pour lui une valeur de symbole, rappelant à toutes les autres ce à quoi, avant tout, elles devaient servir : leur faire plaisir.

Leur liberté sexuelle, notamment, le faisait sourire. Il y voyait seulement, pour les hommes, des opportunités d'aventures supplémentaires, et pour les femmes, une exception qui confirmait la règle du patriarcat.

La langue en était l'ultime illustration.

Ses études poussées en linguistique et en grammaire comparée le lui avaient démontré : cet outil avait été conçu *par* des hommes et *pour* des hommes. La langue française n'avait pas été mise au service d'une Pensée universelle, mais d'une Pensée masculine. Car, si cela avait été des femmes qui l'avaient conçue, eussent-elles permis que le genre masculin représentât les deux genres ?

Eussent-elles inventé *il pleut, il y a, il manque, il reste, il suffit de, c'est beau* ?

Les grammairiens avaient semé la graine du masculin partout, et son arborescence plongeait ses racines dans la moindre invention, le moindre accord, la moindre partie du discours, semant et perpétuant la dissymétrie et la hiérarchie des sexes dans la Pensée.

Léonard de Vinci n'avait-il pas dessiné un homme au centre du cercle qui représentait les proportions parfaites du genre humain ?

Et, cinq siècles plus tard, n'était-ce pas l'homme qui saluait, et non la femme, dans le dessin lancé dans l'espace, à la rencontre des extra-terrestres ?

Comme l'homme était au centre de l'univers, le masculin était le pivot de la langue française. Ce genre incarnait l'universalité, la constante à partir de laquelle ne pouvaient se décliner que des variables. Et c'était cette langue-là qu'elles parlaient tous les jours, les émancipées, les lesbiennes, les divorcées, même les misandres, même les plus enragées des féministes, les terroristes du genre, les suprémacistes du double chromosome X. C'était si drôle et si pathétique de les voir s'agiter avec leurs revendications, alors qu'elles acceptaient sans broncher de parler cette langue, selon laquelle même un million de femmes ne l'emporterait jamais sur un seul homme.

Quelle extraordinaire Résignation !

Combien de fois sa propre femme avait-elle sacrifié son amour-propre en apprenant ses frasques ?

Le corps déformé de sa vieille épouse masqua ces viragos, avec ses hanches trop larges, ses pantalons fonctionnels, son absence d'attention apportée à sa personne. Il se rendit compte que cette absence de séduction correspondait parfaitement à celle qu'il professait pour la femme moderne et, aussitôt, il ne put se défendre de considérer avec tristesse un monde expurgé de leurs fanfreluches et de leurs minauderies.

Tout occupée de livres et de réunions associatives, sa femme ne le voyait qu'occasionnellement, discrète sur ses activités et menant sa vie à part. Mais le divorce n'avait jamais été nécessaire. Elle lui avait apporté la fortune sans enquêter sur sa double vie, et lui s'était toujours montré élégant, n'oubliant jamais son anniversaire, revenant pour les vacances et les fêtes de famille, sachant la flatter en l'emmenant à l'opéra, au restaurant, et dissimulant ses maîtresses aux yeux de l'opinion, pour ne pas la blesser.

Soudain, il sentit la voiture ralentir. Ils approchaient de sa demeure.

Charas, son fidèle garde du corps – un quadragénaire enrobé qui lui donnait du « patron » – le précéda après avoir salué le militaire en service devant la grille d'entrée.

En descendant l'allée arborée jusqu'à la façade ponctuée de hautes et élégantes fenêtres, le Résistant admira une fois encore l'architecture classique qui incarnait la sobriété et l'élégance à la française. Sa vieillesse oubliée, il gravit allègrement le large escalier de marbre qui s'élevait avec une grâce aérienne au fond de l'entrée. Il se sentait régénéré par les perspectives presque infinies qui s'ouvraient à lui, alors qu'au même âge, la plupart des hommes s'échouaient sur les rives du dernier Âge.

Et chacun de ses pas était léger, tant ce début de mandat l'entraînait dans son courant ascendant et plein d'espoir. La vérité l'éblouissait et le faisait voler de marches en marches : à l'égal d'un dieu, il avait le pouvoir de changer la France, le monde, les Hommes !

CHANGER LES HOMMES

Force était de constater le charme puissant du slogan de Kartajan. Alkande ne pouvait qu'y adhérer.

Oui, il aiderait à changer les Hommes.

Et il embrassa passionnément sa jeune maîtresse venue lui ouvrir.

Confutatis

Réduites au Silence

CHANGER LES HOMMES

Als courent vers le véhicule présidentiel ; le nouveau chef de l'Etat salue ; le car scolaire a versé sur le côté ; les flammes ne permettent pas d'approcher ; comme leur horreur se décline subtilement ! Son étrangeté nous surprend et fige quelques secondes notre geste au-dessus de nos assiettes, mais le présentateur ne s'y arrête pas et nous découpons notre viande ; *un missile israélien a frappé l'État palestinien ;* ou bien est-ce le contraire ? Qui sont ces fantômes silencieux, flasques et impassibles, qui flottent derrière les êtres ? Même la vieille femme au visage ravagé qui a été élue à l'Académie française semble posséder plus d'épaisseur qu'eux ; des reflets noirs et or zèbrent l'espace ; la nuit incendiée se déforme sur des silhouettes casquées ; un mur tombe parmi les fumigènes et les cris de Joie ; un pédophile se cache sous un blouson ; comme nous devenons attentives, tout à coup ; des blocs de viande ruissellent ; des femmes clignotent et changent de couleur ; que d'images qui se chevauchent, s'encastrent et se disputent l'espace ! Sur leur lit d'hôpital, des squelettes finement recouverts de chair tournent vers nous leur regard ; *Il est bon l'agneau !* La maladie touche en particulier les personnes homosexuelles ; deux zéro pour PP-Limoges ; des supporters pleurent parce qu'un joueur a raté la balle ; soudain, l'homme riche et célèbre que tu vois partout réapparaît, et sa réussite est comme lui, large, souriante et indiscutable. Alors pourquoi ne te fait-elle pas envie ?

— Monoceros, vous venez d'acheter les Princes de Paris. Comptez-vous appliquer les mêmes méthodes musclées que vous avez employées aux Bâtiments de France pour redresser la situation financière du club ?

— Vous savez, le foot c'est pas que du business, c'est une passion ! Après, les méthodes que j'emploie ça m'regarde !

— Le contrat que vous avez offert à votre dernier attaquant a battu tous les records de rémunération pour un joueur de football. Du coup, certains n'ont pas pu s'empêcher d'y voir un rapport avec les licenciements qui ont précédé.

— Du moment qu'y a du résultat sur le terrain ! Les supporters ce qu'ils veulent, c'est une équipe qui marque ! La cuisine interne, c'est pas leur affaire ! Mais vous les journalistes, vous cherchez toujours la petite bête.

— On cherche surtout à informer. Mais...

— Oh arrêtez, j'les connais par cœur vos discours ! Laissez-moi faire mon métier ! Et mon métier c'est d'faire des affaires ! Vous pouvez quand même pas me reprocher d'réussir !

— Alors, le prêt-à-porter, la banque, le bâtiment, maintenant le football... Qu'est-ce qui fait courir Monoceros ?

— La question, c'est pas d'savoir ce qui m'fait courir, c'est d'savoir ce qui marche ! Le secteur des loisirs est en plein boom ! Et c'est normal ! Aujourd'hui y a plus d'guerres, faut bien qu'les gens s'amusent !

— « Il n'y a plus de guerres » ?!

— Vous savez très bien ce que j'veux dire ! En tous cas les jeunes ils l'ont compris, eux ! Qu'est-ce qu'ils font les jeunes ? Ils s'amusent ! C'est un besoin ! Et moi j'suis là quand y a un besoin. C'est pour ça que j'réussis !

— Mais votre réussite a un prix. Que répondez-vous à ceux qui dénoncent la délocalisation de la production des Bâtiments de France ?

— Mais tout l'monde délocalise ! Et pourquoi vous parlez pas du résultat ? Le résultat c'est qu'les bénéfices, ils ont explosé !

— Et des milliers de personnes ont été mises au chômage.

— On fait pas d'omelettes sans casser des œufs !

— Certains parlent d'évasion fiscale…

— Ah non ! Attendez, j'paie mes impôts en France, moi monsieur !

— Mais pas vos entreprises délocalisées.

— Ben c'est mieux que rien ! C'est quand même pas ma faute si aujourd'hui, y a plus d'main-d'œuvre compétitive en Europe !

— Certains vous voient comme l'incarnation de la société de consommation. Vous vous reconnaissez dans cette définition ?

— J'me reconnais dans rien du tout ! J'suis juste quelqu'un qui réussit, et en France on n'aime pas les gens qui réussissent, voilà la vérité ! Mais moi j'viens d'la misère, monsieur ! Mes parents ils avaient même pas la télé ! Vous savez c'qu'ils peuvent pas supporter, ceux qui m'critiquent ? C'est que maintenant j'aie un hôtel particulier et qu'mes enfants puissent aller dans d'bonnes écoles.

— Des écoles privées, vous voulez dire ?

— Et alors ? C'est le rêve de tout l'monde de voir ses enfants réussir ! Ah non… Ça y est, j'ai compris ! J'détruis l'école publique, c'est ça ? Mais qu'est-ce que vous voulez qu'j'y fasse ? J'peux pas prendre le monde sur mes épaules, non plus !

Nos trois ectoplasmes reviennent au premier plan ; de la chair cuite que nous mangeons s'extrait un nerf ou un ver qui disparaît dans la sauce ; si j'effleure du pied cette boue étrange je sauterai sur les mines involontaires que sont mes paroles ; je déclencherai sa Colère, son monologue qui n'entend rien, même mes prières, même mes suppliques, lorsqu'elle s'assoit sur mon lit pour me parler de son nouveau mari, des coups qu'elle en reçoit et de leurs problèmes sexuels ; sa voix lancinante imprègne chaque atome de cette vieille maison aux toits pleins d'épouvante et d'où ma sœur s'est enfuie, et les spectres qu'elle y enfante ont des verges menaçantes et des vulves blennorragiques ; leurs ombres peuplent la maison et lorsque je m'y retrouve seule, toutes lumières allumées, je suis traversée de leurs ricanements, immobile et curieuse de ces frissons d'effroi qu'elles me procurent, attirée malgré moi par leur présence chuchotante.

Encore un nouveau soir où toutes leurs disputes y passent, mimées et reproduites sur ce coin de lit où j'apprends à haïr ; et comme je ne sais que répondre, comment me rebeller, comme déjà c'est minuit et que rien ne me protège de l'être le plus aimant qui existe, je confonds un peu tout, la réalité, les rêves, les information, les publicités, et je ne reconnais plus, dans cette grande confusion, que les cercles que je trace autour de sa bouche terrible ; je ne reconnais que ma course folle de bête qu'elle tient en laisse et qui s'enrage au fil des ans, sans comprendre les raisons de son enchaînement, ni savoir comment le faire cesser autrement que par une violence plus grande encore.

La vague d'amour sur laquelle je surfais, enfant, s'est transformée en trombes de vomissures ; sous cette bouche purulente qui s'écoule jusque tard dans la nuit, j'ingère l'abominable vision que ma Mère a du monde et, une fois seule, l'organisme unicellulaire que je suis devenu se laisse couler dans ses lupanars et ses cachots ; ma main glisse vers mon sexe et pour jouir, moi aussi je soumets, je torture et je viole des enfants, ou même un bébé singe, dont j'ai vu la photo un jour, dans un article scientifique.

L'orgasme terminé, je tente de me débarrasser de son image si pathétique et si familière, son crâne presque chauve, son visage apeuré derrière les barreaux de sa cage, et je fais face à l'invasion de monstres qu'est chaque nuit. Alors, pour retarder ma plongée dans le raz-de-marée de leurs chairs sanguinolentes, je rouvre l'un de mes vieux livres de contes.

Par leur odeur de tissu poussiéreux, le grain épais de leur papier qui fut blanc, le flou d'un ciel, la fantaisie d'un lettrage, le parfum de l'enfance remonte vers moi, m'effleure et m'apaise quelques secondes. Mais le chaos s'infiltre partout ; tu n'arrêtes pas les Mots insensés et pourtant précis qui cascadent de leur bouche et ressortissent à des calculs qui t'échappent, localisant chacune de leurs paroles dans un univers géométrique où, quel que soit la trajectoire que tu choisis pour relier un point à un autre, se dessine la Figure de la Destruction.

— Viens boire ton café, il va être froid !

Comment ne pas aimer cet homme qui selon elle la bat, l'humilie, ne la fait pas jouir et la fait travailler jusqu'à l'épuisement ? Je l'examine avec la Haine absolue dont seule une adolescente est capable ; j'arrive même à haïr ce qui me plaît en lui, son regard admiratif qui voudrait tant pouvoir aimer cette jeune fille si studieuse, toujours la tête dans un livre ; j'arrive à haïr son corps solide et athlétique, ses chemises à carreaux en flanelle, râpées et rapiécées. La plupart du Temps, il se défend bien, mais il ne peut rien contre ma raison de vivre : protéger à tout prix l'être le plus aimant qui existe ; il ne peut rien contre ma fidélité et ma foi en elle, contre mon incapacité à comprendre d'où précisément vient la démence.

Et je cueille la bienveillance que j'inspire à cet homme avec les pluies d'ammoniaque conçues dans mes nuits d'horreur ; j'observe son visage se déformer sous les tortures qu'à mon tour, j'invente pour me faire aimer d'elle ; mais ce sont des traitements qui me rendent triste et dont elle ne me sait pas gré.

— Tu aurais pu m'prévenir que t'avais servi le café, maintenant il va être froid !

Sa stupéfaction devant nos manœuvres, sa naïveté de bûcheron jamais sortie de sa forêt ! Mais je sens bien que je ne parviens pas vraiment à le haïr ; son rêve de famille, l'admiration qu'il a pour moi, son étrangeté, sa franchise, son expérience du monde, tout provoque ma sympathie, et je lutte à chaque instant pour ne pas l'aimer.

Les matchs de rugby nous sauvent un peu ; nous nous enthousiasmons pour ces hommes qui lui ressemblent, simples et rustres, et qui se rentrent dedans la tête la première, sautent et courent après une balle ; nous nous enflammons, nous sautons même de Joie lorsque notre équipe a marqué un essai ; les sourires complices que nous échangeons alors nous soulagent et nous rapprochent, jusqu'à la fin du match.

Heureusement, Elle est toujours là.

La soliste pleure toujours avec des objurgations dans la gorge, puis elle met le feu au bûcher qui détruit le royaume les dieux ; les flocons de neige donnent un ballet séraphique ; l'amour de Tristan et Iseult les enflamme, les noie, les envole. Je les écoute sur notre chaîne qui est de la même marque que notre réfrigérateur et moi aussi je monte au ciel, en ressentant la paix de celles et ceux qui ont été entendus.

Mon Père est loin, effacé ; il ressurgit de Temps à autre et nous nous retrouvons avec gêne pour des après-midis absurdes, passés à combler le néant de ces heures où nous ne savons pas quoi faire ensemble, avant de retourner à la vraie vie ; la méfiance s'est installée entre nous, le doute ; la Mère prend toute la place ; elle laisse une angoisse même lorsqu'elle n'est pas là, un immense vide inoccupé qui me sépare de tout ce qui n'est pas elle. Mon Père s'accroche comme il peut, mais le flot de boue est trop puissant, un jour il l'arrache du paysage ; ce n'est plus qu'une pension, un chèque ; sa parole, son avis n'ont plus d'importance.

Je redoute les coups de sonnette ; déjà, les salutations criées, la fausse surprise, les formules toutes faites qu'als font passer en force ; je peux prédire avec exactitude leurs questions sur le transport, la météo, la santé, ce sont toujours les mêmes ; mais als n'y répondent pas tout de suite ; als gardent cela pour plus tard ; als ne gâcheraient pas un tel sujet maintenant, dans l'entrée trop étroite où als se gênent et se bousculent, et qui n'est qu'un lieu de passage où personne ne s'écoute.

Mon entrée déclenche des Rires ; suis-je vraiment si risible ? Leurs éclats de voix provoquent des déflagrations et propagent leur travail de destruction à grande profondeur. Tout au fond, leurs coups de grisou désagrègent mes cellules et quand tu me vois, tu ne vois qu'une pâte transparente, grise et grumeleuse, que tourne leur bétonnière. Par versement d'acide sulfurique, par très grande chaleur als y vont, tandis que les secousses des réactions en chaîne se répandent en Silence sous mon épiderme ; als attendent mes réponses ; mais que répondre, avec quoi ? Als ont pour aux le savoir; leurs paroles irréfutables fixent ma mixture, épaississent ma pâte informe dans la cuve où devrait naître une créature à leur image. Je les admire. Quels avis tranchés sur la géopolitique à la frontière irako-iranienne ! Deviendrai-je moi aussi une adulte aussi brillante et assurée, qui baisse vers toi son regard sans pitié ?

Leurs repas surtout sont des calvaires ; qu'importent les souffrances de ces bêtes qui finissent dans nos assiettes, les tortures qu'elles doivent endurer durant leur courte vie prévue de A à Z dans nos camps de la mort. Elevage, abattoir, viande, règles : ce sont des choses qu'une adulte doit savoir tenir à distance comme un mal nécessaire. Devant ces êtres qui me ressemblent, découpés et rôtis, méconnaissables, mon visage prend une expression qu'als savourent ; leur front s'éclaire devant ces chairs si tendres, ce visage d'enfant qui a perdu d'avance. Comme als aiment jouer avec cet être faible, à lui poser des questions dont als connaissent déjà les réponses, à susciter des réactions qu'als ont toutes prévues ! Je connais leurs habitudes, je me tapis tout au fond de ma cage lorsqu'als viennent l'ouvrir et me prendre avec précaution, avec des caresses et des sourires, pour m'enduire de beurre brûlant ou m'immerger dans l'eau de Javel en observant mes spasmes ; je suis d'une race choisie pour sa docilité et son obéissance, et mon embarras les régale entre deux plats. Tant de sang et de souffrances ! Suis-je vraiment la seule à me sentir torturée, ou bien sommes-nous des milliards dans d'autres cages, à subir la même vie ?

Le Professeur a remplacé le Maître ; il nous enseigne la physique, la chimie, les analyses de texte, les commentaires composés, mais je sais reconnaître les lunettes noires des tueurs à oreillette qui immatriculent le monde et dont l'extraordinaire entreprise d'incarcération ne lasse pas ma stupeur.

Les mathématiques règnent sur toutes les matières ; ma Pensée rétive se cabre devant elles, elle les refuse d'instinct. Pourquoi ? Je ne lève plus spontanément le doigt pour faire plaisir à celui qui nous enseigne l'Ordre, joyeuse et étincelante parmi la classe courbée et silencieuse, prompte à dire et à faire ce qu'il attend de nous ; c'est moi maintenant qui me courbe en Silence, tandis que mes camarades jouent le jeu qu'il attend d'aux ; mais qu'il me demande de danser une étoile ! Ce n'est pas ce qu'il nous demande. Et tu ne peux échapper à ces salles carrelées et équipées de robinets où tu dois, à ton tour, fouiller le ventre des animaux au nom de la Science.

Car l'Ordre est écrit.

Les textes qui l'énoncent sont ennuyeux à en mourir ; leur langue archaïque et grotesque te fait Rire tant elle est incompréhensible ; tu les dissèques avec dégoût, en cherchant à rendre vie à ces phrases ampoulées, et qui aujourd'hui, ne délivrent plus que des Pensées relevant de l'évidence. Et ceci est la quintessence de notre culture !

Mes lectures n'y suffisent plus, les contes du monde entier, les journaux qui parlent de Dieu, les magazines féminins qui conseillent à ma Mère de dire non et de boire des jus de fruits. La télévision non plus n'y suffit plus, les publicités, les séries américaines, les téléfilms policiers dont les meurtriers rivalisent de perversion. J'essaie de comprendre cette démence, mais partout, c'est le même double discours, celui de la parole et celui du corps qui ne vont pas ensemble. Alors je garde pour moi les lunes et les soleils que je sais tracer dans les airs ; j'apprends à surveiller tous mes gestes, car leur étoile est sombre comme l'entrejambe d'où elle luit. Une main glisse vers la mienne et me tire un hurlement de frayeur ; dans le noir l'homme s'est déjà enfui. La science est la face convenable du Sexe brûlant autour duquel als tournent toutes et tous ; et dans leur monde, la vérité et la beauté ne durent jamais très longtemps.

— Regarde le ciel ! Le ciel !!! Regarde pas l'agrès ! C'est ça qui va t'envoler !

Maintenant, c'est vers moi que se tournent les petites. Je les entraîne et moi aussi je les rappelle à l'Ordre ; elles m'admirent, mais je connais mon imposture. De l'illégitimité de l'âge je ne tire aucune Joie. La Conscience est déjà là, énorme, géante gazeuse aux quinze satellites, si puissante qu'elle déforme la matière et déroute les trajectoires. La gymnastique n'est plus un jeu ; je ne pourrais plus choir dans les bras de Monsieur Mirak en riant aux éclats, et lui ne pourrait plus partager mon Rire ; je suis devenue trop grande, trop lourde ; les difficultés ne s'arrêtent plus aux rondades, aux souplesses, aux saltos, ni à entrer dans la lumière, le dos et la nuque reliées au ciel ; les saltos sont tordus, vrillés, carpés ; les noms claquent comme des tortures inventées dans des pays aux ennuis longs comme des hivers, *Deltchev, Tsukahara, Yurchenko* ; les regards se font soupçonneux sur mon corps ; et je sens que quelque chose ne va pas chez moi, que tout ce que je fais ne pourra jamais compenser le handicap que celui-ci est devenu.

Monsieur Mirak ne s'occupe plus de moi ; il travaille dans son bureau vitré jusque tard le soir ; lorsque nous partons, son crâne à demi-chauve ne se relève pas ; sa femme a dû reprendre un travail à l'extérieur ; je n'ose le regarder ; j'ai Peur de tomber sur son visage que je ne parviens plus à faire sourire.

Mais le gymnase est le dernier lieu sensé de cette terre, celui où j'apprends à pacifier mon esprit et mon corps, ces deux Frères ennemis qui n'attendent que mon relâchement pour me glisser leurs Pensées vicieuses, leurs protestations outrées, leurs plaintes à vomir ; je réserve le sol pour la fin et là rien ne m'atteint ; des cris j'en entends, j'en pousse, cela ne me fait plus Peur, personne ne meurt finalement ; si tu as compris ça tu décolles, malgré le tumulte dont la télé emplit ta Pensée et son océan de mensonges d'où n'émerge aucune terre ; seules les acrobaties t'entraînent sur une grève que l'Ordre ne semble pas connaître.

Lorsque j'en réussis une, mon corps me propulse brièvement en villégiature ; dans les airs je sens, la tête en bas, que ma rotation n'est ni trop forte ni trop faible, que mon axe continue dans la droite ligne de mon impulsion et que je vais retomber sur mes pieds, en une figure parfaite et accomplie. Alors, j'éprouve une grande paix, les plaisirs de la nudité au bord de la mer, la jouissance de la peau qui boit la chaleur des rayons du soleil, l'insouciance devant le Temps qui passe, la tête à moitié recouverte, l'air m'apportant les ondes sonores et mouvantes des gens sur la plage, à travers les fibres entrelacées de mon chapeau.

Et puis un jour à la poutre, j'ai le dossard numéro sept, le chiffre élégant du corps gainé, en suspension au-dessus du sol, les bras tendus à l'horizontale ; tout repose sur le mental ; *Le mental ?* C'est la Peur qui ricane ; je ne réussirai jamais à m'en débarrasser ; et moi qui m'impose de monter sur cette ligne tendue dans le vide ! Mon esprit voudrait tant crier son effroi, se débiner et retourner dans ce corps lové sur le divan en face de la télé, à manger des choses qui le bourrent, le déforment et l'apaisent ; *Comme le soleil est haut ! Encore un jour nouveau ! Café Solebo !* Mon cœur bat bien trop vite. Je pose les mains sur la poutre ; *nul point d'appui pour toi en ce monde ;* je n'ai plus que quelques secondes pour monter sur l'agrès ; aucun doute sur ma puissance ; *Ta puissance !* Qui ? C'est trop tard, je dois y aller ; le bassin est le premier là-haut ; je *vois* mon Stalder, mes jambes qui montent de chaque côté de mon buste et je *sais* que je vais tomber : une déesse en moi le veut si fort ! Mon pathétique soulagement lorsque je réussis les tours, les sauts, les petits pas qui ne présentent aucune difficulté ; *depuis quand la réussite est importante ?* Mes Pensées affluent toutes ensemble, des chansons, des adages, des interviews ; *New York ! New York !* Tout ça alors que je m'apprête à faire ma toute première série ! C'est mon esprit qui lâche le premier, emporté par ce torrent de choses dont il est gavé ; du coup la Peur s'amuse un peu avant de me faire tomber ; je l'ai tellement méprisée ! Un petit déséquilibre à chaque pas ; j'en deviens drôle ; c'est le moment du salto arrière ; ce n'est pas lui qui m'inquiète : il ne dépend pas de plusieurs points d'appuis sur la poutre, mais d'une trajectoire dans l'espace que j'ai appris à maîtriser depuis toute petite ; il décolle, s'enroule et retombe naturellement, sans obstacles, alors que les souplesses ou les flips requièrent plusieurs points de contact ; je ne peux pas le rater ; quand mon épaule s'écrase sur l'agrès et que l'élan me propulse en dehors des tapis, c'est moins la douleur qui me fait mal que le cri qui échappe à Monsieur Mirak ; je ne serai pas la championne qu'il attend et qui sauvera son club. La Peur et la Honte ont fusionné maintenant ; tout de suite à mon oreille, la voix inquiète de mon Entraîneur, tandis que sa main se pose sur mon épaule *– Non ! – hop*, elle rebondit ; sa haute silhouette, maigre et silencieuse, recule déjà *– Elle s'est cassé quelque chose* ; même pas. La Peur ricane, je lui crache à la figure sans l'atteindre. Je ne sais pas cracher, je n'ai jamais su, et je louche sur la glaire qui tremblote sur mon genou.

Depuis ce jour, je ne réussis plus rien. Dans les reflets des objets qui nous entourent, fenêtres, portes de voiture, vitrines, je traque la vision abhorrée du bassin, les courbes apparues dès que j'ai cessé l'entraînement. Pourtant, la guerre est terminée, cette guerre absurde et permanente que je menais avec la Peur. C'en est fini des coups et des trahisons des agrès, c'en est fini de la Souffrance, à courir après le Temps pour placer une heure d'acrobaties ou d'étirements, la frénésie d'une vie galopée et jonglée entre les obligations ; je le crois, je n'ai encore rien compris.

Mais en dehors du gymnase, le corps est réduit à un tronc d'arbre ; au mieux tu marches, tu tends un bras, tu cours après ton bus. Plus de secondes suspendues dans les airs, lorsqu'en route pour les astres, arrachée à la pesanteur, tu souris. Toujours, tu restes assise et tu calcules. Pourquoi ? Tu ne sais pas, tu sais seulement que tu t'es fait avoir ; tu es prise dans un système qui met les chiffres au-dessus de tout, et auquel tout le monde obéit ; pendant ce Temps-là, ton corps s'avachit, se tasse, s'oublie sur une chaise ; quel métier choisir quand la plupart enferment dans un bureau ? Tu pourrais devenir entraîneuse à ton tour, comme Madame Mirak, mais les voyages ? Le monde ? Le gymnase, tu connais ; c'est le reste qui t'intéresse ; Alors ? Inventrice, pilote, astronaute ? Pas la peine d'y penser : al faut être bonne en maths. Et puis, lorsque tu parles de ces désirs d'extraordinaire, les autres qui explosent de Rire, et qui s'en repaîtront aussi longtemps que ton souvenir flottera dans leur Conscience, comme d'une idée aux grandes chaussures et à la veste étriquée.

Cela fait longtemps que Monsieur Mirak parle à ma Mère au téléphone ; la sonnerie a déchiré le Silence de notre maison et je prends Conscience du caractère exceptionnel que représente ce coup de fil. Je reste à distance, cela me concerne si peu ; mais le moment est exceptionnel : ma Mère écoute ! Comment Monsieur Mirak, qui ne nous dit pratiquement jamais rien, peut-il la captiver à ce point ? Avec quels Mots ? Quels arguments ? Je sens comme elle est ébranlée ; est-ce bien elle qui vient me demander mon avis ? Mais nous avions convenu que je n'irais plus ! Elle insiste pour que je lui désobéisse ; que dois-je faire ? Et quelle puissance a donc mon Entraîneur ?!

Et parce que je ne suis qu'un stupide animal, un être dressé pour reproduire les gestes des anciennes générations, je m'entête, je ne me laisse pas une chance ; n'ai-je pas été élevée pour satisfaire une autre que moi ?

Enfin, elle raccroche ; cette fois, c'en est vraiment fini de la gymnastique. Plus que le soulagement d'une libération, j'en éprouve l'euphorie d'une bonne blague. Je ne comprends pas que mon enfance est morte et que Monsieur Mirak disparaît, aussi simplement que ça. S'il est mort ? J'espère qu'il est mort.

La panique, un jour, en sachant que j'irai au mariage de ma Sœur, cet évènement considérable pour lequel je n'ai pas de tenue adaptée. Tout d'un coup, je me mets en tête de coudre une robe ; comme tout le reste, c'est impossible ; mais cette fois, je me rebiffe, non sans railler silencieusement cette idée folle qui consiste à me mettre en valeur ; voilà que je me mets à coudre d'après un patron que je croyais simple et qui bien entendu, s'avère prodigieusement compliqué ; je couds ma robe au milieu des reproches et des sarcasmes, comme habitée, en transes, malgré toutes ces personnes qui veulent que je renonce ; *Tu n'en as pas fait autant pour notre mariage !* Rien à foutre de votre mariage ! Là tu parles du mariage de ma Sœur ! L'aigle, le Maître des orages et des cieux, l'animal qui voit tout et dont le cri glace comme celui des amazones qui se tranchent un sein pour pouvoir tirer à l'arc, et dont l'âme vit à travers son parfum éponyme !

La campagne tu l'as vue au loin faire défiler ses champs à toute vitesse ; maintenant où aller, que faire parmi ces inconnues, les éclats de Rire et les tintements des coupes de champagne, les déformations savamment cachées sous les frou-frous et les longues vestes de costumes ?

Impossible d'imiter ces êtres incompréhensibles, leur intérêt pour un sacrement qui m'indiffère, leur assurance constante, leurs plaisanteries forcées qui les aident à patienter ; des pans entiers de conversations se bâtissent autour de dragées ou de chemins de tables. Als sont capables d'improviser sur n'importe quoi ; même le Silence qui tombe, lorsque l'inspiration qui leur manque ne les fait pas reculer ; l'essentiel est de paraître convenables et raisonnables, toutes choses que démentent leurs brusques regards, leurs gestes sous haute surveillance. Mais toi aussi tu auras leur peau de crocodile, leurs cuisses boursouflées, leur bouées de graisse, et toi aussi tu éviteras les rayures, et tu te camoufleras sous des coupes avantageuses ou des extravagances. Les femmes, surtout, m'épouvantent par leur Résignation. Quel talent lorsqu'elles sourient sous les postillons des hommes, quel effacement devant leur opinion, leur arrogance ou leur bêtise, uniquement parce qu'ils ont la voix la plus forte !

J'erre et souris à la ronde, cuite de honte et de mépris ; inutile d'aller me réfugier auprès de ma Sœur : elle ne me reconnaît pas. Elle m'a accueillie comme les autres, avec une égale chaleur et une politesse exquise que je ne lui ai jamais connues ; son regard froid et amical est celui de la jeune mariée qui connaît les factures. Je voudrais tant desserrer les mâchoires ! À la fuite habile de leurs regards, à leurs visages qui se figent une fraction de seconde à mon passage, c'est clair, mon sourire taillé à la tronçonneuse ne convainc personne. Comment refouler ces images de massacres qui m'assaillent ? Elles me font tellement de bien !

Signature de documents, pleurs d'attendrissement et de surexcitation, félicitations d'usage ; de seconde en seconde grandit mon étrangeté ; la foudre tatoue sur leurs fronts ces noms grotesques qu'als n'ont pas choisis ; jaillissent des geysers d'eau bouillante ; cascadent les sons insensés de leurs bouches ; et puis tout s'arrête.

Des sons.

Une voix.

Un Rire échappe à ce chaos.

Du magma fumant, il s'extirpe sans effort, seul oiseau gracile à se jouer des grandes forces, et son aile, en passant sur moi, y efface la Colère.

Qui ?!

Qui aura cette force, âpre et allègre, qui fait claquer les voiles du voyage ici même, dans cet établissement où le personnel doit faire un effort pour paraître touché par cet énième mariage.

Je reconnais son texte limpide, sa tempête de molécules, et j'approche de cette étoile chaleureuse ; j'avance au-devant de ce qui fut pour moi le commencement, ma naissance, j'avance au-devant de ton Rire.

Et je te découvre.

Tu es une mésalliance entre l'enfance et la laideur, un mélange de grâce et de dégradation qui associe des fossettes et des dents pourries. Depuis le parpaing carné qui te protège, tes cheveux sont de lumière.

Et céleste est ton regard.

C'est tant de chaleur, soudain.

Aussitôt, voici ma Sœur.

J'apparais à tes yeux auréolée de sa gloire, mais aussi avec ce nom, ce corps et cette histoire ordinaires qui sont les miennes, tellement communes, où je n'ai rien réussi, rien choisi. Me voici devant toi muette et gauche, faible proie désignée pour servir de cible à tes traits spirituels. Tu en profites un peu, alors je m'enfuis.

Je tente de recomposer ton Rire, maintenant plus ahurie que toutes les créatures avinées et celluliteuses. Mais ma Sœur est restée à mes côtés. Sa puissante attraction me déroute, me voici prise dans ses anneaux, moi le simple satellite où rien ne pousse. Elle me complimente enfin sur cette robe trop serrée qui a suscité tant de drames. Pourquoi cette attention soudaine ? Parmi la chair volantée, le plaisir de notre complicité me permet de m'oublier quelques instants.

Méfie-toi.

De quoi ?

Pas de réponse. Elle est déjà repartie.

La vérité ?

Tu purges une peine de prison pour vol et trafic de stupéfiants. Une permission d'une journée te permet d'assister au mariage de ton Frère. Tu es un *délinquant*. C'est ce Mot-là que je dois employer pour te décrire.

Impossible, dès le départ.

Les enceintes lancent les premières notes d'une chanson populaire. Du fauteuil dans lequel j'ai sauté, je contemple la file humaine qui s'est mise en branle, car au commandement de la chanson enregistrée, chacune a mis les mains sur les épaules de la personne qui la précède, et marche en rythme en faisant serpenter un long dragon humain.

Toi qui t'ennuie, monte dans le train d'la fête !
Toi qui es seul, prends le wagon d'tête !

J'aimerais me retirer en moi pour revivre ton Rire, tes yeux d'azur, ton visage grossier, mais l'explosion du volume sonore a raison de tout. Mon émotion ne résiste pas à la vision de ce cortège où, lorsqu'als arrivent à ma hauteur, les hommes m'invitent à les rejoindre et les femmes fuient mon regard.

Viens danser dans le train d' la fête !
Viens chanter, fais pas ta coquette !

Deux d'entre aux m'empoignent. Je résiste à coups de pieds. Comment oublier ce Rire ? Mais le bruit est le plus fort. Est-ce cela, faire la fête, reproduire les gestes de la personne précédente, tout en espérant ne pas attirer l'attention sur soi ?

Je ne décide pas la rupture. Elle s'impose à moi.

A nouveau, ma Mère me sort de ma cage.

Et je ne vois plus que le trou béant de sa bouche déformée, son front en sueur, l'intensité de ses yeux terribles qui se mêlent en un seul rayon incandescent, et par lequel ma Pensée est gavée de poisons. Tant d'instruments, émotions, Pensées, signes, au service de la Destruction ! C'était folie de croire qu'ils pourraient glisser sur moi sans me transformer à mon tour. Et je sens mon cœur qui tremble ; j'ai Peur de ma Colère qui est sur le point de se faire entendre, de ses pouvoirs dont j'ignore tout ; ne suis-je pas l'Enfant de la Démence ?

Alors à mon tour d'émettre des paroles rasantes et affûtées, maladroitement envoyées sur des chairs couperosées que j'ai appris à détailler pour ne pas entendre ses paroles. Comme cela me soulage ! Mais n'est-ce pas de satisfaction que s'emplit cet œil unique et qui réfléchit toute lumière ?

La voilà qui cherche, le cou tordu, la narine dilatée, le Mot qui saura durer, qui saura pousser en moi ; ma Mère cherche, tout son corps se crispe et se raidit, sa tête se dévisse ; elle cherche dans l'ordure, dans le vice, la parole la plus destructrice et la plus pérenne ; et je la vois arriver, sa galaxie spirale qui roule furieusement sur elle-même grâce à ses bras multiples, en arrachant toute matière. Comment l'être le plus aimant qui existe a-t-il pu devenir cette comète de feu qui détruit tout sur son passage, et dans le rayon duquel rien ne survit ? Me voici prise dans son tourbillon avec le reste de l'univers tandis qu'elle fouille sa mémoire, ses connaissances, ses expériences, en s'énervant, en se désespérant de ne pas trouver et puis *Oooh...* ça y est !

Aussitôt, le visage illuminé par le plaisir à venir, elle me jette son filet d'antimatière au visage.

Tu changeras

Alors, moi aussi je fais tirer toutes mes catapultes. La vie ne peut continuer ainsi, aussi cruelle, aussi désespérante ! Mon beau-Père entre dans la tourmente. Des volts dans les poings, nous crachons nos jets mortels, nos membres se joignent à la saltarelle épileptique ; plus rien ne peut m'arrêter, aucun coup, aucun appel à la raison ; je suis habitée par une déesse plus vieille que l'humanité, et seule une porte qui claque entre aux et moi me les arrache.

Je pars.

Je suis trop choquée pour réfléchir et prends le seul train que j'aie jamais pris. J'erre dans les rues de Paris tandis que la réflexion m'est rendue progressivement, par ordre d'urgence : où aller, que faire, comment expliquer ? Et je m'enfonce dans la nuit parisienne, ses mains aux fesses, ses ordures susurrées, ses coups de klaxon sur mon passage, ses bus remplis de regards qui me déshabillent, ces regards fuyants qui ne veulent pas savoir et ceux qui s'accrochent à moi, aussi poisseux que des mains enduites de morve ; mes repères, je les ai perdus ; quoi que je décide, je serai un problème, une charge : mes sanglots ne repoussent pas les bouches qui parlent bas, les regards qui se fourrent entre mes jambes ; je pleure sur ce coup de Colère idiot qui m'a précipitée au cœur même de la Démence, dans ce ventre terrifiant dont les parois se collent à moi et où je ne trouve pas d'issue. Parmi ces visages de curieuses

et de lâches, une vieille femme cherche à me consoler ;
je ne parviens pas à lui répondre ; elle me griffonne une
adresse ; c'est un couvent qui n'est qu'à quelques pas ;
comme elle repart heureuse d'avoir fait cela ! Je frappe à
la porte, un battant minuscule s'ouvre sur des barreaux ;
le regard méfiant de la nonne – *pas d'place, sais pas* – le
battant se referme ; je reste devant les barreaux, stupide,
aussi stupide qu'un petit singe qui se croyait libéré, et
qui n'a fait qu'entrer dans une nouvelle cage.

Tuba mirum

Etrange trompette

Dans la nuit, t'as l'impression qu'la vie tangue et qu'tu la regardes à travers un hublot, depuis un grand navire qui monte et qui descend sans qu'tu saches qui est aux commandes. Tu vois que des polygones mouvants à travers la petite ouverture grillagée et tu sens que t'as commencé un voyage, mais mauvais celui-là. Les immeubles plongent dans l'noir, surnagent et sombrent. La tempête engloutit tout sur son passage et toi tu la traverses en ligne droite, bien au sec, tu fais plus partie d'ce monde, même les catastrophes peuvent pas t'atteindre. Le flic en face me surveille pas plus que ça, j'reste les yeux fixés sur mon rectangle de nuit grillagé. J'ai jamais aimé le jazz. Seulement depuis que j'ai quitté l'tribunal, j'ai deux écouteurs imaginaires plantés dans les esgourdes qui m'en déversent à la pelle, du sax' bien pluvieux, bien solitaire. C'est pas qu'ça te ferait chialer vraiment, c'est pas triste-triste. Ça t'colle juste le blues, une tendance à t'laisser aller. En montant dans l'panier à salade, j'ai capté une dernière fois le bordel multicolore et pollué d'la ville, et puis ma nouvelle vie s'est refermée sur moi. Mais juste avant, la voix pincée et caressante du sax' s'est glissée jusqu'à moi, apportée par le vent. J'me raccroche à cette musique, elle m'empêche de penser, elle occupe toute la place dans ma tête et c'est tant mieux parce que depuis que j'me suis réveillé, j'ose pas réfléchir. Heureusement y a des petits évènements pour m'distraire : la dureté du siège, le métal froid sur mes poignets, les cahots, la sensation dans les virages. Le sax' crée des volutes de fumée autour de mon sourire de tueur et l'efface, comme si c'était plus la peine de mentir. J'fonçais à toute berzingue, maintenant j'suis raide immobile. Le pire c'est qu'après les médecins, c'est les flics qui décident de tout pour moi : me lever, m'asseoir, pisser, parler. J'passe de mains en mains et j'me claquemure, j'suis plus qu'une seule chose : la voix d'airain dans ma tête. *Airain*. Encore un mot à toi, ça. Tes lettres sont pleines de mots que j'comprends pas et comme tu l'sais, tu m'mets les définitions, petite conne. Mais j'apprends des choses, y a pas. Tu penses qu'on parle pas la bonne langue. Ma pauvre biche. T'as rien d'mieux à foutre que de t'attaquer aux mots ? Et surtout, tu la vois un peu, l'immensité d'ta connerie ? Comment tu perds ton temps avec tes bouquins, à m'raconter tout ça, au lieu d'sortir profiter, vivre. Regarde-moi dans ces tubes où on m'met en entier, entre ces plaques de métal qui s'referment sur moi. Les yeux fermés pour m'échapper, j'm'envole vers ta naïveté.

La pluie tambourine contre la vitre. Le mauvais temps m'rassure, j'voudrais un séisme, une catastrophe, que tout l'monde en chie autant qu'moi. Ah ! l'tonnerre ! C'est l'déluge. Mon sort a déchaîné la colère du ciel. Une phrase que j'aurais jamais écrite avant d'te connaître. Un psy aurait identifié la déprime, moi j'm'habitue à c'blues qui décolore tout en noir et blanc, même ce flic assis en face de moi et qui s'évade aussi par les trous d'aération. Enfin la prison, le royaume des grands qui nous impressionnait tant. D'abord y a l'écho des verrous qui glissent et qui s'emboîtent, et puis tous ces cris qui t'accueillent, que t'entends vaguement ou pas encore. J'me sens dans un hangar qui broie vivant à l'abri des regards, ça plume, ça gave, ça broie, tout pue l'acide et l'désinfectant, pourtant c'est bien des bras que j'vois sortir des cages, c'est bien des regards que j'peux pas soutenir, et tu sens que tu l'oublieras pas d'sitôt cet endroit, tu sens qu'ta chair va en garder le souvenir malgré toi, parce que ses hurlements, tu peux pas les empêcher d'te rentrer dans les conduits, de t'circuler dans l'sang et d'te modifier les formules, au cœur de tes neurones, de tes atomes, là où ça travaille jour et nuit, sans même que tu t'en doutes. Maintenant t'as une vague idée de l'élevage en batterie, même si t'en as jamais vu. Mais qu'est-ce qu'ils élèvent, ici ?

Ça devient de plus en plus fort, c'est ma tronche que tu claques, c'est moi qu'tu découpes à la scie, c'est mes organes que tu perfores. Putain mais pourquoi ils gueulent comme ça ? On leur arrache les ongles, ou quoi ? Et ces matons qui sursautent même pas, tout est normal. Ou alors ils rigolent. Du coup tu sais pas à quoi t'en tenir. Tu sens juste leur peur et leur dégoût et ça t'rassure pas. *CLANG ! KLAK ! Rou loum rou loum rou loum rou loum rou loum rou loum rou loum rou loum CHTOUM !* Mon pauv' sax' il espère même pas s'accorder avec ces notes mal pétées, il fuit s'planquer au plafond. Et puis t'aperçois les premiers émois – j'sais plus l'dire à ma façon – les premiers doigts, les premières langues entre les barreaux, au milieu des échos d'église, des gestes chelous, des appels sans réponses. Y a un tel niveau d'absence dans l'regard des matons, tu t'dis qu'y peut tout s'passer devant eux, ils bougeront pas une oreille. J'suis mal barré dans cette odeur de javel et d'crasse, au milieu d'tous ces gens que t'aère pas, et qui chient là où ils dorment. J'vais devenir cet endroit, que j'le veuille ou non. Des fois quand tu passes devant une cellule, y a l'silence total. J'crois que ça m'fait encore plus flipper. Maton ou taulard, tous les mecs se ressemblent ici, mais c'est lesquels les plus dangereux ? La conscience m'arrive qu'à petites doses, j'suis trop occupé à pas paraître faible. Ici tu la sens bien ton odeur de fauve, ton haleine de chacal. Que des prédateurs ensemble, lequel te sautera dessus en premier ? Tu leur as supprimé l'espace alors ils s'vengent en prenant tout ce qu'ils peuvent, son et image. Ils t'insultent par principe, ils crachent par terre à ton passage, comme ça tu connais leur humeur, ils t'commandent comme à un gosse, tu les sens trop regretter la gentillesse de la justice, si ça tenait qu'à eux tu serais déjà parti en fumée, et tout c'bordel existerait pas. Ça y est ça a commencé, j'sens bien que j'me transforme, pas possible de faire autrement, c'est organique, la prison commence dans les entrailles, comme un virus, costaud, qui t'active les intestins comme il faut. Moi et ma petite escorte on arrive au cœur : le poste qui commande tous les accès. C'est une sorte de cabine entièrement vitrée et surélevée avec des grands câbles, comme un énorme cerveau. C'est marrant, t'as juste un maton un peu boudiné à l'intérieur, entouré d'consoles et d'écrans. C'est lui qu'est aux commandes et qui nous regarde dans ses télés. À cette profondeur, l'air c'est de l'ammoniaque, les matons demandent l'ouverture à l'interphone, j'préfèrerais qu'il nous refuse l'entrée, remonter vers la surface, ce serait moins d'portes entre moi et l'air pur – l'air pur ! Il est pur l'air de Paris maintenant ? En prison tu regrettes même des trucs qu'existent pas, mais bien sûr il nous autorise à passer et j'continue à m'enfoncer.

Ici, c'est des hommes en blouse blanche que tu croises, ou des mecs en costume qui s'mettent sur le côté pour t'laisser passer, faussement détendus, mais qui t'surveillent le pouls, crois-moi ! Brusquement t'es dans une grande piscine vide, mais non, c'est une salle entièrement carrelée qui t'donne le vertige, plusieurs étages autour d'un escalier central, avec des filets pour empêcher les suicides. Ici, tous les bruits ricochent sur les carreaux, tu passes à travers son réseau d'fréquences qui t'découpe en rondelles, en milliers d'éclats de rire, en chocs, en appels. J'en veux même pas à l'architecte, tu peux pas penser à tout. J'ai même pitié des matons, eux aussi ils s'tapent ce vrillage de tympan tous les jours, tous ces reflets sonores qui t'déforment et rendent tout l'monde dingo sans distinction. Toutes ces portes identiques qui s'succèdent tout autour de l'escalier ? J'sens que l'une d'elles est pour ma pomme. T'as pas beaucoup d'matons ici, juste ces portes qui s'succèdent, le bruit arrête pas d'enfler ou c'est moi qui déraille, là y va vraiment s'passer quelque chose, c'est mon cœur qu'accélère ou quoi ? Et si j'lâchais tout, pour voir ? En tous cas ça fait pas marrer mon sax', il s'fait encore plus triste, encore plus doux, putain qu'c'est moche, la liberté qui t'quitte comme une nana. Devant quelle porte ils vont m'arrêter ? Derrière tu sais que t'as un furieux qui t'attend, une torture avec ou sans paroles. *T'es pas l'seul* murmure le sax'. Tu parles d'une consolation ! Quand l'gardien ouvre la mienne j'suis surpris par la moiteur dégueulasse qui m'saute à la tronche, et aussi parce que la première chose que j'entends, c'est une voix d'gonzesse.

— *Je n'suis pas la seule fautive, Victor. Tu n'peux pas nier que le fait que tu sortes avec Priscilla a pu m'enlever tout scrupule.*

— Putain les bonnes femmes ! À part s'faire taper dans les roues arrière !

C'est la première fois que j'entends cette expression.

— *Mais de quoi est-ce que tu parles, Nikki ?*

— Bonjour Messieurs ! Vous avez un nouveau colocataire !

— Ecoute... Ne joue pas ton innocent.

Le flic s'efface, j'comprends pas tout de suite que j'dois entrer dans ce hammam qui pue les pieds, les chiottes et l'linge pourri et coller ma bite sur la nuque d'un vioque assis devant moi. Celui qui joue aux cartes avec lui lève vers moi sa tête de mendiant roumain, avec un œil qui pleure et un autre qui cherche par où t'dépouiller. Derrière lui t'as une télé, partout du linge mouillé qui pend, des piles de boîtes de conserve, avec du PQ, des sacs-poubelle pleins. À gauche deux lits superposés, une table au milieu, à droite j'sens les chiottes plus que j'les vois.

— J'ai la preuve de ton forfait ! Figure-toi que Brad est venu m'voir, ce matin.

Qu'est-ce qu'elle joue mal ! Comme prévu, le vioque se retourne à hauteur de mon zob. Pas con, il va pas au bout et me regarde de biais. J'aime pas le fond d'son œil qui s'agrandit. Le flic me pousse sur lui.

— T'attends quoi ? L'déluge ?

La vanne du siècle. J'lui dirais bien d'attendre la marée, pour qu'il puisse s'hydrater le bulot qu'il a à la place du cerveau, mais t'as ce putain de sax' qui m'enlève mes vieux réflexes et j'me tortille comme un bouffon pour pas avoir à toucher l'vieux. Du coup j'trébuche et j'me vautre sur le lit. Tu parles d'une entrée ! Le flic repart aussi con qu'il est entré, j'fixe l'espèce de glaire que l'vioque s'est fait tatouer sur le bras. Avec le gros luisant en face de lui, un vrai bidon d'huile, il s'reconcentre sur ses cartes, genre j'existe pas. Des longues peines. C'est bien ma veine. J'balance mon paquet d'draps sous plastique sur l'autre lit qu'est pas en vrac mais le gros luisant m'fait sursauter.

— Hé ! Dégage ton bardat d'mon pieu !

Il a l'même accent que Dragon, ça non plus c'est pas rassurant ! J'récupère pas mes affaires assez vite pour lui.

— Magne-toi l'cul !

— Ouais ben calmos !

Putain j'ai une voix d'gonzesse ! On dirait que j'vais chialer !

— C'est à moi qu'tu causes ?

— *Ecoute, Nikki, je n'sais pas exactement c'que t'as dit Brad...*

— Ouais et j't'emmerde.

— *mais ça n'peut pas être pire que ce que Sharon m'a dit.*

— Putain t'es auch, toi !

J'fais un trou au plafond ! C'est qui ?! J'lève les yeux, j'vois une tête qui sort du lit d'en haut. Un petit Robeu. Celui-là j'me l'fais quand j'veux !

— Tu t'appelles comment ? qu'il me fait.

Le gros il est lisible, mais le vioque, j'le sens pas, c'est de la soude, j'sens qu'il peut m'attaquer la structure.

— T'es là pour quoi ?

L'interrogatoire d'entrée d'jeu.

— Stups et vol.

— *Tu souhaitais m'voir, Victor ?*

Avec les trois autres mecs, on reste fascinés par la gonzesse. La scène bascule dans l'noir et la pub prend le relais.

— Oh, l'astibloche ! La table !

Le vioque c'est un voyou à l'ancienne, quand il ouvre la bouche tu t'retrouves dans les films à papa, genre gros durs au cœur tendre, gars d'la pègre qui s'enfilent les jeux de mots. Que des tronches à gerber.

— Ça va, ça vient, *naal dine oumouk* !

Tu sens que l'bicot il proteste surtout parce que j'suis là, comme si j'avais pas déjà compris qu'ils se l'tringlent. Faut pas qu'il se fatigue, avec une carrure comme la sienne, c'est suçoteuse en prison, direct ! *KLINKLONKLINKKKK !* Le gamelleur distribue la tambouille. Y a rien d'prévu pour moi mais j'm'en tape. Le vioque veut m'faire croire qu'il m'a à la bonne.

— Viens t'asseoir si tu veux t'affûter les crochets !

On s'échange nos places. J'ai pas aimé l'frôler mais va falloir m'habituer ! J'sens tout de suite le blème : le vioque m'a donné sa saucisse ! Tu dirais quoi ? *Symbolique ? Météorique ?* Je l'sens qui m'reluque ! Il va s'toucher ou quoi ? Oh putain mais quel bleu ! Surtout pas moufter ! Les premières heures t'es intouchable, le temps que l'auxiliaire du greffe bave sur ton dossier. Tant qu'ils savent pas qui t'es vraiment, personne t'agresse. J'suis pas tout en bas d'la hiérarchie (les pointeurs et les pédos), (les pointeurs=les violeurs), mais pas loin : un tox chouraveur qui connaît personne. Tout-à-coup y a des cris dans la cour. Le bicot va s'coller contre les barreaux.

— Putain téma ! Y a un Babtou qui s'fait serrer par les Cainfrs !

Le gros luisant s'lève pas pour aller voir.

— Qui ça ?

Le vioque me reluque. Putain j'aime pas du tout ça !

— J'crois que c'est un nouveau. On dirait l'mec qui flambe avec ses sketba ! *Miskine* ! Babar va lui couper les doigts d'pieds !

Le vioque trouve ça normal.

— Qu'est-ce que tu veux que ça m'foute, un nouveau qui s'fait avoiner ? Quand t'as pas d'piston ça mérite bien deux-trois valses.

Reçu cinq sur cinq, enculé !

— Qu'ils l'amènent sous l'auvent, les cognes y verront que dalle.

— Ça y est, il s'est fait chouraver ses godasses ! *Ouaaaah !* Y a un Cainfr qui l'traîne par les veuch !! Hé, mais c'est pas Motallakh ?

172

Toute la prison rugit. Les deux étages tremblent, les mecs encouragent le lynchage. Quand l'vioque les rejoint, j'saute sur mon pieu. J'm'étale pour m'la jouer mais dans ma tête j'voudrais m'rouler en boule, à mon avis j'suis l'prochain sur la liste.

— Oh putain ! Ils le mettent à oilpé !

— OUAIS !!! Prenez-lui l'cul !!!

— C'est pas la peine d'allumer les projos, on est en plein jour ! Quels golmons, ces flics !

T'as le haut-parleur qui s'y met, les flics veulent intervenir mais à distance, c'est pas ça qui va aider l'type qui s'fait dépouiller. En plus, maintenant qu'les keufs prennent son parti, les autres peuvent que l'exploser.

— Attends, y a les Beubars qui rappliquent ! Putain, j'crois que c'est un d'leurs potes !

Le vioque se racle le fond d'la gorge et crache un gros glaviot dans l'trou des chiottes par-dessus les conserves alignées sur le muret. Il peut pas encadrer les muslims, apparemment.

— Ça y est, ils envoient les golgoths !

Là, c'est l'union sacrée.

— *DEFONCEZ-LES !!!*

Quand les flics s'en prennent une, toute la prison fait la ola. Finalement ça s'calme à coups d'triques. Les autres me calculent plus jusqu'au soir, la télé meuble en attendant. Les matons passent avec la bouffe mais j'ai pas faim. En plus ici c'est l'royaume des gastros, des fois les mecs les provoquent exprès juste pour vivre autre chose.

Pendant deux jours, le bicot zappe à tout va et les deux autres jouent aux cartes en faisant comme si j'étais pas là. Quand la télé s'éteint, le film d'horreur commence, la cellule plonge dans l'noir, ça monte de partout, ça vient t'chuchoter à l'oreille, tu sens leurs haleines sur ta gueule, leurs mouvements vifs d'animaux qui t'frôlent et passent sous ton lit. J'essaie de pas voir, de pas entendre. Les matelas s'déchaînent mais j'veux pas savoir, ça m'file quand même la gaule. Vers trois-quatre heures du mat', t'as les nerfs qui lâchent, des proies qui pleurent et des fauves qui ronflent, j'finis par m'endormir.

Renseignements pris, mes colocs ont effectivement rien à craindre de mézigue. Pas d'réseau, pas d'fric : j'suis un bon client. Quand j'ouvre les yeux le troisième jour, les mecs en sont au café. Bidon d'huile a l'ventre qui dégueule sous son marcel, il s'gratte la tête et l'cul, il baille en renversant la tête en arrière, son haleine remplit l'air et j'sais pas où fuir. Ils pissent de l'autre côté du muret, l'odeur de leurs merdes s'dépose sur ma tronche. Ils bouffent là-dedans sans problèmes. Moi j'me retiens depuis trop longtemps, faut que j'aille pisser. Le soulagement compense pas la honte de sentir monter l'odeur chaude, savoir qu'elle va s'répandre, s'déposer sur leur peau, leur langue. J'tends la main pour prendre le PQ, j'tombe sur les conserves : Bidon d'huile a pris l'rouleau.

— Hé, c'est pas à toi, ça !

J'reste comme un con avec ma main gauche tendue vers lui et mon zob dans la main droite. J'remballe le paquet mais Bidon d'huile me tend l'rouleau.

— C'était pour rire ! Vas-y, prends-le.

Tu parles. Les mecs me jouent le chaud-froid en attendant l'bon moment. Maintenant j'refuse tout ce qu'ils m'offrent, j'ai compris que c'était qu'une question de temps.

— *Tu ne peux pas te résigner au fait que tu étais avec Brad quand Sharon était enceinte de son propre fils ?*

— *Mais de quoi est-ce que tu parles ?*

Bidon d'huile mate une de ses conserves, il a pas l'air content.

174

— C'est quoi ces lentilles ? Y a pas d'lard dedans !

Le bicot proteste.

— Mais si, y en a du *halouf*, lis l'étiquette !

— J'te dis qu'y en a pas ! Regarde la photo ! Tu l'as fait exprès, ou quoi ? J't'ai dit des lentilles avec du lard !

— J'ai pas fait ex...

Mohammed s'prend la conserve dans la gueule.

— Putain mais t'es malade ! Ça va pas la tête ?

La conserve repart et viens s'écraser à deux centimètres du vioque. Il s'lève en pétard, tous aux abris ! Mohamed s'reprend la conserve, il s'met à beugler mais le vioque en a rien à carrer.

— Toi tu fermes ton claque-merde ! La prochaine fois, j'te fous la tête dans les chiottes ! Et toi, tu nous emmerdes pas avec ton lard !

— Il m'a cherché, c'sale fils de pute !

— Mais c'est lui qui fait chier avec son *halouf, nadin bébek* !

Le vioque lui en met une.

— Tu parles français j't'ai déjà dit, sale crouillat !

— Mais j'parle céfran !

Un maton s'pointe, ils partent tous à la douche. Sans eux c'est une libération, j'vais pouvoir chier. Sauf que ça vient pas, j'ai beau pousser comme une nana au neuvième mois, j'en moule pas un. Une heure plus tard, ils reviennent tout beaux et les cheveux mouillés, mais y s'est passé un truc, j'le vois à leur sourire, ils ont appris mon palmarès, c'est sûr, l'auxi a dû baver. Maintenant ils savent. Cette nuit-là, ils m'tombent tous dessus.

J'kicke à tout va mais seul contre trois, ça l'fait pas. Le bicot est trop content d'passer son tour, enfin un autre nioub qui va souffrir à sa place ! Il part traficoter dans les conserves pendant qu'Bidon d'huile m'agrippe par le cou. J'me coule entre ses doigts mais mes coups servent à rien, son bide est trop mou. À force de tricoter j'arrive même à m'libérer, mais j'ai pas prévu l'espace encombré, j'm'explose la cheville contre un des pieds d'la table et soudain j'ai l'dos qui s'déchire. J'gueule et j'découvre ma main pleine de sang, ça réjouit l'gros qui bande déjà. J'me retourne dans ma stupeur, un truc brille dans la main du vioque. Bidon d'huile en profite et m'étrangle par derrière, j'suis à genoux, le bicot s'amène avec ses outils. Il m'montre ses doigts tout roses et pelés qui tranchent avec sa peau mate, j'comprends que j'vais passer un sale quart d'heure, j'me démène comme un taré mais Bidon d'huile m'tient bien serré, j'sens sa gaule, putain j'vais déguster ! J'gueule trop tard, le vieux m'ferme la bouche avec du ruban adhésif, j'respire à pleins poumons à travers deux petits trous, là j'panique j'ai trop peur de crever asphyxié, j'sens mes yeux s'mouiller, le bicot m'a pris la main droite et m'la plonge dans la bouilloire, j'gueule toute ma race mais t'entends que dalle. J'ai tellement mal que j'espère mourir sur place, ça va abréger mes souffrances, le pire c'est d'toucher le tuyau d'la résistance, encore plus chaud que l'eau bouillante. Le vieux a déjà baissé son froc, j'comprends l'deal, c'est pas sorcier, il m'prend par les cheveux.

— T'as déjà bu de l'eau d'Javel ?

J'gueule sans un bruit, la brûlure est insoutenable et j'sens mes yeux qui l'supplient.

— Mais si t'es sage, t'en boiras pas !

Mohamed m'enlève la main d'la bouilloire, le nez sur le slip du vieux j'sens la puanteur de son zob et d'son linge pourri, il m'presse le blair sur sa queue, j'respire à fond pour pas clamser, j'sens ses deux mains me caresser les cheveux, il m'avertit du regard, *fais ça bien sinon tu vas l'regretter*, et il m'arrache l'adhésif des lèvres, j'ai pas l'temps d'faire ouf, j'ai son braquemard qui m'occupe toute la gueule, j'ouvre bien pour pas

176

l'mordre, c'est pas assez, j'sens mes lèvres qui s'fendillent et qui craquent, sa queue qui s'raidit d'joie et qu'essaie d'me trouer les joues dans sa frénésie – *frénésie !* – mon futal glisse sur mes genoux, 'toutes façons j'peux pas avoir plus mal qu'à la main !

— Suce-moi… Suce-moi bien… Lèche mon gland…

Derrière j'sens une chose qui s'présente, qu'est-ce qu'il espère Bidon d'huile, avec son globe terrestre ? Limite ça m'fait rigoler son ambition. Mais le truc est transformable apparemment, ça frétille, ça s'transforme, et tout-à-coup j'sens l'papier d'verre frotter mes muqueuses, j'sens mes yeux qui s'agrandissent et mon cri qui enfle, bloqué par la queue du vioque, c'est une sphère recouverte de diamants effilés qui m'enfile, une comète hérissée d'aiguilles d'acier qui s'rétracte et qui grossit, le vieux prend son temps, il m'caresse même le cou et le haut du dos, le salaud, pendant qu'Bidon d'huile s'introduit, j'gueule et m'tortille mais le vioque m'arrache les deux oreilles, il a commencé son va et vient, et tout doucement mon corps s'empale sur leur axe vibratoire. Bidon d'Huile pousse, il force, j'vais m'évanouir sous la douleur, alors j'essaie d'commander à mes muqueuses, j'vais dans son sens, finalement il comprend, ravi, et il m'laisse faire, j'accepte l'empalement, mon visage et mon cul surpris résistent plus, j'me fais polir, agrandir, un bulldozer s'fraie un passage à travers moi et m'relie d'un trou à un autre, j'suis devenu deux puits qui s'rejoignent par un seul boyau, un trou d'ver qui permet d'voyager plus vite dans l'espace-temps et j'vieillis sans prendre une ride. J'deviens meilleur d'un coup en me regardant transformé en brochette, par contre tu dérouilles pendant l'voyage, j'pensais pas qu'tu pouvais vivre ça sans mourir, j'sais plus trop où j'suis mais y a un Niak qui tord l'acier à mains nues, les deux pieds dans une flaque de plomb et d'nickel, c'est cancérigène tous ces alliages, son bijou fantaisie tu le retrouves à l'oreille d'une bonne femme chez l'coiffeur, elle lit un magazine à scandales, elle rêve sur les riches, j'sens que l'vioque se retient, l'enfoiré, il jouit de voir l'autre, ils s'attendent tous les deux pendant qu'Mohamed s'branle à côté, les belles actrices qui s'marient avec des princes et qui pondent des gosses à leur image, les enfants d'la balle qui s'plaignent qu'on les prenne pas au sérieux, enfin ils balancent leur soupe, j'avais jamais goûté, ça pique, c'est gluant, amer, ça donne envie d'gerber. Ça y est, c'est fait, le ponçage des derniers matériaux tendres, j'suis refait à neuf moi aussi, et même Gamal retrouvera jamais l'ancienne vie d'ma bécane. *Pourquoi « il pleut » ? Pourquoi pas « al pleut » ?* Qu'est-ce que ça peut foutre ? *Mais regarde autour de toi ! Regarde le monde qu'als ont créé avec cette langue !* Dès que l'vioque se retire, j'm'écroule, Bidon d'huile encore sur moi, et j'dégueule tout ce que j'peux, je gerbe et j'chiale pendant qu'ils sont bien détendus, le gros s'retire à son tour et j'm'écroule dans ma merde, c'est peut-être pas si grave ? Après tout, les nanas vivent ça tout l'temps. Et puis qui s'est pas branlé avec des histoires de viol ? Ils m'laissent dans mon dégueulis, ils rigolent en m'aspergeant d'eau, mais non ma figure crame, c'est d'l'eau d'Javel, pourquoi ils font ça ? Pour m'dire au revoir, pour pas qu'j'oublie. Ce sont eux les plus forts, mon petit hachoir, t'auras pas gain d'cause. Finalement ça brûle trop, faut que j'me foute de l'eau sur la gueule, seulement j'sais plus marcher, j'trouve pas l'lavabo, ma main est morte et j'y vois que dalle. *C'est un homme au centre du cercle !* C'est vrai ça, c'est pas normal. Mais qui c'est qui l'a décidé ? *Ben, un autre mec, tiens !* Ouais enfin, déjà que c'est compliqué la grammaire, j'te dis pas si tu changes toutes les règles ! J'me vautre dans les boîtes de conserve.

Chuuuut ! Ils veulent dormir. Leur réaction plus que l'reste ça m'donne envie d'chialer.

J'suis tellement con que le lendemain, j'dis rien au passage du gamelleur. Le maton fait semblant de pas m'voir, tant que j'me plains pas, il demande rien, pas fou, le mec, il veut pas d'emmerdes ! J'passe la journée comme un moustique écrasé contre l'mur, j'suis tellement mal que j'arrive pas à élaborer une stratégie, j'sais trop c'qui arrive aux donneuses, et j'voudrais bien survivre ! Le temps passe trop vite, les infos et puis la nuit, les revoilà, j'me retransforme en machine à boxer mais Bidon d'huile m'empoigne et m'fracasse la tête contre l'mur, il a une bonne prise et son poids m'maintient sous lui, y a rien à faire, mon cou tordu dans un mauvais angle va bientôt péter, j'commence à faire des petits couinements qui les excite, j'y vois plus rien, j'leur gueule d'arrêter mais ça les amuse.

— Arrêtez *qui* ?

— Arrêtez, putain !

Bidon d'huile m'explose la tronche contre le mur chaque fois que j'répète pas comme il faut, j'essaie d'le mordre mais j'fais qu'm'écrabouiller les lèvres avec mes dents contre l'béton.

— Arrêtez, *Monsieur* !

J'répète, j'ai pas envie d'la boire leur eau d'Javel !

— Arrêtez Monsieur, *comment ?*

J'ai plus d'forces.

— Arrêtez Monsieur, *s'il vous plaît* !

J'chiale comme une gonzesse entre chaque phrase, *Est-ce que j'suis vraiment née pour nettoyer la merde des gens ?* Ils m'retirent mon futal, j'sais qu'mon cul supportera jamais l'traitement d'hier, Bidon d'huile m'empoigne par les cheveux, j'gueule mais mon cri les fait bander, le vioque s'remet à genoux et m'pince le nez, j'devine la suite, j'deviens fou, les trois mecs sont pas assez forts mais l'berlingot d'javel me pisse dans l'œil, j'gueule encore mais cette fois j'suis plus tout seul, c'est bizarre, on dirait qu'la mère à Mimir elle gueule avec moi, avec ma mère, toi, les putes à Dragon, y a même Popol ! Putain les gonzesses, qu'est-ce que vous foutez là ? Ce cri il m'prend tout l'corps, il m'emporte toute la tête, il est tellement puissant que j'sens mes salopards ramollir alors que moi j'deviens invincible, j'comprends pas ce qui s'passe. C'est le cri du siècle qui s'termine, celui de toutes celles qu'on n'entend pas, qu'on voit pas, dont on parle pas, c'est le cri de leur nouveau monde, qu'elles pourraient construire si elles s'aplatissaient pas autant depuis l'enfance, à sourire aux semelles des chaussures qui s'essuient sur leurs gueules, à vouloir à être parfaites de la tête aux pieds, pendant qu'les queutards les tiennent encore par les cheveux et par les gosses. Qu'est-ce que ça peut m'faire déconner cette force, j'sens que c'est dans son délire que j'la prends, dans ces symboles qui pleuvent du ciel dans ma boule à neige, étoiles, cercles, croix et flèches, petit bonhomme et petite bonne femme des toilettes, moules et bites partout, réduites en cercle et en droite, construisant la pensée et la société en pyramide, avec tout là-haut le plus fort, et toi qui refuses de mettre ses ronds et ses bâtonnets dans l'bon ordre, j'sens que tu vas mal finir, faut construire et rester modeste, écoute papa Alpha qu'est devenu sage et ridé comme un vieux chef indien. Finalement le vioque et Bidon d'huile s'lassent d'avoir à m'dompter, ils s'rabattent sur le petit Robeu.

— Putain mais pourquoi moi ?!

Ben demande-le toi, passe dans l'trou d'ver pour voyager dans l'temps et voir un peu le sens de tous ces symboles que t'emploies sans réfléchir, simplement parce qu'on t'a dit d'le faire. Putain dans c'voyage y a plus vraiment d'différence entre toi et moi, j'propage tes idées ! Si seulement tu propageais les miennes ! Pendant qu'ils se l'tringlent, j'me tords sous l'robinet à essayer d'sauver mon œil, le monde m'apparaît plus qu'à moitié, l'une normale, l'autre mouche écrasée, et la douleur empire, le monde devient d'plus en plus flou, putain j'vais devenir aveugle si j'fais rien, alors j'vous laisse gagner, j'ai pas l'choix, j'm'asperge d'eau comme un dingue et en même temps :

— Au secours !!

Putain j'suis ridicule et j'me crame pour de bon en faisant ça, je l'sais. C'est plus mes codétenus que j'vais avoir sur le dos, c'est toute la prison ! Mais j'm'en tape, j'ai encore plus peur de devenir aveugle.

— Un médecin ! A l'aide !

C'est ça plus que tout l'reste qui m'finit, la honte d'appeler à l'aide, et j'sais pas pourquoi j'pense à Popol, on dirait qu'elle surplombe tout l'monde, elle la plus faible, la plus minable des créatures, la femme qui voulait pas devenir un homme. La nuit que j'passe j'la souhaite à personne, à gueuler comme une fiotte avec mon œil qui crame, et toute la prison qui m'promet de m'défoncer parce que j'empêche tout l'monde de dormir, mais t'auras pas un maton, pas une fée qui viendra, personne. Finalement j'm'épuise, j'me résigne à devenir aveugle mais quand la gamelle arrive, j'saute sur l'maton. Lui il s'angoisse pas pour si peu.

— Oh *meeeeeerde* ! Encore ?!

— Ils ont voulu m'tuer !

Violer serait plus juste mais va l'dire à ma place.

— Tu parles. Il s'est cogné la tête tout seul. Il est branque !

— On a pas dormi d'la nuit !

— Vos gueules !

Le maton m'examine de loin, et c'qu'il voit lui plaît pas.

— Merde ! Va falloir que j'le signale.

Excusez-moi si j'dérange !

— Vous en faites pas pour lui, il est pas fini, çui-là.

— C'est un golmon !

La clé du maton a pas fini d'tourner que j'les ai déjà sur l'paletot. Le vioque me prévient :

— Va pas nous faire un coup d'casserole, tu nous feras pas tomber ! Le dirlo j'l'ai dans la poche, il bougera pas une oreille !

Quand les matons m'évacuent en civière t'as l'Robeu qui m'salue gentiment.

— T'inquiète ! Ça va s'arranger !

— Vous avez perdu connaissance ?

Ça doit être un doc parce qu'il m'vouvoie.

— Il est avec qui en cellule ?

J'regerbe à c'moment-là.

— Mydriase.

Mydriase toi-même, connard ! Son injection d'calcium me fait du bien, c'est marrant, j'ressens tout d'suite la chaleur qui s'diffuse dans mon bras. Y faut plusieurs jours pour que mon plafonnier s'rallume, le doc passe régulièrement, il s'la raconte pas, il t'interrompt pas, il te fait pas l'coup de l'entrée faussement enjouée alors qu'il en a rien à carrer, il t'dit seulement bonjour avec l'air de quelqu'un qui vient d'perdre toute sa famille, ça console, il t'manipule comme si t'étais la personne la plus précieuse de l'univers, ça t'colle des frissons, tu voudrais que ça s'arrête jamais. Il a un côté protestant torturé avec l'air de crouler sous les soucis sans s'plaindre, et c'est pas désagréable de voir quelqu'un d'autre en baver, j'sens bien que c'est un frère en Dépression. Les matons s'repointent, ils m'interrogent pour la forme mais j'balance pas les trois ordures sinon j'suis mort. J'insiste seulement pour pas réintégrer la même cellule, j'les supplie mais l'doc m'arrête, il parlera au dirlo, j'irai ailleurs. Sauf que l'dirlo c'est l'copain du vioque !

— Mais non, il a dit ça pour vous faire peur.

J'sais pas pourquoi, lui j'le crois. J'ai envie d'lui baiser les pieds mais j'le fais pas, j'confirme la version des trois salopes, j'me suis moi-même tapé la tête contre l'mur, j'finis même par y croire, fallait être dingo pour gueuler comme ça, avec toutes ces visions, le sens et les vérités derrière les mots, les signes et les symboles, Popol grande comme une déesse et surtout ce cri de toutes les gonzesses, même s'il m'a sauvé.

— *Ce mariage se fera que tu le veuilles ou pas, Brandon !*

— *Ecoute Nikki, tu n'es pas sérieuse ! Je devrais laisser mon rival épouser ma maîtresse qui attend un enfant de moi ?!*

Tout seul dans une chambre, loin des diquesas et des autres poulets en batterie, c'est l'grand luxe. J'comate toute la journée grâce aux médocs et j'deviens un expert dans les histoires de cul des riches qui passent à la télé. Ma mère vient m'voir, j'lui invente une histoire de manque et d'plaque chauffante. J'peux pas voir Popol, elle est pas d'la famille.

Quand j'réintègre la taule j'suis trop morveux, mais heureusement, le doc me fait avoir une cellule aux VIP. Pourquoi il s'mouille à ce point-là ? Apparemment j'l'ai impressionné. Paraît que personne s'rebelle jamais. J'suis content d'apprendre que chialer et gueuler au secours comme une nana c'est s'rebeller !

Chez les VIP j'suis trop peinard. D'abord parce qu'on est planqués au fond d'un couloir, et séparés du reste du bloc par un grillage. On est quasi invisibles et ça m'arrange parce que j'ressemble vraiment à u extraterrestre en quittant l'infirmerie. Ensuite parce que chez les VIP, les mecs sont à deux doigts d'la tombe, le plus jeune doit avoir cinquante balais. Ils sont tous vachement courtois façon vieille France. On a l'droit d'garder notre porte ouverte et de discuter avec les autres dans l'couloir. On est pas censés discuter à plus d'deux mais les matons tolèrent jusqu'à trois. À quatre, ils nous font un signe de la main, de loin, mais sans plus. Ça change tout, cet espace ouvert où tu peux circuler et aller mater les étages inférieurs à travers l'grillage, et discuter à travers, avec le reste du bloc. J'suis l'plus jeune mais à mes nouveaux codétenus non plus j'fais pas peur. Tu parles ! Avec mon crâne qu'a triplé de volume, ma moufle et mon œil fermé, j'vois pas comment. T'as un préfet qu'a déporté des gosses, un banquier qu'a piqué des millions, un autre qu'a détourné le fric d'une assos contre l'cancer. Ils essaient d'refaire mon éducation, surtout en politique. Ils m'expliquent la guerre, la finance, la République française, la laïcité, tout ça. Ça m'servira jamais à rien mais j'aime bien voir du monde et ça m'fait passer l'temps. Le préfet corrige mon français et il m'ramasse même les trucs que j'fais tomber à cause de ma main ! C'est l'monde à l'envers ! En plus j'ai du mal à croire que c'vieux papy tout gentil ait pu envoyer des gosses au crématoire ! Enfin, tout est possible. D'après lui, il a pas eu l'choix. Il minimisait la casse. J'sais pas si j'aurais fait mieux.

Bref j'me refais une santé. Ma main et mon œil récupèrent doucement, même si j'passe de sales moments avec ma tête à trente mille pieds sous l'eau. Comme on surplombe toute une aile de la prison, on entend tout et on en voit assez pour rester au courant. J'apprends qu'un nouveau pédo vient d'arriver. Il va bien dérouiller, lui aussi.

Au fur et à mesure, j'm'aperçois que finalement, j'connais du monde ici. Derrière le grillage, j'vois passer des mecs du XXe que j'avais perdus d'vue, ça fait plaisir, ils viennent taper la discute, j'me croirais presque à la maison. Un jour j'tombe même sur Mimir !

Plus qu'la peau sur les os, mais enfin c'est bien lui. Il peut pas m'prendre dans ses bras alors il m'dit juste : « Mon frère. » J'flambe un peu, mais j'peux pas empêcher mon regard de sauter sur mes rétros quand j'lui raconte mon pipeau, comme quoi j'ai participé à un gros casse pour m'retrouver chez les VIP. J'me fatigue pour rien, ici tout se sait et Mimir est déjà au courant, j'le vois dans sa pitié, dans son regard qui s'détourne, comment il passe à autre chose. Et puis faut pas rêver, j'peux pas m'gourer sur les baisers que les mecs m'envoient quand j'approche du grillage, leurs mains qui s'touchent, les jolis noms avec lesquels ils m'appellent. Le jour où les matons m'virent du quartier VIP, tu peux être sûr que j'vais en refaire, des turlutes. Mimir est au ballon pour stups, il a été adopté par les Cainfrs. Moi y a pas moyen que j'en sois, mais Mimir me dit que j'peux toujours rendre service pour la grosse correction du pédo qui s'prépare. Après, j'serai plus ou moins leur poteau, en tous cas ça peut aider.

Y a qu'une seule chose qui rapproche toutes les bandes : casser du pédo. Le nouveau est gratiné : un prêtre qu'a violé des gosses. Du coup toutes les bandes veulent s'le faire, vu qu'y en a pas mal ici qu'ont été enfants d'chœur ! Le pauvre. Tu verrais les faux-culs, comment ils te l'endorment ! Pendant qu'son trépas s'organise, chaque taulard qu'il croise lui sort du « Monsieur l'Curé ». Il doit trouver tout l'monde bien gentil ! Du coup, toute la taule connaît un grand calme. Les matons tombent pas dans l'panneau, ils connaissent nos traditions et ils te l'collent au mitard pendant quinze jours, des fois qu'il s'fonde dans le paysage. Ils oublient que, et d'une, la prison va pas s'priver de son passe-temps favori, et de deux, ils pourront pas l'garder éternellement au mitard !

La nuit, moi aussi j'rêve de vengeance. Les brûlures au deuxième degré, l'œil foutu, le cul explosé, c'est rien. Le plus dur c'est d'se revoir crier comme une gonzesse, ravalé, rabaissé. C'est con, mais c'est l'souvenir le plus pénible, celui que j'tiens à distance et qu'est prêt à m'gâcher la vie, surtout quand j'dors. Enfin bref, j'y crois pas trop à mes chances de vengeance, pour ça faudrait un miracle, devenir un de ces super-héros qui niquent tout c'qui bouge en claquant des doigts. Si c'est pas des rêves d'impuissant, ça !

Pendant qu'on attend Monsieur l'Curé, la prison est sous l'coup d'une enquête. Paraît que certains gardiens s'font acheter – rien d'nouveau sous le soleil – mais le dirlo lui-même serait mouillé ! J'y réfléchis deux-trois nuits. Le vieux qui m'a baptisé s'est pas vanté de l'avoir dans sa poche ? L'esbroufe, c'est commun chez les taulards, mais si c'était vrai ? En tous cas ça voudrait dire que mon vieux diquesa trempe dans l'histoire. Combien d'piges ça lui vaudrait ? Mais faudrait que j'trouve toutes les infos, et qu'après, j'balance toute la filière, dirlo compris ! Et même si j'y arrivais, même si j'étais transféré ailleurs, c'est sûr que j'me ferais détruire par les poteaux de tout ce petit monde. Y a rien qu'empêche la justice des taulards.

Finalement Popol obtient un pass. Notre premier parloir est gâché par la nouvelle : elle est en cloque. Et elle est sûre que j'suis l'père ! Pour moi, le problème est vite réglé. Elle, elle hésite encore. Putain, l'avortement c'est pas fait pour les chiens ! Elle s'est refait une santé, j'lui trouve un peu plus de joues que dans mes souvenirs. La pauvre est toujours amoureuse. Quelle conne ! Elle voit pas que sa seule porte de sortie, c'est d'arrêter d'me voir ! Alors imagine avec mon marmot ! J'la quitte furax mais j'm'en veux, j'lui ai fait d'la peine et j'lui ai gâché son parloir. Putain ! *Son* parloir ! On s'demande qui c'est qu'est en taule, merde !

Les jours s'écoulent plutôt peinards. De temps en temps, j'vais m'faire pomper le sang histoire de voir une bonne femme, infirmière qui plus est ! On en a deux : un maton de cinquante balais caché sous une perruque, avec des nibards qui lui tombent sur le bide et qui t'aboie dessus, et une jongleuse de fioles maladroite, une mignonne terrorisée qui cache son malaise en bavassant. Devine laquelle j'préfère ! La mimi, elle est bonne mais qu'est-ce qu'elle cause ! T'as droit à tout, la météo, sa digestion, la future éventuelle rénovation d'la taule, bref tout et n'importe quoi pourvu que l'silence s'installe pas entre elle et toi. Tu sens trop la pucelle bien sous tous rapports, la jeune fille comme y faut qui s'est lancée dans c'métier pour l'amour de Dieu, mais surtout pas des hommes. Sûr qu'elle changerait direct de vocation si elle nous laissait causer. Tu sens qu'à chaque taulard qui passe entre ses mains dégoûtées, elle s'accorde un S'Mile. Mais c'est d'la vraie pucelle, rien que tu la regardes elle sursaute. J'mate son cul dès qu'elle s'retourne. La pauvre, avec tous ces trucs qui lui échappent des mains, elle fait exactement c'que t'espères ! Et elle est obligée de t'manipuler comme si elle voyait pas ta Tour Eiffel. Bref, c'est un moment au paradis.

Le curé quitte enfin l'mitard et le grand jour se met en place. Tout s'passe au poil. J'fais partie de ceux qui doivent occuper les matons. C'est plutôt facile, ils s'méfient pas assez des VIP, des vieux pépères hyper réglos, ni d'moi, avec ma moufle et ma tronche de barbe à papa. Au signal, j'demande au maton qui nous surveille de cramer une sèche, et j'fais semblant de m'intéresser à sa marmaille. J'dois l'attirer le plus loin possible de l'escalier en colimaçon qui mène à l'infirmerie, là où ça doit s'passer. J'ai préparé mon coup depuis des semaines, je savais que ça paraîtrait plus naturel si je m'étais déjà intéressé à ses chiards. Les bandes se sont organisées pour s'partager la chose. Le pédo voit rien venir. Un dernier *Monsieur l'Curé*, et il s'mange les boules de pétanque. Pour nous aussi, les gosses, c'est sacré.

Le soir, les mecs fêtent ça avec des chansons. Les matons en arrêtent deux-trois pour la forme. Mais tu les sens trop d'accord avec nous. Comment tu crois qu'elles sont arrivées là, les boules de pétanque ?

J'croyais que c'était normal les nausées, les diarrhées, les vomissements. En taule, si t'as pas mal aux cheveux, t'as mal au bide, en tous cas t'as mal quelque part. Mais les infos parlent tous les jours de la maladie des homos et des drogués. L'aumônier et les beubars s'frottent les mains, ça ressemble trop à une punition divine. Pour ces connards de religieux, tout ça c'est à cause des pédés. Quand tu penses qu'en prison, les beubars sont pas les derniers à tremper leur biscuit ! Etre schizo à c'point-là c'est grave ! Et puis un soir, l'affaire nous éclate à la tronche.

Les produits coagulants pour les hémophiles étaient infectés. Avec nos partouzes, la maladie divine s'est massivement transmise dans les prisons. Et notre sang, à destination des hôpitaux, a infecté le reste de la population. L'administration le savait plus ou moins, mais pour une fois qu'les taulards pouvaient être utiles à quelque chose ! Eh ben non, c'est râpé ! Paraît qu'y a des histoires de gros sous derrière, des labos qu'avaient intérêt à c'que les contrôles soient pas trop poussés. Ç'a été un gros binz mais les peines sont pas allées chercher loin, la plus grosse a été d'quatre ans ferme. J'vais les voir débarquer chez les VIP les responsables, on va devenir potes et puis c'est tout. Le plus étonnant, ç'a été l'ambiance, quand on a appris la nouvelle aux infos. Le silence s'est propagé à tous les étages. Comme pour les matchs des Princes de Paris. T'entendais plus qu'la télé. Plus rien que les petits écrans, à l'infini. Et l'bruit des œilletons, parce que les matons l'entendaient aussi c'silence, c'était pas bon signe. Là, j't'avoue, j'y ai cru un petit peu. J'me suis préparé à l'émeute, j'ai même regardé autour de moi, pour savoir avec quoi m'fabriquer une arme ! Tu parles d'un naïf. J'ai vite compris. Ces mecs qui s'lacèrent pour un sourire, le massacre organisé les fait pas bouger. Ç'a été la grande résignation, à l'unanimité.

Le baisodrome continue à tourner. Il leur reste plus qu'ça, en même temps. Moi j'ai seulement chopé une hépatite mais j'suis porteur sain. Ça veut dire que t'as la maladie, mais qu'elle peut jamais s'déclarer. Comme une bombe à retardement, quoi.

Le doc s'est pendu. Il avait déjà la sinistrose, alors apprendre qu'il a joué un rôle dans la contamination nationale, ça a pas dû l'arranger.

Mimir aussi a clamsé. Avec ses problèmes d'hémophilie, il était en première ligne. Un beau jour j'l'ai plus vu et puis c'est tout. J'l'ai appris par hasard, en entendant les Cainfrs parler d'son enterrement. J'aurais aimé y aller, serrer sa mère dans mes bras, et lui dire… ouais, « Ma sœur ». Le jour où j'l'ai appris, j'suis rentré direct dans ma cellule. Mimir avait emporté quelque chose d'important. Mais quoi ?

J'ai cherché sur quoi j'pouvais poser les yeux sans m'sentir étranger. Tes lettres étaient là. Le sax' s'est repointé. Il est passé sous la porte pour onduler du cul. J'ai reconnu sa petite mélodie bien pluvieuse, ça m'faisait du bien d'la réentendre, j'm'étais pas rendu compte que j'l'avais perdue. J'nous ai revus tout gosses avec Mimir, ramper sur les grosses fibres qui recouvraient l'sol de chez lui, nous planquer derrière leurs gros paniers en forme de chapeau pointu, jouer côte à côte de l'ikembe, la demi-noix d'coco que tu fais résonner en appuyant sur les lames de métal avec les ongles des pouces. Le sax' et l'ikembe se sont entrelacés comme deux mains qui s'rejoignent. C'était comme un duo. Salut mon frère.

Depuis la mort de Mimir, j'me renferme. J'ai arrêté d'sortir, d'parler. Les VIP défilent tous pour m'remonter le moral. Trop mimis ! Pour m'distraire et m'remonter l'moral, le préfet m'raconte ses aventures : sa fuite après la Libération, sa vie en Argentine, ses enfants, son entreprise d'import-export qui couvrait ses ventes d'armes. Il est au courant pour le trafic dans la prison. Il fait partie du truc, évidemment, avec tout son blé qui lui sert plus à rien, faut bien qu'il s'amuse un peu. En plus il a pris perpet', et à quatre-vingts balais, il a plus grand-chose à perdre. Il m'balance toute la filière : qui fait entrer quoi, qui ferme les yeux. Mais l'dirlo est pas mouillé. *Et j'ai de quoi faire tomber l'vioque.*

J'sais ce qui arrive aux donneuses. Mais maintenant, j'm'en fous. Pourquoi vivre, 'toutes façons ? Pour retrouver la came ?

Finalement l'préfet m'obtient un rendez-vous avec le dirlo. Et j'balance tout l'monde.

Il commence par m'envoyer au mitard, parce que j'charge des copains à lui. J'me sens tellement indifférent à tout depuis la mort de Mimir que j'vois pas trop la différence, à part que j'ai plus faim et que j'peux plus t'écrire.

Le dirlo passe de temps en temps, pour m'faire revenir sur mes déclarations. Mais en voyant que j'suis prêt à crever sans changer d'version, ça finit par l'convaincre. Et puis, pendant les semaines où il m'a laissé au trou, il a fait son enquête. Les mecs se sont fait choper la main dans l'sac. Il a enfin pu s'blanchir des sales rumeurs sur son compte.

J'ai jamais dit comment j'avais eu toutes ces infos, et l'préfet a jamais été inquiété. Il est mort de vieillerie, dans son pieu.

Mon vieux diquesa, lui, il en a repris pour dix piges. Il sait que j'l'ai balancé, j'suis bon pour la découpe. Mais bon. Si y a une justice, lui aussi il va s'en entendre du sax' maintenant.

Coeli et Terra

Ciel et Terre

Le Silence en apesanteur de la bibliothèque l'envahit de sa paix sans âge. Tel était le royaume de Lyre : une bulle de recueillement et de savoir, suspendue au-dessus de la folle agitation du Forum. Depuis le ciel, la structure de verre et de métal laissait voir sans l'entendre la frénésie terrestre, et la jeune fille n'avait qu'à s'approcher des baies pour contempler le spectacle bigarré que donnaient les rues. Mais elle ne venait pas ici pour cela.

Les aventures, dans le royaume des livres, restaient invisibles. C'était la découverte d'un Mot, d'un style, d'une idée ou d'une équation, la progression lente ou fulgurante de l'une à l'autre dans le secret des esprits, au-delà du rideau des yeux baissés. Parfois, un chuchotement brisait le Silence, ondulait au-dessus des dos voûtés et des têtes crispées dans la concentration. Ou bien, c'était le froissement d'une page en voile de papier bible, si légère que, prise entre la résistance de l'air et les doigts nerveux qui l'avaient tournée, elle faisait entendre un son proche de la lacération.

Lyre aimait observer çaux aux prises avec les livres. Sans le poids de la représentation, als semblaient enfin avoir le même visage, incarnant la variance infinie des mêmes qualités et des mêmes défauts. Et, n'était la fraîcheur de l'air, Lyre eût passé toutes ses journées ici, au lieu des seules matinées qu'elle consacrait à l'étude.

Elle traversa le chuchotement de deux bibliothécaires qui répondirent poliment à son salut tout en donnant à leur inclinaison de tête et à leur regard, avec un art du non-dit qu'elle admira, assez de sécheresse pour exprimer la désapprobation que leur inspirait son apparence.

Passant devant les rayonnages qu'elle avait déjà explorés, la jeune fille s'installa dans l'aile consacrée aux sciences politiques.

À l'autre bout de la surface plane que formaient les tables accolées les unes aux autres, elle aperçut son vieux Professeur de français à la retraite, dont elle connaissait l'haleine empuantie par le café, et qui faisait semblant de ne pas la reconnaître. Elle n'allait plus vers lui comme dans les premiers Temps, joyeuse et spontanée. L'embarras des adultes, lorsqu'elle s'affranchissait de leur retenue conventionnelle, avait tué son envie. Soudain, le visage de l'éducateur, surmonté de sa casquette promotionnelle, lui revint à l'esprit.

Vous changerez.

Davantage que sa prédiction, sa logorrhée lui posait une énigme : que craignait-il de laisser sortir du Silence ?

Inlassablement, il leur proposait des formations professionnelles, pour tenter de les ramener à ce qu'il nommait « la réalité ». Mais, outre que sa croyance en un système aussi limité que ladite réalité la sidérait, elle ne parvenait pas à croire que les convaincre fût son but principal.

Pour commencer, pourquoi avait-il choisi ce métier ?

Comme toujours, lorsqu'elle lui posait une question, il répondait par des considérations annexes. Or, qu'il n'eût jamais réfléchi au sens de son propre parcours était une éventualité qu'elle n'envisageait pas une seule seconde chez cet homme dont la chaleur même semblait relever d'un calcul. Et de ce flot de paroles qui s'élevait entre lui et aux, elle avait en vain tenté d'écarter le rideau. Elle butait sur son corps athlétique, son visage dur, sa brutalité tempérée par des sourires sans Joie et des blagues qui ne les faisaient pas Rire. Tout au plus si, glissant sur le pan visqueux qui tombait de sa bouche, percevait-elle l'écho d'ordres sans états d'âme.

Vous changerez.

Changeraient-als ?

Bien sûr, mais cela n'empêcherait rien.

Car le Temps était son allié.

Géopolitique, histoire, philosophie, économie, psychologie… Enfin Lyre abordait les vrais sujets, au lieu de ressasser les mêmes obsessions de l'Education Nationale. Car autant le cursus officiel, nourri de gloriole patriotique et survolant le reste du monde, l'avait abrutie lorsqu'elle était au lycée, autant le savoir éclectique qu'elle s'imposait d'acquérir l'emplissait d'émerveillement et d'intérêt.

Que la nature était belle !

Et infinie !

Et comme l'humanité détruisait le monde en tenant à tout prix à le faire entrer dans un système : science, idéologie, dogme ou religion.

Et ce n'était pas dans *la réalité* chère à l'éducateur qu'elle avait fait cette découverte, mais dans le monde abstrait des idées, des visions et des rêves, que célébraient les artistes, les psychologues, les philosophes ou les astrophysiciennes, bref dans son exact contraire, c'est-à-dire dans *l'utopie*.

Au bout de quelques heures, sa Conscience du moment présent lui rendit la vue, et elle considéra le visage sur lequel ses yeux étaient posés et qu'ils n'avaient pas vu, tout occupés par la gymnastique de son esprit. Et elle découvrit l'inconnu qu'elle avait fixé sans le vouloir.

La méprise d'ordre sexuel l'ennuya par avance. Aucune de ses tactiques – impatience, franchise, bienveillance – ne décourageait jamais les prédateurs. Lorsqu'ils avaient réussi à l'immobiliser entre deux rayonnages – elle ne s'autorisait jamais à être inamicale – ils partaient dans des monologues où prédominait moins la curiosité de l'autre que le désir de copuler.

Toutefois, elle ne poussait pas la bienveillance jusqu'à leur accorder des services sexuels qui eussent blessé sa pudeur. Mais son désir de ne pas offenser l'autre l'obligeait à les écouter, tandis que sur leur visage, se lisait la fixité et la froide intensité d'une stratégie.

Ces hommes lui évoquaient les pigeons en rut qui se poursuivaient en roucoulant et qu'als apercevaient à travers les baies de la salle de lecture. C'était bien la même partie de chasse qui se déroulait de part et d'autre des hautes fenêtres, les mâles courant après les femelles, celles-ci zigzaguant pour leur échapper ou se résignant à les subir.

Elle se leva pour remettre ses livres à leur place. Comme prévu, l'homme se lança à sa poursuite. Elle ne connaissait que trop la discussion pathétique qui allait s'ensuivre, et zigzaguait elle aussi, comme un pigeon, dans l'espoir de le semer. Elle prit l'escalier mécanique en forçant un peu l'allure lorsqu'il surgit sur sa gauche et se plaça sur la marche juste devant elle.

Le ronronnement de la machine les accompagna pendant quelques secondes, alors qu'il cherchait à capter son regard.

Incapable de feindre, elle lui sourit.

Bien sûr, il se méprit. Et, sur un ton bas et honteux :

— Tu baises ?

Il répéta sa question, le regard inquiet surveillant les alentours comme s'il redoutait de voir surgir à tout moment une police des mœurs. D'où venait-il ? Quelle était son histoire ? Elle eût aimé qu'il la lui racontât, mais il ne s'en fût mépris que davantage. Une fille à longs cheveux descendant l'escalier attenant, il l'abandonna.

Elle fut soulagée par cette fin abrupte. D'ordinaire, elle ne s'en tirait jamais sans essuyer des insultes.

La vitalité du Forum l'emporta dans sa zone de turbulences. Badauds et artistes se partageaient la rue, entre des murs qui dressaient sur sa route graffiti, pochoirs et jeux de Mots. Comme le trajet était long jusqu'à l'Hôpital, elle pensa à la passion qui animait Cancride pour leur projet.

L'étudiant en droit s'y était totalement investi. Pourtant, il restait peu apprécié. Jamais satisfait, il se mêlait de tout et tentait de leur dicter leur conduite. Il avait tenté de faire un scandale des ébats d'un couple en pleine journée, sans succès. Mais les communistes l'appréciaient pour son plaisir à débattre à l'infini.

Lyre n'aimait pas l'idée que l'Hôpital dût quelque chose aux politiques. Leur présence lui semblait insensée. Elle eût aimé ne rien devoir aux idéologues. Car tout dogme, en tant que système clos et parfait, était la garantie de leur aliénation. Mais elle n'avait rien dit. Qui connaissait l'avenir ?

Les problèmes ne leur laissaient jamais de répit : eau, électricité, chauffage, nourriture, sécurité, rénovation, répartition des tâches, leur liste était sans fin. L'ampleur considérable des travaux, pour rénover cet ancien hôpital désaffecté en banlieue, avait submergé les idéalistes du Forum de préoccupations matérielles. Sur ce dernier plan, les communistes avaient été utiles, n'hésitant pas à prêter main-forte et à se rendre disponibles à toute heure, ce que Lyre avait bien dû reconnaître, sans perdre de vue le risque de récupération politique.

La maire avait abandonné ses menaces d'expulsion. L'ancien hôpital deviendrait un centre à vocation pluridisciplinaire, à dominante artistique et sociale. Ce projet tombait même à point nommé pour une ville dont l'acmé de la vie culturelle résidait dans le salon annuel des jouets en bois. Désormais, l'élue pouvait passer pour une défenseuse de la vie de l'esprit. Et cette rénovation ne lui coûterait absolument rien. Gagnante sur toute la ligne, elle tenait la police à l'écart.

Un médecin avait rejoint le Conseil, formé par le petit groupe du Forum pour prendre les décisions. Et de plus en plus de monde gravitait autour de leur projet.

Toutes sortes d'ateliers, stages, débats et évènements artistiques étaient prévus. Le système de troc avait pris et le matériel commençait à affluer : vitres, outils, peinture, matériaux, meubles. Avec le problème de leur entreposage, celui de la sécurité avait surgi. Mais celui-ci, au moins, avait été vite réglé, Flèche ayant proposé de garder l'Hôpital avec ses amies.

Als avaient vu arriver des jeunes femmes aussi athlétiques et aussi agressives que leur camarade. Celles-ci veillaient sur les personnes et sur les biens, expulsant les intruses et les clochards. Autre avantage avec ces amazones : une fois le problème réglé, elles restaient entre elles et ne cherchaient pas à obtenir plus de pouvoir.

Cancride, qui souhaitait que le projet attirât un maximum de monde, s'était félicité de l'efficacité des tracts imprimés grâce au parti communiste. Il se moquait de la désapprobation silencieuse qu'il sentait chez Lyre, qui eût préféré que le projet restât confidentiel, puis se fît connaître par ses réalisations plutôt que par ses promesses. Il accusait la jeune fille de préférer rêver, la tête dans les nuages, mais lui enviait son équanimité souriante, qui la rendait, contrairement à lui, immédiatement sympathique. Il la soupçonnait même d'être incapable de s'en départir, quand bien même tous leurs efforts devraient être réduits à néant.

Le jour, la bâtisse vibrionnait du tintamarre des chantiers, mais la nuit, leur aménagement d'un vaste dortoir à l'étage permettait le repos et le sommeil.

Les efforts physiques qu'als fournissaient pour rénover l'Hôpital les avaient naturellement poussées à restreindre le rythme de leurs fêtes. Et des habitudes, plus saines et plus efficaces, s'étaient imposées d'elles-mêmes.

Circulant dans les couloirs, Lyre entendait parler toutes les langues. Elle salua une inconnue qui semblait la connaître. Cela arrivait souvent. Les gens passaient, s'engageaient, repartaient sans qu'elle eût le Temps d'apprendre leur nom, leur flux ne cessant pas et l'amenant à croiser toutes sortes de combats : antiracistes, tiers-mondistes, décroissants, bio, pour la cause animale, le tirage au sort ou la taxation des flux financiers. Des débats impromptus s'improvisaient dans le brouhaha, se concluant immanquablement par de grandes vérités générales ou des positions irréconciliables. Mais leur connaissance des mécanismes du monde s'en trouvait enrichie, et leur humilité, face à la complexité des enjeux et la puissance des forces en présence, renforcée.

La jeune fille monta au premier étage, que gagnait peu à peu le tumulte du rez-de-chaussée, puis au deuxième, où le calme régnait encore. Elle traversa tout le bâtiment, ouvrit la porte de la dernière pièce au bout du couloir et entra dans la lumière.

C'était une rotonde que le soleil illuminait grâce à une grande verrière. Als étaient déjà là, Cygne, Flèche, Canis, Aries, Cancride et le médecin Serpens, rassemblés dans la pièce hémisphérique. Les vitres étant toutes cassées, des oiseaux y voletaient en roucoulant. Cette pièce avait dû être créée pour être une salle de lecture, de repos ou de contemplation, quoique son délabrement actuel, fait de décombres et de chaises éparpillées, ne donnât pas d'indices sur son affectation première.

Tout autour, les champs de l'agriculture intensive s'étendaient à perte de vue. Si l'industrialisation des cultures et de l'élevage avait enrichi les grands groupes agroalimentaires comme celui d'Yser de Bellatrix, la milliardaire et principal soutien du Parti Patriote, cette politique avait vidé les villages en détruisant les petites exploitations, l'emploi et le tissu social des régions. Et parmi ce désert humain, les seuls bâtiments qu'als apercevaient encore étaient les grands hangars en tôle ondulés, protégés par vidéosurveillance, qui abritaient les camps réservés aux animaux.

Lyre redoutait le moment où la rotonde serait rénovée. Elle en aimait l'isolement, l'abandon, les oiseaux qui en avaient fait leur refuge. Soudain, elle fut happée par le ton désemparé de Cancride.

— Pourquoi y a encore du chauffage ?

Aries fit une suggestion.

— L'hôpital avait peut-être des mécènes qui continuent de payer.

— Tu rêves !

Adossée contre la cheminée, Flèche était intervenue depuis sa place favorite. Cancride préféra l'ignorer.

— L'hiver, c'est dans un mois ! Faut trouver une solution avant que le chauffage soit coupé !

— Le chauffage *et* la lumière ! précisa Canis.

— Ouais, bon, l'électricité ! Ça revient au même !

L'étudiant en économie exaspérait Canis, que tous ces problèmes matériels poussaient plus que jamais à rechercher la sécurité de l'emploi. Elle n'eût pas été mécontente que Flèche lui donnât une correction, pour qu'il se souvînt qu'il n'était pas leur chef.

— Y a des moyens simples de s'éclairer, même si c'est dangereux.

— Tu penses aux bougies ?

— Par exemple. Mais pour se chauffer, c'est plus compliqué. J'nous vois mal faire flamber du bois.

— Pourquoi pas ?

— Tu veux foutre le feu ou quoi ? Et les peintures ? Les parquets ? Ça dépose des suies la fumée, tu peux pas faire ça n'importe comment, surtout à l'intérieur !

Le Silence retomba sur aux.

— Donc si on se débrouillait pour garder l'électricité, tout s'arrangerait ?

Serpens gardait un visage impénétrable. Sec et grisonnant, le médecin avait des yeux bleus délavés, où se lisait la domination des émotions par un pragmatisme au service de la santé. Als ne connaissaient rien de lui, sinon qu'il avait exercé en Afrique et en Asie.

Cancride réfléchit.

— Ouais, ça résoudrait tout ! L'électricité c'est le chauffage, la lumière, du jus pour les outils.

— On peut monter une cagnotte.

— Pas d'argent ici, rappela Lyre.

— D'accord, d'accord ! Mais… même pas dans une banque ?

La jeune fille se contenta de secouer la tête.

Tandis que le roucoulement des colombes revenait au premier plan, les autres réfléchirent à la proposition de l'humanitaire. Cancride tenta de fragiliser leur camarade.

— T'as une solution, peut-être ?

— Non.

— D'accord, merci, ça nous aide !

Aries tenta de la soutenir.

— On pourrait suspendre les travaux, passer l'hiver comme on peut et les reprendre au printemps.

Flèche reprit sèchement la végétarienne obèse.

— Laisse passer un hiver ici, et tu verras les dégâts ! Ce sera comme si on n'avait rien fait.

— Et puis ça résoudrait pas le problème sur le long terme, ajouta Cancride.

— On pourrait utiliser de l'argent juste pendant l'hiver, suggéra l'amazone.

— On a dit pas de fric, alors pas de fric !

Avec ses cheveux rouges et ses commissures des lèvres tombantes, Canis semblait la personnification de la Colère. Elle reprit.

— T'as pas une porte qui ferme, ici ! Tu nous vois avec du fric ? Où on l'mettrait ? Dans un coffre ? Tu voudrais pas que tes copines et toi vous ayez la clé, par hasard ?

— T'as pas confiance en nous ?

— Personne doit avoir plus de pouvoir que les autres, affirma Cancride. La garde de l'argent vous en donnerait trop.

— C'est même pas ça !

L'unique boucle d'oreille en forme de biche que portait Aries s'était prise dans une boucle de ses cheveux.

— Y a déjà des problèmes de sécurité ! Alors si en plus y avait de l'argent ici, vous imaginez !

— Ce n'est pas la question, reprit calmement Lyre. La raison d'être de notre projet, c'est qu'il se fasse sans argent.

— Depuis quand ?

Même énoncée avec son ton neutre de médecin, als entendirent l'attaque.

— Qui l'a décidé ? insista Serpens.

Lyre ne s'en émut pas.

— Personne. Mais vous êtes toutes et tous d'accord avec moi pour dire que l'argent corrompt, non ? Et que le but, c'est de créer un autre modèle ? Basé sur le partage ?

— D'accord.

— Ouais.

— T'as raison.

— Bon, alors, pour le chauffage ? insista Cancride.

Canis s'énerva.

— Ben pour l'instant, y fait chaud ! Et y a pas de solution ! Alors on va pas passer toute la journée là-dessus ! C'est pas le plus urgent ! Le plus urgent, c'est la bouffe ! Et moi, j'ai une solution !

C'était trop rare pour ne pas mobiliser toute leur attention.

— Les supermarchés ont tué toutes les petites exploitations agricoles dans la région. Mais y a deux petites vieilles qui ont un verger et un potager. Elles ont entendu parler de nous. Elles seraient pas contre un partenariat.

Cancride s'enquit, méfiant :

— Elles nous donneraient de la nourriture ?

— Ouais.

— Contre quoi ?

— Du travail. S'occuper du verger, du potager, du ménage, du repassage. Leur faire la cuisine. Les accompagner chez le médecin. Elles seraient même prêtes à nous héberger.

Ce fut la stupéfaction.

Aries formula la question que toutes et tous se posaient.

— Si j'ai bien compris, elles seraient prêtes à... pas gagner d'argent ?

— Exactement.

— Mais de quoi elles vivraient ?

— Elles ont déjà la bouffe et un toit ! Qu'est-ce que tu veux qu'elles en fassent, du fric ?

La nouvelle incroyable fit son chemin. Lyre sourit.

— Cela veut dire que notre projet est en train de prendre.

Sa Confiance indéfectible les illumina soudain.

Alors, en une même inspiration, als bondirent et hurlèrent toutes et tous ensemble, faisant s'enfuir les colombes par la verrière brisée.

Ce résultat effaçait des mois d'efforts, de désaccords et de frustrations. Et als se réjouissaient enfin, sautant et rebondissant en un seul corps recomposé.

Aries se dégagea pour essuyer ses larmes. Et, à nouveau, als durent se séparer.

Als eussent aimé conclure sur cette nouvelle inespérée, mais Pégase passa la tête dans l'entrebâillement de la porte.

— Les communistes veulent attaquer le deuxième étage.

— Non !

Cancride s'insurgeait.

— On avait dit *une chose après l'autre* !

Canis n'aimait pas cette sécheresse autoritaire, qu'elle partageait sans parvenir à la déceler chez elle-même.

— Tu veux leur interdire ?

— Non ! Mais...

Il faillit se répéter bêtement. Et brusquement, als éprouvèrent leur absence de légitimité.

Jusqu'à présent, toutes les décisions avaient été prises par consensus tacite. Als ne votaient même pas. Soutenus dans les faits par un effort collectif, les projets portés par le Conseil s'imposaient naturellement, tandis que ceux qui ne l'étaient pas ne parvenaient pas à aller jusqu'à leur réalisation. Cancride savait qu'il n'avait aucun moyen d'imposer sa décision.

A leur grande surprise, Lyre trancha en faveur des communistes.

— Laissons-les faire.

Mais l'étudiant en économie ne comprenait plus.

— Qu'est-ce qu'on avait dit, l'autre jour ? On était d'accord pour y aller progressivement !

Lyre ne se laissa pas manipuler.

— Cette question n'a jamais été débattue. Et ce projet ne nous appartient pas.

— Quoi ?!

— C'est pas l'projet des communistes non plus !

— Qu'est-ce qui te prend ?

Cancride voulut profiter de leur soutien.

— En tous cas, ce projet il m'appartient plus qu'aux communistes ! Eux, ils sont là uniquement pour suivre les ordres du parti ! Moi, c'est ma vie qui est en jeu ! J'ai lâché mes études pour pouvoir m'y consacrer !

Als l'apprirent avec surprise.

Lyre secoua la tête.

— Tu as eu tort.

Canis ne se laissa pas impressionner.

— Et t'attends quoi, une médaille ?

— J'attends rien du tout !

— Cela vaudrait mieux, conclut Lyre.

Flèche sortie de sa réserve.

— Y a plus urgent, j'vous signale : la sécurité ! Vous avez vu les chasseurs ?

— Quoi, les chasseurs ?

— Ils traînent dans l'Hôpital. Pour foutre le bordel.

Aries proposa une solution.

— Faudrait peut-être les laisser participer. Ça vous ferait moins de travail.

— Il est à nous ce travail ! Ils n'ont rien à foutre ici !

— Surveillez les endroits qu'ils ne surveillent pas ! insista l'obèse. Le bâtiment est assez grand comme ça !

— J'comprends pas ! Vous les connaissez ! Ne me dites pas que vous voulez voir ce genre de mecs ici !

Cancride tenta le sarcasme.

— Et comment tu veux qu'on les en empêche ? En leur envoyant une lettre de cachet ?

— On va les virer à coups de pieds au cul, oui !

— Vous n'avez aucun privilège.

Toutes se tournèrent vers Lyre.

— Si les chasseurs veulent participer à ce projet, ils en ont le droit.

— On ne va pas vivre avec des gens qui nous frappent ! protesta Aries.

Lyre se tourna vers l'amazone.

— Les chasseurs vous ont-ils agressées ?

L'amazone ricana.

— Ce serait plutôt le contraire !

— Essayez de trouver un terrain d'entente. Nous devons vivre ensemble.

L'androgyne en eut assez.

— Comment vous pouvez prendre la défense de ces connards ?!

La porte de la rotonde claqua violemment derrière elle.

— Pour une fois que ce n'est pas moi ! conclut Cancride.

Als se dispersèrent, chacune avec de nouveaux problèmes à résoudre. Dans le couloir, le jeune homme manœuvra pour pouvoir s'isoler avec Lyre :

— Je croyais que tu n'aimais pas les communistes.

— Pas plus que je n'aime les chasseurs.

Comme il semblait attendre ses explications, elle ajouta :

— Nous ne valons pas mieux.

La confusion de l'étudiant ne fit qu'augmenter. Il l'interrogea silencieusement.

La vraie raison ?

Elle hésita.

— Je ne fais pas ça pour réussir.

— Tu fais ça pour quoi alors, pour rater ?

— Disons que la réussite n'est pas mon but premier.

— Alors c'est quoi, ton but premier ?

Elle énonça lentement, comme si elle eût manié avec précaution une phrase qui n'était pas d'elle :

— Mieux vaut rater juste que réussir faux.

— Pas à moi, s'il-te-plaît.

Elle ignora son cynisme et se contenta de lui sourire. Il secoua la tête.

— Tu lis trop de livres. Ce ne sont pas tes belles phrases qui nous aideront. En plus, il n'y a pas que ça.

Il la prit par le bras pour creuser leur écart avec les autres.

— Flèche. Elle magouille un truc énorme avec ses copines.

Lyre l'interrogea du regard. Alors, il baissa la voix.

— Je ne sais pas ce qu'elles vont faire au juste, mais il y a mec qui va morfler.

Lyre prit le Temps de le sonder du regard.

— Qui ?

— Elles ne sont pas encore d'accord. Mais si j'ai bien compris, ce serait un misogyne. Influent. Pour frapper l'opinion.

Une action violente.

La jeune fille reprit.

— Tu as essayé de les convaincre ?

— Bien sûr que non ! Elles ne m'auraient même pas écouté ! Mais toi tu as peut-être une chance.

Lyre ne releva pas. Il se méprit sur son Silence.

— Je vous comprends ! Avec toutes les humiliations que vous subissez en permanence, moi aussi j'en viendrais là !

Elle le laissa enchaîner sur les généralités de l'Impuissance, luttant pour ne pas se laisser happer par la force d'attraction de son étoile.

— Soleil de Nuit !

Le groupe jouait sur un char, en tête de la manifestation pour les droits des sans-papiers. Lyre avait rejoint le long cortège hérissé de banderoles et de pancartes, où l'opportunisme des politiques l'empêchait néanmoins de s'en exagérer le lyrisme.

— Soleil de nuit ! cria-t-elle de nouveau à Bootes, pour couvrir le vacarme.

Et, comme la bouche du jeune Noir formait un « Quoi ?! » inaudible, elle pointa l'avant du cortège.

La masse imposante du garçon leur ouvrit un passage à travers la marche lente et serrée des corps. Çà et là, la jeune fille reconnaissait des visages croisés à l'Hôpital. Elle dépassa Pégase, qui brandissait ses deux bras en cadence, austère et ridicule avec sa soutane, accompagné d'un Maghrébin qui marchait péniblement avec des béquilles. Pour mieux voir, elle tapota le dos de Bootes. Le colosse l'empoigna par la taille et, d'une seule lancée, la projeta en l'air pour qu'elle atterrît sur ses épaules. *Oui !!!* Elle s'était envolée au-dessus de la foule. Ainsi, dominant toutes les têtes, elle profiterait d'une vision panoramique. C'est ainsi qu'elle put les voir.

Vers l'avant, à la droite du char qui transportait Soleil de Nuit, les forces de l'ordre s'était massées à l'entrée de l'avenue Ledru-Rollin. Elle pensa d'abord qu'als étaient là pour empêcher le cortège de dévier du parcours convenu. Mais un élément démentait cette hypothèse : leurs silhouettes ramassées derrière les boucliers transparents. La charge était imminente. Mais pourquoi s'en prendre à un cortège pacifique ?

Son regard balaya la rue sans qu'elle comprît.

La foule suivait calmement le tracé prévu par la préfecture de police. Un char environné de clameurs féminines arrivait au niveau du groupe en uniforme. Rien de bien méchant. C'est alors qu'elle releva une autre bizarrerie.

Des hommes et des femmes, disséminées à travers le cortège, tentaient en vain d'arrêter la foule. Elle distingua une oreillette.

La police en civil !

De sa position surélevée, elle tenta de comprendre la stratégie qui se mettait en place. Devant elle, le char des féministes, dont une bâche, à l'arrière, l'empêchait de voir ce qu'il transportait. Tout autour, ces hommes et ces femmes qui cherchaient à orienter le flot humain. A droite du cortège, la police armée et casquée, avec des barrières métalliques qui empêchaient toute issue. Et enfin, elle se tourna vers la gauche.

Alors elle comprit.

Elle les reconnut à leur parodie de virilité.

Levant haut le menton et écartant exagérément les pieds, ils croisaient les bras pour mettre leur carrure en valeur. Tous crânes rasés, et tous vêtus du même blouson de toile luisante et de ces bottes vaguement militaires qui les faisaient ressembler à une milice. *La police du désordre !* se dit-elle follement, tout en remarquant leurs battes de baseball.

Ce n'était pas la manifestation que visait la police, mais ces skinheads.

Et le cortège était pris entre les deux camps !

Soudain, une puissante vague de corps faillit les faire tomber. Elle dégringola des épaules de Bootes et une deuxième vague humaine la sépara d'avec le colosse. Elle entendit un long coup de sifflet. La police chargeait !

Le cortège reflua en masse vers les skinheads. Avec horreur, Lyre aperçut un visage dont le cri fut brutalement interrompu par une grosse botte militaire et, dans la seconde suivante, une masse noire obscurcit le ciel au-dessus de sa tête : un être au visage rongé et hilare brandissait une batte de baseball à deux mains au-dessus de sa tête, la statufiant d'effroi.

Et la batte s'abattit sur elle.

Lyre perçut le déplacement de l'air à son oreille. Elle pensa avoir dévié le coup tout en sentant éclater les os de son épaule. Sa tête fut projetée au sol, heurta le béton sans rebondir. La dernière chose dont elle eut Conscience fut la vision incongrue d'une paire de seins dans le ciel.

Elles marchaient en hurlant leur slogan, les mains sur une longue banderole sur laquelle elles avaient tracé, en hautes majuscules noires :

Les droit de l'Homme ne sont pas les droits humains

Et Cygne marchait au milieu d'elles, les admirant de s'exposer ainsi au ridicule pour défendre leurs idées.

Les séances avec sa psy étaient devenues éprouvantes. La Figure paternelle s'était révélée plus puissante que jamais, inamovible et dominant toutes les autres. À son approche, sa psy elle-même, aussi douce et éclairée fût-elle, semblait se corrompre, en l'obligeant sans cesse à revenir s'y confronter, impitoyablement.

Le voyage entrepris par les deux femmes les menait à présent dans les régions paroxystiques que le Démon habitait, là où l'air était de feu et calcinait l'arbre de leurs bronches. Et paradoxalement, c'était tout juste si, désormais, Cygne n'avait pas hâte de réintégrer ce monde qu'elle avait tant voulu fuir.

Par l'intermédiaire de Flèche, la jeune fille s'était rapprochée de la nébuleuse formée par le monde féministe, et y avait découvert la notion de domination.

La domination masculine, bien entendu, mais également toutes les autres : par l'argent, le pouvoir, la couleur, la naissance, le savoir, l'âge, etc, ainsi que tous les relais qui la perpétuait : famille, école, État, religion, société, etc… C'était sans fin.

Durant ces soirées interminables qui avaient lieu chez Flèche, toutes retentissantes d'éclats de Rire et de cris d'indignation, Cygne avait également découvert, atterrée, comment elle-même participait à cette Domination.

Car avant de les rencontrer, elle aussi avait associé l'homme à l'universel, la pauvreté à l'échec, le noir au mal, la religion juive à l'argent, l'aristocratie à l'élite, le manque de culture à la bêtise, la vieillesse à la laideur, ainsi de suite. Et elle assistait aux discussions avec l'humilité grandissante de qui prend Conscience des préjugés dont elle est truffée.

Bien sûr, l'homme concentrait leur puissance de feu.

N'était-il pas le genre supérieur ?

Mais pour quelle raison, déjà ?

La réponse, une fois encore, lui avait été donnée par les signes.

Les spécialistes de la langue qui venaient à leur soirée leur avaient parlé des deux privilèges du genre masculin : ses fonctions de représentation et d'idéation.

Sa fonction de représentation lui permettait de représenter les deux genres : *les droits de l'**Homme**, Paul et Marie sont arrivés.*

Quant à sa fonction d'idéation, les spécialistes avaient pris pour exemple le néologisme récent *le vivre ensemble* pour l'illustrer. *Le vivre ensemble* était une tournure qu'aurait parfaitement exprimée *la vie ensemble* si le genre masculin n'avait pas été investi par l'usage – qui suivait en cela, tout à fait instinctivement, la tradition – d'exprimer la notion de *concept* (*le vivre ensemble* = **l'idée** d'une vie en communauté malgré les différences), par opposition au féminin, destiné à exprimer la notion traditionnellement moins noble de *matérialité* (*la vie ensemble* = **les applications** d'une vie en communauté malgré les différences).

Influencés par leurs époques, les grammairiens et l'usage avaient investi le masculin du pouvoir d'exprimer l'abstrait, et cantonné le féminin au concret. A l'un, l'aspect intellectuel d'une réalité, à l'autre, sa fonctionnalité.

Ainsi, en lui laissant ces deux privilèges, par habitude, facilité et manque de réflexion sur la perversion de cet emploi, l'usage contemporain reproduisait la hiérarchie établie au XVIIe siècle par les grammairiens Vaugelas, qui voulait que le genre masculin prédominât, sous prétexte qu'il était le plus noble.

Mais comment lutter contre un agent de la misogynie aussi infectieux et aussi indétectable qu'un virus, dissimulé et disséminé partout dans la langue, et que seules les spécialistes avaient pu leur faire voir ?

Elles-mêmes disaient qu'enlever au genre masculin ces deux fonctions de représentation et d'idéation serait une entreprise de déconstruction et de reconstruction titanesque.

Et d'ailleurs, qui ferait ce travail ?

Une femme ?

Toutes des esclaves.

Pire encore : des esclaves qui s'ignoraient.

Certes, tenues depuis si longtemps dans la négation et la Haine de soi, qu'eussent-elles pu devenir d'autre ?

Mais ce n'était pas devant le recul de leur libération dans un avenir si lointain qu'il en paraissait inatteignable que Cygne éprouvait une sorte d'anéantissement, mais devant la Résignation dont faisaient preuve celles-là même qui prétendaient se battre.

Et elle comprenait le mépris de Flèche.

L'amazone et ses amies constituaient la ligne la plus radicale de cette nébuleuse. Cygne les voyait passer dans le couloir lorsqu'elles venaient chercher son hôtesse pour leurs séances de sport, saluant brièvement et esquissant un sourire sarcastique lorsque, dans le salon, grondait la tempête des avis contraires.

C'était une nouvelle génération d'adhérentes, qui étaient nées dans un monde où l'égalité de droits entre les sexes était au moins prônée dans le discours dominant, et qui n'avaient pas connu l'infériorisation systématique et humiliante que leurs aînées avaient vécue.

Plus jeunes, plus dures et plus passionnées, elles souhaitaient une rupture avec les méthodes pacifiques qu'elles ne trouvaient pas assez efficaces.

Les grotesques mises en scène, les réunions d'information, les alertes envoyées aux médias n'avaient pas institué l'égalité. Car si la loi la proclamait, dans les faits, ses atteintes étaient légion. Et ces radicales rêvaient d'une révolution, qui porterait un coup fatal à la domination masculine.

Celles qui tenaient les rênes des associations se contentaient de désapprouver leurs arguments en faveur de la violence, et de les tenir éloignées des conseils d'administration. À présent épouses et Mères, ces militantes de la première heure s'étaient considérablement adoucies. Leurs vies familiale et professionnelle leur avaient appris la fragilité des droits acquis par l'autoritarisme plutôt que par la raison, la difficulté pour les hommes de renoncer à leurs privilèges et surtout, l'effet boomerang de la violence.

Mais, malgré tous leurs efforts, cette ligne dure se développait. Très présente chez les plus jeunes, elle avait des ramifications partout, jusque dans l'armée, qui devait prendre en compte un nombre grandissant d'aspirantes. Et toutes ces femmes attendaient leur heure.

Cygne savait que Flèche et ses amies participaient à d'autres réunions, où la jeune fille n'avait jamais été conviée. Dans le studio de l'androgyne, un plan de Paris montrait un quartier constellé de croix tracées au feutre rouge. Cygne n'avait pas osé demander à quoi elles correspondaient. Mais al lui semblait que, si la nécessité d'une action violente faisait débat pour certaines, pour d'autres, le Temps des paroles était révolu.

A présent, elles hurlaient toutes ensemble en scandant la phrase écrite sur leur banderole et, malgré le vacarme ambiant, leur abattage faisait tourner les têtes vers leur char. La justesse de leur combat et la cohésion de leur sororité ayant emporté ses réticences, Cygne osait maintenant s'exposer autant que ses camarades. Elle se retourna, cherchant des yeux sa nouvelle amie pour lui faire partager son exaltation. Mais Flèche, juchée sur le char qui suivait la banderole, était occupée à surveiller la foule.

Derrière l'androgyne, deux de leurs camarades − l'une portant de fausses moustaches et l'autre une paire de seins postiches par-dessus son tee-shirt − représentaient la scénette qui avait été convenue en réunion pour donner à voir les violences conjugales. Cygne n'approuvait pas les gesticulations outrées et maladroites des deux filles qui mimaient des passages à tabac ou des rapports forcés. Mais l'exhibition avait été votée. Et, outre qu'elle n'était qu'une nouvelle venue, l'adolescente avait appris à s'en remettre à l'expérience.

Indifférente aux gestes et aux cris obscènes des deux apprenties comédiennes derrière elle, Flèche commandait un groupe d'une quinzaine de femmes dont la moitié avait pris position autour du véhicule et de sa remorque, et dont l'autre moitié patrouillait en amont et en aval. Cygne resta le cou tordu à la regarder. Avec son profil si pur et ses traits stylisés, l'androgyne lui inspirait l'idée romantique d'un être nouveau, qui se fût affranchi de tous les formatages, et en qui les deux sexes se seraient fondus en un seul réconcilié.

Mais en haut du char, l'amazone était en proie à l'inquiétude. La difficulté de sa mission, couplée au poids de sa responsabilité, réfrigérait encore davantage son expression austère. Elle avait prévenu ses camarades que les rassemblements de ce genre donnaient toujours lieu à des débordements. Les femmes, qu'elles fussent consentantes ou révoltées, étaient toujours des victimes de prédilection. Cygne la voyait suivre des yeux des points épars dans la marée de corps, et se retourner sans cesse pour chercher quelque confirmation. Tout-à-coup, l'amazone se jeta en avant pour hurler un ordre à ses femmes dispersées, montrant impérieusement une zone sur la gauche du cortège.

Et la tempête déferla sur elles.

Durant quelques secondes, Cygne se crut témoin d'un évènement surnaturel. Les manifestantes chutaient, assommées, déséquilibrées, comme foudroyées par la Colère du Ciel. Elle scruta les nuages de ses yeux apeurés. Des pierres ! Une averse minérale qui s'abattait sur elles et provoquait leur débandade ! Comme les autres, elle lâcha la banderole et voulut se mettre à l'abri. Mais alors, elle fut engloutie par un océan humain.

Dans ce rempart organique qui entrouvrait des portes pour mieux broyer çaux qui se précipitaient dans leur entrebâillement, elle crut mourir. Ses pieds ne touchaient même plus terre ! Soudain, atteinte par un projectile, elle s'affaissa la tête la première. Elle hurla en sentant ce monstre de corps entremêlés lui passer sur le corps. Le cou tordu, les avant-bras disloqués, elle devint aveugle. Mais le broyage ne diminua pas.

Brusquement, les parois compressives où elle étouffait s'écartèrent : elle tomba, fut labourée, se blessant aux tessons qui jonchaient le sol et voyant avec terreur des talons au-dessus de son visage. A nouveau, elle hurla de Peur et, brusquement, eut une vision cauchemardesque : des clones au crâne rasé et tout de noir vêtus cheminaient tranquillement au milieu du chaos, épargnés par la tempête.

Elle n'avait jamais vu de skinheads et, comprenant qu'ils se dirigeaient vers elle, se sentit trembler violemment. Sa Peur la leur désigna aussitôt. Trois d'entre eux repérèrent son crâne sanglant et ses yeux qui les fixaient, écarquillés. Ils allèrent droit sur elle en jouissant, pendant une éternité, de se voir si impressionnants dans le miroir flatteur de son regard. Et elle se sentit totalement dominée.

Encore !

Flèche et ses amies avaient raison. Les débats, la modération et les scénettes ridicules n'y faisaient rien, la violence aurait toujours le dessus.

Au loin, elle aperçut l'air désemparé de l'amazone qui regardait dans sa direction. Et enfin, la tempête s'abattit également sur les skinheads.

Cygne perçut leur surprise lorsque leurs corps furent à leur tour entraînés pêle-mêle. Elle-même se sentit enroulée autour d'un rebord métallique, fourrée avec tous les autres au milieu d'une tuyauterie, dans un espace inconcevable, sous un plafond à vingt centimètres du sol. Elle identifiait le bas de caisse d'une voiture lorsqu'elle sentit le véhicule se soulever sous la masse énorme qui s'engouffrait sous lui. Coincée contre cet obstacle, subissant l'augmentation constante de la pression, elle sentit ses muscles lâcher. Après, ce serait ses os ! Elle allait finir ainsi, bêtement écrasée par la foule. Mais sous la poussée ininterrompue, la voiture tomba à la renverse dans les cris et le fracas de la tôle. Cygne pensa à çaux qui se trouvaient sous la tonne de métal. Et elle se retrouva debout.

Machinalement, elle abandonna çaux qui restaient à terre, suivit les rescapées qui titubaient dans la première rue venue.

Bientôt, elle put ralentir, reprendre Conscience de ses gestes en même Temps que du quotidien indifférent de la ville, et elle se laissa glisser à terre.

Pourquoi avait-elle abandonné ses camarades ?

Et si l'une d'entre elles avait eu besoin de son aide ?

Hébétée, elle regarda les gens qui claudiquaient en gémissant, et s'asseyaient comme elle à même le sol pour reprendre leur souffle.

Elle se voyait là, abattue et dominée par la Peur.

Et elle se découvrit lâche.

Elle avait beau s'être choisi un nom d'oiseau et se raconter des histoires, elle était bien la Fille de son Père.

Prisonnier d'une foule devenue folle, Pégase s'était mis à frapper aveuglément la masse impénétrable qui le pressurait pour échapper à ses poursuivants. Vite, vite ! Il savait que les skinheads avaient repéré sa soutane noire à leurs regards réjouis d'avance et fixés sur le couple qu'il formait avec le Maghrébin. Celui-ci avait perdu ses béquilles, et tous deux s'accrochaient désespérément l'un à l'autre.

Malgré leur résistance, ils étaient sans cesse repoussés dans le magma de chair et d'os dont le flot les emportait. Pégase se demanda si ses côtes allaient céder aux pressions auxquelles elles étaient soumises. Soudain, son corps suivit une rotation involontaire, s'entortillant dans sa cape. Il se retrouva à quelques centimètres d'un skinhead qui ne parvint pas plus que lui à se dégager de la gangue humaine. Pégase eût voulu protéger le Maghrébin, mais il ne le voyait plus. Une vague formidable l'éloigna du skinhead. L'adolescent se sentit glisser sur une surface plane, tomber à la renverse. Surtout ne pas tomber ! Mais il faisait déjà une culbute en arrière.

La masse vivante se déchirait sur les véhicules en stationnement. Pégase s'aperçut que le Maghrébin était tout près de lui. Lui aussi, impuissant, se laissait entraîner par la houle. Son regard révéla son affolement.

Pégase allait lui crier un encouragement lorsque ses Mots s'étranglèrent dans sa gorge.

Sa soutane s'était entortillée dans la spirale d'un range-vélo et se resserrait autour de son cou. Soudain, il voulut hurler, n'articula aucun son : sa main semblait être passée dans un broyeur. Il la ramena devant ses yeux. Elle pendait au bout de son bras, inerte.

Il était mort s'il restait à terre !

Ses doigts insensibilisés cherchèrent frénétiquement à défaire le bouton de sa cape. Les jeunes hommes au crâne rasé réapparurent à la surface du roulis, encore prisonniers, mais pour combien de Temps ?

Tout-à-coup, il fut libre : le sans-papiers avait défait le bouton à sa place, en lui répétant « la police ! », les yeux agrandis par l'angoisse. Le lycéen le vit claudiquer pour leur échapper, s'engouffrer dans une petite rue. Les skinheads allaient le repérer et le prendre en chasse ! En lui, une voix lui conseilla de s'en *désolidariser*.

Ce fut ce Mot qui le décida.

Il se jeta à la poursuite du Maghrébin dans cette petite rue déserte où, à l'abri des regards, tout pouvait arriver. Tout en le rattrapant, Pégase regarda sa main qui lui renvoyait des sensations contradictoires d'anesthésie et de brûlure, tandis que son compagnon semblait respirer de plus en plus mal. Le jeune homme voulut l'arrêter et le faire asseoir. Mais l'autre était affolé. Il ne respirait plus que pour fuir ; il eût rampé si nécessaire. Ses jambes désarticulées restant invisibles sous le pantalon, Pégase n'en voyait que le tissu étrangement flottant qui le faisait chanceler à chaque pas. Le jeune homme n'avait jamais imaginé que le simple fait de marcher pût représenter un exploit. Qu'il eût paru ridicule si son compagnon avait su le mépris qu'il éprouvait pour son propre corps !

La Honte familière le submergea. Que ne pouvait-il partager sa parfaite santé avec cet inconnu !

Dans cette petite rue, le rempart des immeubles qui étouffait les cris de la foule semblait répercuter leur respiration oppressée. Comme pour confirmer sa crainte, il entendit des pas précipités se jeter à leur poursuite, et en se retournant, il reconnut les silhouettes épaisses et sombres des skinheads.

Des milliers de petits éclatements lui obscurcirent l'esprit et sa propre stupidité l'éblouit. Ils s'étaient condamnés en entrant dans cette rue ! Ils eussent dû rester en pleine lumière, avec les autres ! Peut-être qu'alors ils auraient pu bénéficier de l'aide de la police !

Cette Pensée lui causa un autre éblouissement.

Son lien indissoluble avec ce pays — pire, la dette qu'il avait envers lui — lui fut révélée.

Tout ce qu'il lui devait ! Éducation, santé, libertés d'expression, de déplacement, de vocation !

Cette découverte lui fut si insupportable qu'il perdit tout cœur à fuir et à se battre.

Mais son compagnon, lui, voulait s'en sortir. Il ne cessait de répéter « La police ! La police ! » dans la crainte d'un contrôle d'identité.

Si seulement c'était la police ! se dit le jeune homme.

Et soudain, à l'autre bout de la rue, un peloton en uniforme apparut.

Sauvés !

Les crânes rasés ne tiendraient pas face à aux.

Mais Pégase restait accablé. Cette société qu'il haïssait allait leur sauver la vie.

Enfin, la sienne. Pas celle d'un étranger.

Recordare

Souviens-toi

Qu'Eridan se sentait bien, ainsi, les bras croisés et les pieds écartés avec les autres skinheads, les seuls hommes à être debout dans ce caveau.

Le dos contre la pierre et postés tout le long de la salle voûtée, ils étaient chargés de la sécurité pendant ce débat que le Parti Patriote avait ouvert aux militants. Mais, à en juger par la virulence des différents participants, Eridan se disait que les troubles ne viendraient pas du public, mais des débatteurs eux-mêmes.

Il communiquait visuellement avec Theemin, le skinhead malingre qui avait semblé si heureux de le rencontrer dans les égouts. Celui-ci avait pour mission de filtrer les entrées et se tenait dans le renfoncement de la porte, à l'autre bout de cette salle basse, creusée sous le chœur de l'église, et où se donnaient habituellement des cours de catéchisme. La vigilance des deux amis s'était relâchée et, après chaque coup d'éclat entre les intervenants, ils se regardaient pour s'en moquer à distance, faisant passer leur ennui en entretenant leur gaieté.

Quel dommage que tous ces inconnus se tinssent tranquilles ! Eridan eût aimé en corriger un, jeune ou vieux. Il ne faisait pas la différence. Il aimait déclencher la surprise et la Peur en frappant sans prévenir et sans raison. Alors, le nectar qu'était sa Haine l'emplissait à nouveau, et il se délectait de son cheminement à travers son corps, se sentant vibrer de plaisir et de fierté jusqu'en ses moindres ramifications.

Il avait constaté la lâcheté de tous ces adultes desquels il avait passé sa vie à recevoir des ordres. Lorsqu'il les frappait, la plupart tentaient d'engager la conversation, ne faisant que déguiser, par des Mots, leurs supplications.

Il avait totalement changé de vie et, dorénavant, chaque matin le jetait hors du lit avec des promesses de jouissance. Passant toutes ses matinées à la caserne de pompiers où travaillait le Père de Theemin, il s'entraînait, enchaînant sous sa direction la course à pied, les pompes, les *abdos,* la boxe et les figures aux agrès, ainsi que les exercices de musculation. *Pompier volontaire :* ainsi le désignaient-ils. Et il en aimait chacun des deux Mots.

Son Frère, lui, ne s'entraînait pas. Il restait assis, en retrait, à dessiner. Eridan avait découvert avec stupéfaction les trésors de son carton à dessin. Sous des traits qui rendaient merveilleusement la vie, les croquis savaient autant reproduire la singularité de leur visage et la vitesse de leurs girations que des abstractions jamais vues, auparavant, par le nouveau pompier, telles que leur complicité devant les obstacles et leur Joie de sportifs, sans mémoire, pure de tout élément autre que les plaisirs du moment, du dépassement et de la Fraternité.

Theemin l'avait représenté avec son Père, devant les barres parallèles. Souriants et côte à côte, les deux hommes paraissaient presque jumeaux, avec ce crâne rasé et ce visage jeune que les sportifs qui s'oublient dans l'exercice physique gardent longtemps.

Depuis, Eridan gardait ce dessin sur lui, comme un talisman.

Il avait quitté l'école et avait pu entrer comme balayeur à la mairie de Paris, toujours grâce au Père de Theemin. Et il ne voyait pas de contradiction dans le fait d'appartenir à un groupe de skinheads et de saluer en même Temps, avec un plaisir renouvelé chaque matin, ses collègues noirs, dont par ailleurs, il appréciait tant la douce attitude qui ne leur enlevait rien, et la vision du monde tendre et drolatique, qui lui faisait découvrir leur Pensée, dissipait la monotonie de leur travail et accélérait le Temps.

À présent, il eût aimé ne porter que des manches courtes, pour faire admirer la toile d'araignée des supporters *ultras* tatouée sur son coude. Et lorsqu'il rentrait à la maison et glissait des billets dans la main de sa Mère en l'embrassant, c'est à peine si son Père osait lever les yeux plus haut que ses grosses bottes lacées sur le tibia.

Dans la salle voûtée de l'église, Theemin se laissait aller à plus de fantaisie que lui, louchant ou grimaçant sans crainte du ridicule, à la fois parce que, dans l'encoignure de la porte, il était quasiment invisible, mais aussi parce que son sens du devoir était très largement oblitéré par sa tendance à la Joie. Eridan ne l'en estimait que davantage. Il n'eût pas osé extirper de sa cachette, comme le faisait son Frère, le petit pantin dégingandé qu'il sentait s'agiter aussi en lui.

Pour une fois, les skinheads n'avaient pas été cantonnés à la sécurité. Bad ayant été invité à participer au débat, celui-ci en avait déduit que le Parti Patriote voulait leur faire jouer un rôle dans la campagne électorale.

Mais lequel ?

L'invitation avait été transmise par un communicant du parti, un quinquagénaire jovial aux cheveux longs et gras, et dont le ventre tendait la chemise négligemment enfouie dans le pantalon. L'égarement jouisseur de son regard, ainsi que son corps affalé sur sa chaise à la table des débatteurs, hérissaient Eridan, mais le jeune homme reconnaissait le pouvoir oratoire de ses colères surjouées, qui séduisaient l'assistance et faisaient taire ses adversaires. C'était un autre genre de supériorité, différente de la force physique, doublée d'assurance absolue, que possédait Bad. Et malgré son apparence méprisable, le communicant avait emporté le respect d'Eridan.

Pour n'en avoir jamais vu, celui-ci croyait peu à une descente de police. Ici, l'ordre, c'était lui, et il jubilait d'occuper une fonction crainte et respectée, que peut-être même lui enviaient tous ces inconnus qui étaient arrivés les yeux à terre, avec la parole rare et des airs de conspirateurs. Car le moment était historique.

Eridan n'avait pas compris en quoi. Mais il avait au moins compris que les représentants des principaux courants du Parti Patriote figuraient à la table pour discuter de l'avenir de *la France*, large concept où le jeune homme avait pu placer à la fois son amour du foot, de la bière et de ses nouveaux amis, mais aussi ses rêves d'un monde où beauté et laideur ne pouvaient pas se trouver chez une seule et même personne.

Cependant, le débat le laissait froid. Rien que le sujet était trop ésotérique pour lui : *Quelle stratégie pour les élections européennes ?*

Son attention se fixa quelques secondes sur la grande affiche qu'ils avaient fixée au tableau noir, au-dessus des débatteurs, et qui représentait un autre quinquagénaire bedonnant : le candidat du Parti Patriote.

Rien à voir avec le visage de momie du plus âgé des participants, assis à l'autre bout de la table sur l'estrade. Quel âge pouvait-il avoir ? Deux mille ans ? Le vieil homme gardait les yeux baissés et, un bras soutenant l'autre, gardait un poing contre sa bouche. Mais son dos très droit et sa carrure, plus large même que celle de Bad, renseignaient Eridan sur l'athlète qu'il avait été. Il s'était présenté en trois Mots, alors que les autres en avaient fait des tonnes :

— Charles Dhur, historien.

Et cette absence de hâblerie, le noble maintien et la sobriété dont le vieil homme avait jusque-là fait preuve l'avaient plus impressionné que les effets de voix et la fausse camaraderie des autres invités. De cette retenue faite de connaissance de soi et du monde, Eridan sentait émaner une autre forme de puissance, encore différente de celles de Bad et du communicant. Mais il n'aurait su la définir.

De toutes façons, rien ne valait le style de leur chef. Le jeune pompier eût été incapable de s'exprimer en public avec autant d'assurance et de références historiques. Et qui plus est, sans notes ! En comparaison, la plupart étaient ridicules. Par exemple le petit homme à l'allure de comptable, la trentaine dégarnie, qui se tenait à sa gauche, et dont les joues rondes et la bouche pincée lui donnaient un air enfantin et appliqué. Il restait penché sur ses feuilles en les tenant à deux mains, aussi encombré de son corps que Bad en faisait sa principale source de jouissance.

Le communicant monopolisait la parole depuis un bon moment.

— Le parti arrive pile poil au bon moment pour canaliser un vote protestataire ! Rappelez-vous Poujade ! Personne n'y croyait !

Bad détourna un visage réjoui. Et parce qu'Eridan le connaissait de mieux en mieux, il comprit que leur chef méprisait le Poujade en question. Il perçut une autre gêne chez le petit comptable qui lui, avait réagi en rentrant un peu plus la tête dans les épaules. À moins que ce dernier se concentrât sur sa future intervention ? Quant au prêtre en soutane qui figurait parmi les débatteurs, et dont le masque de l'Écœurement ne faisait plus qu'un avec le visage, il semblait consterné.

Charles Dhur, lui, n'avait même pas tressailli.

— La victoire de la gauche les a tous mis K.O. ! s'emportait le communicant. Maintenant il faut décider comment le parti va en profiter !

Eridan se concentra sur le public. De ces hommes assis il ne voyait que les nuques. Pas une seule femme, ce qui le satisfit. La place des femmes était à la maison. La vision de sa Mère se rappela à lui et il se hâta de la chasser.

— Il y a un rôle à jouer dans ces élections, continuait le communicant, on n'en aura peut-être pas toujours l'occasion !

Le comptable surprit tout le monde en profitant de son inspiration pour intervenir.

— L'importance de l'enjeu renforce la nécessaire subtilité avec laquelle nous devons jouer ce rôle.

Subtilité ! Ce seul Mot le classait parmi les ennemis d'Eridan.

Dans son renfoncement, Theemin avait aussitôt changé le relâchement et l'amplitude avec lesquelles il singeait le communicant pour un resserrement contrit de son corps.

— Nous devons oser la rupture et opérer une *banalisation* du parti. Nous ne pouvons pas continuer à improviser en jouant sur la provocation ! Cet amateurisme se retourne contre nous et nuit à notre image depuis des années en nous empêchant de conquérir les masses.

Eridan eût juré que son discours incompréhensible en crispait plus d'un.

— De plus…

Le comptable hésita. Ses mains se crispèrent sur ses feuilles et il relut la phrase qu'il avait écrite avant de se lancer.

— ...nous devons renforcer notre crédibilité mise à mal par nos éléments les plus radicaux.

Bad pencha la tête vers lui et, plus onctueux que jamais :

— On peut savoir de qui tu parles ?

Et, en désignant la vingtaine de skinheads postés en arc de cercle autour de la salle :

— De nous, peut-être ?

Mais, les yeux sur ses notes, le comptable s'appliquait à ne rien voir ni entendre.

— Nous devons changer les codes qui nous cantonnent à la marge de la vie politique, et insister sur le fait que le principal danger d'une immigration débridée n'est pas d'ordre racial mais social.

Bad passa à une attaque frontale.

— Le parti ne veut pas voir les caciques de ton espèce le couper de sa base, ce que toi tu appelles « les masses ». On est radical et on doit rester radical. La modération, le parti l'a toujours rejetée ! C'est elle qui a poussé les autres partis à confisquer le pouvoir au profit d'une élite.

Génial, leur chef était génial.

Eridan avait tout compris, à part « cacique ». Mais il ne doutait pas que cela signifiât, dans la langue snob, *casse-couille.* Bad était aussi clair et cultivé qu'eux tous. Et en plus, il était plus compréhensible.

— Non mais tu habites sur quelle planète ?

Le communicant interpellait le comptable.

— Tu le prends le métro, des fois ? Tu la vois la gueule de la France ? Non, c'est pas possible, tu la vois pas ! Parce que si tu la voyais, tu verrais qu'elle n'a plus le béret sur la tête, la France ! Elle a le *burnous* sur la tête !

Il avait souligné le Mot en désignant sa propre chevelure douteuse.

— Ouais ! Bravo ! cria le public.

— Elle n'est plus blanche la France, elle est noire ! Elle est en boubou et sa seule activité, c'est de pondre des marmots pour pouvoir toucher les allocs !

Les applaudissements couvrirent sa voix et, hormis le vieil historien qui restait impassible, pareil un adulte qui eût attendu que les enfants cessassent de faire du bruit pour intervenir, chacun des autres participants s'efforça de cacher son Envie. Le communicant profita de son avantage.

— Notre parti fédère le mécontentement du vrai peuple de France ! Même des gens de gauche vont voter pour nous à ces élections ! Ce sera la première fois ! Les gens veulent lancer un avertissement au pouvoir ! Ils en ont marre ! L'Afrique est arrivée chez nous et elle nous prend tout !

À nouveau, le comptable surprit tout le monde en reprenant la parole.

— Il est vrai que les contextes de crises nous ont toujours été favorables. Mais ton analyse néglige un facteur primordial : la suprématie des préoccupations locales sur les enjeux nationaux. Nous devons orienter la thématique de la campagne sur les questions locales.

— Attends ! On ne va pas non plus axer notre programme sur le cours du crottin de chèvre pour te faire plaisir ! Au contraire, il faut faire peur ! Nos jeunes militants sont très utiles, tu peux me croire !

Bad en profita.

— Si on est si utiles, quand est-ce qu'on sera payés ?

L'auditoire s'agita sans comprendre.

— D'accord, mes hommes assurent la sécurité des manifs !...

« Mes hommes ». Comme Eridan était fier !

— ... D'accord, ils collent les affiches du parti la nuit, après leur boulot, et ils servent de gardes du corps ! Alors ils pourraient avoir un petit défraiement ! Quand tu fais le tour du périph' pour coller des affiches, qui c'est qui le paie, le plein ? Ben c'est nous ! C'est pas le parti !

Pris de court, le communicant ne put que rétorquer :

— Vous ne payez pas votre cotisation !

Puis, baissant la voix :

— Tu ne peux pas avoir le beurre et l'argent du beurre non plus.

— C'est triste ce que je viens d'entendre !

Tout le monde se tourna vers le prêtre.

— Des jeunes qui veulent être payés pour servir leur pays... j'aurais tout entendu ! Et pourtant j'en ai entendu en quarante ans de prêtrise !

Etait-ce l'explication de l'Ecœurement incrusté dans sa chair ?

Bad se justifia.

— J'ai seulement évoqué un problème de *défraiement*. Mais peut-être que vous n'avez pas bien entendu...

— Je n'ai aucun problème de surdité si c'est ce que vous insinuez, jeune homme ! Et dans ce que j'entends depuis tout à l'heure, il n'y a pas eu un seul mot sur nos valeurs ! Où sont nos valeurs dans tout ça ? Et sur nos luttes ? Contre l'avortement, la pilule, la dégradation des mœurs ? Quel message le parti apporte aux jeunes ? En particulier à ceux-là !

Il désignait le cercle que formaient les skinheads.

— C'est bien, ça, de coller des affiches ! Mais moi j'ai été dans la Résistance pendant la guerre. Et je peux vous dire que ça ne consistait pas seulement à coller des affiches. Alors vous me permettrez de penser que vous avez une très vague notion de ce qu'est l'engagement !

Eridan se demanda pourquoi il ramenait la discussion à lui.

— Et j'aimerais que vous m'aidiez à comprendre une chose. Je vous rappelle qu'à l'époque, les ennemis de la France, c'était les nazis. Or, à vous voir, vous ne m'en semblez pas très éloignés.

Des frissons de ravissement parcoururent le public. Le prêtre attaquait les skinheads !

— J'aimerais savoir exactement quels sont vos rapports avec le nazisme, parce que je vais vous avouer une chose : pour moi et pour beaucoup de gens dans cette salle... ce n'est pas très clair !

Tous les membres du public regardèrent subrepticement vers le fond de la salle. Ils semblaient brusquement découvrir ces jeunes gens en uniforme noir et au crâne rasé qui les encerclaient.

Bad tenta de masquer la jubilation que lui causait cette question dont il avait préparé la réponse. Il se pencha sur la table et inspira profondément, pareil à un coureur qui eût pris son élan. Mais une personne lui vola son effet.

— Quelle Résistance ?

Charles Dhur avait seulement levé les yeux. À peine avait-il déplacé le poing qui obstruait sa bouche.

La tension monta encore d'un cran. Le prêtre s'offusqua.

— Comment ça, « quelle Résistance » ? Il n'y a pas eu trente-six résistances !

L'historien consentit de nouveau à déplacer le poing qui masquait sa bouche.

— La Résistance qui a défendu la France, ou celle qui l'a vendue aux U.S.A. ?

— Il n'y a jamais eu qu'une seule Résistance ! Voire deux, la Résistance de la première heure et celle de la dernière ! Mais moi, en quarante, j'accueillais déjà des juifs, moi monsieur !

— Tout s'explique ! ricana Bad.

Le prêtre en bégaya. De l'index, il désigna la grande affiche qui les surplombait.

— Il faudrait peut-être que quelqu'un vous explique que notre tête de liste est juive !

Aux remous dans la salle, Eridan comprit que la plupart des hommes présents l'apprenaient en même Temps que lui.

— Y a autant de rapport entre les nazis et nous qu'entre l'homme de Cro-Magnon et l'homme d'aujourd'hui.

Et Bad, comme par réflexe, fixa l'un des leurs. Eridan n'eut pas besoin de tourner la tête pour savoir qui. *Nazi* skin.

Le prêtre s'esclaffa.

— Excusez-moi, mais je trouve votre parallèle plutôt malheureux !

Malheureux. Le Mot rétrécit Eridan et le fit s'engouffrer dans l'œil du prêtre. Le jeune homme ne comprit pas la suite d'épreuves qui défilèrent sous ses yeux, ni la Joie malsaine avec laquelle l'homme d'Eglise les avaient accueillies puis provoquées. C'était un monde gris et maculé d'encre et de sang, où les petits garçons portaient des blouses et des bonnets d'ânes, et où leurs encriers, pareils au sexe et au fusil des adultes qu'ils devenaient, crachaient la mort.

Une clameur générale le rappela brusquement à la réalité commune. Hormis l'historien, qui restait silencieux, les débatteurs semblaient sur le point d'en venir aux mains. *Et dire qu'ils votent tous pour la même personne !* se dit Eridan. Son regard passa de l'un à l'autre. Même mépris, même art oratoire mis au service de l'abaissement de l'autre. C'était donc ça un parti politique, un rassemblement hétéroclite d'adversaires que seule une Haine commune rassemblait ?

Tout-à-coup, une question fusa de la salle :

— Et la peine de mort ?

Le Silence tomba sur eux tous.

— Ouais, ouais ! La peine de mort ?!

La même voix précisa :

— Est-ce que le Parti Patriote défend la peine de mort ?

Bad s'adossa tranquillement à son siège.

— Évidemment !

— La position du parti n'est pas aussi tranchée, tempéra le petit comptable.

— Le parti est traditionnellement et majoritairement *pour* la peine de mort, précisa le communicant. Surtout pour *les violeurs d'enfants*.

Et, avec une expression de Joie mauvaise, il se tourna vers le prêtre.

— N'est-ce pas ?

Le prêtre sursauta.

— Comment ça, « n'est-ce pas » ?

— Qu'en pense l'Eglise ?

— Ben qu'est-ce que vous voulez qu'elle en pense, l'Eglise ? Evidemment qu'elle est contre ! C'est inscrit dans les dix commandements : *Tu ne tueras point* !

— Même pour les pédophiles ?

— Qu'on le veuille ou non, l'un des principes fondateurs de l'Église est la ré-demp-tion ! martela-t-il.

Penché vers lui, le communicant insistait.

— Même pour les *violeurs* d'enfants ?

Le prêtre comprit enfin.

— *Aaaaaaah !* Vous voulez dire les *prêtres* violeurs d'enfants ?

Et, une fois que le sourire mauvais de son adversaire l'eût renseigné :

— Oui ! D'accord ! Des prêtres pédophiles ça existe ! Mais ce n'est une infime minorité !

Il sentit l'hostilité de l'auditoire.

— Une minorité qui ne doit pas jeter l'opprobre sur l'ensemble des prêtres, qui eux, n'ont rien à se reprocher !

Comme il ne sentait pas leur approbation, il se mit en Colère.

— Attendez, on ne tue pas les enfants qu'avec des viols, des coups, des armes ! On les tue aussi par le manque d'éducation, la télévision, en négligeant de leur transmettre de vraies valeurs ! Ce sont d'abord leurs parents qui les tuent ! Parce qu'ils sont au chômage ! Parce que c'est un foyer monoparental ! Parce que les deux parents travaillent, et que la mère n'a pas le temps de s'occuper d'eux ! Alors ? Qu'est-ce qu'on fait de ces parents-là ? On les tue, eux aussi ? Désolé, mais on ne peut pas tuer tout le monde !

Et pourquoi pas ? se demanda Eridan, en songeant à ses propres Parents.

Le comptable recentra le débat.

— Tout ce qui va mal joue en notre faveur, le chômage, la désagrégation de la famille, le manque de perspectives pour les jeunes. Si on réussit à lier les préoccupations locales aux enjeux nationaux, on peut faire une percée. Surtout avec ce mode de scrutin.

Bad secoua la tête :

— Aucun de vous n'a jamais été au pouvoir ! Alors je ne vois pas pourquoi on devrait adopter vos solutions ! Au contraire, il faut se démarquer ! On n'aura pas toujours une chance de faire élire nos représentants au parlement européen ! Faut rompre avec le passé !

Alors, lente et lapidaire, la voix de l'historien s'éleva.

— « Rompre avec le passé ». C'est la chose la plus stupide que j'aie jamais entendue.

Tous les yeux se braquèrent sur le vieil homme. Le Temps de prendre la mesure de l'attaque, Bad s'appuya contre le dossier de sa chaise.

— Ce sont toujours les mêmes qui réclament de faire table rase du passé : les jeunes ou les ignorants. Ceux-là ne l'ont pas vécu, et les autres méconnaissent ses leçons, d'où la courte vue avec laquelle ils s'imaginent juger en toute connaissance de cause.

Eridan était fasciné par le ton calme avec lequel Charles Dhur les capturait, sa langue limpide, l'espèce de foi grave et sereine qui l'animait, et qui lui donnait un accent de vérité absolue. Même lui arrivait à le comprendre !

— Nous pouvons leur pardonner d'autant plus volontiers que nous avons fait exactement la même chose à leur âge. Mais grâce à Dieu, ils n'ont pas le pouvoir. Ils sont donc très peu dangereux.

Cela ressemblait à une exécution. Mais Bad n'avait pas prévu de contre-attaque. Il dut se contenter de sourire dans le vide, avec un mépris railleur.

— Je suis d'accord avec l'idée de passer de la contestation à la construction. D'autant que l'enjeu est de taille, effectivement.

La jubilation du petit comptable, qui voyait sa position approuvée, ne dura pas.

— Mais une « banalisation » du parti est tout sauf souhaitable. Elle entraînerait forcément une collusion inévitable qui nous ferait perdre notre identité. Plutôt ne jamais accéder au pouvoir que perdre notre idéal d'une France forte et traditionnelle !

Même le communicant semblait dominé, et il se penchait vers Charles Dhur, absorbé par son discours sans s'en rendre compte, le visage crispé en se sentant l'admirer malgré lui.

— Quant à présenter le danger de l'immigration afro-maghrébine comme un problème plus social que racial, c'est méconnaître ce que nous sommes fondamentalement : un peuple européen, qui doit lutter contre la dégénérescence causée par la mixité raciale.

Nos valeurs sont là, — il réglait maintenant le sort du prêtre — dans la préservation de notre identité historique, qui comprend notre religion chrétienne et notre régime laïc, ainsi que dans l'éducation à donner à nos jeunes, pour leur transmettre l'héritage du passé, sans lequel notre histoire, et par conséquent notre identité, perdent tout leur sens.

Le discours clair et fluide serpentait à son aise dans le Silence parfait qu'il avait obtenu.

— Les élections européennes représentent un enjeu important. Mais elles ne sont rien, comparées à notre avenir. Pour sortir de la marginalité et devenir une force politique de premier plan, nous ne devons pas passer par la radicalisation, la banalisation ou la moralisation. Nous devons essaimer des sections dans toute la France, recruter des hommes de foi, seuls capables de mettre l'intérêt du parti au-dessus des rivalités motivées par la recherche de l'argent ou du pouvoir. Nous devons avoir plus d'élus, pénétrer toutes les structures et toutes les institutions. Alors seulement nous pourrons *construire*.

L'assemblée était conquise. Il conclut.

— Voilà l'enjeu ! Ce n'est pas de gagner les européennes.

— Je crois que vous êtes largement hors-sujet.

Le communicant n'avait pas osé le tutoyer. Il interrogea les autres participants du regard, mais aucun ne se risqua à reprendre la parole.

Tandis que les dernières personnes quittaient la salle, le communicant rassura Bad.

— Je peux te l'avoir, ton argent.

D'où vient-il ? se demanda Bad, qui hésita à lui poser la question en songeant que l'historien, qui rangeait ses affaires, entendait tout de leur échange. Le communicant le rassura.

— Je vais relayer ta demande. Si c'est par moi…

Il lui fit un clin d'œil.

— …mais faudrait que vous nous rendiez un petit service.

— C'est-à-dire ?

— Un défilé. Une démonstration de force devant le Panthéon, pour montrer que le parti est là, et bien là.

Bad était surpris que son interlocuteur ne baissât pas la voix en présence du vieil homme. Celui-ci n'en finissait pas de ranger ses documents. L'opinion de l'historien était-elle à ce point négligeable ? Ou bien les deux positions étaient-elles si irréconciliables que cela ne valait même pas la peine de cacher ces tractations ? Et Charles Dhur était-il ralenti par l'âge, ou s'attardait-il volontairement pour les espionner ?

— La Direction pense que le parti doit frapper les esprits pour se démarquer.

Le skinhead eut un éblouissement. Si la décision avait été prise à l'avance, à quoi avait servi le débat ?

Il s'était fait des idées. Le parti se moquait de l'opinion des skinheads. Mais il n'eut pas le Temps d'en concevoir davantage d'amertume.

— Cet évènement vous mettrait à l'honneur, toi et tes copains.

Bad fut aussitôt alléché. Il résolut de ne pas demander d'où venait l'argent.

Quant à l'historien, il quitta la pièce sans leur adresser ni un regard, ni un salut.

Derrière la vitre du studio d'enregistrement, de Leonis vit Charles Dhur s'installer au micro, face à l'animateur radio. La lenteur de son directeur de recherches l'agaça. Comme souvent, il s'imagina à sa place, interviewé à l'antenne de *Culture et Traditions*, s'inventant des réponses brillantes, des interlocutrices séduites, une carrière et des récompenses prestigieuses.

Charles Dhur voulant tirer un article de cette interview dans Valeurs françaises, la revue dont il était le rédacteur en chef, de Leonis devait y assister pour prendre des notes. L'étudiant en sociologie aurait bien suggéré à son directeur de recherches de s'enregistrer lui-même. Al suffisait que celui-ci mît l'appareil à ses côtés. Mais de Leonis n'avait pas osé. Son directeur le traitait à l'ancienne, en subordonné infiniment corvéable. Rien que sa façon de le dévisager chaque matin du bout de son menton, attendant d'être salué, était suffisamment éloquente. Charles Dhur resterait toujours un *para,* ancien de l'Algérie, un homme d'action, plein de mépris pour çaux qui n'avaient jamais mis leur vie en jeu. Et de Leonis tenait à garder ce poste de secrétaire, qui le tirait un peu de son néant.

L'appareil le dispensant et d'écouter et de prendre des notes, son esprit reprit la ligne directrice de sa thèse, *De L'Influence de la culture nordique sur l'histoire de France.* Il n'en était qu'à la phase de recherches tous azimuts, et pourtant il n'avait déjà plus, à proprement parler, de ligne directrice.

La richesse de son sujet l'avait égaré. Son esprit, après avoir été peuplé de dieux, nornes, walkyries, géants, nains, elfes, trolls, loups, dragons et chevaux à huit pattes par les contes de son enfance, avait conçu pour cette mythologie une véritable passion qui l'avait amené au paganisme d'extrême droite.

Celui-ci s'articulait entièrement selon un axe force/faiblesse qu'il avait fait sien, et qui exaltait la virilité, la puissance, la conquête, le dépassement de soi, la discipline, bref, un idéal de race humaine qui excluait les faibles. Ses études, lors des explorations spatio-temporelles qu'elles lui faisaient vivre, avaient passé au crible ce nazisme primitif pour le réduire au culte du pouvoir, de l'élite et du volontarisme, dont son directeur de recherches était un représentant. Nourri depuis des mois d'histoire des religions, symbologie, philosophie, linguistique, psychanalyse et géopolitique, de Leonis se heurtait à présent à un obstacle inattendu, mais colossal : ses découvertes ne démontraient pas, comme il l'eût souhaité, la suprématie de la culture nordique.

Au contraire, elles lui avaient fait découvrir la profondeur des racines latines de la France, sa culture profondément judéo-chrétienne et son héritage oriental, qui reléguaient la culture nordique au niveau des influences secondaires. Ses recherches l'avaient donc mené exactement là où il n'eût pas souhaité aller.

Et il ne savait vers qui se tourner pour sortir de cette impasse. Depuis qu'il avait senti le prodigieux mépris qu'il inspirait à Charles Dhur, il avait cessé de lui demander des conseils. L'apprenti sociologue en avait assez de rester dans l'ombre de l'historien. Mais il lui devait le peu de renommée qu'il avait acquise.

Il ne passait plus pour n'importe quel thésard, mais pour le secrétaire, le protégé, et peut-être le Fils spirituel du directeur de recherches le plus sulfureux du prestigieux Institut des Sciences Sociales. Le jeune homme rêvait d'écrire dans la revue de son mentor, Valeurs françaises, au même titre que les célèbres plumes qui constituaient le comité de rédaction. Mais, ne se sentant pas encore la légitimité pour le faire, il n'avait pas osé en demander la faveur. Du reste, il sentait que son directeur n'eût pas accédé à sa requête. D'une manière ou d'une autre, l'étudiant devrait un jour trouver le moyen de le convaincre. Ou de l'éliminer.

L'interview terminée, il se rendit au siège de Valeurs françaises pour rendre sa copie.

À deux pas de l'immeuble dont la façade copiait le style empire, doté d'un portique égyptianisant dont la majesté le renvoyait à son insignifiance chaque fois qu'il en passait l'entrée, de Leonis tomba sur l'écrivain Saint-Rex qui descendait de moto.

Soixante-dix ans au compteur, pensa l'étudiant, et lui-même avait l'impression d'être plus voûté que le célèbre écrivain.

Cet ancien de la Division Charlemagne, la division de volontaires français engagés aux côtés des nazis, avait une santé d'athlète. L'ancien SS, gracié pour raisons d'État après son passage en Argentine comme instructeur auprès de la dictature militaire, s'était reconverti en écrivant des romans d'aventures, célébrant l'art de vivre des grands sportifs aux prises avec les forces de la nature. Ancien bourreau de résistantes et de démocrates devenu hygiéniste, Saint-Rex illustrait parfaitement l'esprit éclectique que Charles Dhur insufflait à Valeurs françaises.

En effet, le courant européaniste accueillait les personnalités les plus opposées qui fussent : anciens SS, mais aussi Francistes, harkis, tout autant que d'anciennes résistantes, avocats d'indépendantistes algériens, conservatrices antiféministes, homosexuels catholiques, etc. Car toutes et tous avaient à cœur de construire l'Europe de demain.

— De Leonis ! Ça va, mon vieux ?

L'étudiant fut flatté que l'écrivain se rappelât son nom. A Valeurs françaises, Saint-Rex était aimé pour l'attention chaleureuse de ses manières, même si son rôle pendant la guerre, ainsi que son passage dans l'armée argentine pour enseigner la torture donnaient le frisson. Mais celui-ci voulait sincèrement aider le jeune homme, et il le harcelait de conseils hygiénistes pour que celui-ci raffermît son corps et son esprit.

— Alors, cette thèse ? Ça avance ?

En s'intéressant à l'avancée de ses travaux, l'ancien SS donnait vie à ce qui n'existait encore que dans l'imagination de l'étudiant. Ce dernier lui en était infiniment reconnaissant.

— Pas trop.

— Ah bon ! Qu'est-ce qui ne va pas ? Racontez-moi !

Renonçant à la réserve que lui inspirait le grand homme, de Leonis tenta de lui expliquer ses difficultés. Son exposé les mena jusque dans l'ascenseur. L'étudiant appuya machinalement sur le bouton du premier étage, tandis que Saint-Rex appuya sur le dixième. *L'étage de la Direction*, se dit le thésard.

— Ecrivez des livres, mon vieux ! C'est plus facile de convaincre un public qu'un jury !

De Leonis lui avoua son désir de faire de la télé.

— De la télé ? Pour quoi faire ?

— Aujourd'hui, plus personne ne lit ! La télé, c'est le meilleur moyen de se faire connaître !

— Vous ou vos idées ?

Démasqué, l'étudiant ne se démonta pas.

— Mes idées, bien sûr ! En participant aux débats.

— Si vous le dites ! Mais ça ne paie pas, la télé ! Alors que publier, si ! On vous paie pour aller à la bibliothèque pendant un an, voire deux, voire trois, et tous les soirs, vous vous montrez dans les soirées ! Et à deux mois de votre échéance, vous pondez un truc déjà écrit mille fois, mais avec un titre coup de poing qui reprend l'actualité. Ça se vendra comme des petits pains ! D'ailleurs, je vais voir mon éditeur. Je vous présente ?

L'étudiant se sentit trembler.

— Votre éditeur ?

— Notre patron, Ctesias.

C'était beaucoup trop tôt !

L'étudiant refusa en bredouillant, tiraillé par la tentation de rencontrer le grand industriel et patron de presse. Le romancier appuya sur le bouton qui refermait les portes, et l'ascenseur continua à monter. Saint-Rex chercha à le rassurer.

— Vous verrez ! Il aime les jeunes ! Surtout ceux qui ont du potentiel !

Et, arrivé au dixième étage, l'ascenseur s'ouvrit sur l'invraisemblable.

Un hall blanc et or accueillit les deux hommes, et de Leonis eut l'impression de se retrouver à la Maison Blanche. Un épais tapis bleu se déroulait jusqu'au bout du couloir, le long duquel des colonnes alternaient avec d'élégants rideaux et des chaises de velours dans la même teinte. Pilastres cannelés et horloges surmontées de nymphes se succédaient sous ses yeux éblouis, tandis que des lustres en bronze et cristaux de Bohème surplombaient des tapisseries aux délicats entrelacements de laurier.

Subjugué par ce décor hiératique et ces larges espaces insoupçonnés dans cet immeuble, alors qu'il n'en connaissait que les bureaux du premier, exigus et poussiéreux, où les employés et les rédactrices mal payées de Valeurs françaises travaillaient avec des machines obsolètes, de Leonis ne parvenait pas à se ressaisir. Saint-Rex allait-il réellement lui présenter l'homme qui gérait un empire embrassant les télécommunications, l'audiovisuel, l'édition et jusqu'au football ? L'étudiant n'osait y croire, tout en sachant que cette rencontre était, par ailleurs, une mauvaise idée.

Il n'avait encore rien accompli ! Il allait se présenter à lui, impréparé, sans projet à lui soumettre ou à lui vendre ! Il sentit la transpiration le recouvrir alors qu'il s'enfonçait toujours plus profondément dans cette quatrième dimension.

Le couloir débouchait sur une pièce hémisphérique qui dominait tout Paris. Près d'une porte monumentale, à double battant coulissant, apparut le secrétaire de Ctesias, assis à un large bureau. Les ailes de bronze doré, qui ornaient les pieds du meuble, attirèrent le regard de l'étudiant, tandis que Saint-Rex les annonçait. Si c'était le bureau du secrétaire, que devait être celui du patron !

En entendant le romancier prononcer son nom, de Leonis espéra que le magnat des affaires ne serait pas disponible. Mais à cet instant, les battants de la porte glissèrent sans bruit.

Ctesias, que l'étudiant connaissait pour l'avoir vu à la télévision, sortait de son bureau, raccompagnant une très vieille dame à l'auréole de cheveux blancs laqués, qui marchait à petits pas.

Saint-Rex se pencha vers son protégé et lui murmura :

— L'héritière des pots de yaourt.

C'était Yser de Bellatrix, l'une des plus grandes fortunes de France.

De Leonis regarda passer la milliardaire sans ressentir d'émotion particulière. Malgré son cœur battant à l'idée de rater l'occasion miraculeuse qui lui était offerte, il ne se sentait ni déplacé ni honteux de lui-même, trouvant presque normales la somptuosité du décor et l'importance des personnages, exactement comme s'il eût trouvé son milieu naturel.

La superbe du Parc des Princes dans le ciel couchant happa le skinhead alors qu'ils sortaient du métro. C'était vertigineux ! Toute hérissée d'oriflammes en béton, l'ellipse du stade avait la forme d'un gigantesque vaisseau spatial. Son ombre masquait le soleil et sa courbe s'élevait entre les nuages, où le flamboiement du crépuscule dégradait savamment les couleurs rouge et bleu de leurs écharpes.

Submergé d'admiration, Eridan éprouva physiquement le déséquilibre créé par la soudaine expansion de l'espace, et il agrippa le bras de Theemin pour ne pas tomber. Son Frère lui sourit. Lui aussi éprouvait ce vertige. D'ailleurs, l'arène moderne drainait une foule immense et tout aussi envoûtée qu'eux. Même les autres skinheads, les yeux rivés sur le stade, ne songeaient plus à frapper qui que ce fût. C'était la Ville Lumière, et ils en étaient les princes ! Chaque pas les rapprochait d'une communion avec des millions d'autres personnes. Car le foot masculin donnait lieu à des évènements d'ampleur nationale.

Avec leurs retransmissions télévisées à une heure de grande écoute et des millions de contrats publicitaires à la clé, les finales prenaient des proportions épiques. Et, d'une part racheté par le groupe de Ctesias, d'autre part dirigé par l'entrepreneur Monoceros, le club des Princes de Paris disposait dorénavant de tous les moyens pour vendre du rêve.

Le foot occupait les Pensées, suggérait des achats, entretenait la passion du bavardage et du chauvinisme. Bien avant les rencontres, l'évènement était relayé, grossi et commenté en permanence dans les médias, car chaque match engrangeait des sommes colossales, et le spectacle devait faire fructifier cette manne.

Même les skinheads y jouaient un rôle.

Bad disait se rendre aux réunions de supporters pour donner son avis sur la politique tarifaire, les orientations du marketing, les produits de la marque, la conception de nouveaux tee-shirts. Il n'avait pas pu s'empêcher de se vanter de toucher une *compensation* en échange de leur *animation* dans les tribunes, pour participer au battage médiatique.

À la télévision, les incidents créés par les ultras faisaient de l'audience. Pour l'ensemble des médias, les skinheads étaient *de bons clients*. Et Bad avait toujours des places moins chères, que les autres skinheads lui achetaient avec gratitude.

Eridan avait l'air si heureux, pour ce premier match en leur compagnie, que Bad s'approcha, complice.

— Et encore, le match c'est rien !

A leur passage, les journalistes s'empressaient de mettre la caméra à l'épaule. Leur petit groupe se dirigea vers la tribune K, dans le virage Boulogne. De nombreux cars déversaient des supporters venus de loin, car le prestige des Princes de Paris faisaient des émules jusque dans les pays limitrophes. Eridan chercha des yeux les supporters stéphanois, les ennemis du jour. Mais un périmètre leur était réservé à l'autre bout du parc, les deux camps adverses ne devant jamais se rencontrer.

Des tifosi déchargeaient une bâche d'une bonne dizaine de mètres de long. Déroulée sur toute la hauteur de la tribune, elle ferait apparaître un joueur en maillot, visible depuis l'autre tribune. Les autres s'affairaient à décharger le reste du matériel qui allait contribuer aux effets du spectacle : drapeaux, confettis, banderoles, étendards, cartons de couleur qu'als allaient brandir à une place bien précise, afin de représenter les symboles du club. Cela représentait des heures de travail en amont, mais la concurrence entre les différentes tribunes alimentait leur émulation.

L'un d'entre aux, coiffé d'un chapeau en corolle dont chaque pétale se terminait par un grelot, entraînait les autres à reprendre un refrain :

A ! S ! Saint Etienne !
La défaite ce sera la tienne !

Puis :

Avant, Saint-Etienne !

Après Sainte Marie-Madeleine !

Avec de grands cris et des gestes fraternels, les inconnus qui passaient non loin les saluaient.

— *Bienvenue au Parc ! La misère pour l'adversaire ! On est les champions !*

— Toujours aussi créatif à ce que je vois !

Posté derrière le jeune homme au chapeau à grelots, Bad s'était planté dans sa posture favorite, pieds écartés et bras croisés pour faire ressortir sa carrure.

— *Oh là làààà !!!*

Le bouffon exagérait sa Joie. Il s'était malgré tout emporté au point de lever la main pour toper. En comprenant que Bad ne desserrerait pas les bras pour accomplir le geste de complicité espéré, il sut faire retomber nonchalamment sa main sur l'épaule du skinhead. Celui-ci reculant théâtralement la nuque pour loucher sur elle, le bouffon la retira prestement.

— Ce vieux Bad ! Comment va ?

— Je savais pas qu'y avait cirque, ce soir.

Le chef des supporters supporta les ricanements de mépris que lui souffla la rangée de crânes rasés. Il se trouvait moins ridicule que ces faces de bidasses, ces clones qui devaient s'accoutrer comme ça même les jours où al n'y avait pas match.

— Ouais, ouais, j'vais faire rire les enfants sous le grand chapiteau ! Mais attends, tu sais pas tout ! Y a aussi des pom-pom girls à la mi-temps ! D'ailleurs paraît qu'elles sont mignonnes cette année !

Et il les examina avec un air de gourmandise.

C'était suicidaire, mais les skinheads appréciaient la bravoure. D'ailleurs, Bad ne pourrait rien tenter *avant* le match. La police était partout. Déjà, plusieurs d'entre aux venait vers eux.

— Bonjour messieurs, contrôle d'identité !

Eridan sentit son cœur bondir dans sa poitrine. Il n'avait pas ses papiers, ce n'était qu'un mineur, les flics allaient lui parler comme à un gamin ! Il redoutait plus que tout d'être humilié devant ses camarades. Mais les policiers se contentèrent de vérifier les papiers de Bad et du bouffon. Celui-ci espéra susciter la jalousie chez les skinheads :

— Commandant ! Vous nous quittez plus ! D'abord vous nous accueillez au péage, ensuite vous nous escortez sur l'autoroute... Vous nous déroulez le tapis rouge, merci !

L'officier ne releva pas.

— Messieurs, je compte sur vous pour que tout se passe bien, dit-il en leur rendant leurs papiers. De toutes façons, certains d'entre vous savent ce qu'ils encourent à faire les malins ! N'est-ce pas, monsieur Zeïnoutsayat ? dit-il en se tournant vers Bad.

Zeïnoutsaquoi ?! Est-ce que le flic s'était adressé à Bad en lui attribuant ce nom de... bougnoule ?!

Celui-ci répondit d'une voix mielleuse.

— Faut pas nous prendre pour des casseurs, Commandant. On s'occupe de maintenir l'ordre dans les tribunes...

— Je crois que t'as pas tout compris.

Le policier avait durci le ton.

— Toi et tes copains, *vous* regardez le match et *nous* on s'occupe de maintenir l'ordre. N'inverse pas les rôles. C'est compris ?

Personne n'avait jamais parlé ainsi à leur chef !

Bad allait-il se coucher devant le flic ?

Après les commentaires infantilisants de l'historien, le chef des skinheads essuyait sa deuxième humiliation de la journée. Eridan, lui, était encore sous le choc qu'avait causé la découverte de son nom de famille.

Les mâchoires contractées, Bad réussit cependant à sourire :

— Bien reçu, Commandant !

— C'est ça ! Allez, circulez, maintenant ! Et tenez-vous à carreau !

Les skinheads s'éloignèrent sagement et Eridan put, encore une fois, admirer la maîtrise de leur chef. La démonstration absolue de son sang-froid, sous l'affront, rattrapait la mauvaise impression laissée par son nom. Eridan n'aurait su se prononcer sur son origine. Etait-il... — il osait à peine l'évoquer — *juif* ?

Même en Pensée, le Mot lui tailladait la bouche. C'était quoi déjà ? *Zaïnatsa...* Mais déjà, les sons exotiques s'effilochaient dans les airs, emportant leur sens hors de portée de sa Conscience.

Le petit groupe avait changé d'humeur. Bad avançait lentement, en tête. Mais nul ne songeait à le rejoindre. Sa rage était pareille à ces combustions invisibles qui couvent dans les câbles électriques, et qui sont capables de raviver un incendie que les pompiers croient avoir éteint. Eridan sentait que le moment n'était pas venu de revenir sur son nom de famille.

C'était la Ville Lumière ! Ils en étaient les princes !

Mais leur conviction avait perdu de sa force. Les yeux levés vers l'entrée de la tribune K, Eridan gravit les escaliers le cœur battant.

— Ils ont déjà craqué les fumigènes ! se réjouit Big, ainsi nommé pour ses deux mètres et cent trente kilos.

Eridan regarda vers le haut de l'escalier. D'un halo crachant le feu, tout entrecoupé d'éclairs et d'explosions, leur parvenait un vacarme formidable. Des spectateurs traversaient leur champ de vision, titubant, braillant et le visage hilare, se tenant par le cou, comme si une bacchanale se donnait là-haut. Eridan gravit les dernières marches en se disant cette phrase absurde et ridicule qui sortait de nulle part, *l'enfer est joyeux*, et il entra à son tour dans la lumière rouge.

Aussitôt, il devint sourd. Impossible de distinguer quoi que ce fût de la mélasse auditive que composaient les hurlements, les chants, les battements de tambour, le flot de paroles éructées par un haut-parleur. Soudain, il découvrit le terrain.

Titanesque ! La vision que lui offraient les tribunes était une nouvelle explosion de l'espace, non plus en hauteur, mais en largeur. Un immense rectangle de gazon en occupait le centre et les séparait de la tribune d'en face, Auteuil, la rivale historique de Boulogne. Eridan put déchiffrer les banderoles que les supporters avaient déployées aux étages :

SULTANS D'AUTEUIL
STEPHANOIS ON VOUS MET UN DOIGT
PARISII KLAN

Au niveau de la pelouse, là où les caméras passaient et repassaient à la poursuite du ballon, se trouvaient les marques et les logos que le jeune homme reconnaissait aussitôt. Familiers comme des amis de longue date, ils déclinaient toute la gamme de produits vendus par Ctesias et Monoceros : banque, télécoms, vêtements de sport, maison d'édition, radios et télévisions. Et, où qu'Eridan posât le regard : des hommes.

Par rangées, par grappes.

Des dizaines de milliers d'hommes.

C'était comme si une femelle d'une espèce particulièrement prolifique n'avait pondu que des mâles, avec ça et là quelques femelles, qui ne voulaient pas être exclues de cet évènement présenté comme national.

Comme Eridan se sentait bien parmi cette multitude presque exclusivement virile ! *Voilà la*

France ! se dit-il, tandis que son regard passait sur la foule. Il en ressentait la légitimité séculaire, la passion, la cohésion. Et ce n'était pas que la Joie de venir voir jouer son équipe favorite qui le rendait ainsi, vibrant d'excitation. C'était aussi le sentiment de faire partie d'un tout, et d'être identique à son voisin. *Communion.* Ce fut le Mot qui lui vint. Ils communiaient. Et, pour lui, cette communion était double : supporter *et* skinhead ! Alors, le visage baigné de lumière rouge, Eridan retrouva le sourire, tandis que, tout là-haut, à peine visibles dans la nuit, derrière les puissants projecteurs et les câbles qui soutenaient les caméras, apparaissaient les pattes recourbées de l'araignée de béton, qui portait tous ses Fils sur son dos.

Soudain, le stade ne fut plus qu'une immense protestation :

— *OUOHOUHOUHOUHOUHOUHOUHOUH !*

La réprobation pleuvait sur un petit groupe de personnes au centre du terrain et dont Eridan ne distinguait pas grand-chose. Il se tourna vers l'écran géant pour comprendre ce qui déclenchait la Colère de la foule. Une jeune femme souriait bravement sous la condamnation des gradins.

— Excellent ! Bravo !

L'*ambianceur* brandissait un appareil censé mesurer les décibels et surmonté d'une petite antenne.

— C'est une excellente performance qui la met en tête du classement ! Applaudissez-la bien fort !

— *OUOHOUHOUHOUHOUHOUHOUHOUH !*

La jeune fille remerciait sous les huées. En réponse à ses baisers, Big brandit un doigt d'honneur.

— Va t'faire foutre, salope !

Emporté par les Rires que déclenchait l'outrance de leur petit groupe, le reste de la tribune se déchaîna sur le candidat suivant.

We are one,
We are the one
We can make it !!!

— *OUOHOUHOUHOUHOUHOUHOUHOUH !*

C'était un jeune homme étroit d'épaules et de hanches qui reprenait un ancien succès, et qui dansait en traçant des demi-cercles avec les genoux serrés.

— Pédale !!!

— Enculé !!!

— Gonzesse !!!

— Laissez-le chanter au moins !

Grâce à l'écran géant, le sourire de l'homme au micro les encourageait à continuer.

No matter what
No matter who
They are !!!

— *OUHOUHHOUHOUHOUHOUHOUHOUH !*

En voyant les regards suppliants du chanteur, visibles grâce à l'écran géant, als tentèrent de le chasser définitivement de la pelouse. L'animateur brandit son appareil dont l'aiguille de mesure, sur l'échelle graduée, montait progressivement. Le regard affolé, le chanteur continuait comme si de rien n'était, tandis qu'avec de grands moulinets de son bras libre, l'animateur les encourageait à faire monter la petite aiguille. Et brusquement, le chanteur s'arrêta.

Le fond instrumental continua sans lui, avec une fluidité mécanique et creuse, tandis qu'il restait les bras ballants et ne sachant que faire, tourné vers l'ambianceur.

La réaction de la foule fut apoplectique. Eructant, als réclamèrent sa tête.

— Achevez-le !!!

— Donnez-le nous !!!

— On veut boire son sang !!!

Dans sa mansuétude, l'ambianceur vint s'enquérir à voix basse de ce qui n'allait pas, éloignant le micro qu'il tenait à la main, comme si ceux qu'il portait, pinçant les revers de sa veste, n'allaient pas faire entendre ses chuchotements aux dizaines de milliers de personnes dans les tribunes.

— Qu'est-ce qui se passe ?

Il fit le geste de se trancher la gorge.

— Plus de voix ?

Le candidat saisit le prétexte, opina. L'ambianceur se retourna vers la foule.

— Alors là, je dois avouer que c'est une première !

Incrédule, le chanteur le dévisagea.

— Une perte subite, totale et bien pratique de la voix !

Il le livrait à la foule.

De l'endroit où il se trouvait, le chanteur ne voyait pas les faces congestionnées des supporters, mais il entendait leur clameur, voyait leurs bras s'agiter, loin, au-delà des premiers rangs destinés aux équipes et aux personnalités.

— Arrêtez, c'est pas charitable !

L'ambianceur en rajoutait avec ironie.

— C'est un accident de travail, après tout ! Un bon petit lait chaud ce soir, et c'est fini !

Le chanteur décida de ne pas rester pour regarder le match. Ainsi, il aurait une chance d'échapper aux hordes de supporters.

Une ovation salua l'entrée des joueurs et, pour Eridan, ce fut le début de cent cinq minutes de bonheur.

Ils chantèrent leurs chants, emmenés par le capo. Ils reproduisirent leurs signes, alternant les deux bras tendus au-dessus de la tête et un double claquement de mains. Ils répétèrent à l'envi les bras d'honneur, adressés aux supporters des autres tribunes. Avec des cris de singe à destination des joueurs noirs, et leurs saluts nazis qui pouvaient passer pour des gestes d'encouragement, les skinheads enchaînèrent les provocations toute la soirée. Mais ils n'entraient réellement en action qu'à la fin du match.

C'était le moment où, échauffée par la bière et les cris, maintenue trop longtemps dans une passivité obligée, la foule de supporters se déchaînait. Çaux de banlieue s'en prenaient à çaux de Paris ; les tribunes se retournaient les unes contre les autres ; les drapeaux des ex colonies étaient brandis ou brûlés ; les bagarres puisant dans l'histoire, l'Orgueil, la race, n'importe quoi, pourvu qu'als pussent s'électriser encore.

La rivalité entre les tribunes Boulogne et Auteuil, la première blanche nationaliste, la seconde mixte et moins radicale, mais plus créative, était ancienne. Les deux ennemies se disputaient la réputation d'avoir la meilleure ambiance, et leur prestige était incontestable par rapport aux tribunes latérales. Çaux qui voulaient s'y abonner devaient passer une sorte de bizutage qui pouvait durer toute une année, et c'était également celles dont l'abonnement était le moins cher du stade.

Pourtant, les deux tribunes rapportaient beaucoup, car les échauffourées qui s'y produisaient ne faisaient qu'attirer de nouveaux adeptes de sensations fortes dans les stades et devant les écrans.

La police jugulait tant bien que mal les combats de rue. Comme toujours, elle disposait de peu de moyens et se contentait de faire le ménage, impuissante à s'attaquer aux véritables causes. Et c'était des dérapages assurés après chaque match, malgré les appels aux sanctions et les déclarations fracassantes des politiques. Ce laxisme était parfois même envenimé par les déclarations maladroites d'anciens joueurs. L'un d'entre eux n'avait-il pas décrit Auteuil comme une tribune *qui n'était pas assez blanche* ?

Les skinheads ne repartaient donc jamais sans leur dose d'action. Déjà, montés et agrippés aux grilles de protection qui les séparaient de la tribune Paris, ils montaient à l'assaut. Pris en étau entre les deux camps, arrosés de projectiles, les vigiles ne tinrent pas longtemps. Le groupe de Bad, adjoint de plusieurs dizaines d'autres membres de Boulogne, avait empoigné les cabines en plastiques des toilettes et tentaient de les lancer par-dessus les grilles. Dans les traverses, la police en civil avertissait les collègues. Les grilles risquaient de céder. La foule était évacuée le plus rapidement possible. Mais le plus grand danger n'était pas à l'intérieur du stade.

Dans les rues jonchées de détritus et d'objets interdits de stade, aux stands de merguez-frites et aux terrasses des cafés les plus proches, des groupes excités par les prouesses des joueurs réclamaient à leur tour leur part de sport.

— Chopez-le !

Des hommes passaient en courant.

— Ça chauffe vers la Tourelle !

Mais qui poursuivait qui ? Un fumigène vola au-dessus des têtes. Dans les rues, als couraient d'un attroupement à l'autre. Dans le métro engorgé par la soudaine arrivée en masse, la tension montait. Sous les pas crissaient les débris de verre, les objets en métal, jetons, pièces, boulons. Brusquement, ce fut une autre cascade de cris et de pas précipités.

— Au pont ! Au pont !

Cette zone strictement défendue par des barrières donnait au-dessus du périphérique. Une chute de vingt mètres eût été mortelle.

Dans les tribunes, les grilles avaient résisté. Les skinheads abandonnèrent l'affrontement stérile contre çaux de Paris et refluèrent plus ou moins calmement vers les issues. Les courses-poursuites ne commençaient que plus loin, au-delà des abords du stade. Et c'était de l'autre côté de la tribune Boulogne, là où les supporters stéphanois remontaient dans leurs cars sous la protection de la police, que se trouvait la suite du spectacle.

Là, Eridan et ses amis purent s'en donner à cœur Joie. Les supporters de l'équipe stéphanoise s'en allaient sous une pluie d'insultes, baissant les yeux et escortée par des gendarmes à cheval jusqu'à leurs véhicules, avec pour ordre de reprendre directement le chemin du retour, via le périphérique.

— *OUOHOUHOUHOUHOUHOUHOUHOUH !*
— Pédés !!!
— Fils de putes !!!

L'avenue était longue. Les supporters de Saint-Etienne défilaient tristement sous les hurlements, les projectiles et les aboiements des chiens. Mais les skinheads se lassèrent vite de ces victimes abattues et silencieuses.

Dans le quartier vidé de ses véhicules, mille *ultras* partirent à la recherche d'adversaires. Seule la partie blanche du public s'attardait. En cet instant, ne pas faire partie de cette catégorie de la population eût été un suicide. Car, par leur nombre, les skinheads tenaient la rue.

Soudain, un hurlement de triomphe retentit. L'un d'eux exhibait un bout de tissu. Un drapeau étranger – Eridan ne savait pas de quel pays – fut brûlé au milieu des cris de Joie.

Ils disposaient d'une courte fenêtre durant laquelle, occupés à protéger le public stéphanois, les effectifs de police n'étaient pas encore assez nombreux pour leur donner la chasse. Du bout de leurs matraques, les hommes et les femmes en uniforme parvenaient tout de même à les repousser toujours plus loin du stade. Les skinheads reculèrent, attendant l'anonymat des rues éloignées pour agir.

Au bar des *Joueurs*, Bad hésita à partir en chasse tout de suite. Ici, avec tous ces flics en civil qui le connaissaient et le surveillaient, il risquait l'interdiction de stade. De toutes manières, qui serait assez stupide pour s'être laissé isoler ?

Dans la foule joyeuse et surexcitée du bar, son regard fut attiré par une table, où quatre jeunes hommes au visage fermé ne se disaient rien.

C'était bizarre. La coupe de cheveux de celui qui lui tournait le dos lui rappela quelque chose. Il avait déjà vu cette nuque rasée, ces cheveux rassemblés sur le haut du crâne et ramenés en arrière en une vague renversée. Et tout à coup, cela lui revint. *Une banane* !

Des chasseurs ! Ce n'était pas possible, c'était trop beau ! Des chasseurs isolés en plein territoire skinhead !

Il devait vérifier par lui-même et passa le Mot.

À l'extérieur, les ultras insultaient les supporters qui rejoignaient le métro sous leurs jets de bouteilles, canettes, tessons. Nerveux, le propriétaire du café s'éclipsa pour rappeler, sans grand espoir, les forces de l'ordre. Mais il savait que tous les effectifs de police disponibles étaient déjà dans les rues.

Bad analysa la situation : quatre chasseurs isolés, sans couleurs, qui étaient juste venus regarder le match. Il les montra du regard à Sick, qui, prévenu par les autres, s'était frayé un chemin parmi les clients du bar pour venir le rejoindre. Le visage grêlé du capo se déforma encore plus hideusement sous la jouissance : ces quatre cloches étaient mortes !

Tandis que leurs compagnons se déployaient, Bad et son second marchèrent vers leur table.

Au comptoir, Eridan n'aimait pas le tour que la soirée prenait. L'excitation ambiante lui faisait attendre la suite avec impatience, mais il était inquiet. Lui ne se battait que d'homme à homme. À mille contre quatre, cela n'avait aucun sens !

Mais il brûlait de se démarquer. De ses camarades, c'était le seul qui n'avait pas encore de surnom, et il rêvait d'une bataille glorieuse qui lui en eût attribué un. Seulement la situation actuelle n'activait pas sa Haine. *Quatre contre mille !* C'était ridicule.

Son scrupule l'étonna. Depuis quand se souciait-il de ce genre de choses ?

Irrésolu, il préféra sortir du bar pour rejoindre Theemin. Celui-ci fixait la table des chasseurs d'un regard anxieux. Partageait-il son inquiétude ?

À l'intérieur, la voix onctueuse de Bad tomba doucement sur les quatre jeunes hommes attablés.

— Salut ! C'est courageux de nous rendre visite.

Les autres contrôlèrent magnifiquement leur Peur. Comment avaient-ils pu se laisser aller à boire un dernier verre en plein territoire *facho* ? Mais al était trop tard pour faire machine arrière.

À leur attitude, toute d'immobilité et de crispation douloureuses, Bad fut certain qu'il ne s'était pas trompé. C'était bien des chasseurs, leurs adversaires de toujours. Il reconnut le stress mobiliser son intelligence et la chère adrénaline se répandre délicieusement en lui. Comment allait-il faire durer le plaisir ?

— Vous n'êtes que quatre ?

Ainsi, muets et le regard buté, ils ressemblaient à des enfants pris en faute.

— Vous avez perdu votre langue ? dit-il en posant la main sur l'épaule de celui à la banane.

Celui-ci tenta au moins de sauver l'honneur.

— Et alors, t'as un problème ?

Mais il n'avait pas osé chasser la main qui s'était posée sur lui.

Bad eut un petit Rire. Comme cette pauvre tache lui donnait bien la réplique !

— Je crois qu'il y a un petit malentendu... C'est vous qui avez un problème.

Et, lui indiquant les ultras massés tout autour du bar :

— Parce que nous, on est un peu plus que quatre.

À l'extérieur, la nouvelle s'était répandue. Les skinheads et la foule sympathisante se pressaient contre la vitre pour voir et insulter les chasseurs. Le patron du bar sentit que sa vitrine ne résisterait pas longtemps. Mais il n'avait aucune autorité sur cette horde. *Que faisaient les flics, putain ?!* À l'intérieur, la clientèle avait senti la tension. Als sortaient aussi vite que possible. Soudain, une vitre explosa.

Ce fut le signal.

Toutes et tous refluèrent vers l'extérieur, se heurtant à çaux qui voulaient entrer. Deux bagarres se déclenchèrent simultanément, l'une à la table des chasseurs, l'autre aux portes du bar. Contre toute attente, les quatre chasseurs avaient terrassé Bad et Sick. Ils voulurent tenter leur chance en profitant de la panique. Mais dans la salle bondée et quadrillée par les skinheads, ils ne purent pas sortir. Ils furent empoignés et maintenus à terre, et ils disparurent sous le nombre.

Pris dans la bagarre générale, Theemin et Eridan ne voyaient plus ce qui se passait à l'intérieur. Ils rendaient les coups sans savoir contre qui ils se battaient et le cœur n'y était pas. Soudain, en voyant son Frère projeté à terre et rester inanimé, Eridan se précipita.

Theemin !

Celui-ci ne répondit pas. Son compagnon le prit par les aisselles pour l'éloigner de la foule. Il parvint à le traîner au sol au milieu des coups, tandis que la tête de Theemin se balançait de droite à gauche. Un couple de combattants s'affala sur ses jambes, mais il ne se réveilla pas. Alors, pour la première fois depuis longtemps, Eridan connut de nouveau la Peur.

— Il est blessé, putain !

Theemin. Il gémissait, proie facile dans cette bagarre stupide et inutile. Soudain, Eridan entendit des sifflets. *Les flics !* De brusques explosions retentirent tout près et une épaisse fumée les envahit. *Les gaz lacrymo !*

À travers le brouillard qui lui brûla le visage et les muqueuses, il aperçut le cordon noir et vitreux de la police armée de pied en cap. Désorienté par les fumées toxiques, son Frère dans les bras, Eridan ne savait où se diriger. Soudain, le commando en tenue rembourrée les chargea, toutes matraques brandies. *Non !* Il s'arc-bouta au-dessus de Theemin pour le protéger de son corps. Mais le commando ne s'attarda pas sur eux. La tête douloureuse, pleurant et crachant les substances toxiques, Eridan se releva péniblement. Theemin, enfin, battait des paupières. Il gémit, toussa. Il put s'asseoir, se relever.

Les deux amis se réfugièrent près du parking souterrain du stade, où ils s'affalèrent, le corps endolori, la respiration haletante.

Que faire ?

Ils ne voulaient pas quitter les lieux sans leurs camarades.

Cette zone était étonnamment calme et déserte. Seules quelques personnes attendaient, comme eux, que le tumulte s'apaisât.

Au loin, les cris et les détonations retentissaient.

— Faudrait qu'y ait un mort pour que ça s'arrête !

Als commentaient la bagarre.

— C'est pas ça qui arrêtera la direction du stade ! Tant qu'y aura du pognon qui rentre !

— Faudrait que la décision vienne d'en haut !

Au bout d'une demi-heure, comme la situation semblait revenue à la normale, als repartirent vers le métro. La suite serait dans les journaux du lendemain.

Eridan se dit que la meilleure chose à faire était de faire comme aux. La police avait dû faire le ménage. Ils ne pouvaient plus aider leurs camarades. Il allait proposer à Theemin de rentrer quand un déclic les fit sursauter.

La porte basculante du parking s'éleva, libérant une superbe sportive aux vitres teintées.

Lentement, la voiture glissa sur la chaussée avec le ronflement caractéristique de ses moteurs surpuissants.

Ébahis, les deux skinheads contemplèrent la silhouette futuriste, où tout évoquait une beauté organométallique : le design oblong aux courbes d'acier, racées et saillantes, l'empattement bas et allongé au fuselage rebondi à l'arrière, le logement ovoïde où luisaient des yeux de féline.

Elle s'éloigna, suivie par tout un cortège d'autres sportives, aux marques plus prestigieuses les unes que les autres.

Les joueurs quittaient le parc dans leurs voitures de luxe.

Alors, Eridan se fit une réflexion qu'il trouva drôle. Le match. Il était incapable de se rappeler si les joueurs l'avaient gagné ou perdu.

Enelysion

Lieu frappé par la foudre

Tels les dieux et les déesses de l'Olympe, als surplombaient la terre et le ciel, festoyant au milieu des nuages.

Cette terrasse, où une longue table en bois écarlate occupait toute la place, aurait pu être la plus simple de toutes si elle n'avait été suspendue au sommet de l'une des dernières forêts primaires de la planète, d'où als apercevaient l'horizon à trois-cent-soixante degrés. Pour ce dernier soir en leur compagnie, le président du Katswanga avait voulu impressionner la délégation française. Et cette suite de luxueuses cabanes nichées à la cime des arbres servait parfaitement son intention.

Après les statues en son honneur et l'introduction de ses mémoires au programme des écoles, l'extravagante demeure suspendue dans les nuages avait été la dernière lubie d'Hassaleh. Et la découverte de cette propriété invraisemblable au cœur de la forêt vierge, gardée par des militaires portant la kalachnikov en bandoulière, avait ébloui la délégation française.

Dans son fantastique cadre végétal, le coucher de soleil était incomparable.

Assis face au dictateur, à l'autre extrémité de la longue table, le Résistant jouissait de ses retrouvailles avec son étoile, son dieu et son Père, le disque d'or qui semblait se liquéfier au contact de la chaîne de volcans à l'horizon.

Hélios, Sol, Râ...

Alkande se revoyait à trente-sept ans en train de le prier, pour ne pas descendre dans les galeries souterraines du camp de concentration, là où étaient construits les missiles, et d'où les prisonniers ne remontaient que morts. À moins qu'ils ne fussent coulés encore vivants dans le béton armé, afin d'éviter aux SS la peine de les faire remonter.

Baigné dans les rayons de son étoile, le sourire aux lèvres et un verre de vin à la main, le Diplomate se rappela une autre angoisse : être envoyé dans la prison du camp. Constituée de cellules où les détenus devaient tenir debout pendant des jours, elle vous faisait avouer n'importe quoi.

Il revoyait également le supplice du bassin, un réservoir d'eau où les nazis les regardaient mourir pour se divertir. Soit encouragés à faire des ronds dans l'eau glacée, soit immergés de force, les malheureux élus mouraient de froid ou de noyade au milieu des Rires, des chants et des acclamations de leurs bourreaux.

Transféré de Buchenwald, Alkande avait eu la chance d'être affecté au tri des détenus qui devaient construire les missiles, dans l'usine cachée sous le massif du Harz. Ainsi, il avait pu rester en surface, tandis que les autres s'engouffraient dans la montagne, et ne revoyaient plus jamais la lumière du jour.

Le Soleil était peu à peu devenu son confident, son étoile, son dieu et son Père, Hélios, Sol, Râ, l'interlocuteur de ses espoirs et de ses Pensées délirantes, le seul soutien qu'il pouvait invoquer pour lutter contre les rafales venues depuis la Sibérie. Car où était Dieu, dans tout cela ?

Quarante ans plus tard, il se retrouvait dans la gloire de ses rayons bienfaisants, mais cette fois puissant, riche et reconnu, après avoir été la plus misérable des créatures. Et, célébrant sa revanche dans l'illumination de son étoile, qui s'était réduite à une ligne chauffée à blanc à l'horizon, il prenait tout son Temps pour savourer le vin d'exception qu'Hassaleh importait pour sa table.

Peu à peu, le brouhaha du dîner lui parvint de nouveau, ainsi que la multitude de cris que les animaux sauvages, sortant de leur léthargie pour entrer en chasse, poussaient dans l'ombre touffue des arbres gigantesques.

— Monsieur le Président, ce cadre est incomparable.

Meissan, l'homme-lige de Lorion, secrétaire général de l'Élysée, arracha Alkande à ses Pensées.

— Si vous transformiez cette demeure en hôtel, vous obtiendriez une accréditation *Demeures d'Exception* sans aucun problème !

— En hôtel ?!

Le président du Katswanga ne connaissait pas le label français des hôtels de luxe.

— Et pourquoi voulez-vous que j'en fasse un hôtel ?

Le nouveau ministre du Commerce extérieur mit quelques secondes de trop à répondre.

Autour de la table, tous les yeux des Français se tournèrent dans sa direction.

Le jean-foutre... L'incapable... Le... Sous le visage affable et détendu d'Alkande, le Diplomate ne trouvait pas d'insultes assez féroces pour qualifier la navrante et dangereuse inexpérience de son compatriote. *... con !!!*

Meissan tenta de se rattraper.

— Non...

Jamais ce mot, jamais ! hurla silencieusement le Diplomate qui déclinait, tout sourire, la proposition du serveur de remplir à nouveau son verre.

— ... c'est une métaphore, expliqua le jeune ministre. Et celui-ci crut devoir développer.

— Un mot bien compliqué comme nous les aimons en France, pour dire « une image », tout simplement. Je me doute bien que vous n'aurez jamais besoin de mettre cette superbe demeure à disposition des touristes !

Sous l'offense, Hassaleh partit dans un Rire homérique.

Les incapables !! Ils n'ont pas lu leurs fiches ?! Le président du Katswanga était un éminent francophone ! Il avait fait ses études à Paris, en Sorbonne, et savait ce qu'était une métaphore ! Il en savait plus sur la culture française que Meissan lui-même n'en saurait jamais !

Alkande se demanda si le bras droit de son ennemi Lorion, ainsi que tous ces émissaires incultes et navrants qui lui étaient maintenant imposés pour *rentabiliser* ses déplacements allaient, ne serait-ce qu'un instant, cesser de le consterner. Il décida d'intervenir.

— Je suppose que vous avez lu les mémoires de notre hôte ? demanda-t-il aimablement à Meissan, avec ce regard pétillant qui les mettait sur leurs gardes.

— Euh... bien entendu ! mentit le jeune ministre.

— Alors vous devez savoir que le président katswangais est un poète qui a célébré les quatre continents par des sonnets où s'entrelacent les figures de style les plus complexes, y compris, cela va sans dire, des *métaphores*.

Il avait eu un sourire appuyé.

— Donc, quand vous donnez la définition du mot *métaphore* à notre hôte, c'est comme si moi, je vous donnais la définition du mot... *tact*. Cela n'aurait pas de raison d'être.

Il leva son verre vers le jeune homme dont les coins tombants des lèvres, en descendant plus encore, renforcèrent sa ressemblance avec un mérou. Les membres de la délégation française levèrent machinalement le leur, faisant bonne figure malgré la crucifixion de leur compatriote.

Alkande ne se lassait jamais d'humilier cette petite bande.

Il continua la démonstration de sa supériorité en citant de tête les vers écrits par le dictateur. Il était allé jusqu'à les apprendre, en sachant qu'un jour, cela lui servirait. Et voilà que les faits lui donnaient raison, encore et toujours ! Il regretta l'absence de la seule femme de la délégation française, car alors il lui eût montré, à elle aussi, qui était le Maître.

Tandis qu'il déclamait la poésie de son Frère, il embrassa du regard ces lamentables compatriotes qui, tournés vers lui, ne pouvaient s'empêcher de l'admirer : son rival direct Delguebar, le transparent ministre des Affaires étrangères, qui consacrait plus d'énergie à traquer les informations qu'Alkande pouvait connaître qu'il ne s'attachait à remplir sa mission diplomatique ; Meissan, le jeune obèse propulsé ministre du Commerce extérieur avec l'appui de Lorion, lequel ne s'était jamais remis d'avoir perdu le Salon Vert, et faisait espionner Alkande dans l'espoir de se venger ; de Mégrez, le jeune Fils de famille devenu ministre de l'Économie, qui portait la moustache et dans la poche duquel se trouvait toujours un cigare ; et enfin... manquait *la Bluette*, comme il surnommait Lucida, la jeune femme multi-diplômée dont le président le flanquait dorénavant, en plus de ces clowns.

Issue de Sciences-Po, elle cumulait les maîtrises d'économie et de droit des affaires, et surtout une expérience inestimable aux USA où, malgré sa jeunesse, et par quelles puissances il l'ignorait, elle avait monté les échelons hiérarchiques de la banque d'affaires la plus puissante au monde. Avec cela, déjà trois enfants, ancienne maire du treizième arrondissement de Paris et l'une des rares députées. Le président l'avait même bombardée ministre du Développement, ce qui faisait d'elle la numéro deux à l'Économie, après de Mégrez ! La liste de ses diplômes et de ses accomplissements était impressionnante. Et pourtant, il n'arrivait pas à la prendre au sérieux.

Son sexe, sa jeunesse, ainsi que la fragilité de son corps qu'elle avait menu et sec, lui évoquaient trop irrésistiblement ces petits cœurs espiègles et ces jolies frimousses qu'il avait séduites puis abandonnées, une fois lassé de leurs minauderies. Pourquoi ne s'était-elle pas contentée de les distraire, comme ses pareilles ? Elle eût été bien plus heureuse, avait-il pensé, quand il l'avait vue s'isoler, dès le début de leur voyage, en plaçant un casque sur ses oreilles, pour écouter… quoi ?

Il eût juré qu'elle écoutait du classique. Mieux, qu'elle suivait des cours de langue pour accumuler toujours plus de compétences.

Les méprisait-elle ?

Il ne parvenait pas à lire son visage pointu de musaraigne, où il ne reconnaissait rien de familier, sinon la vigilance, qui pouvait brutalement figer ce regard de bête apeurée que, même sous leurs carapaces les plus élaborées, elles avaient toutes. Il trouvait ses analyses géopolitiques fines et documentées, mais n'avait aucunement besoin des dossiers qu'elle lui tendait, les yeux cernés pour y avoir consacré des nuits blanches. Et, par le sourire et le geste avec lesquels il mettait sa paperasse de côté, il la renvoyait à l'insignifiance dans laquelle il la tenait.

Comme toutes les autres, elle était blessée par leurs blagues sexuelles. Etait-ce parce que l'acte n'y était jamais vu comme un acte d'amour, mais de guerre, où les femmes étaient toujours *possédées* ?

Alors, elle fuyait leur agitation tapageuse pour garder une distance digne et polie, prétendument indifférente. Et les plaisanteries de gentleman d'Alkande semblaient ne lui inspirer qu'une méfiance plus grande encore, qu'elle cachait sous un sourire complice et rapide, ce qui lui permettait de se débarrasser rapidement de la connivence à laquelle la forçait la politesse.

Et voilà qu'elle se permettait d'être absente à ce dîner présidentiel !

Ce manque de sérieux, si typique de toutes celles de son sexe, vint renforcer la longue liste de faiblesses qu'il reprochait aux femmes. *Qu'est-ce qu'elle foutait, nom de Dieu ?!*

Soudain, alors qu'il enchaînait sur le deuxième sonnet écrit par Hassaleh, la nouvelle femme du dictateur harangua un serveur. À la célérité que celui-ci mit pour faire le tour de la table et venir la servir, Alkande comprit que l'homme craignait bien plus qu'une simple réprimande.

Bételgeuse était l'une de ces femmes au regard sans équivoque, pour qui Alkande aurait eu du désir si elle n'avait eu cet appétit pour la domination, ce qui faisait s'évaporer chez lui toute envie. Bien évidemment, il avait su avant les autres l'emprise que la nouvelle épouse exerçait sur Hassaleh. Mais il n'aurait pu imaginer son ampleur avant de la constater de ses yeux.

Dès leur arrivée à l'aéroport, elle ne leur avait laissé que quelques minutes avant de récupérer le président katswangais dans ses anneaux invisibles, pareille à Saturne qui, à la faveur de ses convections, éloigne momentanément son satellite puis l'attire à nouveau dans son champ magnétique.

L'aura de la France, l'un des pays les plus puissants au monde, l'avait un peu impressionnée, au début. La délégation française avait eu le tort de ne pas jouer à fond de ce léger avantage pour l'acheter ou se la rendre sympathique. Trop sobre, le sac de haute-couture offert par le gouvernement français l'avait déçue. Et, avant même qu'als eussent atteint le bout de la rangée de militaires sur le tarmac, le président katswangais s'était désintéressé de son Frère, alors qu'autrefois, il en faisait trop avec leurs signes de reconnaissance.

D'où cette femme tenait-elle son pouvoir ?

Elle semblait agir avec l'attraction puissante et invisible de la géante gazeuse aux anneaux si fascinants, enveloppant son mari de forces évanescentes mais irrépressibles. Et, tout au long de leur séjour, Alkande avait senti une ambiance particulière, sur le qui-vive.

Pourtant habitué à rendre visite au dictateur, il n'avait reconnu personne dans l'entourage présidentiel. Et il attendait d'avoir une entrevue privée avec son Frère. Jusqu'à présent, il n'avait réussi à placer que leur accolade rituelle échangée sur le tarmac, ce qui avait étonné le reste de la délégation, au point que Delguebar, déjà contrarié d'être précédé par Alkande dans l'ordre des salutations, avait lui aussi commencé à ouvrir les bras et à tendre la joue. Habitué à cette bourde chez les *profanes,* Alkande s'était réjoui de son embarras, lorsqu'Hassaleh avait habilement repoussé le jeune cadre du Parti de l'Union pour lui faire une simple poignée de main. Le Résistant avait appuyé cette rebuffade d'un regard à son compatriote qui lui avait signifié – outre son mépris – de le laisser mener seul leur entreprise diplomatique.

À table, la gêne semblait dissipée entre les deux parties. Seul le général de l'armée katswangaise, assis à la gauche du président, parlait avec la voix forte et le débit haché de qui est en Colère.

Alkande avait cru comprendre que le militaire était le Frère de la nouvelle épouse. Sans égard ni pour le président assis entre aux, ni pour leur hôte qui déclamait des vers, Bételgeuse et lui échangeaient dans le dialecte des Tirumbu. Leur conversation portait-elle sur les tensions ethniques qui ensanglantaient le pays ?

Dès le lendemain de son arrivée, Alkande n'avait pas manqué de rendre visite à ses Frères katswangais. Tous avaient parlé de massacres. A la frontière avec le Mintaka, les Aka, l'ethnie du dictateur, étaient systématiquement pourchassés.

Tout-à-coup, le Diplomate remarqua la Bluette qui s'avançait vers la table, tout au bout de la galerie. Qu'allait-elle inventer comme excuse ? *Tout ça pour se pomponner !*

Mais au fur et à mesure qu'elle s'approchait, son exaspération se mua en effarement. Sa poitrine se serra douloureusement, tandis que son esprit refusait l'énormité de l'erreur. Elle n'avait pas osé ?!

Sa chemise était clairement d'inspiration africaine. Il n'en voyait pas les motifs imprimés, mais étant donné l'inculture de cette fille en matière de pays francophones, que ces motifs fussent caractéristiques d'un autre pays, d'une autre culture, voire de l'ethnie Aka ou Tirumbu, ce qui favoriserait l'une aux dépens de l'autre, et pourrait être perçu comme une injure dans ce contexte explosif, était plus que probable.

À son tour, il mit une seconde de trop pour enchaîner, et toutes les têtes se tournèrent dans la direction de la jeune ministre. Hassaleh se levant pour l'accueillir, al était trop tard pour qu'Alkande pût la renvoyer se changer.

— Ah, mademoiselle ! Je ne vous attendais plus ! Vous êtes…

Il s'interrompit.

Alkande s'était levé comme tous les convives, souriant, mais il redoutait la suite.

Encore quelques secondes de Silence.

— ...*à la mode de chez nous !*

Si la situation n'avait pas été si délicate, Alkande eût applaudi l'à-propos du dictateur. Celui-ci, les yeux rivés sur la chemise de la Bluette, semblait avoir perdu toute chaleur. Et soudain, prenant tout le monde de court, le dictateur se mit à chanter en levant son verre :

> *Savez-vous planter des choux*
> *A la mode, à la mode*
> *Savez-vous planter des choux*
> *A la mode de chez nous ?*

Etait-ce leur stupéfaction qui déformait leurs perceptions, ou sa voix s'amplifiait-elle progressivement ?

> *On les plante avec le doigt*
> *A la mode, à la mode*
> *On les plante avec le doigt*
> *A la mode de chez nous !*

Brusquement, tous les membres de la délégation eurent une Conscience accrue d'être en pleine jungle, au milieu de tous ces militaires qui avait le doigt sur la détente, et que dirigeait un mégalomane totalement imprévisible.

La Bluette avait déclenché un malaise, c'était certain. Mais quel était le rapport avec l'embarras coupable de la nouvelle épouse et du militaire, qui n'osaient plus lever le nez de leur assiette ?

Les jeunes membres de la délégation n'osaient pas se consulter du regard. Als sentirent leur étranglement, comme si leur gorge eût été serrée par l'homme qui éructait cette chanson grotesque, et qui pouvait annuler tous les contrats qu'als venaient de signer, voire les faire tuer sur un coup de tête. Qu'était le prestige de leur pays au cœur de cette immensité végétale pleine de bêtes sauvages où, sans guide, als n'eussent pas survécu à la nuit ?

Alors, Alkande se leva.

Sous les yeux stupéfaits de la délégation, il enchaîna d'un air jovial :

> *On les plante avec les mains*
> *A la mode, à la mode*
> *On les plante avec les mains*
> *A la mode de chez nous !*

Avec une gouaille populaire qu'als n'avaient jamais vue chez le Résistant, als assistèrent au chœur surréaliste auquel se livrèrent les deux hommes. Plus encore que leur numéro ridicule, c'était la simplicité bonhomme à laquelle Alkande se prêtait qui les ébahissait. Elle laissait supposer une vaste expérience au sein d'un monde primaire, de chaleur autant que de barbarie, qu'als n'eussent jamais soupçonnée chez le Diplomate.

Puis, sans un Mot d'explication, les deux Frères s'éloignèrent bras dessus, bras dessous. Et pendant quelques secondes, la petite bande ne put détacher les yeux du dos d'Alkande, tant son mépris semblait augmenter de manière proportionnelle à la réduction de leur importance.

Le Résistant entraînait le dictateur avec lui, s'enthousiasmant sur les galeries suspendues entres les branches, à fleur de ciel. Ils déambulèrent, enfin seuls, parmi les jappements incongrus des primates invisibles.

— Tu sais bien que je n'y suis pour rien ! se lança-t-il.

Hassaleh le rassura de sa voix puissante et gaie d'homme élevé dans la cohue et la bienveillance.

— Mais oui, je sais ! Ne t'inquiète pas.

— Qu'est-ce qu'ils t'ont vendu ?

— Demande-moi plutôt ce qu'ils m'ont acheté !

Leur Rire se joignit aux glapissements qui attiraient leur regard vers l'obscurité foisonnante, où les animaux se mouvaient précipitamment sans se faire voir.

— Au fait, reprit Alkande, je ne t'avais pas félicité pour ton mariage.

Il se tourna vers son interlocuteur et réitéra le salut rituel.

— Je te souhaite une longue vie de bonheur, mon Frère. Ta nouvelle femme semble avoir du caractère.

— Tu as remarqué ? sourit Hassaleh, en lui jetant un coup d'œil méfiant.

— Oui. Et quel charme ! mentit Alkande.

L'autre ne répondit pas. Il attendait. Le Résistant changea de tactique.

— Tu nous as manqué à la *tenue*.

Le président katswangais eut un geste agacé.

— Tu te doutes bien que j'avais d'autres chats à fouetter !

— On dit que…

Hassaleh le coupa, exaspéré :

— Quoi, on dit quoi ?!

L'homme prit Conscience de sa brusquerie et insista plus calmement, retrouvant son registre soutenu d'homme policé dont le français n'est pas la langue maternelle :

— Que dit-on ?

— Mais… que du bien ! mentit à nouveau le Résistant. J'allais dire que ta gestion de la crise du Kivalu est plutôt appréciée par les Frères.

— « Appréciée » ?

— Mais absolument ! insista Alkande. Tu sembles surpris ?

— Ne me raconte pas d'histoires. Je sais parfaitement ce que les Frères pensent de ma gestion de la crise et de ma gouvernance en général. Et ni l'une ni l'autre n'est « appréciée ». Ces imbéciles me reprochent l'implantation de nouveaux forages et mes restrictions en matière de liberté d'expression. Mais je n'ai pas le choix ! Si ce n'est pas moi qui exploite le gisement, ce sera quelqu'un d'autre ! Ce n'est qu'une question de temps ! Et l'opposition raconte n'importe quoi ! Ce sont les Canadiens et les Américains qui la financent. Tu sais bien qu'ils convoitent nos hydrocarbures.

— Mais tu as renouvelé notre contrat d'exploitation.

— Les Anglo-saxons font courir la rumeur selon laquelle les Tirumbu seront encore spoliés ! Que puis-je faire, à part faire taire la presse ? Dans l'ouest du pays, des brigades armées vont jusqu'à réclamer ma tête ! Il y a des viols, des meurtres ! La radio excite jour après jour la population contre les Aka ! Je ne peux pas rester sans rien faire !

— Prends des mesures populaires auprès des Tirumbu. Ouvre des écoles, Installe des infrastructures, distribue gratuitement des semences.

— On voit que tu n'as jamais mis les pieds dans la région !

— Pourquoi ?

— Elle est sinistrée ! La pollution a tout ravagé ! À quoi bon ouvrir des écoles ou construire des routes dans des régions où plus rien ne pousse, où l'eau n'est plus potable ?

— Fais des travaux d'assainissement !

— En attendant la prochaine rupture d'un oléoduc mal entretenu ? Ou saboté par l'un de mes adversaires ?

— Mais tu es actionnaire majoritaire ! C'est à toi d'entretenir et de protéger tes infrastructures !

— Même une armée ne pourrait pas les protéger ! Je ne peux pas mettre un garde tous les deux mètres, sur des milliers de kilomètres de conduites ! Une personne se laissera toujours corrompre. Et une extraction propre est impossible ! Tu n'as besoin que de cinq minutes pour saboter un oléoduc, mais dépolluer un village prend dix ans ! Sans compter le coût ! Autant ne rien exploiter du tout !

— Mais c'est bien la France qui assurera l'extraction ?

— Je ne reviens pas là-dessus.

Alkande était rassuré sur le principal objectif de son voyage. Il passa à sa seconde préoccupation.

— Cette incitation à la haine entre les Aka et les Tirumbu… ça ne peut déboucher sur rien de bon.

— Veux-tu que nous parlions de vos skinheads ?

Alkande refusa de partir sur ce terrain. Il opina cependant.

— Ton argument est tout à fait fondé…

Cette constatation purement rhétorique lui rappela leurs joutes passionnées de jeunes anticolonialistes du Quartier Latin.

— … mais si tu ne peux pas acheter ton opposant, intègre-le ! Mets-le dans un placard en le nommant Premier ministre.

— C'est ce que j'ai fait ! Je l'ai même épousé !

Alkande mit quelques secondes à faire le lien avec la dernière épouse.

— Je vois. Mais je doute que ça apaise les Tirumbu pour autant. Surtout son frère.

— Son frère est un va-t'en guerre illettré qui a choisi l'armée comme d'autres choisissent la religion : parce qu'il ne sait faire qu'obéir.

— As-tu pensé à le… *neutraliser* ?

— J'aurais aussitôt tous vos citoyens bien intentionnés sur le dos, Amnesty International en tête ! L'ONU est à deux doigts de me couper ses aides au développement !

Sans en avoir Conscience, Hassaleh scruta la végétation, le regard empêtré dans le réseau inextricable.

— Le Mintaka doit continuer à faire peur aux USA. S'ils n'ont pas encore aidé Alnihan à me renverser, c'est parce que cet homme est incontrôlable.

— Veux-tu des moyens supplémentaires ?

— Non merci, vous en avez assez fait.

Alkande le dévisagea sans comprendre.

— Mon petit neveu a sauté sur l'une de vos mines antipersonnel la semaine dernière. Un petit souvenir de notre guerre contre la France. Il avait neuf ans.

Ne pouvant pas dormir, le Résistant était ressorti de sa chambre, et avançait sans but le long des passerelles de bois garnies de panneaux en verre qui contournaient les troncs d'arbres. Il allait lentement, savourant ces sensations que la forêt primaire déployait pour lui seul.

Reviendrait-il ?

Avec ses collines verdoyantes, ses grands lacs et ses rivières, nul pays ne lui semblait plus proche du paradis. Le Katswanga ne manquait de rien, ni d'eau, ni d'or, ni de pétrole. Tout était encore à échelle humaine, la démographie, l'habitat, l'agriculture. Les outils étaient millénaires, l'élevage ne dépassait pas les troupeaux de quelques têtes. Hormis la région frontalière, polluée par l'exploitation aurifère et pétrolière et agitée par les risques de guerre civile, la population y vivait paisiblement, dans un paysage pastoral que seules troublaient des averses qui ne duraient pas.

Ses pas le ramenèrent vers la terrasse où le dîner avait eu lieu. Il s'accouda contre les panneaux de verre servant de garde-fou et contempla la jungle.

Les essences d'eucalyptus l'environnaient, douceâtres et apaisantes. Le vacarme nocturne s'était calmé. À présent, il n'entendait plus qu'une suite de stridulations ininterrompues émises par les criquets, et les hurlements isolés des cercopithèques qui montaient du monde caché à ses pieds. Il eût aimé apercevoir l'une de ces créatures, mais l'épaisseur touffue de la végétation les lui masquait.

Il songea aux mesures qu'il devrait suggérer à Tempestris à son retour. Certes, il allait revenir avec la bonne nouvelle que le président français attendait : Hassaleh continuerait d'approvisionner la France en pétrole. Mais ils devraient élaborer une stratégie pour contrer les manœuvres anglo-saxonnes visant à s'approprier la région. Et surtout, ils devraient tout faire pour empêcher la guerre civile.

Les conséquences politiques imprévisibles pourraient remettre en cause l'influence de l'hexagone sur son ancienne colonie. Or, malgré tous ses défauts, Hassaleh restait un homme éclairé, un modéré et un allié francophone. Certes, il accaparait le pouvoir depuis trente ans, continuait à s'enrichir outrageusement, et contribuait à la corruption généralisée qui avait cours au Katswanga. Mais le despote n'avait rien de comparable à son voisin du Mintaka, ce mégalomane d'Alnihan, qui massacrait et torturait ses opposants politiques, et justifiait sa confiscation de l'argent public et de tous les investissements étrangers par un panarabisme délirant.

Si les pays anglo-saxons mettaient la main sur le Katswanga, qui mettraient-ils à sa tête ?

Une analphabète, comme devait l'être la nouvelle épouse ?

Son Frère, le militaire bas de plafond qui serait ravi de leur obéir, et ferait du pays sa cour de récréation ?

Quant aux démocrates de l'opposition, als n'avaient aucune chance : leur farouche esprit d'indépendance, ne voulant rien devoir à personne, tenait tout soutien de poids à distance.

Soudain, un arôme puissant et délétère, où se mêlaient le cuir, les épices et les cendres, le rejoignit.

— Belle leçon, tout à l'heure !

Le cigare de De Mégrez l'avait précédé.

De toutes ces femmelettes du Parti de l'Union, lui seul avait le potentiel pour obtenir un poste de premier plan. Il pouvait devenir Premier ministre, voire président ! Pourquoi pas ?

Sans se retourner, Alkande continua à scruter les profondeurs de la jungle mais, en bon diplomate ne laissant jamais la dernière politesse à son interlocuteur, il consentit à remercier du compliment.

— Trop aimable.

Le haut fonctionnaire s'accouda près du Résistant en prenant soin de ne pas trop se pencher par-dessus la rampe. À leurs pieds, les troncs d'arbres disparaissaient dans la nuit.

— Je ne vous connaissais pas ces talents. Où avez-vous appris à chanter, comme ça ?

L'odeur du havane avait masqué toutes les autres par sa présence âpre et calcinée. C'était comme si la forêt brûlait, à présent.

— Avec un de ces entrains, en plus ! Vous nous avez tous soufflés !

Il ne reçut pas d'écho.

Prudemment, il jeta un coup d'œil au Diplomate. Il fut surpris par l'infinie tristesse de ce visage habituellement moqueur.

Le Silence s'établit entre eux, seulement rompu par le grésillement qu'émettait la combustion des feuilles de tabac. Sans se retourner, le septuagénaire commença d'une voix lente.

— C'est l'une des dernières forêts primaires au monde. Elle existait avant l'ère glaciaire et contribue aux ressources hydriques de plus de huit pays.

Le jeune énarque leva les yeux au ciel. C'était parti pour une leçon de géographie.

— Sans votre cigare, vous sentiriez les parfums de l'eucalyptus, des orchidées et des jacarandas. Vous voyez ces lianes qui étouffent les arbres qui nous font face ? Elles ont proliféré depuis que les braconniers ont tué les derniers éléphants de cette forêt. Hassaleh a commencé leur réintroduction pour rééquilibrer l'écosystème.

Le nouveau ministre de l'Économie voulut en profiter pour étaler ses connaissances.

— Comme ça, il ne sera pas grillé sur tous les plans.

Il avait voulu recourir à un autre terme que *grillé* mais n'avait pas pu. Son entrée en politique lui avait fait perdre la richesse de son vocabulaire au profit d'un lexique réduit, mais plus efficace auprès de l'électorat.

Il attendit la réaction de son interlocuteur. Mais celle-ci le prit totalement au dépourvu.

— Les nuits sont longues quand vous avez hâte d'en découdre.

« D'en découdre » !

Des hommes d'un autre âge, se dit de Mégrez.

Ne sachant pas quoi répondre, il résolut de s'en tirer par un aphorisme.

— Une carrière se construit sur la durée.

— « Une carrière » !

Alkande n'avait pu retenir un souffle de mépris.

La vie ne devenait-elle pas intéressante à partir du moment où vous partiez à l'aventure, à mille années-lumière d'un plan de carrière ?

De Mégrez avait passé trente-six ans à faire ce que les autres lui avaient dit de faire. Al était plus que Temps de commencer à vivre !

Et ce cigare ! Cette moustache ! Tout ça pour se donner l'air plus vieux et plus fiable ! Mais il n'avait nul besoin de ces artifices. Au contraire, une tête de bébé était un atout pour se faire passer pour plus bête et moins renseigné qu'on l'était.

Son inexpérience était si colossale qu'Alkande renonça à la lui dévoiler. Il en revint à la géopolitique, histoire que de Mégrez s'en aille moins ignorant qu'il était venu.

— Alnihan est un fou dangereux. Il pourrait très bien annexer le Kivalu et s'attribuer le droit d'exploiter son pétrole. Non seulement ce serait la guerre, mais je vous laisse imaginer ce qu'il adviendrait de la région. Depuis les années soixante, Alnihan a déversé treize millions de barils de brut dans son propre pays, soit l'équivalent de sept mille marées noires sur un territoire grand comme un département français.

De Mégrez connaissait le chiffre. Mais la comparaison lui rendait sa vérité monstrueuse.

— Les nappes phréatiques sont contaminées, les terres sont devenues impropres à la culture, la population est ravagée par les cancers. Les expulsions forcées menées par les entreprises pétrolières privent les habitants de tout moyen de subsistance. Et comme les courants non-violents ne donnent rien, la population se radicalise.

— Heureusement, Alnihan a nos mirages pour mater la rébellion.

Le Résistant se crispa. Il ne s'attendait pas à autant de cynisme. Ces jeunes avaient-als seulement une Conscience ?

Il continua néanmoins.

— Alnihan vise l'invasion du Katswanga, et son principal soutien viendra de l'intérieur.

De Mégrez l'interrogeant du regard, il s'expliqua.

— Pendant la colonisation, la France avait privilégié les Aka au détriment des Tirumbu pour décourager toute velléité d'union, avec le peu de succès que vous savez. Les Aka, parce qu'ils étaient plus clairs de peau et qu'ils tenaient traditionnellement le rôle de sorciers et de marieurs, nous ont servi d'hommes-liges. Leur parole était primordiale, et les tribus ne prenaient aucune décision sans leur aval. En installant des Aka à tous les postes clés du pays, nous avons bouleversé des équilibres sociaux et politiques séculaires. Sans compter le fameux passeport *ethnique*, qui fichait les uns et les autres en fonction de leur origine. Ce déséquilibre a forgé le ressentiment des Tirumbu. Vous avez entendu parler des massacres. Les Tirumbu sont armés. Par qui ?

De Mégrez ne voulut pas répondre « par Alnihan ». La réponse était trop évidente. Le Résistant lui donna des indices.

— Depuis cinquante ans, la Trust Oil exploite la frontière orientale du Mintaka.

— Les États-Unis ?

— Ou les Chinois, implantés dans l'Otoli limitrophe et qui ont besoin de terres pour enfouir leurs déchets.

Alkande se retourna vers la forêt.

— Tout ce petit monde est bien sûr encouragé par l'ONU et les organisations non gouvernementales qui ne veulent plus d'Hassaleh, parce qu'il confisque le pouvoir depuis trente ans. Mais tous ces gens bien intentionnés ne voient pas que cet homme est *la moins pire* des solutions.

Le Silence revint entre les deux hommes.

La fumée du cigare les enveloppait, repoussant les insectes volants que la lumière des torches électriques placées le long de la terrasse affolait. La nuit se troubla d'un bref ricanement.

— La vie brouille toutes les cartes, reprit Alkande, songeur. Elle nous emmène partout, sauf là où nous pensions aller.

De Mégrez se détendit. Le vieux se dégelait enfin !

— Quant à savoir où j'ai appris à chanter…

Le Diplomate avait enfin tourné les yeux vers lui. Mais c'était ceux d'un fantôme.

— … vous avez entendu parler de Dora.

Le jeune ministre se sentit flatté en entendant le prénom féminin. Le Résistant lui faisait des confidences !

— Non ! Dora qui ?

Le Silence retomba.

Alkande articula le plus lentement qu'il put.

— Dora-Mittelbau.

— Une Allemande ?

De Mégrez s'amusait de la tournure qu'avait prise la conversation.

— Ça me dit quelque chose. Elle est célèbre ? C'est une artiste ?

Il ne comprenait pas la tête que faisait Alkande.

— Une actrice ? Une chanteuse ?

Le Diplomate se redressa et, sans un Mot pour son compatriote, reprit le chemin de sa chambre.

Le jeune homme sentit le feu de l'offense brûler ses joues. Qu'avait-il dit de travers ?

Désemparé, il ne sut que lui lancer :

— Dora ?

La voix lui parvint, un peu plus forte, mais calme et détachée.

— Un camp de concentration.

Le sourire du ministre se figea.

— C'est là que j'ai appris à chanter.

L'avion virait, tout en continuant à prendre de l'altitude.

Alkande se pencha vers le hublot. Son regard s'attacha aussi longtemps que possible au paysage tropical, où la multitude de petites collines verdoyantes s'évasait en bananeraies traversées de rivières, au bord desquelles s'agglutinaient de minuscules villages de briques ocres.

Puis, tout disparut derrière les nuages.

Des éclats de voix le tirèrent de ses Pensées mélancoliques.

La concentration peureuse dans laquelle le décollage avait maintenu la délégation française avait disparu. Als s'en soulageait par une Joie tapageuse. *Bientôt la civilisation !*

La Bluette avait cassé une coupe de champagne. Les moqueries de ses compatriotes et la gentillesse professionnelle de l'hôtesse en faisaient le centre de l'attention, ce qui l'embarrassait. Mais Alkande ne lui pardonnait pas sa bourde vestimentaire, qui aurait pu les faire tuer.

Il restait tourné vers le ciel, dominé par son émotion. Il laissait derrière lui un Frère menacé de toutes parts, dans un pays au bord de la guerre civile. Il n'avait rien pu faire. Et il sentait sa part de responsabilité dans les malheurs à venir.

Soudain, un éclat de Rire général couvrit presque le bruit des moteurs.

Ses compatriotes l'agaçaient. Il se serait cru chez Zêtamon, à l'une des soirées que le permanencier donnait au Palais. Les appels téléphoniques, dirigés sur son poste pendant les week-ends ou les jours fériés en l'absence du président, se perdaient dans le vacarme sonore et l'atmosphère enfumée de ses soirées débridées.

Tout-à-coup, Alkande se demanda pourquoi il ne se mêlait pas à aux, comme à son habitude. Auparavant, il eût déployé toute la séduction dont il était capable pour attirer l'attention de l'hôtesse. Qu'est-ce qui l'assombrissait à ce point ?

Les menaces de massacres ?

Oui, mais al n'y avait pas que cela.

Il s'abîma dans la vision du ciel opacifié par les nuages. Les reflets du hublot formaient devant ses yeux comme un étang vaseux, où les rides de l'eau formaient un visage. Et il comprit d'où venait son malaise.

C'était encore pire que d'être une femme.

C'était d'être vieux.

Dès l'aube le lendemain, il s'apaisa en retrouvant l'effervescence du Palais.

A son Bureau Marigny, il écouta l'enquête qu'il avait commandée sur le secrétaire général. Mais son homme infiltré aux services secrets secoua la tête. Lorion n'avait rien à se reprocher. Pas de maîtresses, pas de comptes en Suisse, pas de vices cachés. Les habituels achats de tableaux pour réduire sa facture fiscale, rien d'autre.

Alkande fut contrarié. Et ses relations avec Yser de Bellatrix ? Lorion avait des parts dans son groupe agroalimentaire, principal soutien financier du Parti Patriote. Ne pouvaient-ils en tirer quelque chose ?

Non, pas tant que les largesses de la milliardaire envers le secrétaire général se feraient sous forme d'investissements communs, en multipliant les intermédiaires.

Lorion n'avait même pas d'amis sulfureux. Sa seule fantaisie consistait à partir en week-end à Marrakech. Il recevait dans son riad et n'en sortait que pour reprendre l'avion pour Paris.

Alkande soupira.

Il savait que, de son côté, son ennemi avait fait la même enquête. Son communisme de jeunesse, sa confrérie et sa maîtresse lui étaient déjà connues. D'ailleurs, celle-ci l'attendait à neuf heures dans le Salon d'Argent pour y prendre le petit-déjeuner.

Alkande congédia son espion en l'exhortant à explorer d'autres voies. Il devait posséder une carte à jouer contre Lorion, le jour où celui-ci aurait trouvé le moyen de lui nuire.

La traversée des couloirs du Palais lui offrit une diversion agréable.

Se faisant prestement ouvrir les portes des appartements privés, il admirait le savoir-faire de l'artisanat français, dont cette demeure était le fantastique grand-œuvre.

Où qu'il posât le regard, une personne l'avait décorée avec un savoir et un soin infinis : escaliers à dessous coulissant, parquets en rose des vents, pièces de soie à lampas à motifs floraux, voûtes stéréotomiques à queues d'aronde… Devant les exploits techniques qui faisaient défiler les siècles et les styles, il rendait hommage au savoir-faire artisan, dont la consommation de masse avait provoqué la disparition. Les maçons-tailleurs, les tisseurs-ferrandiniers et les plâtriers-staffeurs d'autrefois étaient remplacés par des ouvriers et des employées sans qualification, et les pièces uniques par des meubles fragiles, mal conçus et montés de travers par la clientèle elle-même.

Alkande pénétra dans un Salon d'Argent baigné de soleil. Malgré son nom, le boudoir était principalement de couleur lavande. Ses grandes baies avaient été ouvertes et, au-delà des buissons d'ifs et d'églantiers, l'immense coulée verte du parc de l'Élysée, vierge de toute présence, s'étirait jusqu'à une fontaine en contrebas.

Le Résistant s'installa sur la terrasse, se laissant pénétrer par la douceur des lieux. Pourtant, de toutes les pièces du Palais, celle-ci était peut-être la plus habitée par les fantômes.

C'est là que Napoléon Ier avait signé sa reddition aux Anglais après Waterloo, là que son neveu avait lancé le coup d'État qui ferait de lui l'empereur Napoléon III, là aussi que Félix Faure était mort, d'après la légende, entre les bras de sa maîtresse.

Alkande se tourna pour apercevoir la sienne. Elle jouait avec le chien du président, et s'éloignait dans la verdure, en direction de la fontaine. Il voulut l'appeler, mais son regard revint dans la pièce, comme attiré par une force occulte.

Celui-ci passa sur le pendule en bronze et or blanc qui représentait l'ange Amour conduisant le char de la Fidélité. Compte tenu de l'histoire du lieu, cela le faisait toujours sourire. Il erra de détails en détails, captivé par la grâce du mobilier, les sièges à cols de cygne tendus d'étoffes à lisérés de palmettes, les fauteuils à dossiers en forme de lyres, les longues et étroites méridiennes du Second Empire. Ces divans, en particulier, le fascinaient. Quelle élégance dans l'incurvation de ces meubles, qui ne semblaient conçus que pour recevoir un corps de femme !

Comme le chien du président bondissait pour encourager sa maîtresse à jouer avec lui, celle-ci disparut derrière un bosquet. Dans quelle direction irait-elle ? La jeune femme aimait se perdre au milieu d'une végétation taillée au rameau près et où ne subsistait du monde réel que la lointaine rumeur de la ville. Mais le Résistant savait toujours où la retrouver : près des animaux, biche environnée d'oiseaux, à la fontaine.

Ou bien peut-être irait-elle vers la sculpture affreuse qui représentait un mouton à tête et à pattes noires, et qu'une enfant aurait pu réaliser ?

L'« œuvre » moderne lui semblait une erreur dans ce beau jardin. Il n'avait jamais compris l'art contemporain, malgré tous les efforts de sa maîtresse pour lui en faire apprécier les codes.

Le parc s'arrêtait au pied des grilles en fer forgé. Au-delà, c'était l'effervescence urbaine des *Champs-Élysées*.

A nouveau, Alkande tira un plaisir érudit de l'homonymie qui existait entre ce nom et le séjour où reposaient les âmes vertueuses, selon Hésiode. Et, nul désagrément ne venant interrompre sa méditation, il savoura cet instant volé à la tempête quotidienne, la magie si fragile, si précieuse qu'étaient ces quelques secondes où il se sentait immortel.

> *C'est là-bas qu'ils séjournent,*
> *Le cœur à l'abri des souffrances,*
> *Dans les îles des Bienheureux,*
> *Près de l'onde océane,*
> *Ces héros fortunés !*

Il avait mentalement récité ces vers du poète grec en prenant le Temps de délivrer leur scansion de vagues, rythmé par le chant répétitif, monotone et mélancolique de leurs compléments, qui s'accumulaient avant que le sujet termine la phrase, tel un navire longtemps attendu du rivage et qui finalement fendrait l'onde, apparaissant dans tout l'éclat de son triomphe, de retour après un périlleux voyage. Ainsi, grâce au style, ces vers délivraient une idée et de la mer, et de la vie.

Lui aussi était un héros, se dit Alkande, et lui aussi finirait à l'abri des souffrances, dans le mythique paradis des Champs-Élysées. N'était-il pas un survivant, un homme de devoir, lui le Fils du Soleil, son étoile, son dieu et son Père ?

Il repensa à tous ces mythes qui avaient forgé la civilisation occidentale, et qu'Hésiode avait célébrés dans sa Théogonie : l'originel Chaos, la Terre Gaïa, l'Amour. Du Chaos était née Nyx, la Nuit, et de la Nuit Thànatos, la Mort. De Gaïa provenait le Ciel étoilé Ouranos, mais aussi la mer et les montagnes, ainsi que leur innombrable descendance : Cronos, Aphrodite, Zeus, Athéna, Europe... Et Phaéton, le Fils du Soleil, qui avait si mal fini.

Alkande préféra chasser de son esprit les images de sa mort cruelle. Mais soudain, il douta.

Etait-il réellement un héros ?

Ou bien faisait-il seulement sa part ?

Ce qui ferait de lui un héros serait de réussir l'impossible. En aidant le Katswanga par exemple.

Mais comment ?

— Monsieur Alkande, annonça l'huissier, un militaire en habit protocolaire, qui portait le lourd collier frappé aux initiales de la République française.

Assis à son bureau Louis XV en bois d'amarante dans le Salon Doré, tournant le dos aux trois portes fenêtres qui donnaient sur le jardin, le président prit un journal plié en deux au-dessus d'une pile et l'ouvrit pour mettre la photo de couverture en évidence.

Il sentait la Colère faire trembler le bout de ses doigts. Mais sa Pensée n'en était nullement affectée. Comme était merveilleuse sa distance d'avec les émotions ! Et quel dommage qu'il dût ce suprême sang-froid à son inféodation aux maux de la vieillesse et à la proximité de la mort. Car il se savait condamné par la maladie.

Alors que son ami approchait, Tempestris indiqua du menton la photo qui illustrait la première page du journal.

— Alors ?

Le cliché montrait un défilé de skinheads marchant en colonne devant le Panthéon. Le premier osait même faire le salut nazi.

— Alors quoi ?

Le chef de l'État appréciait cette rudesse et cette spontanéité chez son vieux compagnon. Personne d'autre n'osait en user ainsi avec lui. Mais il sut donner un air de reproche à son visage flétri.

— Tu te rends compte du symbole ?

— Ne me dis pas que tu n'es pas content ! Tout cela sert nos intérêts !

— Cela va trop loin ! tonna le président.

L'agacement d'Alkande fit descendre d'un cran son registre de langue.

— Mais c'est du folklore, tout ça ! Regarde-les, ces abrutis ! Non mais regarde !! Celui du milieu, complètement hilare ! Je ne suis même pas sûr que le Chauve soit au courant !

— Qui sont-ils ? demanda Tempestris, en reprenant le journal pour scruter la photo.

— Des marginaux ! Des jeunes de leur service d'ordre ! La plupart n'ont même pas la carte du parti ! Ils ont fait leur petit défilé et la police les a rapidement dispersés.

— Tu ne m'apprends rien ! Je suis aussi bien informé que toi de ce qui se passe dans la rue ! Mais je n'aime pas le symbole. Des skinheads devant le Panthéon ! Comme s'il leur appartenait ! Si on les laisse faire, ils vont s'approprier toute l'histoire de France ! D'abord Charlemagne, ensuite Jeanne d'Arc !

Maintenant le Panthéon !? Si ça continue, le Chauve sera un jour au second tour de la Présidentielle !

Alkande haussa les épaules :

— Les Français ne sont pas si bêtes !

— Tu crois ?

Sans sourire, ils échangèrent un regard.

Le président s'adossa à son fauteuil et, plus calmement :

— Ils commencent à prendre un peu trop de libertés.

C'était le ton d'un homme qui avait déjà préparé sa riposte.

— On impose à nos maires de soutenir leur candidature, on leur ouvre les portes de l'Assemblée, on leur donne accès à la télé pour neutraliser l'opposition… Mais leur popularité croissante finira par nous nuire.

— Ils sont ridicules…

— Cela ne durera pas ! Ils ont de plus en plus de visibilité ! À force de les voir, le peuple les banalise ! Et puis un jour, ils feront référence. Oui ! insista-t-il, devant l'air incrédule du Résistant. Tu verras qu'un jour, le Chauve aura l'air respectable.

La prédiction ébranla Alkande.

S'étaient-ils trompés en favorisant la montée de l'extrême droite ?

Pourtant, leur seul but avait été de mieux la combattre, en exposant ses grossières insuffisances, tout en affaiblissant l'opposition par sa frange radicale.

Certains représentants de la droite modérée semblaient bien plus dangereux aux yeux du Résistant, par leur recherche du profit avant toute autre considération. Comparée aux déclarations outrancières, au programme foncièrement irréaliste et à la limite du négationnisme du Parti Patriote, leur avidité masquée sous un discours républicain trompait bien plus de monde. Mais si Tempestris avait raison ?

À bout d'arguments, le Résistant força le trait pour donner plus d'éclat à sa position.

— Des jeunes qui défilent en uniforme noir et qui font le salut nazi, ça ne peut que faire peur à la ménagère.

Le président fut surpris d'entendre son vieil ami reprendre une des expressions favorites de Kartajan. La fameuse ménagère de moins de cinquante ans ! Les statistiques disaient que c'était elle qui décidait de tout. Le président se l'imagina sous les traits d'une grosse femme revêche et conservatrice qui se repaissait des immoralités d'un *soap* américain tout en faisant son ménage. Mais, aussi repoussante qu'elle lui parût, ces statistiques commandaient de la convaincre, elle et nulle autre.

— Ça peut lui faire peur ou bien la séduire, rétorqua-t-il. Les images de l'*intifada* sont sur tous les écrans. La Jordanie est en train de s'enflammer à son tour. À cause des médias, seules des images de guerre nous parviennent du monde arabe. Les jeunes des banlieues reprennent ce conflit à leur compte. Sans compter cette bavure ! déplora-t-il, en repensant au sans-papier mort dans des conditions inexpliquées entre les mains de la police, lors la dernière manifestation étudiante.

— Ils l'ont roué de coups ?

— Non, je ne crois pas, reprit Tempestris. Il était malade du cœur, apparemment. Bref, nous devons prendre le contre-pied de l'extrême droite avant qu'elle passe pour une solution raisonnable. As-tu entendu parler de Monoceros ?

— Qui n'en a pas entendu parler ?! maugréa Alkande.

Il pensa à l'entrepreneur qui n'hésitait pas à licencier en masse pour augmenter les marges des actionnaires. La population raffolait de son volontarisme simpliste.

— Je pense lui proposer de prendre la tête d'une formation, annonça Tempestris.

— Un nouveau parti ?

— De radicaux de gauche.

Alkande saisissait la manœuvre. Monoceros et ce nouveau parti capteraient les voix des classes populaires effrayées par les Arabes.

Le président l'approuva par un fin sourire. C'était fini.

— Alors, ce voyage au Katswanga ?

Alkande lui confirma que les contrats entre la France et Hassaleh avaient été reconduits.

— Bien !

Le président s'absorba dans ses dossiers.

Se sentant congédié, le Résistant résolut de l'alarmer sur les menaces de guerre civile au Katswanga. Le président l'écouta distraitement.

— Et que veux-tu que j'y fasse ?

— Ne leur vends plus d'armes, conseilla Alkande. Ou nous serons responsables d'une guerre.

L'argument agaça le président.

— Ce n'est pas parce qu'on ne leur vend plus d'armes qu'ils ne trouveront pas d'autres pays pour leur en vendre !

Le Résistant comprit qu'il s'y prenait mal. L'argument financier porterait davantage que la préoccupation humaniste. Il allait s'en servir, lorsque la sonnerie du téléphone les fit sursauter.

C'était la ligne interne qui reliait le président au renseignement. Elle sonnait uniquement en cas d'urgence.

Le président contempla l'appareil, aussi surpris qu'Alkande.

La sonnerie grésilla à nouveau dans le Silence tendu. Tempestris décrocha, prêt à tout entendre :

— Le Président. Je vous écoute.

Quelques secondes passèrent. L'interlocuteur devait se présenter au bout du fil.

— Oui ! Que voulez-vous ?! s'agaça Tempestris.

Et son visage se pétrifia en entendant la réponse.

Alkande se sentit happé par le même vertige.

— Vous êtes sûr ?... Chez lui ?...

Le regard du président s'était figé sur un point invisible et suspendu dans les airs.

— Comment ?!

Tout à sa surprise, l'homme habitué à commander à ses émotions se laissa aller à crier.

— Non, non ! Surtout pas ! Vous attendez mon feu vert ! Je vais aviser... Oui, je vais aviser et je vous rappelle... Très bien. Ne laissez personne entrer, surtout !... D'accord, je compte sur vous... Merci.

Il raccrocha, le regard comme aveuglé.

Enfin, il se tourna vers son vieil ami.

— Il est mort.

— Qui ?

— Le Premier ministre.

Alkande traduisit machinalement.

« Élysée », du grec « enêlýsion »
lieu frappé par la foudre

— Dubhos ?!

— Il s'est suicidé. Une balle dans la gorge. Avec l'arme de service de son garde du corps.

Alkande revit le gros sexagénaire, euphorique et suant, le jour de l'investiture présidentielle. Ce poste de Premier ministre avait couronné la carrière du vieux militant modeste et besogneux. Pour quelle raison eût-il mis fin à ses jours ? Sans s'en apercevoir, le Résistant avait posé la question à haute voix. Mais le président ne lui répondit pas. Il appelait son assistante.

— Envoyez-moi Lorion toutes affaires cessantes.

Il allait raccrocher quand il se reprit.

— Ah ! Et Kartajan, aussi. De toute urgence.

Bien sûr ! pensa le Résistant. Le grand couturier, conseiller à l'image, avait son Mot à dire sur le choix du nouveau Premier ministre, pour que l'opinion fût de leur côté.

Ils devaient anticiper les critiques de l'opposition avant de rendre l'affaire publique. Alkande eut un frisson en songeant à la tempête médiatique qui allait s'ensuivre.

— Mais pourquoi ? répéta-t-il.

Le président le considéra froidement. Il avait recouvré toute sa présence d'esprit.

— Sûrement le scandale des transfusions. Des milliers de personnes infectées par ce nouveau virus incurable.

— Mais pourquoi lui ? Pourquoi pas le ministre de la Santé ?

La tristesse d'Alkande se mêlait d'amertume alors qu'il revoyait Dhubos, négligé, empestant la transpiration, les bras toujours chargés de dossiers, toujours à la limite de la crise cardiaque, et malgré cela gentil avec toutes et tous, attentionné, prévenant, affable. Cette odeur de travail et de désintérêt pour son apparence, jamais l'une de ces femmelettes de la jeune garde ne l'aurait eue ! Il se souvint que le Premier ministre était en instance de divorce. Pour fuir les soucis de sa vie privée, le vieux militant s'était sans doute noyé dans le travail. Dépressif, il avait apparemment endossé la responsabilité de son ministre de la Santé.

— Qu'est-ce que tu croyais ? Que Rigel se serait suicidé, lui ?

Le président ricana de la naïveté d'Alkande.

— Ils ne sont pas du même monde, reprit-il.

— Mais c'est toi qui les as amenés au pouvoir !

Cette attaque ne surprit pas le président : il attendait cette confrontation depuis longtemps. Alors, il se cala posément contre le dossier de son siège.

— C'est ça, de ne jamais allumer la télévision. Si tu le faisais, tu verrais que nous ne pouvons pas enrayer la marche du monde : la consommation galopante, la compétition et la rentabilité érigées comme valeurs au détriment de la Justice, de la Culture, de la Solidarité.

— Et c'est ce monde-là que tu contribues à construire ?!

— Non. Mais moi au moins, je fais face.

Que voulait-il dire par là ?

Alkande le laissa développer.

— Moi, je ne nie pas ce nouveau monde. Et je lutte en tenant compte de son rapport de forces bipolaire, d'*ultra* riches et d'*ultra* pauvres.

« Ultra » ! L'homme de lettres s'exprimait maintenant comme Kartajan ! Le Résistant se sentait transformé en statue.

Comme son ami ne répondait pas, Tempestris s'anima.

— Tu les as vus, tous ? Tu crois que je devrais faire voter des lois anti-bronzage, anti-plaisir ? Tous ces jeunes ne nous ressemblent en rien. Ils n'ont pas connu la guerre, ils n'ont pas la profondeur que nous avons acquise. Mais ce sont nos héritiers ! L'essentiel est qu'ils soient accompagnés par des gens qui forment leur Pensée.

— Et si un jour, l'un d'entre eux est à ta place ?

Tempestris mit quelques secondes à répondre.

— Le métier fait la personne, finit-il par dire.

Il articulait lentement, comme s'il eût énoncé une idée encore récente. Puis, son regard parut à nouveau voir Alkande.

— La vie humaine est trop courte pour achever notre *pierre brute*. Tu devrais le savoir mieux que personne.

La référence maçonnique prit le Résistant de court. C'était la vérité.

Le président prit une feuille et un stylo, et conclut.

— Que tu le veuilles ou non, l'avenir est entre les mains des nouvelles générations.

L'huissier toqua à la porte pour annoncer Lorion.

Le visage du secrétaire général leur révéla toute son ignorance.

Les trois hommes préparèrent une stratégie.

Qui pourrait contenir le scandale, l'effarement de l'opinion, la virulence des critiques ?

Coupable ou innocent, l'homme s'était donné la mort : c'était une cause d'indignation supplémentaire, un nouvel affaiblissement de leur position attaquée de toutes parts, déjà fragilisée par les contextes de crises successives depuis leur arrivée au pouvoir. Ils devaient se décider là, dans l'urgence, pour éviter que ce dernier coup fût le coup de grâce.

Alkande réfléchit à toute vitesse. Il devait proposer l'un de ses alliés pour remplacer le Premier ministre. Mais il n'en avait pas au sein même du Parti de l'Union. Seul le nom de De Mégrez lui vint à l'esprit. Il était encore vert, et ferait certainement des erreurs sans commune mesure, mais Alkande pourrait lui servir de mentor. Et surtout, le Résistant devait montrer au président qu'il n'était pas l'homme dépassé que celui-ci venait de lui décrire.

Kartajan fut annoncé.

La stupéfaction lui rendit cet ahurissement naturel que son enthousiasme théâtral parvenait habituellement à faire oublier. Il les rejoignit dans la tâche. Des noms fusèrent.

Enfin, le président se tourna vers le Résistant.

Celui-ci n'hésita pas.

— Je ne vois qu'une seule personne capable de nous tirer de là : de Mégrez.

— De Mégrez ?!

La surprise du président était un peu trop appuyée pour être naturelle, d'autant que les candidats potentiels n'étaient pas nombreux.

— C'est encore un bébé !

— Il est jeune, mais...

— Un peu trop, oui !

— ...il est compétent, intelligent. Il a le sens de l'honneur.

Lorion et Kartajan faillirent échanger un sourire.

— Qui d'autre ?

— C'est mon seul choix, répondit sèchement le Résistant.

— Euh...

S'accompagnant de gestes d'apaisement, Kartajan intervenait.

— Je trouve que... c'est pas... une si mauvaise idée.

Alkande le toisa. Même satisfait de se voir soutenu, il ne put à nouveau contempler sans répugnance la facticité du personnage. Cette crinière fauve ! Cette chair orange, pleine de taches de soleil et comme embeurrée sous quelque cosmétique !

Le grand couturier continua, cherchant ses Mots :

— Faire le choix d'un jeune Premier ministre, ce serait... à la fois... s'inscrire dans une continuité... la continuité de notre image, celle de l'énergie... du renouvellement, du changement... et en même temps... ce serait créer une rupture... avec le profil du poste. Voyez ?

Et toujours ce langage elliptique... cette pensée pressée et superficielle, se dit Alkande.

— Le pouvoir serait enfin aux mains des jeunes ! Et plus à un vieux impliqué dans toutes sortes d'affaires !

Soudain il se voûta, le visage grimaçant, les doigts crochus.

— Le vieux politicard qui en a fait de belles ! Hyper connu... qui est là depuis des lustres... qui a mangé à tous les râteliers...

L'effarement d'Alkande et de Lorion l'arrêta. Imitait-il le président ?

Ce dernier semblait en avoir assez entendu. Ses yeux fixaient la feuille sur laquelle il avait griffonné. Malgré ce demi-sourire qui ne le quittait plus depuis quelques années, il semblait préoccupé. Comme nul n'osait l'interrompre, Alkande mit fin à leur attente.

— Toi-même, as-tu quelqu'un en vue ?

Le président releva la tête.

Son regard qui le considéra à peine, de la même manière qu'il l'avait considéré comme un vieil homme qui n'était plus en phase avec le monde moderne, l'inquiéta.

— Oui. Et le plus juste serait de dire que j'ai *quelqu'une* en vue.

Alkande faillit éclater de Rire. Il se tourna vers les deux autres et retrouva dans leur paralysie médusée le choc qu'il venait de recevoir. Incrédule, il osa à peine formuler sa Pensée.

— Tu parles... d'une *femme* ?

Le président se contenta de hocher la tête.

— Mais qui ? insista Alkande.

— Lucida.

La Bluette.

L'apprentie maladroite qui avait failli les faire tuer au Katswanga !

Elle deviendrait... Premier ministre ? *Non, Première ministre*, se corrigea-t-il. Comment allait-il devoir dire ? Al n'y avait même pas de Mots pour la désigner ! *Il n'y a même pas de mots qui existent, bon Dieu !* rugit le Misogyne en lui.

C'était tellement énorme qu'il avait l'impression d'avoir reculé tout au fond d'une perspective, d'où il aurait pu tout voir et tout entendre, sans pouvoir participer à l'enchaînement des évènements.

L'œil malicieux, Tempestris leur exposait son idée, en homme qui a pris la meilleure décision possible. Il ne tenait aucun compte du souffle que sa bombe avait créé, et qui avait ôté la parole aux trois conseillers, aussi facilement que si elle leur avait coupé la langue.

— Ce sera un séisme plus fort que ce coup de tonnerre, et qui, partant, en réduira l'importance.

Son plaisir, à l'idée de défrayer la chronique, leur donnait une leçon de stratégie politique en ce contexte si dramatique. Même Kartajan en restait muet.

Le président repoussa la feuille posée sur son bureau. Par ce geste, il montrait qu'il n'envisageait plus d'autre choix.

— Tu n'es pas sérieux ?!

Alkande avait enfin réussi à surmonter le choc qui l'avait projeté dans une autre dimension. Mais Tempestris ne tourna même pas la tête vers lui. C'était le couturier qu'il interrogeait du regard.

Le Résistant s'arrêta net. Son avis ne comptait plus.

Sa Colère en fut anéantie.

Pourtant, il en était sûr, cette décision allait provoquer un désastre.

Kartajan secoua la tête, les yeux écarquillés, ravi de cette idée folle qu'il n'avait pas eue.

Lorion était plus circonspect. Pendant que le couturier y allait de ses « génial » et de ses « super », le secrétaire général reconnaissait l'utilité de cette première historique, en tant que simple diversion. Mais il considérait le président avec un regard lourd de soupçons. La vieillesse ne lui aurait-elle pas *grillé* quelques neurones ?

Alkande en fut révolté, mais il ne pouvait plus défendre son ami. Tempestris abordait déjà le remaniement du gouvernement.

Alors, sans que son corps bougeât d'un millimètre, le Diplomate se sentit projeté encore plus loin.

Tout là-bas, le président et ses conseillers étaient minuscules, comme situés tout au bout d'un immense couloir.

Et ils n'étaient plus seuls.

Les autres hôtes du Salon Doré sortaient de l'ombre et reprenaient leur véritable place : le géant Pouvoir à la sensibilité étouffée, prêt à tous les crimes pour servir son épouse, la Domination ; l'Orgueil, le Maître des miroirs, obsédé par l'idée de se faire aimer de toutes et de tous ; les sœurs siamoises, l'Ambition, maigre et agitée comme une ballerine, avec la moitié de son crâne dévoré par l'Avidité, qui bavait chaque parole ; la Haine implacable, corsetée dans sa robe boutonnée jusqu'au menton ; l'oiseau Pensée faisant ployer une branche de l'arbre des Mots ; la Conscience ailée, au visage digne et qui ne sourit pas ; le fougueux Idéal avec ses yeux d'extralucide, aussi pur et aussi dangereux qu'un enfant ; le plus étrange, le Temps, insaisissable et métamorphe, Figure géométrique qui se déplaçait sans cesse, articulant les espaces et reliant tous les points, occupé à ne jamais rien laisser, ni personne, sans devenir ni transformation ; et enfin, derrière aux toutes et tous, la nuit gigantesque du Silence.

Et soudain, Alkande fut à nouveau frappé par le génie de l'antiquité grecque.

Ses poètes ne plaçaient-als pas les Champs-Élysées dans les Enfers ?

Alors, tandis que le président énonçait ses intentions, entouré par les grandes puissances qui présidaient aux destinées, Alkande avait hâte de s'enfuir pour rejoindre la femme qu'il avait laissée s'éloigner vers la fontaine, et auprès de laquelle, agenouillé entre les massifs de magnolias en fleurs, il pourrait boire l'eau de l'oubli.

In Paradisum

Au Paradis

Le vaste monde est recru de chaos, cela n'a rien changé de fuir. La fantaisie est accessoire, l'envol a disparu. Fais une rondade ou marche les doigts aux épaules et tu verras comment als te regardent. La posture adaptée est immobile, droite mais pas trop, les bras restent le long du corps, mais n'aie pas l'air trop rigide. Les grandes trajectoires des parcs restent abandonnées, et quand tu n'as pas défense d'y entrer, tu regardes les enfants s'y ébattre. Des pirouettes, des sauts ? N'y songe même pas. T'asseoir, marcher, éviter les flaques d'eau : voilà ce qu'al te reste à faire.

La vérité est dans les gestes, les regards et les postures, jamais dans les Mots. Tu dois apprendre à être debout, le nez dans le cou ou les aisselles des autres, mais tu ne t'habitues pas à faire croire que tu vois sans regarder, que tu ne juges ni ne réfléchis. Et sous la poudre qui bouche tes pores, sous le tissu qui t'entrave ou la cravate qui t'étrangle, sous tes rubans, tes chouchous et tes barrettes, la négation de ton corps est parlante. Rien ne cache ta flaccidité d'invertébré, tes gestes prestes de perce-oreille qui se maquille, tes yeux multiples d'araignée qui bave de la soie. Et tu habites dans les entrailles de la terre, dans ces profondeurs où tous ces trains t'entraînent avec les autres, là où les seules lumières, dans ces abysses de crasse, sont celles qui surmontent des gueules à triple rang de crocs.

Ta cage s'est ouverte sur un monde grouillant et affairé à chercher sa pitance, et ta seule défense est le jeûne. Pourquoi tu as la sensation de leur échapper en jeûnant, c'est difficile à dire. La nourriture, tu y suppléés par le contrôle de la Faim, et cette expérience t'apporte la découverte effarée de tes Pulsions, apprises par ton cerveau et par ton corps dès la petite enfance, et que tu perpétues à l'âge adulte, sans même t'en rendre compte. Tu ne sais pas pourquoi tu te prives de manger, tu sens seulement que cette démarche que tu n'as pas réfléchie, mais que ton Inconscient a mis en place de lui-même, par-delà ta Volonté et à ton insu, est un acte libérateur, qui t'en apprend sur les grandes puissances qui te régissent et secoue la poupée de chiffons que tu es devenue.

Car à combattre la Faim, point de journées à rester interdite, atterrée, point de formules optatives – *Bonne journée ! Bon courage !* – que se disent çaux qui rentrent la tête dans les épaules à cause d'une goutte de pluie, mais une énergie et des sens décuplés, une profondeur qui te permet de sentir, une puissance qui te permet de voir. L'ivresse étrange, aussi, d'un regard qui ne baisse jamais. Te voici adextrée de sa Figure jamais en paix, rachitique et vigilante, et dont le regard nécromancien ne laisse rien passer.

Le français : se faire escroquer à tout instant, et n'y rien pouvoir faire.

Le Maître de conférences a remplacé le Professeur. Il donne à présent des cours à l'université de la Sorbonne, la première usine à penser de France, la plus ancienne et la plus prestigieuse. Il débite son cours sans lever les yeux et c'est le Silence des élèves qui est requis. Tu l'apprends dans l'effarement des centaines de regards qui se tournent vers toi lorsque tu oses poser une question, dans ces amphithéâtres peuplés de portraits de grands hommes et de sculptures de femmes nues ; et tu comprends très vite que ce n'est pas ta voix timorée qui va changer cet Ordre séculaire qui digère l'os, le marbre funéraire et la jeunesse obéissante, qui craque et sue l'agonie, l'incontinence, la poussière mouillée et la crainte du ridicule, et où la Tradition domine le Savoir.

L'université est construite sur une pente de la montagne Sainte-Geneviève et possède même un observatoire. Mais ne rêve pas de ces campus aux grandes fenêtres, aux grands espaces et aux grandes aires gazonnées que te vendent les séries américaines : le bâtiment est enclavé dans un quadrillage de rues sans recul possible ; tu ne vois rien de l'appareil de pierre rappelant la Renaissance ni des toits pentus d'ardoise ; c'est seulement parce que je t'écris que j'ai levé les yeux.

La façade baroque de la nécropole t'interpelle.

Oui, c'est bien dans une tombe et dans une église que tu pénètres, dans le palais des clercs et de leur puissante caste d'intellectuels chrétiens qui ont fondé cette université, ceux-là même qui ont codifié la langue française et qui, bien sûr, n'admettaient pas de femmes en leurs rangs.

Dès lors, comment t'étonner ?

Dans cet ensemble de bâtiments enchâssés les uns dans les autres, je te l'ai dit, nulle verdure, mais la cour intérieure a un air de cloître avec sa minuscule galerie en arcades où les courants d'air s'engouffrent avec des cris de Joie mauvaise, et où toi aussi tu finis par cheminer transie, mouillée, la tête rentrée dans les épaules, écrasée, t'excusant de tes talons qui réveillent ces morts enterrés sous les dalles, te cachant tout au creux de ce corps gauche et lourd qui est le tien, et contrôlant jusqu'à tes yeux qui, dans tes instants d'inattention, s'écarquillent devant ces murs où ils se sont représentés avec la grandeur et la naïveté des puissants qui se croient légitimes.

Quand ta Pensée te fait soupçonner leur imposture, tu regardes çaux qui vont prendre leur relève, ces jeunes qui ont vingt ans d'avance sur toi en termes d'outils pour réussir et qui, tout là-haut là-haut là-haut, glissent sur leur nuage, tout au bout de cette armée hérissée de piques et d'oriflammes que forment leur histoire, leur famille, leur réseau et leur société. Regarde comme als repèrent ta déprolétarisation quand toi-même tu ne comprends pas pourquoi tu te sens si honteuse et si peu à ta place.

Pourtant, tu aimes cet endroit.

Tu aimes la solennité de ses hauts et longs boyaux sombres à croisées d'ogives, leur austérité, le recueillement qui y est possible. Tu aimes son histoire sublime et fondatrice, qui a vu s'imprimer le premier livre de France. Et un peu de toute cette gloire se communique à toi et te remplit de fierté comme si, toi aussi, quand bien même tu n'es qu'un déchet, un minéral fait de substances non assimilables et qui à terme sera expulsé tout au bout de l'un de ces boyaux, tu avais un rôle à jouer dans cette épopée.

Mais c'est aussi un lieu d'où tout changement, toute création est bannie.

Même présentées avec l'extrême soumission qui est la tienne – car toi qui ne sais rien, tu leur donnes encore le bénéfice du doute – ton sourire gentil et ton regard innocent d'animal dressé pour plaire et pour subir, tes questions provoquent des cyclones d'exaspération ; tu ressors de leurs bureaux à petits pas, la tête à l'envers, rincée, sans ta réponse, avec d'autres questions.

Car tu es là pour réciter, davantage que pour apprendre. Et tu dois réciter selon le bon processus.

Devine pourquoi.

Les mathématiques ont pris le pouvoir partout, même dans cette Église où tu es venue en vain célébrer la beauté et le sens des Mots.

La littérature est découpée en tranches savantes. Calcul des prédicats, théorie des graphes, algorythmes, invariances, symétries ; tout ressortit au calcul, aux équations de la grammaire, à ses protocoles et à ses règles extraordinairement respectables et intouchables, mais qu'ils enfreignent maintes et maintes fois, chaque fois que cela les arrange. N'ont-ils pas donné une multitude d'exceptions à chacune de leurs règles ?

Car eux seuls ont le droit de les changer.

Ici, tu n'apprends pas à écrire. Tu apprends à critiquer. Leur français moderne remonte en fait à plusieurs siècles. Le Maître lâche son savoir à toute vitesse, et tu notes frénétiquement mais sans comprendre ; il a si peu de Temps à t'accorder, toujours entre deux trains, entre deux amphithéâtres ; et il masque comme il peut le profond mépris que tu lui inspires, sans pouvoir empêcher son regard et son corps de parler pour lui. Regarde sa paume furibonde qui gifle l'air à quelques centimètres de ton visage.

— Et que voulez-vous qu'on dise ? *Des éléphants et des éléphantes* ?

Ecrire ?

C'est ailleurs que cela s'apprend.

Si tant est que cela s'apprenne.

Aperture, déclinaisons, archiphonèmes, oxymore, sémasiologie, hyperbate : le Maître veut à tout prix faire de la science ; il se repaît de Mots inintelligibles ; c'est l'étiquetage à tout prix, rien n'échappe à son microscope ; il a tout compris de l'auteure, l'agencement de ses *figures macrostructurales*, la répétition de ses *métaphores in absentia* ; tout cela a peut-être un sens, mais en réalité le Maître en dit plus sur lui-même que sur quiconque ; c'est lui, souvent, la matière principale du cours, et c'est lui que tu étudies.

Comme les textes hiéroglyphiques qu'il nous donne à étudier, tu décryptes sa foi en lui-même, son masque d'amabilité, sa futilité sociable aussi raffinée qu'un art, et jusqu'à son jargon imbuvable qui lui sert à prendre une revanche sur tu ne sais quel traumatisme. Et quelle délectation chez lui, de se sentir notre chef, de savoir notre destin dans son poing si serré que ses jointures en deviennent blanches. Et comme tout cela t'impressionne, toi qui n'es alors capable que d'avancer sans comprendre, comme un animal qui ne fait que marcher vers sa fin.

Parfois, l'un des Maîtres succombe à la folie ambiante.

Alors, par les fenêtres frémissantes, par la respiration qui fait pulser les murs, une étrangeté s'invite. Dans son cours, pas une seule phrase qui soit immédiatement compréhensible, et cependant, toutes équilibrées à la syllabe près, un glossaire comme une langue étrangère, des liaisons virtuoses, des chutes théâtrales, des subordinations que tu n'oserais pas, des locutions jamais entendues.

Tu admires son savoir-faire, ces abstractions démentes, ce français esthétisant qui ne tombe jamais dans les chausse-trappes du non-sens. Avec lui, tu crois toucher à ce que tu étais venue chercher, ce que plus tard tu sauras nommer (le style) ; et tu comprends confusément que son amour de lui-même le dispute à son amour de la langue. À ton avis, lequel l'a emporté ?

Comme tu l'écoutes délivrer chaque phrase comme si c'était la dernière ! Tu notes son cours à la virgule près, tant l'inventivité et l'équilibre de ce discours sont miraculeux.

Et tu découvres à quel point ton ennemi est puissant.

Sors et installe-toi à ta caisse dans le supermarché, et toi aussi tu finiras par reprendre mentalement les vivats des comédiennes qui célèbrent le cassoulet en conserve, ou leurs refrains enthousiastes à l'idée de s'acheter un sèche-cheveux.

Ce n'est pas à ta Pensée que le supermarché fait appel, mais à tes sens. Il les met tous en alerte, avec ses promotions, ses ventes flashs, ses prix en rouge, ses empilements de produits qui peuvent t'apporter du plaisir ou du soulagement. Toi aussi tu finiras par douter de l'utilité de réfléchir si tu passes plusieurs heures, chaque jour, à subir ces publicités, leurs vociférations rimées, leurs images rétiniennes, leurs tatouages auditifs qui se glissent en toi de manière subliminale. Un formatage aussi bien pensé, toute sauvage sois-tu, finit par t'apprivoiser. Tu répéteras ses slogans, tu propageras ses jeux de Mots, encore qu'ingénument. Et tu en éprouveras plus que la Joie d'être enfin comprise et intégrée : tu en éprouveras le sentiment d'avoir raison.

Et parce que ton environnement te formate, ton regard apprend à mentir sur ce que tu penses et à dissimuler ce que tu ressens : voilà ce que les Maîtres ont prévu de faire de toi et, par ignorance, tu refoules ta Conscience, tu t'en détournes ; mais c'est elle qui s'indigne lorsque tu te rends compte de tous ces êtres qui furent vivants et qui passent entre tes mains ; c'est elle qui a le visage qui chauffe lorsque tu passes devant des prostituées sans oser leur sourire ; elle encore qui te pousse à donner de la nourriture aux clochards, lesquels jettent le sac plastique que tu leur tends.

Tu te sens solidaire de ces femmes et de ces hommes, c'est une partie de toi que les Maîtres tuent, vendent ou excluent. De cela tu es sûre, même si tu ne sais pas encore réellement pourquoi, comment. Tu sais seulement que tu partages la même posture soumise : ces épaules voûtées, ce cou tendu en avant, ce bassin relâché ; et toi aussi, tu files droit dès que le Patron apparaît.

Alors, c'est peut-être ici que tu apprends à écrire, dans ces villes et ces supermarchés sans Conscience qui te font régresser, dans la misère affective, l'indifférence à la souffrance des autres et le sentiment d'être impuissante à changer quoi que ce soit, là, au cœur de ce système qui te digère et où ton humanité est en danger.

Ta seule issue ?

Le travail.

Le masculin l'emporte sur le féminin.

Tu t'attèles à cette règle et tu te retrouves en plein désert. Les travaux sur le sujet sont maigres, la recherche ne fait que commencer : quelques essais à ronger, de simples constats, des évidences, des échappées vers d'autres pays, beaucoup de socio et psycholinguistique. Normal, la langue nourrit et influence tout, la Pensée, l'être, la société, le monde passé comme celui qui est en devenir, et le sujet réactive le volcan bouillonnant des Pulsions, qui n'attendent que de te faire cracher tes émotions les plus primaires, dans des polémiques stériles mais qui te feraient plaisir.

Cependant des exploratrices sont passées par là, de timides aventuriers qui se sont pris avant toi les tomates dans la figure lancées par les Maîtres tout puissants et leurs esclaves consentantes.

En morphosyntaxe, au cœur même de la grammaire, la recherche ose faire des propositions pour construire une langue plus juste, mais elle le fait depuis le Québec, pays jeune et à la puissante politique linguistique tournée vers l'avenir, contrairement à la France, écrasée par un ego collectif qui regrette sa grandeur passée et qui, dominée à présent par le monde anglo-saxon, voit dans ses archaïsmes une spécificité et une force. Alors, à la Sorbonne, dans le saint des saints, là, à l'Unité de Formation et de Recherche de Langue française, dans les couloirs de la prestigieuse matrice où leur Pensée va de soi et se croit universelle, glissant sans à-coups sur le marbre des dalles et des statues : personne. Pour tes Maîtres, ce n'est même pas un sujet.

Pourtant, le masculin est partout, dans le lexique, la syntaxe, la conjugaison, au premier chef dans les entrées du dictionnaire, dans les tournures impersonnelles, dans les énoncés avec ou sans genres, dans les néologismes scientifiques, dans les traductions des mots étrangers, et qui deviennent aussitôt masculins, parce que...

Parce que quoi, déjà ?

Eh bien par tradition, par habitude, par manque d'imagination, parce que des Maîtres ont dit, al y a des centaines d'années, que l'homme était au-dessus de la femme, et que la grammaire devait refléter cet état prétendument naturel.

Mais toi qui figure parmi les centaines de millions de francophones, et qui célèbres le français comme l'une des merveilles du monde, tu crois que l'anglais dit « H*e rain* » pour *Il pleut* ?[1]

Alors tu travailles, tu cherches. Tu apprends tout ce qu'al y a à savoir sur cette règle qui impose le masculin pour la raison que *c'est le plus noble*. Et tu découvres, en remontant à la source, dans les plus anciennes et les plus sacrées des grammaires conservées dans les sous-sols de la Bibliothèque Nationale de France, que la Pensée scientifique de l'époque, ouvertement sexiste et simpliste, qui justifie cette règle, se poursuit, des siècles plus tard, par un double mensonge :

---

[1] L'anglais dit « It rains. » *It* : pronom personnel de genre neutre.

1/ les Mots n'ont aucune influence sur le monde ;
2/ tu ne peux rien changer sans tout détruire.
Et tu comprends qui t'a volé ta langue.
Et pourquoi.
Non pour la Vérité.
Non pour la Justice.
Mais pour le pouvoir.

Elles ?
La plupart ne font rien.

Des plus incultes aux plus savantes, depuis les institutrices chargées de faire avaler cette escroquerie aux jeunes générations, jusqu'à ces universitaires que tu côtoies, aussi brillantes soient-elles.

Sont-elles si paralysées par leur amour du français et le prestige du masculin, si découragées par l'ancienneté et la complexité de ses privilèges, ainsi que par le travail à accomplir pour construire une grammaire plus juste, que tu doives leur rappeler les bases, l'alpha et l'oméga de toute langue, sa condition première, son principe fondateur et absolu ?

A savoir que si les Mots ont un sens, leur absence aussi en a un.

Alors, toi qui n'es rien et qui veux la révolution intersidérale, tu glisses sur les grandes dalles de marbre luisantes et tu tombes sous les hautes voûtes de pierre où se répercute l'écho de ta course précipitée de salle en salle. Tu cours pour ne pas rater ta leçon, tu cours pour ne pas arriver en retard à ton travail de caissière, et tu sens bien que tu n'es pas la bienvenue, qu'ils n'abandonneront pas leurs privilèges sans une action violente, même ici, parmi l'élite intellectuelle, même des décennies après cette histoire, quand la science aura prouvé l'influence du signe sur la réalité.

Pourtant, aussi proche du zéro sois-tu, tu t'accroches.

C'est ton instinct qui parle, et qui te dit que quelque chose ne va pas, bien avant que la recherche finisse par en apporter la preuve.

Et tu sens que c'est ici que ça se décide, depuis toujours, au cœur de ce château organique et plein de fantômes, là même où als élèvent des zombies qui perpétuent cette langue et cette Pensée.

Alors tu t'accroches à ton intuition, à ce flou désespérant qu'est ta révolte, et qui ne se manifeste pas encore en Mots clairs, mais sous la forme d'une énergie et d'une résistance qui te rendent increvable. Tu sens, tu sais que tu construis quelque chose.

Mais quoi ?

Une simple mesure concrète avait presque tout changé pour Cygne : elle était partie de « chez elle ».

Entraînée par sa psy à la précision linguistique, la jeune fille mettait dorénavant des guillemets autour des Mots par lesquels elle désignait l'appartement qu'elle avait habité avec sa Sœur, dans cette cité où régnait la Contrainte. Car cet endroit n'avait jamais été *chez elle.*

Les féministes l'avaient recueillie tour à tour. Puis, Cygne s'était installée chez Flèche.

L'assurance inaltérable de l'amazone, sa prédilection mutique pour l'Action et le Combat, ainsi que sa capacité à préserver son équilibre intérieur en toutes occasions l'apaisaient. La grande Sœur l'avait poussée à ne pas abandonner ses études et Cygne, à présent inscrite en psychologie à l'université, gagnant sa vie comme serveuse, n'avait plus guère le Temps de désespérer.

Mais cela ne suffisait pas d'avoir grandi.

Flèche ne s'était jamais habituée aux grognements ni aux supplices qui montaient du canapé où son invitée dormait.

Réveillée en sursaut, l'amazone s'approchait sans bruit de l'enfant terrorisée que Cygne redevenait, la nuit. Et ce n'était qu'à force de murmures, tout doucement, qu'elle parvenait à la faire revenir.

Cygne et sa psy tournaient en rond : tout avait été dit. Que faire, à présent, pour ne plus souffrir ?

Se venger ?

Cygne refusait la Violence. Elle était bien placée pour en connaître le pouvoir malfaisant qui, loin de les servir, maudissait les êtres qui s'y soumettaient. Car en leur procurant un soulagement qui n'était jamais à la hauteur du préjudice qu'ils avaient subi, cette déesse les poussait à l'entretenir.

Alors, Cygne ouvrait sans plaisir à ces filles athlétiques qui venaient chercher Flèche, toujours courtoises sans jamais être chaleureuses, toujours un sac de sport à l'épaule, aussi taciturnes et sarcastiques que leur leader. Et elle les laissait entraîner sa bienfaitrice, impuissante à les convaincre, à peine guérie de la Violence elle-même, et ne trouvant pas les arguments qui les en eussent détournées.

Tes cours te ramenant dans le quartier de la Sorbonne, tu t'installes au pied de la Fontaine Saint-Michel pour observer çaux qui courent et çaux qui flânent, les touristes japonaises si sérieuses et si rieuses, la chorégraphie arrogante des serveurs en noir et blanc, ces jeunes gens qui font un évènement de leurs insignifiances et qui se paient la tête du monde entier, tout ce petit monde qui n'est pour toi qu'un spectacle, et où tu n'as pas encore trouvé ta place. Et tu ne peux que remarquer ces excentriques qui traînent, fument, mendient et discutent toujours au même endroit, avec un air extrêmement sérieux, comme si la vie oisive qu'als semblent mener était de la plus haute importance. Als aussi t'ont repérée et vous vous observez à distance, en détournant vos regards lorsqu'ils se croisent.

Le plus turbulent est un colosse noir à cheveux verts, qui les harcèle par sa Joie. Il prend bien soin d'éviter une sublime créature qui est à la fois un homme et une femme, et qui est toujours un peu en retrait. Tu ne sais ce qu'elle surveille ainsi, adossée contre le kiosque, les yeux mi-clos. Dans son ombre, tu trouves toujours une petite blonde traumatisée, qui sonde toute chose pour en trouver la part de mensonge ou d'illusion.

Le plus inquiétant est cet adolescent en soutane, dont le visage est parfois entièrement barbouillé de noir. C'est paradoxal, pour une personne qui semble aussi timide.

La plus étrange s'appelle Lyre. C'est la seule qui t'observe sereinement sans détourner les yeux, avec ce sourire aussi étrange qu'un miroir, une source dont tu ne peux épuiser le plaisir qu'il te procure. Tu as le même, quand tu es triste ou que tu es fatigué.

Le rapprochement se fait par elle. Tu la trouves un jour assise à ta place, au pied de la fontaine. Et tu te retrouves au cœur de leurs discussions.

— Qu'est-ce que vous voulez, exactement ?

Tu n'entends pas sa réponse, trop choquée par ta voix puérile, qui fait entendre ce que tu es encore. Alors elle te répète :

— Le paradis.

Encore ce sourire.

— Inventer une nouvelle façon de vivre. Sans chef, sans parti, sans argent.

Bootes se jette entre vous.

— Ouais ! Et l'argent on le donnera aux pauvres !

— *Hééé !!*

Canis, la fille revêche aux cheveux rouges, le rappelle à l'ordre.

— C'est nous, les pauvres !

Lyre se tourne vers toi :

— Je ne me sens pas pauvre. Et toi ?

Quelle est la chose la plus intelligente à dire ?

Tu les regardes s'éloigner, abasourdie par le sérieux avec lequel als prennent leurs rêves, quand Lyre se retourne. Elle t'attend.

A la sortie de la gare, déjà loin de Paris, vous devez traverser une zone industrielle désaffectée. Le long des larges allées, où le verre brisé crisse sous les pas, tu trouves les vestiges fantomatiques d'un lieu créé pour une activité pragmatique et que la vie a déserté : des hangars, des usines, des bureaux, des parkings et des stations de bus abandonnés.

— On ne s'est pas trompés de chemin ?

La voix de Cygne ricoche sur le métal et se heurte au béton, puis retombe dans le Silence où leurs souffles exhalent de la vapeur. Quand vous croisez la carcasse d'une voiture carbonisée, tu sens leur flottement. Mais Lyre ne s'arrête pas. Soudain, un cri victorieux, devant. Bootes a grimpé sur une flèche indicatrice.

CENTRE HOSPITALIER UNIVERSITAIRE

Quand enfin découvres le bâtiment, caché derrière un ultime hangar au milieu des mauvaises herbes, tu t'attends à tout sauf à ça : un château fantastique se dresse au milieu des champs.

L'édifice est en béton, mais ses tours crénelées sont copiées sur celles des châteaux forts. Des baies vénitiennes lui ajoutent une grâce qui contraste avec l'environnement mercantile. Au fronton, une maxime participe au décalage :

MEDICUS CURAT, NATURA SANAT

Lyre se tourne vers toi.

Comment sait-elle ?

Als te dévisagent.

Alors tu prends la mesure de la phrase.

Une virgule au milieu, donc al s'agit de deux propositions juxtaposées.

At est une marque de conjugaison. Elle apparaît deux fois, donc al y a réitération de la syntaxe. En clair, la phrase est constituée de deux propositions sujet + verbe.

Us donne pour hypothèse la terminaison d'un nom masculin, *a* celle d'un nom féminin.

C'est faisable.

— Attendez…

« Medicus »… *la médecine* ?

Au masculin ?

Le médecin !

Bon. Et « Natura »… *la nature* ?

Je suppose.

La nature. J'ai les deux sujets : le médecin, la nature.

Ensuite les verbes : « curat » et « sanat ». « Curat »… *curer* ?

Aujourd'hui tu dirais « soigner ».

Et « sanat » ?

…

Tu restes bloquée sur ce Mot.

Si als ont mis cette maxime au fronton de cet hôpital, ce n'est pas pour rien !

C'est pour notre édification.

Donc ?

313

Donc… la phrase est un adage, une parole de sagesse qui a sans doute pour but de te consoler des souffrances que tu vas voir ou éprouver en ce lieu.

C'est trop vaste. Reste sur la grammaire. Que dit la syntaxe ?

Al y a réitération entre les deux propositions.

Qui ne disent certainement pas la même chose.

Deux sens… donc…

Opposition ? Gradation ?

« Le médecin curat, la nature *sanat*… »

Le médecin soigne, la nature…

Guérit ?

Le médecin soigne, la nature guérit.

Et ce n'est pas tant le sens de cette phrase qui t'interpelle − car à l'époque tu ne vois pas encore qui est malade, ni de quoi − mais le Temps que peut mettre une langue à mourir.

L'Hôpital n'est encore qu'un chantier où tu avances parmi les morsures, les lacérations, les avalanches. Entre les différents chantiers, vous traversez des forêts de lettres et de dessins multicolores qui s'enchevêtrent sur les parois entièrement graffitées des arcades, alors qu'en sourdine, les secondes défilent à toute vitesse avec un trépignement métallique. Et tu La reconnais, Elle et son pouvoir, les anneaux de son magnétisme qui s'élargissent, invisibles, et transforment tout ce qu'Elle atteint.

Au rez-de-chaussée, sous les bâches, un damier noir et blanc se répand partout sur le sol. Près du majestueux escalier à double révolution qui occupe le centre de l'entrée, des gens se disputent pour savoir s'ils doivent installer un lustre. Tu saisis le scintillement incongru de ses cristaux parmi les décombres et les gravats.

Au premier étage, c'est le dortoir, désormais achevé, où s'alignent des rangées de lits à demi fermés par des courtines. Les yeux piquent à cause des particules qui émanent de partout, des cloisons qu'als abattent, de l'humidité, de la peinture fraîche ; sans cesse, vous devez vous pousser pour laisser passer des meubles. Des femmes athlétiques se déplacent dans une bulle de respect et de Silence. Lyre te parle ou te sourit. Sa voix est étrange et elle ne bouge pas les lèvres. Un inconnu vous désigne des toilettes :

— Pas de porte, mais la chasse d'eau !

— On le fait ce Conseil, oui ou non ?

Lyre te présente le jeune homme ardent qui a fondu sur vous : *Cancride*, et à sa suite, elle monte les escaliers sans hâte.

Enfin, une rotonde baignée de lumière, habitée par le Silence et les oiseaux.

Dans cette pièce hémisphérique qui surplombe des champs ponctués de hangars, als s'éparpillent sur des chaises. Flèche et Lyre restent debout, la première s'adossant contre la cheminée, la seconde s'appuyant contre les baies vitrées. Et le Conseil commence sans attendre.

Les travaux avancent rapidement, mais si les bénévoles ne manquent pas, al manque des matériaux. Çaux qui en ont prêté veulent les reprendre, et L'Hôpital attire tout un tas de menteurs et de mécontentes qui réclament de l'argent et les menacent de poursuites judiciaires. Serpens comprend les risques. En cas de procès, c'est lui, la personne morale qui représente leur association, qui devra rendre des comptes. Restera-t-il à son poste ?

Als attendent sa réponse en scrutant la rivière de soufre que ses yeux très clairs laissent entrevoir. C'est le plus sévère d'entre aux, un homme qui a l'expérience de ces régions où les populations sont décimées par la maladie ou la guerre au nom du pouvoir ou de la religion. Quelques secondes s'écoulent, durant lesquelles tu ne sais s'il réfléchit ou s'il se souvient. Mais finalement, il ne se désengage pas.

Tu les regardes se débattre et se disputer. Quand tu décroches – car leur discussion n'est qu'une suite de problèmes matériels et administratifs – tes yeux sont attirés par Lyre qui, appuyée contre la fenêtre, leur tourne presque le dos. Tu ne peux t'empêcher d'interroger son paradoxe, car si de la jeunesse, elle a le visage poupin, le corps intact et l'acné des enfants, sa sérénité, son langage et sa distance émotive sont çaux d'une très vieille femme.

— Faudrait écrire notre déclaration de principes.

— Qui veut s'en charger ?

— Tout le monde est déjà blindé de boulot !

Soudain, als te regardent.

Tu émerges en sursaut. Cancride t'interroge.

— C'est toi la spécialiste, non ?

— De quoi ?

— Tu fais bien des études de lettres ?

— Quel rapport ?

La Peur, à nouveau.

Aries insiste.

— Nous sommes toutes et tous liés.

La Peur est si forte que tu dis le contraire de ce que tu penses.

— Désolée, je préfère ne pas participer.

Et, devant leur déception :

— Je ne vois pas ce que je pourrais faire !

De sa fenêtre, Lyre intervient :

— Tu pourrais écrire le Codex.

— Quoi ?!

— Le Codex. C'est le nom qu'avaient les premiers livres.

Oui, je sais.

Serpens prend le relais.

— Notamment les recueils de lois. Mais aussi la liste officielle des formules pharmaceutiques. Or, ce qu'on voudrait écrire a justement une vertu thérapeutique.

— Ce serait nos principes, explique Canis. Une sorte de règlement intérieur.

— Un peu comme une constitution.

— Tu n'es pas obligée de te décider tout de suite.

— Tu peux réfléchir.

— Ça pourrait être intéressant, comme exercice littéraire.

Mais tu déclines.

Al faut leur dire :

— Je ne crois pas en votre projet.

De retour dans leur forêt de graffiti, tu finis par te perdre, mais tu sais qu'au fond, Elle te guide.

Ton corps la ressent plus qu'il ne l'entend, et son bouleversement agit sur toi avec la même puissance que les dieux et les déesses qui s'amusent avec nous. A sa poursuite, tu t'enfonces dans la nuit épaisse, mouvante et violemment éclairée de l'Hôpital, et tu te retrouves au sous-sol, dans une salle creusée de minuscules alcôves où als se serrent à deux.

Au centre de la pièce, malgré leurs corps qui fusent et se jettent les uns contre les autres, ce que tu vois n'est pas un combat. C'est Elle qui les propulse, les secoue et les fait tournoyer ainsi. Et tu vois, à ce sourire que chacune et chacun adresse à soi-même, le plaisir qu'als tirent à échanger avec Elle.

Brusquement, l'un d'entre aux met ses mains en porte-voix et crie quelque chose à ton oreille, mais tu ne comprends pas quoi ; soit le son est trop fort, soit les Mots sont ceux d'une langue étrangère ; il te tend le petit tube irrégulier et malpropre qu'il suçotait, mais tu lui fais comprendre que tu n'en veux pas.

Ton visage grossier et céleste revient flotter en ces lieux étranges, et pour un moment, je ne suis plus avec aux.

A force de lire tes lettres, je commence à reconnaître un modèle dans ton discours, ce relevé sarcastique et désabusé de la comédie humaine, tes excuses qui ne sont que des prétextes, tous ces rêves qui ne sont suivis d'aucun acte. Tu es né pour perdre, tu as été élevé pour. Je ne tire pas de supériorité de cette constatation, moi aussi je suis de ce camp-là, moi aussi je ne suis que velléités et aspirations, et les Mots ne sont encore que du vent, avec lequel je me fouette et me rafraîchis le visage. Quant à toi, tu sais très bien que ce vaisseau de chair qui doit te mener à bon port, tu es le premier à le saboter, dans la cale, à coups de hache.

Quelle amplitude, quelle audace dans ces dessins fulgurants que leurs membres tracent dans les airs ! Leurs bras découpent l'espace tandis qu'als rebondissent de mur en mur. Pour oser et réussir de telles figures, que charrient leurs muscles, que sécrètent leurs glandes ?

Tu admires la difficulté de ces accélérations et de ces équilibres qui ressemblent à des odes à la vitesse ou à la physique. Tout à coup, le miroir renvoie le reflet d'un corps massif dont tu reconnais les cheveux verts.

Personne ne peut rivaliser avec Bootes, et le vide se creuse autour de lui. Il les appelle et les encourage en riant et puis, même toi qui as l'habitude de ces jeux avec la gravitation, tu ne reconnais plus les limites humaines dans ce qui tournoie, s'enroule et s'envole sous leurs ovations.

Lyre bondit à ses côtés. Malgré leur nombre et l'obscurité qui te la cachent, tu reconnais sa tête pouponne et ses membres graciles. La voilà qui le défie sans se départir de son sourire immortel. Et leur affrontement, fait d'éjections, de ripostes et de blocages a l'eurythmie d'un duo.

Comme les autres, tu ne comprends pas quand la police arrive.

— Oh, oh ! On s'arrête et on m'écoute !

Les lumières rallumées et le brusque Silence font apparaître une pièce sinistre qui servait de bloc opératoire, comme en témoigne une table au lourd trépied de fonte. Garçons et filles sont toutes fouillées et contrôlées une à une. Au milieu des ordres et des protestations, tu ressens la Peur de ces gens en uniforme pour lesquels chaque instant qui passe représente un risque, et qui tournent sur eux-mêmes avec méfiance ; c'est elle qui motive ces voix terribles avec lesquelles ils te tutoient et te molestent ; et ce n'est pas d'être palpée par des inconnus qui provoque le plus ton humiliation, mais la brutale prise de pouvoir de qui, soudain, décide pour toi et te parle comme à une enfant.

— C'est quoi ça, hein ? Ça vient d'où ? Réponds !

Un policier a courbé Pégase à quatre-vingt-dix degrés. D'une seule main, il lui maintient les poignets menottés et de l'autre, il agite ce qui, d'après leurs principes, n'aurait jamais dû franchir les portes de l'Hôpital : des billets de banque.

Plus que la contrainte physique, c'est la vue de cet argent qu'als ont maudit qui leur agrandit les yeux. Mais tout à coup, des râles de souffrance les en détournent : les yeux clos et se convulsant à terre, Bootes grogne et crache comme un animal, à demi caché par la forêt de jambes. Serpens se faufile jusqu'à lui et, au bout de quelques minutes, parvient à l'apaiser. Tu ne vois pas les gestes du médecin, seulement la flaque dans lequel Bootes reprend lentement Conscience.

— On s'tient tranquille ! Pas de drogue, pas d'trafic ! Et j'vous laisse faire joujou !

La police repart en emmenant Pégase et Lyre.

Tu entends les explosions et le fracas métallique sur leur passage, les éventrations et les déchirements, les objets qui tombent et se brisent, les masses imposantes qu'als renversent et qui se disloquent. Et au moment où toi-même, en pensant à tous ces efforts anéantis, tu te sens envahie par la Colère, tu entends distinctement :

Plus qu'un lieu, le paradis est un état.

Et tu reconnais la voix de Lyre.

Mais tu ne sais pas comment elle s'y est prise pour venir chuchoter à ton oreille.

De la boîte aux lettres féconde en publicités, factures ou quittances, ne me parvient nulle lettre sinon, avec les cartes postales que ma Sœur m'envoie quand elle part en vacances, les tiennes.

J'en reconnais la petite écriture cabossée, les fautes d'orthographe, les photos de chanteuses célèbres que tu as peut-être choisies pour me faire plaisir ou qui étaient les seules en vente à l'économat surtaxé de la prison. Comment savoir ?

De ta réalité matérielle − cellule, gardiens, repas, codétenus, activités − je ne sais rien. Je n'ai accès qu'à l'essentiel, ta Pensée et tes rêves.

À ton insu, par tes Mots inconnus et ta grammaire boiteuse, j'accède à ton univers, un zoo monstrueux où se bousculent des centaures, des dragons et des hydres, des pervers à la stature cyclopéenne et des muses mamelues que tu méprises pour les attributs mêmes qui te font rêver d'elles. Tu m'entraînes sur tes canaux, dans tes incubateurs, par tes paroles lestées d'éléments lourds, là où s'est égarée ta Volonté, aussi volatile qu'un nuage de poussière. Ce voyage céleste pulvérise le plafond de ma chambre de bonne, et malgré ce que je sais de ton navire en perdition, j'y monte pour voguer à mon tour.

Guidé par la carte de tes constellations et les grandes Figures de ton zodiaque, notre voyage ne cesse pas. Notre nef nous entraîne à la poursuite de ces boules de feu que tu dessines, en laissant des sillages remplis de signes et de symboles, étoiles, fleurs, pendus, lapins, planètes. L'unique feuille de papier que tu ajoutes à ta carte postale ne me paraît jamais assez longue, jamais assez remplie. Et la nécessité d'y répondre me dévoile l'immensité de ma propre perdition.

Car alors, j'entrevois le chaos sur lequel je tente d'ériger ma vie, la guerre que se livrent toutes mes Figures, leur foisonnement monstrueux, leurs combats épiques, leur affrontement fratricide. Je découvre la chauve qui me dévisage, une main sur le réfrigérateur, et la jeune fille toujours au travail, qui ne comprend pas pourquoi son âpreté ne lui apporte pas plus de succès. Leurs légions hérissées de lances, qui opposent les femmes aux chevaux ailés et les démons à groins et à dos caparaçonnés se livrent à des chocs formidables, et leurs corps-à-corps d'anges vindicatifs et de chimères sanguinolentes ne donnent lieu à aucune victoire.

Et je n'ose te décrire ces aubes tachées, fourbues, où alors, toutes ces Figures vaincues s'empoignent et se flairent comme des bêtes, mais ne parviennent pas à trouver ce qu'elles cherchent ; ni te raconter ces moments où, après avoir hurlé contre l'Injustice et l'Impuissance, elles s'effondrent à genoux et se vident de leur sang, pour obtenir une réponse ou un soulagement. Je n'ose te dire ma détresse, mon ennui, mon errance, cette vie avec laquelle je n'ai rien à voir, sauf lorsque je L'écoute, en essayant follement de reproduire les gestes d'une cheffe d'orchestre, derrière mes stores baissés pour que les personnes qui travaillent dans le bureau d'en face ne se moquent pas de moi, pas plus que je ne te raconte ces soirées insoutenables de solitude, où soudain s'élève ce refrain atroce, *Joyeux anniversaire* qui, lorsqu'il est éructé depuis les bars au pied de mes fenêtres, me pourfend jusqu'au cœur et libère en moi une Haine universelle.

Je ne comprends pas, alors, que ce n'est pas de Haine que je souffre, mais au contraire, de Désir.

Je te mens donc et m'invente une vie légère, pleine de rencontres et d'aventures, et je conclus toujours par une blague, pour qu'à nouveau retentisse ton Rire, le son parfait comme un huit, sa Joie qui zèbre les ciels d'orage.

Ainsi traversé-je la nuit de ma jeunesse : la tête dans les livres, sans un réseau, sans une amie − car si ta propre Mère est la Démence, imagine ce que te réserve une étrangère − et je ne sors pas du donjon que je suis devenue pour moi-même, mais d'où, heureusement, je peux monter à tes côtés sur ton vaisseau qui coule.

Les cartes célestes se déploient à nouveau et nous voguons au gré des heures. Car encore plus enfouie, encore plus cachée que le trésor de ton Rire, demeure cette folie de croire en toi, comme je crois dans les contes de mon enfance.

Tu te souviens ?

Ces livres aux détails inouïs, aux insectes ventrus dont tu peux compter les soies, aux pétales de fleurs où se blottissent des mondes.

Ainsi, à l'époque, nommé-je à tort *folie* ce qui est en fait *raison*, raison de se croire capable de traverser les flammes grâce à la littérature, cet art où tout devient possible, grâce à l'Amour, la Pensée et le Temps qu'un jour, quelque part, une personne accorde aux Mots qu'elle écrit.

Inter oves

Parmi les brebis

Santa c'est d'abord une grosse blague : les chambres ferment pas à clé. Quand les matons te l'disent dans le panier à salade, tu les crois pas. Cause toujours, ducon. Faudra que j'tombe sur Drys en train d'déambuler dans les couloirs, torse nu et en short, pour commencer à y croire à leur prison modèle. J'étais sonné par le voyage, effaré par la présence de la mer que j'entendais sans la voir. Quand j'l'ai croisé, lui la tong pendante et la canne à pêche à la main, le bide qui dégueulait par-dessus l'caleçon, j'ai saisi son regard de chien, qui m'disait : *Et encore, ça c'est rien !* Il avait un corps bizarre, comme fait de plusieurs choses qu'auraient pas dû être ensemble : des bras de déménageur, les traits fins d'une poupée qui s'grignotait les lèvres, les yeux peureux d'un gosse. En fait, j'avais jamais vu d'pédophile.

Après avoir balancé l'vioque, j'me croyais flambé, j'étais sûr qu'il m'ferait démolir. Mais le dirlo a pensé à m'envoyer ailleurs. Dans son bureau, il avait bien précisé « une prison expérimentale ».

— Ils feront des expériences sur moi ?

Il a soupiré en m'fixant comme si j'avais deux ans d'âge mental. Ça m'a rassuré moyen. D'après lui, ils faisaient pas des trucs de boucher. Non, c'était plus « de l'observation ». J'comprenais pas tout, mais ça pouvait pas être pire que la bouilloire. Bref, j'lui ai signé son papelard. J'lui ai demandé si Amnesty International était au courant. Il a encore soupiré, mais cette fois il a fermé mon dossier sans m'regarder. J'sais pas exactement ce qu'il attendait d'moi, mais c'était pas gagné.

J'ai attendu mon transfert. La perspective de partir m'a requinqué et j'ai recommencé à becqueter. Jusqu'au bout j'ai cru que l'vioque me ferait scier les deux mains. Mais ça s'est pas fait.

Quand j'ai vu l'adresse de ma nouvelle prison, j'me suis dit que j'allais pas la donner à ma mère :

Centre de Détention SANTA MARE
Parc Naturel Régional
20120 SALVI
Corse

— Tu t'fous d'ma gueule ?

Pour ma mère, c'était encore un d'mes coups fumants. La prison m'payait des vacances ou quoi ?! Quand ils sont venus m'chercher en pleine nuit et que j'ai vu l'zinc à l'aéroport, j'ai même cru que j'vivais mes dernières heures : c'était un zinc pour transporter des troupes, du matos et tout l'bastringue, rempli ras la gueule de bidasses, en camouflage beige, pour l'désert. J'ai embarqué avec deux autres détenus, des quadras, Tureis, le Français typique, râleur et bas d'plafond, et Vathorz, une grande asperge à gueule d'aristo, avec double menton et sourire pour pub de dentifrice. Jamais vus ni l'un ni l'autre, et pour cause, j'comprendrais plus tard.

On en menait pas large. On était sûrs qu'ils allaient nous mettre une bastos entre les deux yeux et nous jeter d'là-haut ! J'matais la gueule des troufions pour voir comment leur petite conscience gérait notre assassinat. Mais ils la ramenaient pas. Ils nous brutalisaient pas, ils nous souriaient et nous poussaient pas leur mitraillette dans l'dos, ils nous faisaient avancer en douceur, en épousant nos mouvements. C'était à la fois rassurant et insupportable cette gentillesse. Leur job c'était quand même de fumer les autres, merde !

— Ça va, pas trop serré ? qu'ils faisaient avec le clin d'œil et le pouce levé des mecs qui doutent de rien.

Tu parles que ça allait ! Pour compenser leur politesse, leur saloperie elle devait être comac ! Contrairement aux matons, ils avaient pas du tout peur de nous. Quand ils ont mis les moteurs là-dedans, ça a fait un ramdam à t'décoller les étiquettes. Tu sentais l'vibrato des moteurs te souffler dans les tuyaux ! Le zinc s'est mis à trembler d'partout et j'ai senti l'sol se déplacer sous mon cul. Tout l'monde a eu l'air de rédiger son testament sauf un mec qui inspectait dans l'couloir, en vérifiant les sangles et l'matos. Moi j'faisais mes prières, j'me consolais en m'disant qu'au moins j'allais en avoir des sensations fortes.

Mon regard a eu l'malheur de croiser le troufion d'en face : il m'sourit ! Donc j'lui souris ! Les cons ! Après on savait plus où s'mettre. C'était l'bleubit de service. Alors pourquoi j'l'enviais ? Merde !!! J'me gâchais mes dernières minutes de vie pour rien ! J'me suis fait chier à regarder systématiquement ailleurs. Pas évident ! J'essayais d'me raisonner pour m'calmer. Pourquoi il m'foutait les boules, ce mec ? Parce que j'aurais voulu être lui ?

Ça m'a libéré d'un coup cette découverte.
Mais pourquoi j'aurais voulu être lui ?
Parce qu'il était libre.

Le Toxico a montré les dents.

Parce qu'il avait une vie normale.

Là il a pas pu s'retenir : *Une vie normale ? Il va buter ou s'faire buter ! Si ça s'trouve, il va clamser demain !*

C'était pas grave. J'aurais voulu être lui. Le redresseur de torts qui partait en convoi humanitaire, ou rétablir la démocratie.

Mais j'avais jamais voulu être quelqu'un d'autre ! À part Rothschild, comme tout l'monde ! Et maintenant j'rêvais d'la vie d'un bidasse ! J'étais tombé bien bas ! Bref. Ils nous ont pas jetés du haut du zinc. Ils se sont posés exprès pour nous remettre dans un panier à salade, et ils sont repartis.

J'me suis endormi. Quand j'me réveille, il fait chaud. On a changé d'continent parce que les nouveaux matons blaguent à la chaîne, et t'entends l'air du large dans leur accent. C'est l'même monde, sauf que tout le monde a l'air d'avoir mis des bigoudis, ils ont l'œil qui frise et ça s'prend pas au sérieux. T'entends les cris du marché sous les tonnelles et la douceur de leurs apéros en terrasse. Tu comprends pas tout d'suite que c'est la mer qui s'invite dans l'paysage. Et quand les matons t'offrent une sèche et en fument une avec toi dans l'panier à salade, tu sens qu'y a relâche.

— Le coup d'pied renversé mais dans l'mauvais sens, ô con !

Il prononce *cong*.

— *Oh lo lo...* Avec Balista à découvert qui t'fait des signes plus grands que lui, putain !

Putaing.

— T'aurais dit les mecs sur les porte-avions, tu sais ? *Avé* les drapeaux !

Apparemment fan de l'OM, le poulet marseillais, un bon père de famille avec la bedaine sur les genoux. Les collègues rigolent, y a une bonne ambiance, j'la ramène pas, ici c'est pas mon turf. Mais y a qu'une seule équipe au monde, une vraie : Les Princes de Paris.

— Et le but de Sanchez ? Il se positionne, il assure son coup de tête et *bo bo bo* ! La trajectoire *parfaiteuh* !!! Un pet sur une toile cirée !

J'sais que j'suis arrivé sur l'île, même dans cette boîte de conserve d'où ils nous sortent que quand quelqu'un veut aller pisser. Le froid t'agresse pas, la chaleur t'agresse pas. C'est la montagne. T'as pas de bords à la route, ton jet plonge direct dans une forêt. Le silence et les odeurs sauvages qui montent de partout font leur petit effet. J'ose même penser que l'vioque me retrouvera jamais ici ! J'me relâche, c'est comme ça que les autres se sont fait avoir. Mais tu peux pas lutter contre la forêt, l'air chaud, la décontraction des poulets, les affiches de soirées sur les boîtiers électriques et les graffiti au-dessus des chiottes :

21H SANTA MARE SOIRÉE TOUCH ME DANS LA MOUSSE,
« DÉTACHEMENT DU GENIE CORSE »
CHERCHEZ L'ERREUR

Y a plein d'virolos, ça fout un peu la gerbe. Et puis ça s'arrête enfin sur des graviers. T'entends quelqu'un qui s'approche et là, t'es mort de rire : il a l'accent mafieux ! Traînant et menaçant, à appuyer sur toutes les syllabes comme si chacune était lourde de sens.

— *Bon-jour Mar-cel, com-ment* ça *vaaa ?*
— Oh salut *Paolooo* ! Ça va très bien et toi ?
— C'est le *trans-fert* de *Fleu-ryyy ?* Trois ils sont les gars, c'est *çaaa ?*
— Cinq avec Fredi et Mario !
La tôle résonne sous les coups d'poings :

— *Oh Fre-diii ! Oh Mar-iooo !* Qu'est-ce qui s'est *pa-ssééé,* les *gaaars ?* Je vous croyais *hon-nêtes, o carnavà !*

Notre gardien gueule à travers la cloison :

— Oh tu sais, moi, l'avis d'un Corse !

— Oh *çaaa,* ça va se payer très *cheeer...*

Leurs rires portent vachement loin dans la nuit. Le fourgon fait valser du gravier et roule au pas. Au bout d'une minute, c'est l'stoppie final. En descendant, j'me retrouve au milieu d'la cambrousse.

Des prés à perte de vue. Au loin la forêt, la montagne. Un silence traversé d'insectes. Au-dessus d'un bâtiment d'un seul étage, la lune supervise notre arrivée. On doit avoir l'air tellement cons que l'Corse se croit obligé d'commenter.

— Ah *ouiii,* ça va vous *chan-geeer, iciii !*

Les collègues et moi on est séparés, ils m'laissent seul dans une pièce. Une vraie chambre, petite mais propre. Je checke direct la fenêtre entrouverte et sans barreaux à côté du lit. Y a même une table de chevet, avec une lampe et un réveil. Pas d'télé. Mais une salle de bains pour moi tout seul. Et ils repartent. J'ai même pas entendu de tour de clé. J'pose mon sac par terre et j'm'assois sur le pieu. J'résume : une chambre pour moi tout seul, avec une salle de bains. Là, j'suis bien obligé de reconnaître que j'ai changé d'monde.

Ils nous ont pas jetés du haut du zinc, ni mis des gouttes d'acide dans les yeux en chauffant nos plaies sous des lampes.

J'tends l'oreille. J'attends la folie des nuits en taule, les hurlements, les bruits mats, les coups, les fuites. J'attends qu'les matons viennent me chercher pour m'faire payer les prés, la lune, le silence et la chambre. Mais ils reviennent pas.

J'explore ce nouveau monde avec prudence, j'tâte le moelleux des oreillers, la fermeté rebondie du matelas, et à chaque découverte j'me demande pourquoi. Mais y a aucune explication qui vient. Au bout d'un moment, j'distingue des petits grignotages. Ça doit être des mulots. Des *mulots* ! À Paris, j'aurais pensé qu'à des cafards ou à des rats. Ils sont chez eux après tout, c'est moi l'étranger. D'où j'tiens des conneries pareilles, j'en ai aucune idée, mais j'sens bien qu'mon cerveau les boit comme du papier buvard depuis que j'ai posé le pied sur cette île. Quand j'comprends qu'y aura pas de tortures, j'm'enfonce dans l'oreiller moelleux. Mon dos s'relâche enfin et j'm'endors comme jamais j'me suis endormi : normalement.

Les miracles continuent l'lendemain. J'me réveille presque comme quand j'étais gosse, curieux et impatient de savoir c'que sera la journée. J'entends l'immeuble s'animer, j'dois être sourd ou encore dans l'coton parce que les bruits m'arrivent retenus, les saluts à voix basse. J'sens qu'y a du passage dans les couloirs, mais les mecs sont en chaussons, c'est pas possible autrement. Ou alors y a rien d'métallique dans l'immeuble, c'est tout fait en ouate. Pourtant si, j'entends… ouais, c'est ça… ah ! J'ai du mal à y croire... *Des machines à café* ! J'mets quelques secondes à comprendre que ça cogne à ma porte. J'sors de mon lit comme une fusée. Un trentenaire en jogging. Il m'tend sa pogne que j'serre sans réfléchir.

— Voiles, votre Conseiller d'Insertion et de Probation. Ça va, bien dormi ?

J'lui fais signe que oui en sentant ma main s'vider à son contact. Ça fait longtemps que tu m'as pas vouvoyé ni serré la main.

— On a rendez-vous chez le directeur. Vous avez une demi-heure.

Il s'barre. En remarquant qu'il ferme pas la porte, j'découvre qu'y a pas d'serrure. J'regarde bien. Pas moyen d'fermer !

Tout m'revient d'un coup : la décontraction des matons, la cambrousse, la chambre impeccable. Mais j'ai pas l'temps de m'extasier. J'vais m'laver les dents en écoutant une tondeuse à gazon. Quand mon CIP revient, j'suis prêt. On doit être les derniers à sortir. Pourtant le réveil indique que sept heures du mat'. Il m'amène à un vieux quatre-quatre et il m'indique le siège passager. Elle est où la caméra cachée, là ?

On croise des paysans, des profs de sport, des mecs torse nu avec des chapeaux d'paille et des faux à l'épaule. Enfin des faux, j'crois ! J'en ai jamais vu. Partout ça bosse, ça scie, ça tond, ça coupe des buissons dans les allées, t'entends des tronçonneuses. Ils sont où les collègues ? Au bout d'dix minutes on stoppe au pied d'un autre immeuble tout pareil à celui que j'viens d'quitter. Le dirlo nous attend dans une salle de classe. J'retrouve mes collègues qui baissent les yeux en m'voyant. Voiles rejoint leurs CIP à côté du dirlo.

Le boss j'le surnomme tout d'suite Magic Man parce qu'il a l'élégance de c'genre de mecs, grand et svelte, avec des petites moustaches, manque plus qu'la cape.

— Cet établissement est unique en son genre dans notre pays. C'est ce qui s'appelle *une prison ouverte.*

Il prend tout son temps.

— Ici, pas de miradors, pas de murs d'enceintes, pas de barbelés. Vous pouvez vous évader. Mais si vous le faites, on vous rattrapera. Et on vous renverra immédiatement dans un établissement fermé.

Il s'redresse et laisse infuser avant d'reprendre.

— Sur cette île, tout le monde se connaît. Vous ne recevrez aucune aide de l'extérieur. La majorité de la population est opposée à la présence de notre établissement sur son territoire.

Venant des Corses ça m'étonne pas. A part eux-mêmes, qui c'est qu'ils peuvent blairer ?

— Vous disposerez d'outils coupants, de scies, de haches. Vous avez pu constater que vos portes ne peuvent pas être verrouillées. Vous pourrez circuler librement sur tout le domaine. Par contre, nous avons un règlement très strict. Présence obligatoire à l'appel du matin, du midi et du soir. Les bagarres sont interdites. À la moindre infraction, vous serez renvoyés d'où vous venez.

Tu comprends qu'il en a qu'une seule de sanction, mais sévère !

— Vous vous demandez sûrement pourquoi vous bénéficiez de ce traitement privilégié.

Il lit dans les esprits ! Normal, pour Magic Man. Mais j'imagine pas une seconde c'qui va me tomber sur la gueule.

— La population de Santa Mare répond à un profil *précis*.

A partir de là, il appuie sur toutes ses fins d'phrases, comme si le dernier Mot était l'plus important.

— Seules y ont accès des personnes calmes et respectueuses des règles de vie en *communauté*. En sont exclus les fauteurs de troubles et toute personne dont l'addiction ou les troubles psychologiques ne lui permettent pas de vivre en paix avec les *autres*.

Ça commence à sentir l'Église. Mais la surprise est pas là.

— La population de détenus est constituée d'une majorité d'infracteurs sexuels…

Kézako ?

— … c'est-à-dire de personnes ayant commis des infractions aux mœurs, des viols ou des incestes.

La température monte d'un coup.

J'ai pas besoin d'me retourner vers les deux autres. J'regarde mon CIP qui m'observe. Il met l'doigt sur sa bouche pour m'dire de la fermer. Putain il m'connaît déjà, le mec ! J'regarde les autres CIP, et eux aussi ils m'fixent ! C'est une blague !

— Cette catégorie concerne 98% des détenus à Santa Mare.

J'tombe de ma chaise.

Une prison d'pédos !

— Non seulement les autres crimes sont sous-représentés, mais le vol est très mal vu ici...

Et, en s'tournant vers moi :

— ... tant par le personnel que par les détenus.

Mais il m'fait la morale, là ! C'est l'monde à l'envers !

— Notre établissement a une vocation pénitentiaire, mais c'est également une exploitation agricole que vous devrez faire fonctionner. Nous faisons de l'élevage ovin, bovin et porcin, ainsi que de l'exploitation céréalière et forestière sur mille-trois-cents hectares. Chacun d'entre vous verra avec son Conseiller d'Insertion et de Probation quel poste lui conviendra le mieux.

Le mec a déjà changé d'sujet !

— Votre objectif est double. Premièrement, purger votre peine en fournissant un travail utile. Deuxièmement, préparer votre réinsertion en suivant vos protocoles médicamenteux et psychothérapeutiques, et en acquérant une formation professionnelle. Notre objectif, à nous, est de rendre à la société des individus qui ne sont plus dangereux. Ce qui m'amène au plus important.

Ah parce qu'y a plus important ?

— Nous avons *zéro récidive*. Toutes les personnes qui partent de Santa Mare n'ont plus *jamais* besoin d'y revenir. Jusqu'à aujourd'hui, le travail du personnel pénitentiaire et des détenus constitue une réussite à *cent pour cent*.

Ça en jetterait si j'en avais quelque chose à foutre.

— Ce système, qui repose sur le travail et la Confiance, tend à prouver son *efficacité*. Mais il est extrêmement *fragile*. Du fait de l'absence de contraintes qu'il instaure, mais aussi des nombreux freins qu'il rencontre, et dans l'opinion commune, et chez les autorités. D'où son statut *expérimental*. Je compte donc sur vous pour ne pas être ceux qui donneront raison à ses adversaires. Est-ce que vous avez des questions ?

Tous les CIP m'ont pas lâché des mirettes une seule seconde. Mais pourquoi c'est moi qu'ils regardent ? On dirait que c'est moi l'problème ! J'ai l'impression d'respirer dans un scaphandre. *Tu l'lèves ton doigt, oui ou merde ?* Comme de juste, Magic Man a deviné que j'étais au dernier stade de la cuisson vapeur.

— Vous n'avez pas de questions, monsieur ?

Mais comment il veut que j'lui dise que j'peux pas rester dans une prison d'pédos ?!

— Un problème ?

Il insiste, le bâtard !

— Vous n'avez pas compris quelque chose ?

J'secoue la tête pour qu'il m'lâche.

— Bon. Comme vous voudrez. De toute façon, votre CIP est là si vous avez besoin de renseignements. Vous serez tous les jours en contact avec lui. Mais vous pourrez également vous tourner vers d'autres référents, que nous allons vous présenter. C'est principalement à leurs qualités professionnelles et intrinsèques que nous devons le succès de Santa Mare.

Comment il leur suce la bite aux matons !

— Vous pouvez aussi prendre rendez-vous avec moi. J'habite sur place, comme tous les autres membres du personnel. Si vous n'avez pas de questions…

Encore un zieutage dans ma direction.

Mais c'est trop énorme, même pour moi.

— … nous allons faire une visite du domaine.

Dès que j'sors j'respire mieux. J'sens déjà les deux autres qui font bande à part.

Putain ! J'en reviens pas ! J'me retrouve avec la pire raclure que tu peux imaginer ! Et l'autre qui m'présente ça comme une chance !

C'est bizarre, mais j'la sens pas vraiment mon indignation. Ici, tu t'retrouves dehors comme ça, en claquant des doigts. C'est cadeau. Du coup j'arrive pas trop à penser, j'suis l'mouvement. Voiles m'explique des trucs mais j'entends rien, je sais plus où donner d'la tête, les nuages, la forêt et les collines au loin, l'odeur des arbres et des fleurs, les palmiers – des *palmiers*, putain !!! – tout c'que j'peux prendre, j'le prends. En même temps, ça s'télescope dans ma caboche. Comment la justice peut accorder le meilleur à ces salopards de pédos ? C'est sous la semelle de nos godasses qu'elle est leur place ! C'qu'ils font subir aux gosses, tu peux ni l'comprendre ni l'excuser. C'est plus qu'un devoir, c'est un plaisir de les détruire, ces mecs-là ! Et puis hop, le ciel me happe, le vent sur ma tronche, impossible de m'concentrer sur les vraies questions. Déjà dix, quinze, vingt mètres à marcher sans barreaux, sans miradors ! Pas un maton, pas un grillage pour arrêter mon regard. Du grillage si, t'en as, mais autour des terrains d'tennis ! J'me retourne pour être bien sûr que le décor est en 3D. Et j'me reprends les deux gugusses dans la tronche. Des mecs qui s'tapent des petites filles, qui s'tapent *leurs* petites filles !!! Putain, ça passe pas.

Tout en haut du domaine, y a la Résidence, là où loge et bouffe le personnel. T'y as pas accès. Sinon tu peux aller et venir dans tout l'domaine, du moment que ton boulot est fait.

On visite. Les bâtiments font jamais plus d'deux étages. Y a celui de l'administration où s'trouve le bureau du dirlo et ceux d'nos CIP, une infirmerie, un greffe, le secrétariat, la compta. On passe dans les ateliers : menuiserie, plomberie, électricité, y a même une presse pour imprimer l'journal du centre ! Bien sûr y a aussi une chapelle, isolée du reste et cachée dans la verdure. L'aumônier nous vend sa soupe. C'est un pédo lui aussi ?!

Mes deux collègues croisent plus jamais mon regard. J'sens ma haine monter, putain, j'dois m'retenir pour pas les agresser ! Comment j'vais gérer ?

Dans un des ateliers, j'vise des taches de couleur au mur. C'est des images d'herbe à moitié floues, avec un regard au milieu, tu piges pas trop, on dirait un alien. Pendant que Magic Man nous présente une petite vieille, j'me rapproche tout près du mur. J'me fais remarquer, mais j'm'en tape, j'adore la science-fiction. J'finis par reconstituer des antennes dans l'image, une patte hérissée d'pointes qu'est repliée sur un brin d'herbe. C'est une bestiole en planque, protégée par sa jungle de gazon. La vieille qui s'occupe de l'atelier répond sans bouger les lèvres, c'est clair qu'elle a pas envie d'nous expliquer quoi qu'ce soit. Mais elle m'a repéré et elle m'surveille du coin d'l'œil. Dans sa taule c'est l'bordel, y en a partout sur les établis et ça pue l'produit chimique.

Dans l'atelier informatique, c'est une autre ambiance. J'me retrouve devant des rangées de petites télés, bien alignées, avec rien qui dépasse. Le prof c'est une face de glaire avec des lunettes et des lèvres épaisses, tout maigrichon. Il pue la pédale à plein nez, tu sens l'minot qu'a mal grandi, l'ancienne tête de turc à l'école qui s'est réfugiée derrière ses écrans pour échapper aux torgnoles. Sa dégaine de séminariste te raconte toute sa vie illico : le jour la tête dans les ordis, le soir à s'astiquer l'gland, le mec terrorisé par les nanas, pédé faute de mieux. Il est super rapide, ses yeux cherchent dans tous les coins celui qui lui balancera un gnon. Il m'donne pas envie avec ses histoires de code.

J'vois pas l'intérêt mais l'dirlo, lui, il est captivé. D'après lui, c'est l'avenir, les ordis font partie d'un vaste plan qui nous dépasse. Sacré Magic Man ! Le séminariste se *rengorge* − t'as vu ? − son discours à tiroirs commence à s'vouloir drôle. Ça crève les yeux qu'il a plus l'habitude des machines que des mecs en chair et en os. J'le déteste illico.

On visite la porcherie, la vacherie, la bergerie. Les mecs qui s'en occupent s'retournent et nous visent tranquillement pendant la visite, tu sens qu'ils ont pas la pression. J'suis tout d'suite fasciné par les bêtes. En fait, j'en ai jamais vu d'près, sauf dans mon assiette. C'est un vrai plaisir de les mater. Leur regard paumé, apeuré, le cul énorme que les cochons s'trimballent sur leurs petites pattes, les brebis qui s'serrent les unes contre les autres. Ça pue pas trop ! Tu dois les emmener paître. J'choisis mon poste à c'moment-là.

Le dirlo nous laisse avec notre CIP.

Le mien est cool. Son grand truc, c'est « mon projet de vie ». Le pauvre. J'ai presque de la peine pour lui, il y croit à fond, tu sens qu'il veut bien faire. Limite il s'fait plus de souci qu'moi. Moi j'arrive pas une seconde à m'projeter dans l'avenir. Quel avenir ? Il m'bassine là-dessus pendant trois plombes. En plus de mon boulot à Santa, j'dois suivre une formation. J'lui dis de pas perdre son temps avec moi, mais l'mec il lâche pas l'affaire, tu sens qu'il m'laissera pas sortir de son bureau avant que j'crache une réponse, une idée, un rêve, n'importe quoi. Pour m'débarrasser d'lui, j'lui dis que j'veux étudier les aliens. Il marque un temps d'arrêt. Quand j'lui parle des images, il capte et m'dit que c'est l'atelier photo. Okay, du moment qu'il m'fout la paix.

Il m'dit d'aller faire le match de foot. J'cherche même plus à comprendre à quoi ils carburent dans cette taule et j'y vais.

Dedans, t'es un peu à l'abri du vertige, mais à l'extérieur tu peux pas lui échapper. Le terrain d'foot est au milieu d'nulle part, avec juste des arbres à gauche, et à droite l'horizon que t'oses pas regarder. Dans les gifles douces que ça envoie, tu t'prends des bouffées d'parfums, d'poisson, de sachets que tu mets dans l'linge, de pâte à inhaler quand t'as un rhume. Et tu t'tiens à carreau. Tu sens qu'ici, à chaque geste que tu fais, tu peux t'prendre un pan du cosmos sur la gueule, et quand tu fermes les yeux pour t'remettre d'aplomb, t'inspires le paysage par les trous d' nez, tu peux pas y échapper, il entre en toi avec ses plages, ses forêts, ses rivières. Ton corps devient caméléon, tu vois à trois-cent-soixante degrés à cause des effluves où macèrent des atomes de mousses, d'algues, de marée, d'aiguilles de pins. Les mouettes tu les vois pas, elles crient au loin, et quand tu lèves le nez pour les chercher dans l'ciel, t'as la cime des arbres qui t'donne le vertige, du coup le terrain d'foot me rassure presque comme quelque chose d'humain et d'imbécile sur lequel j'peux enfin avoir une prise.

Une vingtaine de mecs tapent déjà dans l'ballon. Un quinqua blondinet qu'a plus que deux poils sur l'caillou et qu'ils appellent Canopus forme les équipes. Un pédo lui aussi ?

Ben oui ducon, c'en est tous !

Putain.

Evidemment moi j'm'abaisse pas à participer, mais avant que j'me rebelle, j'me retrouve enrôlé. J'ai pas les couilles de l'ouvrir et j'm'exile aussi loin qu'possible, tout à fait à l'aile, histoire de laisser une chance à mon amour-propre. Manque plus qu'un goal. T'as Drys, le premier pédo qu'j'ai vu, avec sa tronche de fille et ses épaules de déménageur, qui va s'planter entre les deux poteaux. Quand il court à son poste, j'comprends notre erreur : une bonne femme aurait mieux couru, son cul a l'air de traîner par terre, alors jouer au foot !

Canopus s'est associé à un macaque aux oreilles décollées en avant-centre et il fait des efforts désespérés pour nous placer en quatre-quatre-deux. Tu vois tout d'suite que les autres connaissent pas la combi mais en face, c'est pire : y a un géant avec une tignasse noire tout emmêlée, presque assis sur le cul, qui tape dans ses mains et les met en avant comme s'il voulait attraper la balle et plonger en mêlée : Naos. À côté d'lui, un bégayeur qui répète « êta êta êta » à tout bout d'champ en s'pointant du doigt. Comment j'vais m'en sortir ? J'vais quand même pas jouer avec ces ordures ?

Soudain un groupe de piafs fuse au-dessus d'ma tête. C'est l'moment où l'ballon file dans l'camp adverse. Une heure plus tard j'connais tout le monde, plus Markeb, le macaque aux oreilles décollées. Une heure que j'décale, que j'feinte, que j'te fais des passes et des stoppies d'la mort et que j'perce et que j'tacle et que j'te les place sur le terrain. Et le mec qu'a gueulé comme un putois « Main !! Putain, y a main, bordel !!! » ben c'était moi.

Direction le repas d'midi avec mon CIP et tout ce petit monde. Drys marche devant moi, j'vois ses bras d'déménageur qui sortent de son marcel comme des pattes d'araignée, velues et arquées. J'vois rouge en l'imaginant s'agiter entre les cuisses d'une mioche mais j'lui ai serré la pogne comme aux autres. Pas la peine de s'raconter d'histoires, notre poignée d'main elle a scellé quelque chose entre nous. Là j'suis vraiment dans la merde.

J'rentre dans une belle cafet' mais j'ai pas l'cœur à m'extasier comme mes deux collègues, Tureis qui sait qu'râler et Vathorz, la grande asperge qu'est jamais sortie d'son château. Au fait ils sont là pour quoi ? Et j'me souviens. La première question qu'tu poses en prison, tu la poses pas ici, vu qu'tout l'monde a à peu près fait la même chose.

Ça monte en puissance, j'aimerais prendre le large pour pas en allumer un. Tout l'réfectoire me tomberait dessus ! Et j'veux pas retourner sur l'continent, le vieux me ferait la peau ! Bref, j'suis piégé.

En plus, les mecs m'ont pas encore repéré. J'slalome sans savoir où m'poser entre tous ces pédos. Les tables de quatre sont pleines à craquer. J'ai envie d'mettre le feu aux fleurs artificielles qui sont dans les bacs au sommet des banquettes. Des terrains d'tennis, des fleurs, le grand luxe, tout ça pour ces raclures ! Pourquoi on les jette pas aux oubliettes après leur avoir coupé la bite, merde ?! Ce serait plus simple !

J'finis par repérer une table vide et j'me pose avec mon plateau et mon CIP qui réapparaît pile poil où j'me sens chaud bouillant. Des mecs viennent lui serrer la pogne. Il m'présente, le con ! Des max de pognes se tendent vers moi. Qu'est-ce que j'peux faire ? J'peux rien faire !

Le problème, c'est que plus j'en serre, plus ça m'rend malade. J'me sens ravalé au même rang qu'un pédo et ça, y a pas d'raison ! J'ai fait des conneries mais moi j'en suis pas là, merde !

A la fin du repas j'm'évade pour aller boire mon jus sur la terrasse. J'taxe méchamment une clope à un mec qu'ose pas m'la refuser. Du coup j'en profite pour lui prendre son paquet et son feu. Hop, ça met l'ambiance. Et devine quoi ? Mes collègues de Paris rappliquent ! J'avais pas remarqué les mocassins en daim d'Vathorz. Ça m'rappelle. *T'as déjà vu des daims ? C'est mignon, hein ? Eh ben tu sais qu'ils sont démembrés et dépecés encore vivants pour les faire, tes chaussures ?* Qu'est-ce que tu veux répondre à ça ?! J'sais plus ce que j't'avais dit. Mais tu peux pas tout faire en fonction d'ta conscience ! Ce serait impossible de vivre ! Autant te suicider tout d'suite ! Tureis lâche pas son pote depuis Paris. Ils sont en couple ou quoi ? J'secoue la tête, j'préfère pas savoir ! Et Canopus qui rapplique à son tour ! Ses trois poils blonds lui font une tête d'oisillon. Sauf que c'est lui l'rapace ! Pourquoi il nous colle, comme ça, il est pédé ou quoi ? Tureis s'renseigne sur la taule.

— C'est bien ici ?

— À ton avis ?

Canopus me quitte pas des yeux ! Qu'est-ce qu'il m'veut ? Et tous les pédos qui s'resserrent autour de nous !

— Ça a pas l'air trop mal, reprend Tureis.

— Ben dis donc j'sais pas ce qu'il te faut !

J'sens une tension bizarre. Les pédos sont pas rassurés par les nouveaux. Vathorz essaie d'soutenir son pote :

— On sent une vraie différence avec les prisons traditionnelles.

Les mocassins ont parlé, le mec se croit à la Sorbonne. C'est moi ou y a de plus en plus de monde autour de nous ? Oh merde ! Pourvu qu'ils m'demandent pas mon avis !

— Et toi, qu'est-ce que t'en dis ?

Trompeur l'oisillon, il m'rentre dans l'lard direct.

— Qu'est-ce que ça peut t'foutre ?

Aaaaaaaaahhh, ça soulage !

Mais j'aurais jamais dû. Y s'passe exactement c'que j'voulais pas. Plus un seul bruit dans toute la cafet'. Les cuisiniers attendent la louche en l'air et l'monde entier zoome sur mézigue.

— Un problème ?

Le maton a foncé sur moi direct. À croire que c'est vraiment moi l'problème dans cette taule !!!

— Suivez-moi chez l'directeur !

Mon CIP m'accompagne. T'as plus que le couinement d'mes baskets sur l'carrelage. Et tous les gars ont largement le temps d'prendre ma photo.

— Vous causez déjà un incident ?

Magic Man est pas agressif, limite j'suis un cas habituel. J'préfère vider mon sac.

— Pourquoi on m'a mis dans une prison d'pédos ?

— Pour que vous puissiez échapper à vos tortionnaires.

J'sens mes joues cramer.

— C'est le cas de tous les autres détenus ici. Mais eux ont subi bien pire que ce que vous avez enduré : des sévices qui leur ont été infligés par des détenus comme *vous*.

On dirait qu'il est au courant pour l'autre pédo que j'ai aidé à crever. Mais merde, j'suis d'utilité publique, moi !

Magic Man cherche même pas à m'convaincre. Pendant un moment il m'regarde sans parler, comme s'il était face à un animal. À tous les coups il va chercher à m'apprivoiser.

— J'aimerais vous faire comprendre ce que vous pouvez *devenir* ici.

Qu'est-ce que j'te disais ? Putain, j'aurais dû faire psy !

En même temps c'est bizarre, le mec réussit à allumer quelque chose.

— En 1860, le propriétaire des terres où nous sommes fait faillite. L'État les lui rachète pour les transformer en centre pénitentiaire d'un nouveau genre : une exploitation agricole gérée par des détenus. On tente cette expérience après les résultats d'une étude qui montre que les plus jeunes prisonniers deviennent des criminels endurcis *après* leur incarcération.

Les mecs ils ont eu besoin d'une étude pour savoir ça ! Eh ben !

— Un millier d'entre eux arrive pour transformer les marais insalubres en domaine exploitable. La plupart meurent de la malaria. Ce n'est qu'après la seconde guerre mondiale que l'usage du DDT permettra de réduire la mortalité.

J'suis déjà en train d'm'endormir.

— Vous avez entendu parler de la collaboration ?

Il m'prend pour un con ou quoi ?

— La *collaboration* désigne les personnes qui ont collaboré avec l'occupant nazi en France pendant la seconde guerre mondiale. À la libération, l'État les a regroupés ici, pour les isoler du reste de la population.

Autant dire que le lieu est chargé !

— Eux aussi, vous voyez, ils ont contribué à faire de cet endroit la seule prison de France qui accomplit ce pour quoi elle existe : transformer un criminel en citoyen.

Tout d'un coup, il s'penche en détachant bien toutes les syllabes.

— Ce lieu a une histoire et c'est *lui* que je dois préserver. Pas vous.

Merde, j'croyais qu'il allait m'amadouer.

— Mon rôle est de vous empêcher de nuire.

Il prend un papelard et appuie sur son stylo-bille. Ça fait un *clic* dans l'silence.

— C'est à vous de me convaincre de ne *pas* signer votre ordre de transfert.

Il m'tient par les burnes, le salaud.

J'regarde Voiles. Ses yeux m'confirment qu'il peut rien pour moi.

— Alors, est-ce que vous vous engagez à ne plus créer d'ennuis à partir de maintenant ?

Le dirlo tend l'oreille.

— Je n'vous entends pas.

Pourquoi perdre du temps ? J'ai pas envie d'revoir le vioque !

— OK.

— Je n'comprends pas.

— OK j'ai dit ! C'est bon !

— Ça ne suffit pas.

— Vous voulez quoi, là ?!

— Je veux votre parole.

Alors là c'est moi qu'ai pitié d'lui.

— Est-ce que j'ai votre parole que vous ferez tout pour respecter ce lieu et les personnes qui y vivent ? Donnez-la-moi et je ne signe pas votre ordre de transfert.

Va falloir que j'lui dise le mot le plus difficile de la langue française.

Mais y a pas ! Ici y a l'ciel, y a la mer, y a des palmiers, y a des parfums ! Et surtout, y a pas l'vioque !!! J'peux pas retourner d'où j'viens.

— Oui.

Au moment où j'passe la porte, le dirlo me tend sa pogne. Encore une foutue pogne à serrer !

— Je vous souhaite de réussir. Pour nous tous.

« Pour nous tous » ? J'vois pas en quoi ça regarde les autres.

Mon CIP se casse sans commentaires. J'marche dans les allées comme un zombie, sans savoir où m'foutre. À Santa, aux heures les plus chaudes, tout l'monde fait une sieste de deux heures l'après-midi. Ouais, ouais, *la sieste*, t'as bien lu. Moi, tu parles que j'ai envie d'dormir après ça ! J'marche tout droit, le plus loin possible. Et puis t'as la mer qui arrive, qu'envahit l'espace avec ses mouettes, son odeur, sa mouvance. J'y crois pas encore. Du coup j'me planque dans une petite maison.

J'reconnais aussitôt le silence snobinard de la connaissance. À droite, le bibliothécaire lève un œil de son bouquin pour voir à qui il a affaire. Il va m'demander quelque chose, mais en voyant ma gueule il s'replonge vite fait dans ses lectures. J'monte au premier, histoire d'être seul, et j'rentre dans l'espace sans limites du ciel au-dessus d'la mer.

Ça m'remue mais j'veux pas donner prise alors j'me détourne. C'est bon, je sais qu'elle est là maintenant, elle va pas s'envoler.

Des trucs pendent du plafond, des mobiles aux couleurs douces que l'air fait tourner. Entre les rayonnages, t'as plein d'affiches : des fusées, des biches, des tigres, des filles longilignes et souriantes, des amoureux qui s'regardent sérieusement. Une carte du monde me fait d'l'œil. Y a une grande table qui prend toute la place, avec des bouquins disposés en arc de cercle. J'm'assois pour avoir l'air d'faire quelque chose.

Tout d'suite, ça m'gave : qu'est-ce que j'fous là ?

J'prends un bouquin avec des monstres sur la couverture et j'me barre avec. Le type de l'entrée ose pas m'arrêter. Sûrement un pédo, lui aussi.

J'retourne au bureau d'mon CIP pour savoir quoi faire. J'lui dis que j'ai bien aimé les bêtes. Il m'envoie à la bergerie. Paraît qu'y a toujours quelqu'un. Évidemment j'trouve personne.

Les bêtes flippent de moi. Ça m'rend timide, j'ose pas les toucher. C'est des petits formats noirs ou blancs avec des longues mèches, tout chauds, sensibles à une mouche qui passe. Finalement j'vise une cabane où j'débusque trois mecs en train d'jouer aux cartes devant leurs hamacs. Des *hamacs*, putain... Ça va, pas trop dure, la vie ? Ils ont pas l'air au courant d'mon scandale. Et hop, encore un putain d'serrage de pognes.

Les brebis sont faciles à traire, leurs mamelles sont faites pour tes doigts. T'as quatre béliers castrés qui portent la cloche pour les repérer quand l'troupeau est au pâturage parce que t'as cent cinquante têtes. L'agnelage, quand les brebis accouchent, c'est en septembre. Les agneaux restent quatre-vingt-dix à cent vingt jours et puis c'est l'abattoir, tout dépend s'ils ont bien pris à la finition (engraissement). Ben oui, je sais, c'est dégueulasse. Mais c'est tellement bon, des côtelettes d'agneau, putain ! On fabrique aussi des fromages pour l'exportation à 60%, surtout des pâtes molles qu'ont pas la même durée d'affinage que les pâtes pressées. Le reste de la production fournit le marché de l'île. La filière est en danger à cause de la tremblante et d'la fièvre catarrhale, mais surtout à cause de la surproduction de la Sardaigne toute proche, et des prix du foncier qu'empêchent la création de nouvelles exploitations. Les anciennes, elles, elles ferment les unes après les autres. La jeune génération, ça l'intéresse pas d'faire des fromages.

D'emblée j'aime les brebis. Leur long chanfrein, un peu renflé, leurs yeux très écartés, où y a la fleur de la peur des êtres humains bien enracinée, et qui t'regardent au fin fond d'toi, sans jamais écouter tes belles paroles. Elles palpitent sous tes doigts, elles sont fragiles. Tu peux leur faire du mal trop facilement, d'une pression d'la main tu pourrais. Les bêtes diront jamais rien si tu les frappes. Elles pourront jamais appeler la police, porter plainte. Elles encaisseront, point barre. Evidemment j'me suis demandé si les pédos en profitaient pas pour les enculer. Mais c'est pas l'cas. Comment je l'sais ? J'en sais rien. J'le sais, c'est tout.

J'passe l'après-midi à apprendre le grain, le fourrage, les cycles d'allaitement. En fin d'journée mon CIP vient voir comment j'me débrouille. J'lui explique la traite, il bosse avec nous. Demain c'est censé être rebelote.

Quand j'retourne au QG, mon problème avec les pédos revient, intact, mais j'le garde à distance, j'ai pas envie d'avoir des emmerdes. On m'a laissé la même chambre. Les autres mecs rentrent du boulot les uns après les autres, discrétos, en solo. Ils s'attardent pas dans les couloirs, ils te regardent plus, ils t'causent plus. Tu sens qu'la comédie d'la journée les a fatigués, qu'ici c'est leur refuge, ou bien l'endroit où leur conscience refait surface. Du coup ils ont du boulot avec eux-mêmes, pas l'temps de s'occuper des autres.

J'vais dans les couloirs pour visiter un peu. Y a qu'un étage, c'est vite fait. Les portes sont ouvertes, les mecs tu les vois en train d'lire, d'écrire, de faire de la couture, de plier leur linge. Ils m'calculent pas. Pas d'télé nulle part. J'vais m'en fumer une au bout d'mon couloir, y a une fenêtre. J'ai vue sur des bosquets odorants, au loin t'as des collines grises sous l'ciel, t'as pas un nuage, les criquets s'en donnent à cœur joie, j'arrive pas à croire que tout ça c'est donné. Putain si ça s'savait en métropole ! Les pédos au soleil, et à l'année ! Tout l'monde sauterait sur ses mômes pour y avoir droit !

J'peux pas louper la chambre qu'est juste à côté, j'ai vue direct sur le bureau du mec qui écrit à la lueur d'une lampe. C'est l'quinqua bedonnant en marcel typique, bien dégueu, le pédo dans toute sa splendeur. J'détourne les yeux quand il m'avise.

La même nuit dingue de calme revient.

J'me refais le même plan douillet sur mon lit, pour retrouver cette sensation géniale de mon dos qui s'relâche sur l'oreiller. Mais j'la retrouve pas. C'est moelleux, point barre. Le vrai plaisir m'échappe et j'sens que c'est comme la came, comme le sexe et tout ce qui est bon : un savon sous la douche. Plus t'en consommes, plus il s'réduit. Et puis un jour, tu frottes, tu frottes, mais t'as les mains vides.

J'me sens encore curieux, pas fatigué pour deux sous. J'prends l'bouquin que j'ai chouravé à la biblio. J'lis pas, j'regarde les images.

Un bateau avec une grande voile dans l'immensité bleue.

Un univers de mousse dans une forêt de ouf.

Une prairie toute tranquille, pleine de soleil.

Cette île, c'est l'paradis, en fait. T'as tout : des rivages, des massifs sous la neige, des villages avec un marché, la nature, les animaux. J'regarde la couverture. C'est pas des monstres en photo, c'est des rochers à forme humaine. On dirait des géants figés dans la pierre au moment où ils étaient en train d'bouger ou d'crier.

J'reste scotché par la fantaisie minérale, ouvertement délirante. Leurs gueules me fascinent. Elles sont tellement expressives. Y en a un qui fronce les sourcils en regardant la mer. T'as l'impression qu'il gueule quelque chose pour prévenir d'un danger.

Visage acromégalique d'une île-montagne

Tu parles qu'avec ça j'suis renseigné !

Soumis à des variations extrêmes de pression et de température, exposés aux réactions chimiques, la pierre, le magma et les sédiments qui constituent notre sol se transforment sans cesse dans la chaleur de leur fusion. À des profondeurs inimaginables, la roche, si dure soit-elle, avorte, enfante, et donne son visage à notre planète.

Ah ouais ?

C'est dingue que même la pierre elle change.

Dès l'deuxième jour j'me planque à la bergerie, j'veux voir personne. Les autres me calculent plus, ils sont déjà au courant que j'ai foutu l'bordel. On communique juste pour les bêtes. J'mange de mon côté et surtout ils m'tendent plus leur foutue pogne.

Mon CIP m'a montré comment on empruntait des livres à la biblio et j'ai dû rembourser l'paquet d'clopes que j'avais taxé. Tout s'sait ici, mais alors c'est instantané. Faut dire qu'y s'passe pas grand-chose dans l'camp, c'est plutôt plan-plan.

J'apprends l'langage des brebis, leur plaisir à jouer, leur attitude moins farouche quand elles te reconnaissent, l'insolence des boucs. J'sais voir les bêtes malades, les mamelles dures des brebis qui vont accoucher. J'apprends à tâter les agneaux dans leur vulve et j'les aide à les expulser. J'ai sauvé plusieurs mères et leurs petits comme ça. Le plus dur c'est d'pas s'attacher. Faut pas donner d'prénoms. Pas facile avec des peluches qui t'suivent comme leur mère, et qui t'font la fête quand t'arrive à la bergerie. Je sais que tu seras déçue, mais j'suis pas devenu végétarien. Déjà que j'suis en taule, alors si en plus, tu m'enlèves la bidoche !

Le soir, avant d'm'endormir, j'lis l'bouquin sur l'île.

J'comprends pas tout mais c'est pas grave, j'fais comme si. J'voyage du nord au sud, j'prends le GR 20, j'me baigne dans des *eaux cristallines*. L'histoire de la pierre qui change me reste dans la tête. Ça prend plusieurs millénaires leur transformation. Elles sont d'abord entraînées au fond par des mouvements *tectoniques*, et là elles sont soumises à de très hautes températures.

C'est bien ça l'problème. Moi j'aimerais bien changer mais quand tu brûles, tu fais quoi, toi ? Ben tu retires ta main ! Tu vas voir ailleurs ! Et puis t'y vas comment, toi, au centre de la terre ? Dans une fusée en forme de suppo ?

J'me suis fait un pote. Enfin un pote ! Non, pas un pote. J'serai jamais pote avec un pédo ! Plus un mec à qui parler : le vieux dégueu en marcel au bout du couloir. Il s'appelle Argo. Quand j'vais fumer ma clope à la fenêtre, il m'demande des nouvelles de ma journée. Il est pas con et il tourne pas autour du pot. Il aime bien les mots. Trop.

— En *tradi* t'es avec toutes les pathologies de la terre dans la même cocotte-minute : les tueurs, les proxénètes, les maniaco-dépressifs, les obsédés, les psychopathes, des mecs qui n'ont aucune envie de changer, pire : qui en sont incapables !

— T'as autant d'guedins ici !

— Non, t'arrives « guedin », mais tu repars pas guedin.

— À cause des médocs ?

— Les médocs rassurent. Mais c'est pas eux qui font le boulot.

— Tu crois pas à la castration chimique alors ?

Il s'y attendait pas à celle-là ! J'mets les points sur les i :

— Alors tu prends leurs médocs ?! T'acceptes d'être castré !

Ça l'énerve.

— C'est des mots de journalistes, ça, pour vendre leurs torche-culs !

— C'est pas les journalistes, c'est une ministre qui l'a dit.

— Ah ben cherche pas : une bonne femme ! Double intérêt pour elle ! D'un côté elle rassure l'électorat, de l'autre elle prend sa revanche ! T'imagines la jouissance que ça représente pour une nana, de castrer des mecs ?

J'vous défends mollement. Ça l'intéresse même pas.

— Seulement c'est complètement contre-productif ! T'en connais, toi, des mecs volontaires pour s'faire castrer ? C'est pas ça qu'elle devrait faire, ta ministre ! Elle devrait traiter la tête plutôt que punir le corps ! C'est comme ça qu'elle obtiendrait un vrai changement, en incitant à faire le boulot ! Sauf que t'as pas un électeur qui votera les crédits pour ça !

L'histoire d'Argo elle est banale. Le mec a un parcours sans faute : des études, un job, une bonne femme, des gosses, la routine. Jusqu'au jour où il découvre ce qui l'fait vraiment vibrer. J'ai deviné sans même qu'il m'raconte. À Santa, t'as autant de pédos que de pointeurs. C'est facile de savoir qui est qui : les pédos, c'est ceux qu'ont pas la photo d'leurs gosses sur leur bureau.

Comme Argo.

Au bout d'un moment, ça commence à m'peser d'être traité en pestiféré. Voir tous les mecs te tourner l'dos, ça va bien cinq minutes. C'est tout l'contraire avec les matons. Eux j'les attire, ils m'observent sous toutes les coutures. Faut voir comment ils m'soupçonnent du pire quand j'aide les mecs du coin à charger les fromages ! Ils pensent que j'vais m'faire la malle, c'est sûr. Bref, tout l'monde perd le sourire en m'voyant. C'est Argo qui m'explique que j'ai déconné.

— T'as pas remarqué que les gardiens ont pas d'armes ? Et ils acceptent de nous confier une tronçonneuse ?! Eh ben justement, c'est pour ça qu'ça marche. On dépend d'eux et eux ils dépendent de nous. C'est une bonne planque pour eux ! Les mecs ils vivent au bord de la mer, ils sont nourris, blanchis, ils surveillent des détenus doux comme des agneaux et ils partent en retraite avant tout le monde ! Et nous, on s'tient à carreau pour pas retourner avec les salopards. Tout le monde s'y retrouve !

Ça l'effleure même pas que c'est pas normal qu'un mec comme lui en profite, pendant que les gens normaux sont au chômdu !

— Mais c'est fragile, tout ça. Des petits connards comme toi peuvent tout détruire en un rien d'temps. Balance une seule torgnole à un maton. Tu peux être sûr que le lendemain, ils seront tous équipés d'un flingue.

Suffit d'un rien, que l'un de nous se fasse la malle. Sa connerie remontera tout là-haut, et un politique qui n'a jamais mis les pieds ici remplacera les arbres par des murs. Ce jour-là, Santa ce sera fini.

— Et alors ? J'vais pas pleurer pour des raclures !

Mais il s'en tape. C'est ça son problème : il écoute pas, il parle.

— Du coup on se surveille entre nous ! Il n'y a pas besoin de matons à Santa ! Parce que personne a intérêt à ce que quelqu'un s'évade ! Et si les médias en parlent pas, c'est parce qu'une prison qui marche, c'est pas vendeur.

J'fume ma clope, j'me fatigue plus à lui répondre. Lui il essaie à tout prix de m'convaincre.

— Ben ouais ! Des détenus qui récidivent pas, une exploitation agricole bénéficiaire, de la main-d'œuvre gratuite, des gains pour toute la région, et des matons heureux ! Sauf que t'as pas un mec qui se fait élire en défendant des pédophiles ! Au contraire, la population elle adore les histoires glauques, le fait divers sordide, les sévices corporels.

Si j'comprends bien, les pervers c'est pas eux, c'est les autres !

— Les gens, ils voient pas qu'une prison comme ça c'est efficace. Pour eux c'est juste intolérable. Tous les refoulés du plaisir, les fils à papa qui rêvent que d'ordre et de punition. Sans compter tous les barges qui voudraient réintroduire les sévices du Moyen-Âge. Ceux-là, ils attendent qu'une occasion pour fermer le centre. Ils en ont rien à foutre que ça marche.

Et quand est-ce qu'il en parle des victimes ? Elles font quoi ses gosses pendant ce temps-là ? Y a un centre au soleil pour elles aussi ?

J'ai beau résister à leur logique, j'fais de moins en moins la gueule. J'serre les pognes sans réfléchir, y en a trop. Et comme tout l'monde est en mode décontract', c'est presque impossible de savoir si t'as affaire à un pointeur, un pédo, un maton ou un Corse.

Les après-midis, j'les passe avec la vieille de l'atelier photo. J'suis l'seul à avoir voulu échapper aux petits écrans de l'informatique. Elle a commencé par m'occuper les mains. Les bains, les objectifs, les pellicules. J'vois pas la finalité mais j'aime bien la bidouille, et l'côté froid et propre de la photo me change des moteurs et des bêtes. J'ai vite chopé l'plaisir du suspense en voyant les formes et les couleurs apparaître, les contours qui s'précisent sous l'action des sels. La vieille lâche ses infos en manipulant les appareils. Moi j'pose jamais d'questions. J'arrive pas à m'détendre avec elle.

La photo animale, c'est comme de la chasse sans tuer ni blesser. Faut écouter ton sixième sens qui t'prévient de c'qui va arriver. Le repérage est encore plus crucial que la photo. Avec les jumelles, tu repères leurs allées et venues. Seulement après tu poses tes affûts. Faut savoir revenir plusieurs jours après, pour pas interrompre la construction d'un nid. La bouffe est primordiale. Pas pour toi, pour eux ! S'ils t'ont pas repéré, ils changent pas leurs habitudes. Suffit d'rester bien planqué à l'abri du vent, camouflé sous des feuilles ou une bâche. Faut prévoir des couches pour pisser. Ouais des couches, paraît qu'il faut s'faire dessus ! Pour plusieurs semaines de repérage, t'as qu'une photo d'bonne, ou seulement quelques secondes de film exploitables. Bref c'est une histoire de patience et d'débrouillardise.

Après viennent les éclairages, les micros. La vieille me fait entendre ses bruitages. Ceux qu'elle a pris et ceux qu'elle a inventés. J'découvre que j'étais sourd en entendant le bruit du vent, des moustiques, des abeilles, des crapauds, l'envol d'un groupe d'oiseaux.

Va-t'en capter des fourmillements, des reptations ! Ça rend même un peu foldingue, j'nous surprends la vieille et moi les yeux en l'air avec un sourire idiot, quand on est paumés dans les pays lointains des sons jamais entendus : une antenne qui tâtonne une feuille, le pas d'un oiseau sur la neige. Y a des forêts qu'ont une voix humaine.

J'la laisse causer, ça m'fait un film où j'suis pas obligé d'intervenir. Par contre j'aime pas quand ça devient trop personnel. OK elle s'est gelé l'cul et elle a jamais gagné sa vie. Et alors ? Qu'est-ce que j'vais faire, moi, en sortant ? Au moins, elle devenue centenaire, ou tout comme. Moi j'arriverai jamais jusque là ! Cette question d'mon avenir me file des sueurs, j'le vois bien quand mon CIP me parle de « mon projet ». J'ai l'cœur qui bat, j'préfère parler d'autre chose. En fait j'me chie dessus rien que d'y penser ! J'préfère les heures en silence dans l'atelier. La vieille le sent quand j'vais exploser. Elle est pas conne.

J'aime bien l'temps qu'elle prend pour bouger. Ça compense sa bavasserie. Le soir j'lui dis jamais au revoir. J'sais pas pourquoi. Une femme tu lui serres pas la main, tu l'embrasses. Mais ses joues à elle, c'est d'la peau flasque et ridée, ça donne pas envie.

L'ambiance s'améliore. Soit j'fais moins la gueule, soit les mecs s'détendent. Mais j'mange plus tout seul, et j'me greffe à leurs barbeuks sur la plage, le soir. Ils s'y prennent en grand secret parce que l'dirlo donne pas son autorisation pour plus d'dix personnes. Il nous l'accorde qu'à la dernière minute, l'après-midi, après avoir vérifié qu'y aura pas d'vent pour les incendies. Il fait une liste des participants et chacun signe en face de son nom. La menace du transfert dissuade tout l'monde de déconner.

À partir du moment où l'barbeuk est permis, c'est l'excitation : faut avertir les cuistots pour qu'ils fournissent la bouffe, aller chercher ceux qui travaillent à l'autre bout du domaine, et garder l'info confidentielle pour pas faire de jaloux. C'est grâce à la mer que j'aime bien leurs barbeuks.

La mer, j'l'aime dedans, dehors, quand j'la regarde au milieu des ruines en briques rouges laissées par les Génois, à l'époque des pirates. J'mets la tête sous l'eau et j'nage. J'me crois ailleurs. Un jour, j'ai vu un hippocampe. J'ai pensé à toi. Tu m'as dit que les hippocampes étaient « des indices de pureté des eaux ». Qu'est-ce que tu peux t'la péter avec tes mots, tes sens, tes phrases compliquées que tu m'balances exprès pour que j't'admire. À t'écouter c'est toi qui les donnes, les cours à la Sorbonne ! J'te vois bien prof là-bas, à raconter la messe, à te faire engrosser, et puis divorcer à quarante piges, perdre ta fraîcheur, ton regard curieux et apeuré, ton sourire pour un hanneton qui passe. Mais j'te laisse me donner toutes les leçons que tu veux, j'te lis pas vraiment. J'écoute la musique de tes mots, ton intérêt impossible, incroyable pour moi. Bref, l'hippocampe. Tout minot, avec sa nage sautillante qui l'propulsait de cinq centimètres en cinq centimètres. J'aurais pu l'broyer entre deux doigts. J'me suis haï d'y avoir seulement pensé. Il passait tranquille et moi j'l'aurais.. ? Et pourquoi ça m'a fait autant d'effet ?

J'me pose face à la mer et j'regarde les nuages s'en aller vers l'horizon en écoutant les mecs assis autour du feu. C'est une habitude de rester à l'écart. Mais encore plus avec ces mecs. Au début, j'essayais d'éviter l'amitié inévitable en tentant d'convoquer des images d'incestes et d'tortures mais ça m'rendait schizo, j'pensais qu'à les détruire, du coup à quoi ça servait d'être là ? Après, à force de vivre avec eux, à force de bosser, bouffer, fumer avec eux, ces images arrivent plus vraiment. J'ai même un peu d'mal à faire le rapprochement. Mais j'veux pas oublier qui ils sont. Alors j'me force à rester à part.

L'obscurité s'referme lentement autour de nous. J'reste bien planqué dans ma bulle, j'les écoute ou j'vais m'baigner. Comme j'ai arrêté d'les prendre de haut et que j'fais ma part comme les autres, ils m'oublient. Ils ont bien compris que j'leur piquerais pas leurs affaires. Ils râlent sur le boulot, les collègues, les matons, la France, la marche du monde. Rien d'nouveau sous l'soleil. Tout l'monde garde un œil sur le feu. Ça part vite, ici.

Un soir, j'découvre que les pédos ont aussi leurs pédos. On s'est installés à l'abri du vent dans une petite crique. Vathorz et Tureis se sont incrustés eux aussi. T'as un tronc d'arbre tout noir qu'est tombé sur le sable. Foudroyé, apparemment. Notre groupe est assis près du tronc fendu en deux et puis tout à coup :

— Oh merde !

Les mecs sont tout remués. C'est l'indignation générale. Y a un mec qui passe au bord de l'eau, en faisant semblant de pas nous voir, un binoclard, la trentaine, avec du matériel de pêche. Il doit rentrer pour l'appel. Naos l'agresse (un géant, j'ai jamais pu imaginer de quoi il était capable) :

— Hé, petite bite ! Tu vas nous chercher des branches ?

Canopus le recadre.

— Arrête, putain ! J'ai pas envie qu'il rapplique !

— 'Toutes façons c'est un surfeur, faut pas rêver !

Vathorz pose la question pour moi.

— « Un surfeur » ?

— Un fainéant qui pointe à la plage.

Traduction : il bosse pas.

J'avais entendu parler d'ces deux-trois exceptions à Santa. J'croyais qu'c'était interdit de s'tourner les pouces. Ça énerve tout d'suite Tureis :

— Pourquoi il bosse pas ? C'est dégueulasse ! Moi aussi j'veux m'la couler douce !

— Tu t'ferais chier, lui lance Canopus.

Tu parles ! Les anciens veulent pas cracher l'morceau sur ce mec, c'est clair ! Doit y avoir du lourd ! Qu'est-ce qu'y a d'pire que d'baiser ses propres gosses ? Baiser ses propres gosses morts ?

Markeb peut pas résister.

— Lui, c'est l'erreur de Santa.

J'me tourne vers sa face de vieux macaque aux oreilles décollées. Mais pour lui aussi, c'est trop gros pour qu'il en parle. Tureis finit par poser la question qui tue.

— Qu'est-ce qu'il a fait ?

Markeb s'dévoue pas. Eta s'pointe du doigt.

— Eta, êta, êt…

Finalement Naos crache le morceau.

— Il a enlevé des gosses et les a laissées crever d'faim !

Tu crois qu'il aurait plombé l'ambiance ? Macache ! Mes deux collègues sont tout excités.

— « Crever d'faim » ?!

L'aristo frétille. Son intérêt décomplexe tout l'monde.

— Pendant dix ans.

— Douze ans, corrige Canopus.

— Dans un tout petit réduit, au sous-sol.

— Sans fenêtres, sans rien.

— Quand elles tombaient enceintes, ils les faisaient avorter à coups d'tatanes.

Là, ça m'coupe l'appétit.

— Putain !

Premier sourire de Tureis depuis que j'le connais. Ah ouais. En fait, le mec passe son temps à gueuler mais en réalité, la merde c'est sa came. Faudrait surtout pas qu'les choses aillent bien ! C'est ça qui l'mettrait mal.

— J'vois qui c'est, ils en avaient parlé à la télé ! Il est pas Belge, lui ?

— Et ta connerie, elle est belge, aussi ?

Canopus l'a pas loupé, mais avec moi, il a un regard en forme de hameçon, une voix qui porte pour que j'entende bien. J'sens que c'est moi qu'il veut convaincre. Pourquoi j'l'intéresse autant qu'ça ?

— On est en Belgique ou en France ?!

Le vieux macaque préfère conclure.

— Ce mec a rien à foutre ici.

J'vois pas pourquoi. C'est un pédo comme les autres, non ? Le coup d'la faim et des avortements, c'est juste des options.

Ma grimace doit tellement s'voir que Canopus finit par cracher.

— Le mec s'raconte des histoires.

— Comment ça ?

Vathorz a l'extase plus discrète que son pote, mais tu sens bien que lui aussi, ça l'régale le sordide. Tureis et lui sont peut-être pas du même milieu, mais ils sont d'la même espèce, y a pas ! Le pire, c'est qu'moi aussi ça m'intéresse ! J'ai beau lutter, j'sens bien qu'ça m'excite tout ça. J'commence à croire qu'Argo avait raison !

Mais ce serait impossible de pas s'y intéresser, et même idiot. Ce serait comme détourner les yeux d'une brèche qui s'ouvrirait dans la réalité, comme refuser d'faire un voyage quand t'as pas les moyens d'en faire.

'Toutes façons, même si ça m'dégoûte, j'peux pas m'empêcher d'écouter.

— C'est pas d'sa faute ! C'est jamais d'sa faute !

Tu sens qu'ça l'touche, Canopus. Intuition : le mec a été comme lui.

— C'est toujours à cause des autres !

Le macaque nous donne des détails.

— La police a trouvé un soubassement avec deux gamines mortes de faim dans sa baraque, couvertes de son ADN, et c'est pas lui !

— Vous voyez l'problème ? me demande Canopus.

— Ce mec est un gros pervers et ça restera un gros pervers !

Parce que eux, c'est pas des pervers, peut-être ?!!!

Naos s'gratte la tignasse.

— En plus il bosse pas !

— Eta, êta, êt…

J'commence doucement à piger.

— Il passe toutes ses journées à la plage !

C'est quoi qui les fait le plus chier dans l'histoire ? Qu'il ait laissé des gamines crever d'faim ou qu'il en rame pas une ?

Le quinqua blondinet sent bien qu'ça m'énerve.

— Attends, nous aussi on est tombés pour mœurs.

Il s'adresse directement à moi maintenant !

— Les pulsions, c'est une chose. Mais personne a jamais laissé *crever d'faim* qui qu'ce soit ! Ça c'est sadique, c'est réfléchi ! T'imagines c'qu'elles ont enduré ? C'est pas possible, ça !

Pas la peine de lui répondre. À son ton faiblard, même lui il croit pas à ce qu'il dit. Mais le géant veut l'aider à m'convaincre qu'ils valent mieux que c'mec.

— Même pour nous, y a des limites !

Pas d'chance, le macaque a un regard réflexe vers lui. Okay. Naos a son bon petit paquet d'saloperies à s'trimballer lui aussi. En tous cas, on y est : le bien-le mal c'est qu'une question d'grandeur pour eux. Violer ses gosses, ça passe encore. Mais les faire avorter à coups d'tatanes, là faut pas charrier !

Tout à coup ça m'frappe.

Si c'est pas qu'une question d'grandeur, mais d'principe, alors moi aussi j'suis coupable. J'ai volé, trompé, abusé. On peut m'mettre dans l'même bain, moi aussi. Comme tout l'monde.

Putain.

'Toutes façons, qu'est-ce que j'peux y faire, là, tout d'suite ?

Rien.

Du coup, ça m'rend l'appétit.

Tureis a la bonne idée d'changer de sujet.

— Moi j'me barre quand j'veux d'votre taule pourrie !

C'est trop pas crédible les pédos qui jouent aux caïds.

— J'pars après l'dernier appel, j'marche jusqu'au port pendant la nuit et j'me planque en attendant de trouver un bateau qui part pour la métropole. Les doigts dans l'nez !

J'sens la crispation des anciens.

— T'as pensé aux détecteurs de mouvements ?

C'est rare quand Drys ramène sa gueule de poupée. Il a pas tourné son visage du feu. Y a qu'ses yeux d'gosse terrorisé qu'ont bougé, comme un caméléon ! Il a dû bien dérouiller en prison.

— Des détecteurs de mouvements ? Comme dans les musées ?!

Tureis et Vathorz s'fendent la gueule.

— C'est high-tech ici, tu croirais pas !

— Y a des lasers infra-rouges et tout !

— Comme dans les films !

— Si ça s'trouve, ils en ont mis partout, dans la bergerie, à la cafet' !

— Tu vois les cuistots enjamber les lasers !

— Et les moutons !!!

Pliés en deux. Fatalement, ils s'font bien recadrer.

— Votre mère aurait jamais dû vous chier, tous les deux.

Markeb veut s'les faire, Eta veut en placer une mais Canopus prend déjà l'relais :

— T'as une journée d'marche d'ici au port de Tivolo. Avant même que tu sois sorti d'la forêt, tous les flics auront quadrillé le secteur et les habitants seront prévenus. Toute la région sera en train de patrouiller sur les routes avec des carabines. T'as des amis corses, toi ?

— J'ai pas besoin d'amis corses pour m'tirer de là !

— Sinon tu peux t'cacher dans l'maquis toute ta vie et manger des sangliers. Si c'est pas eux qui t'mangent !

C'est marrant, j'aime bien la nature mais j'm'imagine pas vivre tout seul dans la forêt, comme un sauvage. Canopus le laisse pas souffler.

— Même si t'avais d'la chance et qu'les flics te retrouvaient pas, tu crois qu'les Corses laisseraient un mec comme toi traîner sur leur île ? Tu t'ferais épingler ! Et là, j'voudrais pas être à ta place !

— Qu'est-ce que j'en ai à foutre, des Corses ?

— T'es en Corse, j'te signale !!! Et la Corse, c'est pas la France !

— Comment ?

Rien que dans un mot, Vathorz arrive à mettre des armoiries. Tureis en revient pas.

— Comment ça, « la Corse c'est pas la France » ?

— Tu crois qu'ils sont contents de nous voir, les gens d'ici ? De savoir que la pire racaille de l'humanité elle est sur leur *île de beauté* ? Et que l'État te donne du boulot à *toi*, et pas à *eux* ?

— Attends d'faire le marché, ou les incendies ! Tu verras la gueule qu'ils tirent en nous voyant !

— En gros, toute l'île a les boules qu'on soit là ?

— Pas toute l'île ! rappelle le Macaque. Toute la planète !

Turéis se rend mollement :

— Ouais, ouais, elle est super, votre planque.

Silence général.

Les anciens t'ont retourné Tureis exactement comme ils voulaient. Devant son feu, Drys devient tout rouge. Canopus le dit pour lui.

— Si tu l'dis… Les barreaux y sont dans ta tête.

— Eta, êta, êt…

— Et ta mère, putain !

Tureis se défoule sur le seul qui peut pas lui répondre : pourquoi ça m'étonne pas ?

Tous les anciens regardent le feu. J'crois qu'cet abruti a touché quelque chose avec sa « super planque ». Finalement Drys se décide.

— Tu t'es déjà demandé c'que tu ferais en sortant d'ici ? demande Canopus.

Deuxième bombe de la journée : non seulement j'suis comme eux, mais en plus on s'pose les mêmes questions !

— Parce qu'une fois de retour dans la vraie vie faudra que tu t'expliques : où t'étais pendant quinze ans, le trou dans ton CV, pourquoi tes gosses viennent pas t'voir. C'est écrit, mec, personne pourra l'effacer. Et faudra le dire ce que t'as fait mec, tout le temps : au patron qui voudra t'embaucher et qui voudra plus après, au mec qui voudra devenir ton pote et qui voudra plus après, à la nana que t'auras baisée et qui voudra plus après.

Le géant rebalance du lourd :

— Même si t'as réussi à changer, tu pourras pas changer les autres.

— Moi j'vous le dis, j'me barre quand j'veux ! insiste Tureis.

— Pour aller où ?

— Ben j'en sais rien ! Ailleurs, sur l'île ! C'est beau, la Corse !

— Do, do, dommage que ce, ce, ce soit peuplé d'Corses !

Eta a réussi à aller au bout !

Les anciens placent mollement leurs blagues.

— Pourquoi les Corses sont petits ?

— Parce que leurs parents leur ont dit : « Quand on est grand on a un travail. »

— Comment t'appelles un Corse avec un Q.I. de cent ?

— Un village.

Tu sens les mêmes blagues qui tournent depuis des années, et qui font rire que les nouveaux. Markeb résume pour tout le monde.

— En tous cas y a du boulot !

Ça fait sursauter Naos.

— Bon allez, on passe à autre chose ! J'me croirais avec mon psy, putain !

Finalement c'est peut-être mieux que j'sois pas devenu psy !

J'me suis habitué à l'incroyable : pouvoir partir tout seul en forêt, quand mon taf est fini. J'explore le domaine dès que j'peux. Mais j'fais attention à m'garder une marge pour le retour et pas louper l'appel. J'connais la sanction. S'ils m'renvoient au vioque, j'sauterai du zinc de moi-même.

Au début j'osais pas aller dans la forêt. Et puis j'ai poussé plus loin. D'après le livre, ceux qu'entraient dans une forêt corse faisaient leur testament, à cause des bandits. Mais moi c'est pas un bandit qui m'fait peur, c'est un hippocampe !

Quand tu regardes bien autour de toi dans cette forêt, t'as l'impression d'être revenu à l'époque des dinosaures. C'est ça que j'aime. Les plantes qui s'referment sur toi tout doucement. Tes pensées qui s'effacent, ton corps qui s'adapte. Au début fallait que j'dégaine le bouquin à chaque pas pour essayer de reconnaître une herbe ou un insecte. C'était frustrant parce que les trois quarts de ce que j'voyais étaient pas dedans. J'ai dû mener mon enquête en dénichant d'autres bouquins à la biblio : *Le Dictionnaire des insectes*, *Faune et flore de Corse, Beautés corses…* J'partais avec mes bouquins dans mon sac à dos et des fois j'passais plus de temps le nez dedans qu'à regarder autour de moi ! Finalement j'ai appris les noms, j'ai pu m'repérer entre les différences, le pistachier avec ses baies rouges, l'arbousier avec ses gousses tout hérissées de piques, les feuilles dentées des chênes lièges, les parasols des pins laricio.

J'ai déniché une cascade où personne vient m'faire chier. Elle glisse de roche en roche jusque dans un bassin entouré de fougères. L'endroit est magique. T'as un arbre avec un tronc large et noueux comme un cou de diplodocus. La mousse jaune et noire s'transforme en salamandres. J'me fous à la baille et j'laisse l'eau me faire une robe de princesse. Moi qu'ai toujours été un pois sauteur, j'sais devenir une île où s'réfugient les animaux.

J'le sais par les *flocs*, les chants, les enfourchements des scarabées qui combattent, la suspension d'une araignée qui m'prend pour un mur porteur. J'me fends la poire au passage d'une flaque d'œufs. J'trouve ça tordant, cette lente dérivation hasardeuse qu'emmène des enfants à l'aventure. J'pourrais les noyer d'un souffle, personne en saurait rien. Avant, j'l'aurais fait. Maintenant j'peux plus.

C'est un peu à cause de ma prof de photo. Elle a raison, tout est dans les détails. Les insectes sont devenus ma grande passion. Les autres bêtes tu les vois pas, tu les entends. Et encore ! Quand ça leur chante.

Elles gardent leur beauté pour elles, faut pas rêver. Mais les insectes sont moins égoïstes.

Arrête-toi et zoome à fond, tu verras des créatures de folie, plus délirantes les unes que les autres, avec des tronches pas possible. Toute cette vie que t'écrases parce qu'elle est moche et petite, moi j'l'aime bien. J'repère les capricornes monstrueux, avec leurs antennes plus grandes que leur corps et leur armure de samouraïs d'où partent tout plein de bras. Les orthoptères aplatis, tu peux les voir sourire si t'as une loupe, et les libellules bleues ! Si délicates, avec leurs yeux énormes en boules à facette et leurs pales d'hélicoptères… J'adore. J'pense à toi. Affûtée et pas heureuse. Avec ton sourire qui t'trahit. Et tes yeux qu'espèrent, alors que c'est débile. J'suis pas un pédo, moi !

A partir du moment où tes meilleurs potes sont des sauterelles, tu perds ta grande gueule. Et les mois défilent presque trop vite.

J'écoute plus trop Argo, j'préfère être dehors. Les mots tu peux les répéter tant qu'tu veux, la vie elle est ailleurs, là où y a le soleil, là où ça bouge. Parler c'est bien, mais c'est agir qu'est le plus important. Argo, lui, il est dans sa prison mentale, derrière ses propres barreaux. Et il sait qu'ils sont au moins deux dans la cellule : lui et l'ordure qu'a violé ses gosses. Et comme il ose pas la regarder en face cette ordure, il s'étourdit avec ses mots, ses belles phrases, ses fines analyses des autres, et il note, il remplit son journal, c'est tout c'qu'il fait. Alors que ses gosses, elles, elles ont dû faire bien autre chose que simplement la regarder, cette ordure.

Finalement, les victimes aussi sont en prison, même si elles ont rien demandé. En plus elles ont pas droit à la célébrité, contrairement à leurs bourreaux. Pour elles comme pour eux, « y a du boulot » comme dirait Markeb.

En tous cas ici j'ai compris le mot *irréparable*. J'sais que moi, j'l'ai pas commis. Contrairement aux pédos. C'est la grosse différence entre eux et moi.

Mais j'en tire aucune gloire. Si j'ai pas fauché un gosse avec ma sportive cette nuit-là, c'est uniquement à la chance que j'le dois.

Des fois j'pars débroussailler chez les gens du coin. Leurs maisons sont super petites et super vieilles, toutes faites de travers, mais elles sont jolies. Les murs sont peints en rose ou en jaune avec des toits de tuiles marron, presque pas pentus. Elles sont cachées au milieu des buissons et des herbes folles, l'idéal pour finir en allumettes. Faut couper c'qui monte trop haut pour réduire les risques d'embrasement et de propagation du feu. Y a même pas un maton dans notre groupe. C'est des employés municipaux qui nous pilotent.

Un jour, notre groupe passe chez une mémé toute ratatinée, avec le fichu noir sur la tête, édentée et ramollie du pavillon, la vieille Corse typique. Elle parle que sa langue d'ailleurs, un employé municipal lui traduit. Quand elle a compris, elle rentre dans sa cuisine et sort des verres et des petits saucissons. Elle nous sert pendant que j'sens la tension monter chez les mecs qui nous encadrent. Comme elle insiste, j'm'assois et j'le bouffe son sauciflard. C'est bon, mais tu comprends comment elle a perdu toutes ses dents. Les pédos et moi on s'bâfre en rigolant. Les employés municipaux, eux, ils veulent pas s'asseoir avec nous. Ils peuvent pas refuser à boire mais ils restent près d'la porte, ils veulent pas serrer nos pognes, ils veulent pas partager quoi qu'ce soit avec nous ! Limite j'les comprends !

La petite vieille qui pige pas s'met à engueuler celui qui parle sa langue pour qu'il nous rejoigne. Alors il lui lâche le morceau. J'ai pas compris les mots, mais j'ai vu la déflagration de l'info sur la tronche de la vioque. T'aurais dit que ça avait tout tué en elle. J'me suis vite levé en faisant style j'ai fini de manger pour pas m'recevoir un coup de fusil. Mais elle nous a juste regardés partir. Qu'est-ce qu'elle s'attendait à voir ? Des tentacules ?

J'me souviens encore de son museau pointu, des contours de son visage soulignés par le fichu noir, et de ses yeux d'où la lumière s'était brusquement éteinte en entendant l'employé municipal.

Pourquoi il lui avait dit ?

Qu'est-ce que ça lui avait rapporté ?

T'es peinard, mais t'es pas heureux. La vraie vie c'est pas sous l'eau à regarder passer les hippocampes. La vraie vie c'est d'où tu viens. La nature t'accueille bonne poire entre ses bras grands ouverts, mais faut pas charrier ! J'm'en veux d'ces vacances auxquelles mes frères et ma mère ont pas droit. Suffit de les écouter m'raconter leur quotidien pour culpabiliser. Leur rage, leurs questions en lousdé au téléphone, sur « mon parc régional ». J'sens bien qu'ils l'ont pas digéré. Ça fait mal. Quand j'raccroche, j'me sens encore plus minable que quand j'ai décroché. Mais j'les comprends. À l'usine ou à la boîte, faut s'les avaler les humiliations, juste pour avoir le droit de revenir. Du coup, tout ce que je vis ici, mes baignades et mes explorations, j'peux pas les partager avec eux, ça ferait que les enrager encore plus. Alors j'fabrique des mensonges, encore et toujours. En prison j'calmais le jeu, ici j'leur invente des bagarres, des trafics, des coups de pute.

Les pédos m'ont filé leur peur de l'avenir. Ça m'fait flipper l'idée de retrouver la liberté. J'sais plus trop si j'la veux tant que ça, finalement, la possibilité d'aller et venir. Pour aller où ? Faire quoi ?

Oh mais attends, j't'ai pas dit ! Oh putain, j'allais oublier l'essentiel ! Y a eu un attentat !!!

Ouais ! Une bombe ! J'ai entendu l'explosion depuis la bergerie !

C'est le poste de sécurité Nord qu'a sauté. À part un maton pour surveiller l'accès, y a jamais personne, c'est du côté des ruines. À ce moment-là, le maton était pas là. Mais imagine, y aurait eu un gosse qui jouait là-bas ! J'sais plus si j't'ai dit que les matons vivaient dans le centre, en famille. Bien sûr qu'ils ont des gosses. Et non, il leur est jamais rien arrivé. Bref, le maton revenait de déjeuner, il était sur le chemin pour retourner à son poste. C'est des menuisiers qui l'ont retardé. Ils tapaient la tchache quand la bombe a sauté.

Zéro victime, mais on doit reconstruire le poste, maintenant. Le truc vachement utile, comme tu vois. Bref, paraît que c'est un coup des indépendantistes, des mecs qui veulent plus que la Corse soit rattachée à la France. Et comme par hasard, le maton qui s'est absenté est corse. Tu vois ce que j'veux dire ?

Depuis, il rase les murs. Mais si ça s'trouve, il y est pour rien.

Bref, on a tous compris le message. Les Corses veulent pas d'nous et ils nous l'font savoir. Sauf qu'y faut bien qu'on aille quelque part ! Et qu'apparemment, y a que leur île de beauté pour dresser les pédos.

Les barbeuks sont devenus vachement politiques. Les mecs se sont mis en tête d'enquêter pour savoir si le maton est maqué avec les indépendantistes !

Moi j'm'en tape, j'laisse pisser. Le seul endroit où t'es indépendant c'est loin, tout au fond, là où même la roche bouillonne et s'transforme sous la chaleur. Là oui, t'as une chance de changer et de t'libérer. Enfin, si t'as les couilles d'y aller !

367

Hostias

Sacrifice

— *Sieg, Sieg, Sieg ?!*
Et ils répondirent en chœur :
— *Heil, Heil, Heil !*
— *Sieg, Sieg, Sieg ?!*
— *Heil, Heil, Heil !!!!!!!!!!!!*
Leurs cris de Joie s'envolèrent vers les hêtres et les chênes.

Ils avaient réussi à déjouer l'attention de la police. Depuis que les médias leur attribuaient la mort d'un sans-papiers au cours d'une manifestation, le phénomène skinhead faisait les gros titres. À présent, ils voyaient leur identité contrôlée pour leur seule apparence et avaient dû faire preuve de ruse pour pouvoir venir à ce stage *commando* dans cette forêt de Bretagne, les uns venant en train, les autres par la route, jamais regroupés à plus de deux.

Venus ensemble en voiture, Theemin et Eridan alternaient avec un esprit farceur les saluts nazis et les coups de poing sur la poitrine pour saluer les skinheads de la région. Les deux amis s'approchèrent d'un groupe dans lequel Bad conversait avec son double, un trentenaire râblé au cou de shar-peï, mais dont le visage à l'expression gourmande, contrairement à celui de leur chef, semblait exempt d'intelligence.

Sans oser les interrompre, Eridan et Theemin se placèrent en retrait. Le moment des saluts était toujours délicat, en ce qu'il révélait leur position dans la hiérarchie. Mais, à leur soulagement, Bad se tourna vers eux pour leur serrer la main, sans attendre que son interlocuteur finît ses explications au sujet du nationalisme local.

Désormais, si le jugement admiratif qu'Eridan avait sur Bad tendait à se confirmer, il restait néanmoins interlocutoire. Car, dans son esprit, leur chef se colorait désormais des consonances orientales de son nom de famille.

L'antinomie que cette identité supposait avec leur cause avait beau être flagrante, elle faisait l'objet d'un tabou rigoureux au sein du clan. Aussi le jeune homme n'avait pu en apprendre davantage.

Le lynchage des chasseurs, après le dernier match de foot des Princes de Paris, lui avait également laissé un mauvais souvenir. Bad et Sick avaient raconté que les trois chasseurs ne s'étaient pas relevés lorsque les forces de l'ordre avaient donné l'assaut. C'était sous-entendre que les skinheads les avaient laissés soit morts, soit grièvement blessés. Tous s'étaient réjouis, sauf Eridan et Theemin. Mais de cette réserve commune, les deux amis n'avaient pas non plus parlé.

Le charisme de leur chef continuait à les éblouir. Eridan eût voulu posséder sa froide impassibilité de machine, à peine réchauffée par l'ironie. Il enviait sa connaissance de l'histoire, sa facilité à manier les théories et les dogmes, le contraste entre ses manières posées et sa violence fulgurante.

Bad les abreuvait de références culturelles aux noms rares, scientifiques ou techniques, de sorte que, de ce discours où ces noms clignotaient comme autant de néons fluorescents, l'esprit d'Eridan inférait parfois des associations inattendues. Par exemple, confondant les sens de Mots phonétiquement proches, il prenait les *eugénistes* pour des *ingénus*. Si bien que, pour lui, le perfectionnement de l'espèce humaine par les stérilisations forcées et la mise à mort des plus faibles se parait d'innocence.

Eridan avait commencé à se demander pourquoi leur chef se nommait *Bad*. Et, quand bien même il méconnaissait l'anglais, il avait découvert le symbolisme obscurantiste de leurs surnoms.

À la fois marques distinctives, trophées et souvenirs, ces noms communs devenus noms propres couronnaient une panoplie déjà constituée de leur uniforme et de leurs tatouages.

Certains de ces surnoms avaient été inspirés par leur physique : *Sick* devait le sien à son visage grêlé et déformé, *Big* à sa stature impressionnante. D'autres avaient été puisés dans leurs obsessions : ainsi, *Kick* pratiquait les arts martiaux de manière effrénée, de même que *Nazi* collectionnait les souvenirs du national-socialisme. *Evil* et *Slim* puisaient leurs origines dans une anecdote. À l'époque où les chasseurs avaient eu des chiens, Evil en avait capturé un et l'avait brûlé vif, attaché à un arbre. Les autres avaient apparemment assisté à l'immolation. Mais Eridan préférait ne pas y songer. Theemin devait le sien à son évasion d'un poste de police, en ayant coulé ses poignets hors des menottes que le policier n'avait pas trop serrées, soit que l'aspect candide du lycéen eût inspiré sa clémence, soit qu'il eût connu son Père, pompier dans le même arrondissement. Et Eridan désespérait de voir venir le jour où il eût enfin acquis le Mot qui eût consacré son identité.

Son Frère et lui fuirent la discussion politique qui dépassait leurs compétences. Parmi les groupes de skinheads, ils remarquèrent l'étrange paysage que formaient de vastes pierres plates, bigarrées de mousses et de lichens. Entre elles surgissaient des arbustes touffus et épineux, aux grappes de fleurs jaunes et solidement enchâssées, comme si elles eussent été conçues pour résister aux plus fortes bourrasques.

Les deux amis durent enjamber les sacs à dos, les duvets enroulés, les gourdes et les piquets. Mais Theemin le pilotait avec assurance parmi les groupes qui intégraient sans difficulté ce membre affable de leur confrérie. Aussi introverti que son camarade était sociable, Eridan se laissait guider. Blousons lustrés noirs, grosses bottes coquées et crânes rasés se répétaient parmi la lande, sans que le contraste généré par cette uniformité, au sein de la diversité naturelle, lui parût choquant. Il se plut à imaginer que les skinheads faisaient peut-être partie de ces exceptions que la nature osait de Temps en Temps. Et il ne trouvait pas leur tableau plus anachronique que celui représentant un quelconque troupeau en paissance sur la lande : ils avaient leur place en ce monde, de même que les moutons avaient la leur dans les prés, les oiseaux sur les arbres et les arbres sur la terre.

Il aimait tant se retrouver parmi eux, sa véritable famille. L'Esprit de Corps était venu rejoindre la Haine dans son panthéon intérieur, venant compenser l'individualisme radical de la déesse par une dévotion au groupe qui les poussait à partager leurs biens, leurs relations et leurs expériences. Et du règne de ce couple complémentaire se déduisaient désormais ses motivations et ses choix.

Tout à coup, des éclats de voix les attirèrent. L'un des skinheads locaux se faisait conspuer par ses camarades pour avoir gravé le svastika à l'envers sur une roche granitique.

Eridan retrouvait avec émerveillement, chez de parfaits inconnus et loin de Paris, leurs symboles et leurs valeurs. Il sentait le réseau complexe et souverain que tissaient, par-delà leurs différences, leur amour de la virilité, du combat et de la nation, leur vénération pour la pureté de la race blanche, et leur aversion pour le monde oriental, l'immigration afro-maghrébine, les peuples arabes, musulmans, juifs, les femmes, les homosexuelles, les « droits-de-l'hommistes », les laxistes, les pacifistes, ce groupe hétéroclite auquel ils attribuaient le nom générique de *faibles*.

Mais dans cette région, l'incarnation ultime du héros n'était pas un Spartiate.

— C'est l'Angleterre qui va gagner !

Ce type aux dents en avant devait parler football.

— L'Allemagne aligne pas deux buts depuis qu'ils ont acheté Acamar !

— Tu m'étonnes, il a fini sa saison sur blessure.

Passionné de football, Theemin ne pouvait pas laisser passer une occasion d'évoquer ses prévisions pour le championnat.

— Comment il a ramé pour marquer un pauvre but ! L'Angleterre ira même pas en demi-finale ! Surtout face à l'Allemagne !

— L'Allemagne a pas de milieu de terrain !

Mais Theemin ne se laissa pas impressionner.

— T'en as pas besoin quand t'as une bonne entente entre les buteurs ! J'vois pas l'Angleterre gagner cette année.

— Tous des pédés ces Englishes, fit Eridan pour s'intégrer.

— Sans l'Angleterre, vous n'existeriez même pas !

De Leonis aimait prendre les skinheads de haut. Sur le terrain de la culture – où il tentait de les emmener systématiquement – l'apprenti sociologue ne redoutait que Bad.

Il ne fit pas le lien entre cet athlète trop heureux d'être là et l'adolescent abattu et fuyant qui avait franchi le seuil de la rédaction des Rats quelques années plus tôt. Eridan, au contraire, reconnut aussitôt l'intello grandiloquent que Bad avait humilié à l'université, et il se demanda ce que faisait ce binoclard maigrichon à un stage commando. Son arrogance lui déplut tellement que, sur une impulsion, il osa formuler un avis.

— 'Toutes façons c'est les Princes de Paris qui vont gagner.

— J'te parle pas de ça ! rugit l'étudiant.

Sa virulence prit Eridan de court.

— Votre mouvance est née en Angleterre, oui ou non ?

Le pompier volontaire se sentit envahi par une chaleur gluante. Que voulait-il dire par « mouvance » ? Et, comme si l'autre eût entendu sa question :

— J'te parle de *ta* mouvance, les skinheads. Tu sais qu'ils sont nés en Angleterre, ou tu le sais pas ?

Les skinheads étaient nés en Angleterre ?

De Leonis profita de son ignorance.

— Attends, tu crois que « skin », c'est français ?

La question rhétorique tomba dans le Silence. Tous les yeux se braquèrent sur Eridan.

— Tu savais pas ?!

Le *a* de *pas* le gifla. Mais il était paralysé. *Où était Bad, merde ?! C'était lui le spécialiste !*

Il comprit qu'il s'était engagé dans un combat qu'il était incapable de mener, et sentit la menace de l'humiliation publique. Le stage n'avait même pas commencé !

— Bien sûr qu'on le sait, tu nous prends pour qui ?

Merci !!!

Son cœur fondit de reconnaissance pour Theemin.

— Il sait aussi qui sont les premiers habitants de Paris, alors ?

Bad ! hurlait Eridan en Silence. *Jamais là quand on en a besoin !* Et soudain, il se rappela. Dans les égouts, son discours sur le Quartier Latin, les plus grandes écoles de France, le Panthéon. Et il s'entendit répondre bêtement, d'une voix atone et hésitante, comme à l'école :

— Les Parisii.

— Bien !!!

Mais le sarcasme écrasait l'approbation. L'adversaire allongea le cou vers Eridan et, étirant la bouche en un sourire sans Joie, précisa :

— À savoir les Celtes ! Pas les Romains, pas les Grecs, pas les Anglais !

— Et pas les pédés ! l'imita Theemin.

Tous éclatèrent de Rire. Mais l'étudiant ne se laissa pas déstabiliser.

— Votre mouvance s'inspire aussi des cultures celte et nordique...

— Oh, non, il va encore déballer sa science !

Mais de Leonis était lancé.

— ... qui se sont aussi répandues en Angleterre. Tu ne viens pas de nulle part...

— Ça va, on sait !

— ... tu descends des *Très-savants,* des magiciens, des druides du Livre des conquêtes...

Des druides ?

— Oh putain, c'est parti !

— ... tu viens des chevaliers Arthur, Lancelot, Tristan, Yvain...

Des chevaliers ?

— ... tu descends des Géants d'après le déluge, Bres, Balor, Ogm...

Des géants ?

— Mais faites-le taire !

— … tu descends des dieux, Baldr, Ull, Freyr, Loki !

Des dieux ?

— Ça y est, on l'a perdu !

— … et surtout d'Odin, le dieu de la victoire et du savoir…

Le dieu de la victoire et du savoir ?

Mais ces extrapolations historiques se perdirent dans les protestations.

Laissez-le parler !

Eridan eût aimé empêcher les skinheads de couvrir l'étudiant de railleries, mais il restait frappé de stupeur. Cette fabuleuse généalogie l'avait éloigné des nécessités de parler et même de se défendre. Etait-al possible que les skinheads eussent une parenté aussi nombreuse et aussi glorieuse ?

Des chevaliers ! Des géants ! Des dieux !

Il eût aimé que l'étudiant ne cessât pas de citer ces Mots ensorcelants qui lui offraient une ascendance extraordinaire. Comme sa famille était prestigieuse ! Et, malgré son absence, son esprit parvint à capter une information importante : l'étudiant leur ferait une conférence au cours du stage. Eridan allait tout comprendre ! Qui était cet Odin, dieu de la victoire et du savoir ?

— Vous avez vu Big ?

Kick avait rejoint Theemin et Eridan. Mais ni l'un ni l'autre n'avait vu le colosse.

— Ça fait plus de deux heures qu'on l'attend !

— On va partir sans lui ? s'inquiéta Theemin. Il sait même pas où on va !

— Ben nous non plus, j'te signale.

Soudain, une voix tonitruante domina toutes les autres. Le double moins intelligent de Bad cherchait à obtenir le Silence.

— J'vous explique comment ça va s'passer !

Tous les skinheads firent cercle autour de lui.

— D'abord, on va commencer par une petite épreuve !

Les locaux fixèrent leurs hôtes avec des mines méchamment réjouies.

— On va vous disperser dans la forêt !

Des ricanements s'élevèrent çà et là, alors que les Parisiens perdaient le sourire.

Une épreuve ?

Ils guettaient la réaction de Bad, tandis que Sick lui murmurait à l'oreille. Situé juste derrière leur chef, Eridan ne voyait de ce dernier que sa nuque épaisse, et ses cheveux très ras et très noirs de... Il n'osa aller au bout de sa Pensée.

Mais Bad ne cédait jamais sous la pression, fût-elle celle de sa propre surprise. Sous son visage indéchiffrable, il semblait prendre le Temps de jouir de ce moment où éclatait sa suprématie, avec tous ces hommes dans l'attente de sa réaction.

— Et tout ça pour quoi ?

— Ben... pour rien ! le provoqua l'autre. Parce que ça nous fait marrer ! Ça t'pose un problème ?

Un combat de chefs !

Chaque camp resserra les rangs. Si les deux hommes pouvaient leur donner ce spectacle !

Mais Bad ne faisait jamais ce qu'ils en attendaient.

— Vous voulez quoi ? Qu'on tue votre dragon ?

Les Rires furent pour les Parisiens. Mais l'autre lui montra le papier qu'il tenait.

— C'est écrit quoi, là ? *Stage commando* ou *stage tricot ?*

Eridan était consterné. Lui qui, quelques secondes plus tôt, fantasmait sur la famille qu'ils formaient !

— *Jour un : parcours orientation, barbeuk et conférence.*

Le moment qu'Eridan attendait aurait lieu le soir même !

— *Jour deux : arts martiaux, combat de rue, cocktails Molotov, armes semi-automatiques.* Alors, vous êtes prêts ? Tout l'monde est là ?

Bad se tourna vers ses deux lieutenants.

Aucune nouvelle de Big.

Alors, sans plus attendre, il donna le signal du départ.

Ils avaient dû y aller par deux en se tournant le dos, sur des chemins qui partaient en étoile et dont les noms les firent ricaner : *le Val sans retour, Sainte-Colombe, la Sente aux Elfes* – Une *sente* ? avait grimacé Kick – et même : *le Tombeau des Titans*, qui était le point de rendez-vous.

Les locaux avaient poussé la mansuétude jusqu'à distribuer une boussole à chaque groupe – Eridan avait découvert avec curiosité la flèche tremblotante sous le minuscule dôme de verre – mais rien ne garantissait que les itinéraires indiqués fussent fiables.

Les deux amis s'engagèrent sur un chemin de terre dur et élastique, que bordaient les bruyères et les ajoncs. Eridan était furieux.

— J'en reviens pas d'leur coup d'pute !

— Ouais.

— Les enculés !

La forêt les absorba, rendant incongrues d'autres paroles. Eridan découvrit ses odeurs râpeuses, d'humus et d'écorce, où se déclinait la fraîcheur mouillée des fougères. Il se sentait frôlé par des passagers du vent, spores flottants ou hélicoptères nanifiés, dans un environnement à la gamme de verts infinie. Happée en tous sens par des trilles aux mélodies délicates, des fouissements ou de brusques envols, son attention restait sur le qui-vive, se jetant en vain à la poursuite de toutes ces créatures qui l'entouraient.

— On passe par où, d'abord ?

Theemin consulta leur itinéraire.

— Par Le Val sans retour.

— Tu sais où c'est ?

— *Muh.*

La piste s'enfonça dans une cathédrale sylvestre. L'enchevêtrement de ramures cloisonnait le ciel en une suspension de vitraux faite de milliards de polygones. C'était un plaisir nouveau de cheminer ainsi, dans cette nature intrigante.

Au sommet du premier talus, Theemin étudia de nouveau l'itinéraire. Menait-il vraiment quelque part ? Eridan s'en moquait. Avec son Frère, il eût fait le tour du monde.

Ils soufflaient et suaient à force de gravir des monticules. Enfin, au bout d'une longue sente étroite qui surplombait des carrières, ils arrivèrent à un croisement.

Le lieu était dominé par un arbre qui, d'une base unique, élevait et entrelaçait plusieurs troncs.

— Le Val sans retour, annonça Theemin.

Ils ne s'arrêtèrent que quelques secondes. Encore deux étapes avant Le Tombeau des Titans.

Les deux amis descendirent des hauteurs de la forêt pour retourner à l'abri de son armature émeraude. Soudain, Theemin tendit l'oreille.

Presque imperceptible, un gargouillement parvenait jusqu'à eux. Alors son guide quitta la piste pour prendre un sentier qui serpentait dans le sous-bois.

Ils devaient longer un cours d'eau invisible : l'ombre était comme agitée de petites vagues, et leurs pas charriaient des parfums de déliquescence. Le réseau de feuillus se resserrait de plus en plus autour d'eux, les obligeant à sans cesse repousser les branches qui cherchaient à leur griffer le visage. Le soleil tentait de s'engouffrer dans tous les interstices du treillis végétal, mais les deux amis étaient occupés à éviter les fleurs de muguet, les renoncules, les scarabées au dos bombé et d'un vert phosphorescent. Au bout d'un long moment passé à cheminer, courbés et empêtrés au milieu de ce réseau végétal, ils débouchèrent sur un large chemin couvert de feuilles mortes qui coupait le sentier, et que des rigoles naturelles creusaient de part et d'autre.

Theemin déplia à nouveau le plan. Eridan le laissait faire, ne prenant même pas la peine de le lire avec lui. Tout d'un coup, quelque chose de suspendu à un arbre le fit sursauter.

Un pendu !

Etait-ce une hallucination ?

Il fut satisfait de voir son Frère partir dans cette direction.

Mais peu à peu, le pendu se changea en feuillage qui tournait au bout d'une branche frêle et comme calcinée.

Eridan était déçu. Pour prolonger l'agréable frisson qu'il venait d'éprouver, il ne quitta pas la branche des yeux, s'amusant à renverser la tête lorsqu'il passa dessous, se retournant après l'avoir dépassée. Et il fit quelques mètres en marchant en arrière.

Quelle drôle de perspective ! Il avait l'impression de tout voir avec un œil neuf. Un simple changement d'angle, et tout changeait !

Le chemin disparaissait en serpentant dans la futaie. Ils cheminèrent une bonne heure quand, à la sortie d'un virage, une surprise les cueillit : tout en bas d'un talus, au milieu d'une grande clairière à l'herbe gorgée de lumière, se dressait une petite chapelle.

L'édifice de pierre brute, avec sa fenêtre unique et sa porte rouge, évoquait un visage couleur de cendre et aux yeux clos. Une grossière croix celtique la surplombait.

Les deux amis restèrent là un instant, à contempler cette maison isolée dans la forêt. La paix qui s'en dégageait monta jusqu'à eux, dissipant le moindre résidu de Pensée, de sensations ou d'émotions qui n'était pas elle. Eridan n'avait jamais rien éprouvé de tel. L'émotion fut plus forte que la retenue virile qu'il se forçait à observer en toutes circonstances.

— *Ouah !!!*

— Normalement, c'est Sainte-Colombe.

Et ils entrèrent dans l'enceinte de la maison sacrée.

La chapelle les dominait, simple et solitaire.

Tout autour d'elle, des pierres rondes et bosselées, recouvertes de mousses et de lichens, surnageaient. Ils posèrent leur sac à dos et, lentement, firent le tour de l'édifice.

Progressivement, ils comprirent qu'ils cheminaient entre des tombes finissant de crouler dans la verdure.

Ils déambulèrent dans cet ancien cimetière, cherchant à déchiffrer les noms et les dates, tandis que les oiseaux lançaient de Temps à autre une courte suite mélodique.

La puissance de la forêt semblait à son zénith. Mais les deux amis ne la subissaient pas. Ils en ressentaient la gravité avec plaisir, comme si une force inconnue leur eût déposé une enfant entre les mains. C'était nouveau et agréable, cette sensation de porter ou de protéger quelque chose.

Ils revinrent à l'entrée de la chapelle, examinèrent sa curieuse porte en arcade. Faite d'un seul et épais panneau de bois, elle était barrée de deux tiges plates en fer et à tête bifide. Sa couleur rouge irrita Eridan. Elle le rendait plus mal à l'aise que le cimetière, dont les ruines se fondaient dans la nature. En haut de la porte, suivant l'arc de cercle du vantail, des lettres formaient une phrase :

la porte est en dedans

La porte est en dedans.
Une porte ? Quelle porte ?
C'était stupide.
Ils essayèrent de l'ouvrir à tour de rôle, sans succès.
— J'vais pisser, finit par dire Theemin. Au moins, on est sûrs d'être sur le bon chemin !
Il disparut dans l'ombre végétale.
Durant un instant, Eridan guetta le bruit du jet d'urine. Mais, en ancien scout, Theemin s'était enfoncé assez loin pour ne pas corrompre des lieux propices à un campement.
Eridan s'adossa à la chapelle.
C'était étrange.
Il n'osait pas bouger, ne le souhaitait même pas.
Mais tout était étrange depuis qu'il avait mis le pied dans cette forêt !
Comme c'était agréable… ne pas bouger, ne pas penser… Agréable de rester immobile et de sentir… Quoi ?
Peut-être que, si des appareils de mesure eussent existé pour détecter l'indiscernable, eussent-ils révélé quelles forces rivaient ainsi ses chevilles au sol et répandaient partout cette paix étrange. Mais il ne creusa pas cette idée qui lui sembla complètement fantaisiste. La rêverie n'était-elle pas l'ennemie de l'action ?
Il sentit la menace que représentait le fait d'y céder. Ne serait-ce pas le premier pas vers Celle qu'il sentait également en lui, cette Faiblesse honnie et dont ils étaient l'antithèse ? Alors, pour secouer l'envoûtement dont il était l'objet, il se remit en marche.

Machinalement, il retourna au milieu des tombes et flâna sur la terre moussue et renflée, que perçaient çà et là les stèles funéraires. S'arrêtant devant l'une d'elles, il essaya d'en déchiffrer les inscriptions illisibles. Des lettres apparaissaient, à la fois inconnues et familières, des *n* surmontés d'une vague, des *s'*, des terminaisons en *ch*. Il ne savait pas si ces Mots étaient déformés par l'érosion ou s'ils appartenaient à une autre langue.

Qui était enterré là ?

Il reprit sa marche précautionneuse et finit par se moquer de lui-même. Qui avait-il Peur de déranger en marchant ainsi, avec attention et respect ?

respect

Le Mot ranima sa Haine.

Qui lui en avait montré, du respect, avant qu'il l'arrachât par la Contrainte et par la Peur ?

Sa question demeura sans réponse.

Il finit par revenir sur le devant de la chapelle et s'y accroupir. Et il accepta de rester ainsi au soleil, la tête reposant contre la porte.

Que faisait Theemin ?

Ça se présentait plutôt bien pour eux. Son Frère savait où ils allaient. Quelle chance que celui-ci eût été scout ! Eridan l'imagina en costume brun, avec le foulard rayé, la chemisette à pattes, le short. Cette tenue enfantine ne lui parut pas incongrue sur le corps fin et sec de son ami. Celui-ci ne s'était-il pas échappé d'un poste de police en se coulant hors des menottes, comme s'il avait possédé le pouvoir de se fluidifier ? C'était incroyable comme histoire ! Mais Eridan ne la ressassa pas plus longtemps. Il voulait continuer à jouir du plaisir simple et délicieux de se chauffer au soleil.

Le ciel, animé de nuages blancs, semblait enlacer la petite clairière dégagée.

Son compagnon ne revenant pas, Eridan s'aperçut qu'il ne souhaitait pas son retour. Il s'imagina en train d'installer son duvet près de la chapelle, y passer la soirée, jouir de la vue du feu, s'endormir sous les étoiles.

Il eût souhaité continuer à profiter pleinement de cette absence d'émotions, tout ce bordel intérieur qui vous compliquait la vie. Et il eût été heureux comme un Spartiate s'il eût simplement émergé de son duvet le lendemain, après une nuit solitaire.

Souhaiter l'absence de Theemin : c'était une nouveauté. Ces dernières années, le jeune homme avait toujours été dans son champ de vision. Peut-être même que le plaisir de le retrouver était sa seule motivation pour faire partie du groupe ?

Il se demanda si, sans lui, il eût continué à fréquenter les skinheads. En grand secret, il fut certain que non. Il considéra les membres du clan les uns après les autres, sans qu'aucun, en soi, ne lui parût aussi attachant que son Frère. Peut-être même que c'eût été un soulagement de ne plus vivre soumis au magnétisme de Bad ?

Oui, Theemin était la principale raison pour laquelle il restait avec eux. Et voilà qu'il ne souhaitait plus qu'il revînt !

Durant un instant, il tint cette découverte à distance, avec l'impression de contempler un diamant qui miroiterait au bout de ses doigts.

Qu'était Theemin pour lui ?

Son ami, son Frère.

Non. Plus que ça.

Alors quoi ?

Il le revoyait, presque toujours gai, léger et blagueur, parfois renfermé et mélancolique, ou bien attentif et absent, lorsqu'il dessinait. Tant de fois, ils avaient eu les mêmes réactions, la même Pensée ou le même geste, exactement au même moment ! Une question s'extirpa avec effort du galimatias qui lui occupait l'esprit : pourrait-il vivre sans lui ?

Il fit un grand effort et…

Oui, il pourrait vivre sans lui.

Mais alors, que la vie serait triste !

Non… différente.

Il songea brusquement à son avenir. Qu'allait-il faire, après ?

Après quoi ?

Après eux.

L'appréhension l'étreignit. Et il se posa une question totalement inattendue :

Devrait-il un jour reconnaître ses torts ?

Soudain, Eridan sentit qu'un secret était là, sous la surface d'un quotidien vécu sans réfléchir et accaparé par un enchaînement de micro-évènements qui, à tout instant, le détournaient du sens à donner à sa vie. Où galopait-il ainsi ?

Il n'en avait aucune idée.

Et sa réflexion s'arrêta là car, en haut du talus, des gens avaient surgi.

Ebahi, Eridan reconnut la silhouette bondissante de Kick, la rondeur massive de Bad, et tous ceux de leur petit groupe. Même Big était avec eux.

Ils dévalèrent le talus qui menait vers la petite chapelle et, instantanément, Eridan sut qu'ils allaient détruire le plaisir et la réflexion engendrées par sa paix et sa solitude.

— T'es pas content de nous voir ?

La perspicacité de leur chef l'embarrassa, tandis que les autres descendaient de la butte avec de grands cris de bêtes.

La seule réaction recevable eût été de démentir.

Eridan ne s'y résolut pas.

Il sentit la suspicion de Bad, tandis que les autres se laissaient tomber à leurs pieds, exténués et éperdus de soulagement.

— Ah les nazes !

— Putain !

— Les enculés !

— Mais qu'est-ce que vous foutez là ?!

Theemin revenait enfin.

— Ben on a suivi l'plan ! C'est Le Tombeau des Titans !

— Mais non ! C'est Sainte-Colombe !

— Quoi ?!

Tandis que les skinheads confrontaient leurs déductions géographiques, Bad considéra la paisible chapelle, intrigué comme les deux amis l'avaient été. Cette expédition imposée par d'autres le préoccupait, tout comme le mécontentement qu'il avait perçu chez sa dernière recrue.

Mais Eridan lui-même ne comprenait pas ce qui lui arrivait. En les voyant dévaler le talus, il avait eu une sorte d'intuition. Il les avait vus comme des requins, des piranhas, des *rorquals*. Où avait-il lu ce dernier Mot ? Il n'était même pas sûr de pouvoir se représenter les créatures qu'il désignait. Seule demeurait l'image d'une bouche monstrueuse, aux dents multiples. N'était-ce pas une intuition ? N'était-ce pas une intuition toute *féminine* ?

Il resta bloqué sur cette idée toute faite. Alors maintenant il s'abaissait à écouter ses intuitions ?

C'est à cause d'elle ! Cette forêt !

Ressaisis-toi, arrête de penser comme... comme... – il se résigna – *une fille !* Il n'osa plus les regarder dans les yeux.

— On est à combien du rendez-vous ? demanda Bad.

— J'dirais à mi-chemin, répondit Theemin.

— Putain, mais pourquoi ils font ça ? geignit Big.

— Ce n'est pas grave, affirma tranquillement leur chef.

Son attention restait fixée sur Eridan.

— Ouais on s'en tape ! se corrigea Big.

Theemin s'approcha de ce dernier.

— T'étais où ?

Evil répondit pour le colosse qui ricanait pour cacher sa honte.

— Dans la forêt ! Il s'était paumé !

— Ouais bon ben ça va, j'la connais pas, cette putain de forêt !

Theemin n'en revenait pas :

— Et vous êtes tombés sur lui ?

— Ouais ! Vers la Sente aux Elfes, précisa Kick, content d'avoir retenu l'expression.

— « La Sente aux Elfes » ! éructa Sick. J't'en foutrais d'un elfe, moi !

Et il cracha par terre, après s'être raclé la gorge pour arracher une énorme glaire à ses muqueuses.

Le regard d'Eridan s'attacha à la bulle gluante qui tremblotait sur l'herbe.

Soudain, ils entendirent des cris.

— Putain, les mecs ! Venez voir !

Nazi leur montrait quelque chose derrière la chapelle.

— Y a un cimetière, expliqua Theemin.

— Un cimetière ?!

L'enthousiasme puéril de Big exaspéra Eridan. Il eût aimé les empêcher d'aller là-bas. Mais tous se ruèrent vers l'arrière de la chapelle.

— Ben alors c'est bien Le Tombeau des Titans ! en conclut Sick.

— Bon alors ! On fait quoi maintenant ? leur lança Eridan, pour détourner leur attention du cimetière.

Mais personne ne l'écouta.

— Putain, on sait même pas où on est ! gémit Big.

— Si c'est bien Le Tombeau des Titans, on n'a qu'à les attendre ici, proposa Kick.

— Mais si c'est Sainte-Colombe ? demanda Theemin.

Les skinheads se penchèrent à nouveau sur le plan, pendant qu'Eridan marchait vers eux dans un état second, prenant Conscience de sa vulnérabilité. C'était comme si, tout à coup, il était devenu double, avec deux personnalités opposées mais aussi puissantes l'une que l'autre : le Spartiate qu'il connaissait bien et... une émanation de cette forêt.

Au seuil du cimetière, le chef le regardait approcher.

— Et si on campait ici ? demanda Bad, surveillant la réaction d'Eridan.

Big, Evil et Nazi sautaient d'une pierre à une autre, essayant de déchiffrer les inscriptions, déchaînés et haletants, pareils à des enfants qui eussent voulu profiter de cette découverte avant qu'elle se révélât aussi peu excitante que les autres. La proposition les arrêta net.

Kick grimaça en regardant autour de lui.

— Ici ?

— Ouais. On s'en tape de leur stage à la con !

Tout le monde se tut, essayant d'en déduire les conséquences.

— Mais... le programme ?!

— La fête ?!

— Les armes ?!

— Des armes, j'peux vous en avoir autant que j'veux.

Ils restèrent silencieux, l'idée faisant son chemin. Après tout, ce serait une bonne façon de se venger des locaux. Ils se seraient dépensés en vain. Et ils ne pourraient tirer aucun prestige de ce stage annulé.

Les Parisiens se réjouirent en les imaginant déconfits, après tous ces risques et toute cette énergie investies inutilement pour acheminer les armes, préparer les ateliers de combat urbain, organiser la conférence.

Eridan sursauta. La conférence ! Il eût tant voulu en apprendre davantage sur cette histoire d'Odin, dieu de la victoire et du savoir ! Les skinheads descendaient-ils vraiment des chevaliers ? Ou bien l'intello n'avait-il fait que se moquer de lui ?

Les Parisiens reprenaient le contrôle de la situation. C'était leur tour, à présent, de jouer un bon tour aux locaux. Bad souriait en se félicitant de sa bonne idée. Il avait réglé le premier problème. Et il passa au second.

— Tu sais qu'on n'est pas skin tant qu'on n'a pas de nom ?

Tous les yeux se braquèrent sur Eridan.

Des piranhas aux dents innombrables qui l'encerclaient, prêts à se jeter sur lui s'il ne leur prouvait pas qu'il était de leur espèce.

La délicieuse adrénaline se répandit à travers son organisme. Déjà, Eridan ne voyait plus Theemin, ne sachant si celui-ci le considérait avec inquiétude ou s'il le dévisageait comme les autres, dans l'attente de le mordre. Raffermi, il lança avec agressivité :

— Et alors ?

Aussitôt, sa provocation lui apporta un soulagement.

Bad pencha la tête en lui montrant la forêt.

— *Forest*, ça t'dit pas ?

Eridan pressentit ce que le chef allait lui demander. Il se sentait devenir plus dur et plus vieux à chaque seconde, gagnant plusieurs années de maturité par cette épreuve. Interrogations, intuitions, angoisses : tout était balayé. Maintenant, il était prêt, et son expression déterminée surprit Bad. Qu'était devenue la victime triste et renfermée qui avait franchi le seuil des Rats, quelques années plus tôt ?

— Ton feu ! intima-t-il à son lieutenant.

Sick lui tendit son briquet.

L'énormité de la chose se dévoila à eux, les poussant à intervenir.

— Tu veux… mettre le feu ? hésita Kick.

— Au cimetière ?

— À la chapelle ?

Bad sourit. Son regard se posa sur la petite maison solitaire, engloba tout ce qui les entourait.

— À la forêt ?!

Ils préféraient ne pas comprendre.

Prêt à passer son initiation, Eridan attendait d'exécuter l'ordre, son sang charriant la vibrante hormone à travers son corps.

Mais soudain, la voix de Theemin s'éleva.

— Il peut pas.

L'objection contraria Eridan. Pourquoi s'interposait-il ? Al lui fallait un nom !

Le chef les regardait en souriant. Il n'ignorait rien de leur complicité.

CLAC !

Tous sursautèrent quand Bad fit sauter le capuchon du briquet.

En réponse, la voix calme de Theemin s'éleva de nouveau.

— Y a beaucoup de vent près de l'étang. Une fois que les flammes seront en hauteur, le vent peut les prendre et les ramener n'importe où, devant nous par exemple. Ça peut allumer un autre incendie. Et on peut s'faire piéger.

Il rappela, comme pour s'excuser :

— Mon père est pompier.

La Fierté et la Tristesse se disputaient Eridan. Quelle gloire tirerait-il d'une aventure pareille ! Mais même à un ordre aussi stupide, il obéirait. *C'est ça, l'Ordre*, rappela le Spartiate au fond de lui. *Au nom de quoi ?!* rugit l'autre Figure, qu'il ne pouvait se résoudre à nommer.

Son regard retrouva Bad. Quelle était sa légitimité, au fond ?

N'était-ce pas l'étendue de son savoir qui le plaçait au-dessus d'eux tous, faisant de lui un décideur, et d'eux de simples exécutants ?

Le savoir... Le Mot sombra dans les profondeurs de sa Pensée, laissant une onde résiduelle froisser sans bruit la surface, en cercles concentriques. *Comme Odin, le dieu dont parlait l'intello...*

— « On peut s'faire piéger » ? reprit Bad. Donc t'es pas sûr ?!

CLAC !

— Non. Mais y a un risque. Un gros risque.

Theemin détourna les yeux. Il avait exposé les faits. Ce n'était pas à lui de décider.

CLAC !

Le capuchon du briquet se referma encore une fois.

Le plaisir de leur chef avait atteint un point paroxystique qui étirait plus encore son sourire habituel. Il ne les tenait pas seulement suspendus à ses lèvres, il avait leur vie entre ses mains !

Mais la supériorité de l'élite ne consistait-elle pas dans la limitation de son propre Plaisir ?

Le regard de Bad avait glissé jusqu'à sa botte, posée sur l'arête d'une stèle funéraire.

— J'sais qu'ils aiment le porc grillé dans la région, mais j'vais quand même pas leur donner ce plaisir !

Et il rendit son briquet à Sick.

Leur détente fut euphorique. Ils expirèrent bruyamment, tandis que Big et Nazi durent s'asseoir.

Evil enchaînait nerveusement les saluts nazis au milieu des tombes.

— Oh putain !

— On l'a échappé belle !

— *Sieg, Sieg, Sieg* ?

— *Heil, Heil, Heil !!!*

Mais Eridan ne partageait pas leur soulagement. Il avait été prêt pour l'épreuve qui devait lui donner son nom ! Qui sait s'il le serait la prochaine fois ? Et il restait maussade, frustré de ne pas avoir pu leur démontrer sa valeur.

Theemin avait rejoint Evil pour mimer le pas de l'oie à côté de lui. Les monticules de terre et l'absence de chemins entre les tombes les empêchaient de défiler de manière régulière, et leur marche chaotique ralluma quelque chose dans les yeux du chef. Mais Big, qui s'échinait désormais à cogner du talon une pierre gravée, hurla soudain :

— Putain les mecs, j'le crois pas ! *Cohen !* fit-il en désignant la stèle.

Ils se rassemblèrent autour d'elle pour déchiffrer l'inscription.

— C'est un cimetière juif ?!

Les gravures étaient indéchiffrables.

— Non ! Pas *Cohen* ! *Global* !

— *Goéland* !

— *Dugland* !

Calmement, Theemin affirma :

— Non, c'est « gouelañ ».

Il prononçait *gweelañ*.

— Ça veut dire *pleurer* en breton.

Stupéfaits, ils le dévisagèrent.

— Tu parles breton, toi maintenant ? demanda Sick.

Et, se tournant vers les autres :

— C'est l'expert, tu sais ? Tu lui demandes un truc sur le feu, son père est pompier. Tu lui demandes un truc en breton, il parle breton !

Theemin se contenta d'insister :

— En Breton, « gouelañ » ça veut dire *pleurer*.

Le Mot fut prétexte à déformations de toutes sortes.

— Banane !

— Iguane !

— Trop fan !

Soudain, la stèle se fendit sous le poids de Big.

Le réflexe comique que le géant fit pour se rétablir renforça leur hilarité. Ils se mirent à taper sur tout ce qui dépassait de l'herbe, finissant par briser les pierres rendues friables par les années.

— Attendez !

Bad fouillait dans son sac. Il en sortit une bombe de peinture qu'il tendit à Eridan.

— À toi l'honneur, Tomb !

Tomb ?

La mort, la victoire ultime, la destruction finale qu'Eridan appelait de ses vœux depuis si longtemps.

Ça claquait, comme nom !

Et l'anecdote d'où celui-ci tirerait son origine ferait de lui un membre du groupe à part entière.

Heureux, il prit l'aérosol des mains de Bad.

Pour prendre la pleine mesure de l'acte qu'il allait commettre, il engloba du regard la paisible clairière, la chapelle environnée de chants d'oiseaux, les ruines séculaires.

Il était soulagé de faire triompher la plus forte de ses Figures.

Et il avait hâte de réveiller ces défunts qui, sous les pierres qui s'enfonçaient dans l'humus, avaient reposé en paix jusqu'à ce jour.

Leur garde à vue ne dura pas longtemps. La police rendit à Pégase toutes les liasses de billets qui encombraient ses poches. Le jeune homme en soutane obtint la libération de Lyre et als retournèrent aussitôt à l'Hôpital.

Le Conseil se réunit dès leur retour.

Très vite, le ton monta. Mais Pégase leur tint tête. Dans la rotonde vitrée d'où les colombes avaient fui, effrayées par leurs éclats de voix, leur cercle se referma autour de lui.

— C'est quoi ce fric ?!

Cancride ne décolérait pas.

— C'est qui ces mecs ?

Le lycéen baissa les yeux. L'ancien étudiant éructa, hystérique :

— T'ES QUI ?!!

Mais Pégase refusait de répondre. Quand bien même il eût donné son nom et son adresse, il n'eût pas considéré ces éléments comme révélateurs de ce qu'il était. Il trouvait ses camarades injustes. Un peu d'argent dans ses poches, et il était considéré comme un traître !

— Réponds !

Flèche avait fondu sur lui, le bousculant et l'envoyant choir contre les baies aux vitres brisées. Des billets de banque s'échappèrent des poches de la soutane et voletèrent, se déposant çà et là parmi les décombres. Le jeune homme leva un bras pour parer les coups.

— ARRÊTEZ !

Aries s'était précipitée entre aux, son vaste corps cherchant à protéger le jeune homme.

— T'es malade ou quoi ? C'est qu'un gosse !

— Un gosse de riches, oui !

Flèche plongea sur elle et, au lieu de chercher à l'écarter, referma ses poings sur la peau flasque de sa poitrine.

L'obèse hurla de douleur.

Tout le monde se précipita sur l'androgyne. Mais Flèche avait déjà agrippé Pégase par le col. Cygne se pendait à elle de tout son poids. À peine ralentie, Flèche renversa brutalement la tête du jeune homme qu'elle tenait par les cheveux.

— Réponds ! T'es qui ?!

Pégase ferma les yeux.

Le coup de tête qui le propulsa au sol le plongea dans l'inconscience un bref instant. Enfin, als purent repousser l'amazone.

Cette dernière cessa brusquement de leur résister.

— Vous voulez savoir ou quoi ?!

— Et pour ça t'es prête à nous frapper ?

L'androgyne baissa les yeux pour ne pas montrer à Cygne qu'elle en eût été capable. La question de sa camarade l'avait dégrisée. Elle n'avait pas reconnu son regard habituellement admiratif.

Les corps glissèrent au sol, épuisés par l'affrontement. La pièce ne retentit plus que des sanglots d'Aries tandis que, sur le visage de Pégase, les larmes roulaient silencieusement.

Cancride fut le premier à recouvrer son sang-froid.

— S'il ne veut pas parler, on n'a qu'à le lui prendre, son fric ! Il servira à payer les réparations !

Canis ne comprenait pas.

— La police le lui a pas confisqué ?

— Pas d'argent, rappela Lyre.

L'ex étudiant ne put y tenir.

— Tu commences à faire chier avec tes interdictions à la con !

Le son de sa voix était allé crescendo.

La jeune fille ne répondit pas.

Canis se tourna vers elle :

— On va pas le jeter, quand même ?!

Serpens interrogea Pégase.

— Il y a combien ?

Le jeune homme se contenta de renifler, essuyant sa morve avec une manche de sa soutane. Il ne cherchait même pas à ramasser les liasses qui l'environnaient, coincées entre les gravats.

Cancride résuma.

— Bon. Il n'a pas de nom. Il a plein de fric. Et les flics le laissent partir. Ça peut être qu'un mec de la haute.

— Sans compter les trois types avec l'oreillette ! ajouta Canis. C'est forcément des gardes du corps !

L'expression les impressionna.

— Carrément ! jeta Flèche, sarcastique.

— Et pourquoi serait-ce un problème ?

Une seule personne respectait la langue française à ce point-là.

Lyre affronta leur regard.

— Tu te fous de nous, là ?

Le désarroi sincère de Cancride tranchait avec sa hauteur habituelle.

— Tu veux dire qu'on devrait laisser ce mec plein aux as… qui a sûrement un chez-lui tout ce qu'il y a de plus confortable… s'amuser avec nous ?!

Devant son Silence, l'ex étudiant reposa son dos contre le mur.

— Alors là c'est le pompon !

Lyre fixa Flèche.

— Lui, au moins, n'a jamais frappé personne.

L'androgyne soutint son regard, mais ne trouva rien à répondre.

— Il a participé au projet.

Son regard croisait chacun des leurs.

— Il a participé aux plans, aux travaux, aux réunions du Conseil. Il a tout fait avec nous. Depuis le début. Je pense que cet argent était destiné à nous aider.

Serpens s'étonna.

— C'est toi qui dis ça ? Alors que tu nous rappelles sans cesse qu'il n'en faut pas sur le squat ?

— Elle a raison !

Aries se releva péniblement.

— C'est sûrement grâce à lui si on a pu arriver jusque-là.

Cancride releva la tête. *Comment ça ?*

— L'électricité. Elle n'a jamais été coupée.

Flèche s'esclaffa.

— Et alors ? Tu crois que c'est le directeur d'une centrale ?

Serpens observa les billets éparpillés au sol.

— Lui ou un de ses proches.

Cancride n'y croyait pas.

— Qui serait quoi, notre mécène ?

Flèche leur proposa, faussement aimable :

— Vous voulez que j'lui demande qui c'est ?

Lyre l'ignora :

— C'est vrai que tout est allé très vite.

Cancride restait incrédule :

— Vous croyez vraiment qu'on aurait un mystérieux soutien ? Puissant à ce point-là ?

— En quoi cela nous gênerait ?

La pièce fut rendue au Silence.

Serpens n'y voyait pas d'inconvénients.

— En médecine aussi on a des bienfaiteurs anonymes : des « donateurs ». On a le droit d'avoir le nôtre.

— Mais tu peux pas comparer ! s'exclama Cancride.

— Pourquoi ? se pressant la poitrine pour amoindrir la douleur, Aries abandonnait sa posture de victime.

L'ex étudiant chercha ce qui faisait la différence.

— Mais parce que tu connais pas leurs intentions ! Si ça s'trouve, c'est un ennemi !

L'obèse railla le Mot.

— « Un ennemi » ?!

— Oui !!

— Alors qu'il nous aide ? Et qu'apparemment, il voudrait nous financer ?

— Imaginez que ce soit le Parti Patriote ! Qu'est-ce qui se passerait ?

L'argument porta, tandis que Pégase se mouchait dans sa cape.

— Rien, suggéra Lyre.

Cancride se tourna vers elle et, théâtralement :

— *LE-PAR-TI-PA-TRI-OTE !*

— Et alors ? s'obstina la jeune fille.

Mais cette fois, ce fut trop pour aux.

— Là, tu vas trop loin !

— Ça ne changerait rien à notre démarche.

— Bien sûr que si ! s'insurgea Cancride. Imagine les gros titres ! *Un Squat financé par l'extrême-droite* !

Serpens vint soutenir la jeune fille.

— Présenté comme ça, ce serait plutôt dommageable pour le Parti Patriote !

L'ex étudiant n'en démordait pas.

— On peut pas les laisser nous financer !

— Moi non plus ça m'plairait pas, concéda Aries. Mais y a peu de chances pour que ce parti nous soutienne ! J'vois pas l'intérêt qu'il y trouverait !

— Franchement…

Lyre désignait le jeune homme en soutane qui restait assis les genoux repliés, le visage caché entre les bras.

— … est-ce que Pégase a l'air d'avoir quelque chose en commun avec l'extrême droite ?

Le Conseil examina l'adolescent qui reniflait, tandis que Flèche attendait qu'als fassent appel à ses services. Soudain, Lyre parut conclure :

— Je propose de continuer comme ça.

— Sans savoir qui il est ?

— Et qui sont ces trois mecs ?!

— Et qui nous aide ?!

La jeune fille hocha la tête. Canis insista.

— Et on le garde ?

— On le garde. Il n'a jamais rien fait de mal.

Aries regarda ostensiblement Flèche.

— Ce qui n'est pas le cas de tout le monde !

Flèche lut leur assentiment.

— Vous vouliez qu'il réponde, oui ou non ? Et sans cette conne, j'vous assure que j'l'aurais fait parler !

Aries s'approcha d'elle. Als se tinrent prêtes à sauter sur les deux femmes.

— Non mais tu t'entends ? « J'l'aurais fait parler ! » C'est pas la Gestapo, ici !

Flèche secoua la tête, surprise de voir ce *gros tas* la défier sans crainte.

— À notre tour de t'interroger !

Et l'obèse s'assit dignement sur la chaise la plus proche.

Interloquée, l'androgyne la regarda rajuster ses vêtements, prendre toute son Temps. Elle n'en revenait pas de ce renversement des rôles.

— Où t'étais, quand la police a débarqué ? T'étais pas censée assurer notre sécurité ?

— C'était les chasseurs qui étaient censés l'faire ! Mais ils étaient en train de danser ! Tous, sans exception ! Aucune ronde de prévue, aucune solution de remplacement !

Cancride reprit l'interrogatoire à son compte.

— Oui mais toi et tes copines, vous étiez où ?

Il lui faisait enfin payer son indifférence.

Elle eut un sourire sans Joie, dont l'amertume était tempérée par le fait d'avoir eu raison.

— Nous ? Là où y avait besoin de donner un coup de main ! Aux stocks ! Aux travaux !

— Aux travaux ?!

Aries ironisa.

— Tu veux dire que, pendant que tout le monde s'amusait, toi et tes copines vous étiez en train de faire de la peinture ? Alors qu'on ne vous a jamais vues avec un pinceau dans les mains ?

Flèche songea à la fille qu'elle était en train d'embrasser au moment de la descente de police, protégée des regards par les courtines d'un lit. Elle se sentit nue, exposée en flagrant délit de mensonge.

— J'te signale que les mecs aux oreillettes, c'est nous qui les avons repérés ! Pas les chasseurs !

Mais elle sentait que son image d'amazone asexuée, vertueuse et dévouée, s'était brisée dans leur esprit. Elle resta interdite, ne sachant comment sauvegarder cette fausse image que lui renvoyait l'Orgueil aux mille miroirs, et qu'elle avait fini par tenir pour vraie.

Sans le vouloir, Canis la tira d'embarras.

— Bon alors, qu'est-ce qu'on décide ?

Als se tournèrent vers Pégase. Il avait arrêté de renifler et gardait obstinément les yeux baissés. Aries prit position :

— Je suis pour le garder ! Et pour respecter son silence ! Il a toujours été loyal à notre égard, c'est la seule chose qui compte à mes yeux.

Et, sans un regard pour Flèche :

— Et je propose de confier notre sécurité à des personnes bien précises, pour éviter d'autres cafouillages.

Serpens était d'accord.

— Avec les deux propositions, précisa-t-il.

Lyre enchaîna :

— Pour.

Cancride hésita. Il regarda le jeune homme qui ne pleurait plus et les écoutait.

— Contre.

Lyre se tourna vers Canis. La jeune femme aux cheveux rouges hésitait, fascinée malgré elle par tout cet argent qui jonchait le sol.

— Contre.

— Et toi, Flèche ?

Les yeux de l'androgyne se refermèrent à demi sans cesser de fixer l'obèse.

— Pour.

Le soir-même, als se mirent à la recherche des billets de banque qui s'était glissés un peu partout. Pégase vida ses poches et leur remit tous ceux qu'il avait encore sur lui.

Le centre de la rotonde fut dégagé de ses décombres en son centre, et als firent un feu avec les débris inflammables qu'als purent trouver.

Dans la nuit, alors que les oiseaux avaient réintégré leurs nids et y roucoulaient à nouveau paisiblement, als jetèrent tous les morceaux de papier dans les flammes. Et als les regardèrent brûler, un à un, jusqu'au dernier.

Liber scriptus proferetur

Un Livre sera écrit

— Prenez place, mes Frères.

Le Vénérable Maître frappa un coup de maillet, suivi du Premier Surveillant, puis du Second.

— Frère Premier Surveillant, êtes-vous franc-maçon ?

Sa voix porta à travers la salle où se faisaient face les deux *colonnes*, plusieurs rangées de bancs où les hommes attendaient, silencieux. À l'autre bout du *Temple*, l'Officier dont les épaules étaient parées d'un cordon en forme de triangle donna sa réponse rituelle d'une voix forte. Alors, le Vénérable Maître se tourna vers l'homme qui siégeait près de l'autre colonne :

— Frère Second Surveillant, quel âge avez-vous ?

Alkande sentit son front se décrisper. La ligne de ses épaules s'abaissa de quelques millimètres, tandis qu'un sourire étira naturellement les coins de sa bouche. Le sang et l'air s'engouffrèrent dans sa poitrine comme si un faucon gigantesque et invisible, le tenant par la poitrine entre ses serres, l'eût relâché en s'envolant. Et il eut de nouveau Conscience qu'il respirait.

Il n'eût jamais dû se dispenser du devoir de travailler *en loge*, en prétextant le Temps que lui prenait son travail. Lâché par le président, écarté du pouvoir et

403

ridiculisé à Mots couverts par tout le Palais, il était revenu parmi ses Frères par désœuvrement. Il ne s'en était pas rendu compte, mais tout au long de cette année, la crispation de tout son corps avait accompagné l'intensification de sa disgrâce, et le brusque relâchement de sa poitrine, ainsi que la sensation de retrouver son axe, lui firent monter les larmes aux yeux.

Le Vénérable Maître frappa un coup de maillet :

— À l'ordre, mes Frères, face à l'Orient !

Tous se mirent debout.

À la lumière vacillante des trois bougies, parmi l'assemblée d'hommes qui se tenaient silencieux et en position rituelle, la lenteur et la codification des formules rappelaient le caractère sacré de leur réunion. Les Frères Surveillants longèrent chacun la rangée dont ils avaient la charge, puis se croisèrent avant de remonter la rangée opposée. En se retrouvant à nouveau, ils échangèrent leurs constatations à voix basse.

Longtemps, Alkande avait tiré vanité du caractère secret de cette messe, à laquelle les non-initiés n'étaient pas acceptés. Mais l'éloignement de leur utopie humaniste, aussi inaccessible que le Soleil, son étoile, son dieu et son Père, l'avait fait revenir de la prétention de faire partie d'une élite − leurs faiblesses l'emportant souvent sur leur désir d'amélioration − et finalement, dans ce cercle d'hommes qui se choisissaient, ils ne se révélaient ni pires ni meilleurs que les autres.

Il était passé par toutes les étapes de la franc-maçonnerie, depuis l'enthousiasme enchanté de l'Apprenti à la bienveillance distanciée du Vénérable Maître ; avait écrit bien des *planches*, occupé tous les postes, connu d'autres rites et d'autres loges, participé à leurs banquets, congrès, commissions et convents. Il avait tutoyé toutes sortes de gens, des *manuels* découvrant le monde des signes, aux *intellectuels* arborant des chevalières frappées de l'équerre et du compas, et dont certains, après avoir été aveuglés par l'ignorance, l'étaient par la connaissance, trouvant toujours matière à s'enorgueillir. Bien sûr, la confrérie devait composer avec les affairistes venus uniquement pour étoffer leurs relations, et qui avaient échappé à la vigilance des Frères enquêteurs, car le nombre de leurs membres – des millions à travers le globe – agirait toujours comme un phare pour les ambitieux. Mais Alkande avait aussi trouvé d'authentiques hommes de bonne Volonté, qui s'efforçaient d'incarner leur Idéal de perfectionnement hérité des Lumières et du compagnonnage, et qui cherchaient à développer une humanité nourrie autant de philosophie que de savoir-faire.

Le regard du Résistant erra à travers le Temple, de symbole en symbole.

Le chiffre trois était partout : le triangle où brillait un œil, au-dessus du bureau où officiait le Vénérable, les trois maillets qui rythmaient le cours de la tenue, ainsi que les trois branches du flambeau où luisaient les lumières vacillantes, au centre de la salle. En tant que Maître, Alkande avait pu choisir sa place et, contrairement à ses habitudes, il s'était assis du côté des Apprentis, pour se placer dans l'axe du Soleil qui, à la gauche du Vénérable, surplombait les débats.

— *Institution essentiellement philanthropique, philosophique et progressive, la franc-maçonnerie a pour objet la recherche de la vérité, l'étude de la morale et la pratique de la solidarité.*

Comme ses voisins, Alkande répétait mentalement les principes édictés à l'ouverture des travaux. Sa Pensée s'imprégnait d'espérance et son envol puissant l'arrachait à la mesquinerie du quotidien pour l'élever vers une réflexion plus noble.

Alors qu'il les avait crus inaltérables, ses liens d'amitié avec le président semblaient n'avoir jamais existé. Depuis l'épisode de « la Première ministre » – ainsi avait-elle exigé d'être nommée – Tempestris l'avait de moins en moins consulté. Pour tous, le Résistant s'était clairement déconsidéré en affichant une position rétrograde. Et ce jour où le président n'avait plus eu besoin de lui – jour qu'Alkande n'eût jamais cru possible – était venu.

Les jeunes cadres du Parti de l'Union l'avaient progressivement remplacé, même dans les domaines où il s'était cru indispensable. Als avaient trouvé des ressources par des moyens aussi inconnus et aussi opaques que ceux qu'il avait employés et, pour tout le Palais, le Diplomate avait été frappé de la plus terrible des malédictions : il était devenu démodé ou, comme l'eût dit le couturier Kartajan, « has been ».

Tempestris lui avait préféré les surprises, le renouvellement et surtout l'avenir que lui offrait la jeune génération. Tout juste si, de loin en loin, Alkande l'entendait évoquer des références communes. Alors, malheureux exilé du Pouvoir et de l'Amitié, il se voyait vainement solliciter auprès de son ancien compagnon de route un regard, une parole ou un geste qui eût été la preuve qu'il existait encore pour le grand homme, tandis que la nostalgie abcédait en son cœur.

Malgré l'envoûtement dans lequel le tenait le rituel maçonnique, le Résistant leva les yeux vers les trois hommes placés sur l'estrade.

Assis au centre, le Vénérable était encadré du Secrétaire et de l'Orateur. Ce dernier regardait dans sa direction avec un fin sourire. Se moquait-il de sa disgrâce, lui aussi ?

C'était possible, dans cette loge pleine de hauts fonctionnaires informés des secrets du Palais.

Quant au Secrétaire, assis dans le prolongement de la colonne du Nord, Alkande ne pouvait le voir.

Résigné à attendre une occasion favorable afin de déchiffrer son visage, le Résistant se rabattit sur le Vénérable, leur Maître à tous.

Le vieillard paraissait entièrement concentré sur son rôle, prononçant les paroles consacrées et faisant retentir son maillet pour marquer les étapes du rituel. Son visage austère et sec d'homme exagérément strict ne trahissait rien d'autre qui fût en rapport avec l'ouverture des travaux. Alors, leur principal décor attira l'attention d'Alkande au-dessus de la tête chenue.

Le *Delta Lumineux*, un triangle pourvu d'un œil, semblait plonger son regard au fond du sien.

Certains d'entre eux associaient le symbole à la Conscience, d'autres à la Raison, d'autres encore à la Géométrie. Les plus religieux y voyaient Dieu, ou le Grand Architecte De l'Univers, qu'ils surnommaient *le GADLU* non sans humour.

Lui n'y croyait pas, n'y avait jamais cru. Il était arrivé en maçonnerie avec son propre dieu, le seul qui l'eût réchauffé à Dora : le Soleil. Où était alors Le Grand Architecte De l'Univers ? En vacances ?

Et si demain, des massacres étaient perpétués au Katswanga, où serait-il, encore une fois ?

Alkande avait échoué. La France exportait toujours autant d'armes vers le petit pays africain qui, comme il l'avait prévu, était entré en guerre civile. Et les nouvelles étaient terribles.

Les Tirumbu massacraient les Aka à une cadence insensée et inédite dans l'histoire, à la machette, à la hache, au marteau, avec leurs outils rudimentaires en usage dans l'élevage et l'agriculture traditionnelles, comme si tuer des membres de sa propre famille, des voisins, des femmes enceintes ou des enfants était devenu une nécessité urgente.

Et le Mintaka voisin, également approvisionné en armes lourdes, blindés et avions par la France, était près d'envahir le Katswanga.

Alkande n'avait même pas réussi à convaincre le président français de faire renforcer les contrôles aéroportuaires. Celui-ci avait déjà contrarié le complexe militaro-industriel en supprimant le programme des SS-20. Et puis, le monde entier pouvait vendre des armes à ces deux pays !

Le Résistant avait bien tenté de lui démontrer l'absurdité de leur position : en cas d'intervention française pour maintenir le Katswanga sous influence francophone, la France devrait se battre contre ses propres avions !

Tempestris avait rétorqué par le principe de non-ingérence. Mais le Résistant savait que les intérêts du premier groupe de pression de France primaient sur toute autre considération.

— Frère Premier Surveillant, à quelle heure les francs-maçons ouvrent-ils leurs travaux ?

À la plus belle heure, répondit l'homme-oiseau qui, en Alkande, s'arrachait des contingences. *Pour orienter les années qui nous restent à vivre.*

Sur le plan du travail sur soi, Alkande était en paix. Il avait fait ce cheminement comme la franc-maçonnerie le demandait : le plus sincèrement possible. Il s'était servi de tous les outils, avait dégrossi, taillé puis poli sa pierre pour que celle-ci s'insère dans le vaste édifice formé par les autres pierres.

Mais une intuition lui soufflait qu'il était arrivé au bout de son chemin. Et son désarroi lui infligeait une courbure et un tremblement de vieillard, comme s'il fût arrivé terrorisé au bord d'un gouffre, à la fois attiré et repoussé par le vide.

— À moi, mes Frères ! intima le Vénérable.

Tous se levèrent pour clamer leur devise :

— Liberté ! Egalité ! Fraternité !

Et les travaux commencèrent.

En bas de l'estrade, l'Hospitalier et le Trésorier se rassirent à leur *plateau*. Le Résistant se dit que leur devise était réunie là, dans le lien qui unissait ce plombier communiste à qui ils avaient appris à faire un nœud de cravate à ce dirigeant d'une grande marque de luxe, le premier s'occupant de leurs veuves et de leurs orphelins, le second de la comptabilité de la loge.

Qu'un communiste incarnât leur générosité et qu'un grand patron s'occupât de gérer leurs biens le fit sourire par son caractère d'évidence. Dans le monde profane, malgré les lois et les déclarations de bonne Volonté, une telle fraternité par-delà les différences de classes s'avérait impossible, hors de l'armée, de l'école publique ou des clubs de sport. Et il était fier de ce rêve réalisé par sa confrérie, même si cette fraternité reculait presque toujours lorsque leur Orgueil était en jeu, et n'empêchait pas qu'au cours de leurs échanges, ils se fissent les plus saignantes blessures d'amour-propre.

Menteurs !

L'insulte fusa à travers sa Pensée, sans qu'il sût qui l'avait émise, ni à qui elle s'adressait.

Désormais, une foule de visages inconnus semblait l'habiter. Etait-ce toutes les Figures de lui-même qui se réunissaient ainsi, à l'approche de la mort ?

Et dans l'affirmative, pourquoi se révéler seulement maintenant, à présent que le Temps lui manquait pour les servir ou les dompter ?

— Frère Secrétaire, nous écoutons la lecture du tracé des derniers travaux.

L'homme lut le *procès-verbal* suivant les formules habituelles. Cet espion infiltré par le renseignement faisait tellement bien son travail que ses Frères, ignorant sa véritable identité, lui avaient confié la charge de celui qui pouvait le mieux les connaître. Car le poste de Secrétaire avait pour principales fonctions de tenir à jour le registre de leurs membres, d'assurer leur correspondance et de noter le nom de tout intervenant ou visiteuse. Alkande était le seul à savoir que la profession du Secrétaire – éducateur auprès des jeunes gens désocialisés – était une couverture.

Mais, tout espion qu'il était, le Frère Secrétaire n'avait pu rester hermétique à l'alchimie que la franc-maçonnerie savait exercer sur les âmes. Lui aussi avait poli sa pierre. Et l'homme avait trouvé ici une cause plus noble et plus attachante que la raison d'État.

Le Résistant aurait pu le dénoncer, et l'arracher à sa nouvelle famille. Mais il estimait que l'évolution du Secrétaire servait leur Idéal, quand bien même cela impliquait la surveillance de la loge. Et puis celle-ci était loin d'être la seule à être infiltrée.

Le Frère Secrétaire devait donc au Résistant d'avoir pu rester. Et il était devenu son allié dans toutes les querelles internes, tout en cherchant, depuis des années, à s'acquitter de cette énorme dette.

— Frère Maître des Cérémonies, veuillez aller quérir le Frère Alioth et l'amener au plateau d'Orateur afin qu'il nous présente son travail.

Les colonnes frémirent. Des mines réjouies le disputèrent aux soupirs de lassitude, tandis qu'ils s'accordèrent des étirements destinés à chasser les ankyloses. Le Frère qui s'était levé était connu pour son humour, mais aussi pour son absence totale de respect de l'horaire. Ses planches – parfois drôles, souvent obscures – pouvaient durer trois quarts d'heure et gâcher une tenue.

Le Vénérable Maître hésita puis, cédant à la pression des regards, prévint l'intervenant :

— Le programme de nos travaux étant chargé, nous prions notre Très Cher Frère d'avoir l'obligeance de s'en tenir à un temps de parole raisonnable.

L'homme, un vieux Maître rompu à tous les usages de la confrérie, si habitué au pupitre d'orateur qu'il n'avait pas besoin de notes, voyait dans tout l'occasion de s'amuser et d'amuser ses Frères. Il maugréa avec bonhommie :

— Ça va, on n'est pas aux pièces !

Son insolence débonnaire déclencha l'amusement faussement outragé des colonnes.

Le Vénérable lui indiqua silencieusement la porte du Temple pour lui rappeler ce qui devait suivre. Alors, Alioth enchaîna.

— Vénérable Maître, vous tous Mes Frères, en vos grades et qualités, je vais donc circonscrire mon intervention « à un temps de parole raisonnable ». Le sujet de ma planche portera sur *La Nécessaire ordination des femmes à notre Ordre.*

Pour Alkande, le reste devint inaudible. Il dévisagea les Frères qui lui faisaient face. Avait-il bien entendu ?

Mais les physionomies, bien qu'hostiles, ne reflétaient aucune surprise.

C'est pas possible ! mugit le Misogyne. *Encore ces foutues bonnes femmes !?*

Leur Ordre n'initiait que des hommes depuis des siècles. Et les femmes avaient leurs propres confréries ! Pourquoi ne pas rester entre elles, à La Grande Loge Féminine de France, ou se contenter du Droit Humain, qui était mixte ?

Parce que leur Ordre, par son ancienneté et son nombre d'adeptes, était celui qui avait le pouvoir ?

Mais elles n'avaient aucune chance d'être intégrées ! Même la devise de la franc-maçonnerie évoquait, inscrite en toutes lettres, la supériorité des hommes : « Liberté, égalité, *fraternité* » ! Et non... *sœureurité* !

Il cherchait à retrouver le Mot osé un jour par une de ces féministes jusqu'au-boutistes qui s'attaquaient même à la langue. *Sœurorité ? Sorreurité ?* Le Mot n'existait même pas ! La laideur gutturale de ses consonances tombait à pic pour renforcer son propos. *Sœureur, l'horreur*, ragea-t-il, la Colère l'emportant sur le dédain.

La Pensée de la Première ministre s'imposa naturellement.

La Bluette n'avait pas fait long feu : un an de mandat, un record. Son perfectionnisme et son impatience qui l'avaient rendue blessante, ainsi que sa fierté maladroite à toujours brandir sa spécificité féminine avaient hérissé la population qui n'avait connu qu'un patriarcat millénaire, et à laquelle une Première ministre avait été imposée avant l'heure.

Avant l'heure ?

Parce que leur heure viendrait ?

Non ! Jamais ! Jamais elles ne seraient initiées !

Avant l'heure...

Sa Pensée, pure et détachée, tournoyait autour de l'expression. Pourquoi s'en était-il servi, comme cela, sans réfléchir ?

Alkande découvrit le flottement qui régnait parmi les colonnes. Les sourires fleurissaient sur les visages fermés car, malgré la longueur insupportable des digressions du Frère Alioth, ses traits spirituels et ses libertés avec le rituel le rendaient irrésistiblement sympathique. Ses paroles redevinrent intelligibles aux oreilles du Résistant, alors que l'intervenant s'exclamait, brandissant l'index :

— Le désir !

Le Vénérable Maître fronça les sourcils. Pour le psychorigide qu'il était, cela augurait du pire.

— Ben oui !

Alioth prononçait *baoui* et faisait claquer la labiale, ce qui renforçait son air débonnaire.

— Puisque c'est bien de ça qu'il s'agit !

Les Frères se regardaient entre eux, alléchés. Quand Alioth ne sombrait pas dans la logorrhée incompréhensible, ses planches valaient un bon *one man show*.

— Aujourd'hui, la plupart de mes très chers Frères veulent respecter la tradition séculaire : n'initier que des hommes. Et personnellement, je ne peux que me prononcer pour ce *désir*.

Méfiants, aucun des Officiers ne le quittait des yeux, tandis que, sur les colonnes, les Frères s'échangeaient des sourires gaillards.

— Car j'imagine !... J'imagine des femmes ici ! En petit tablier ! Avec des gants à crispin doublées d'hermine, pour tenir chaud à leurs longs doigts fins et effilés (si jamais une Dame à la licorne s'extrayait d'une tapisserie aux mille fleurs pour venir s'égarer parmi les héros rabelaisiens que nous sommes, rassemblés par l'amour de l'humanité, la faiblesse pour le bon vin et la peur d'être cocus) ; ou mieux, des femmes avec des mitaines ! En dentelle à douze points issus des ateliers de Calais, portés par une sainte bourgeoise venue s'offrir en holocauste aux plus anarcho-laïcards d'entre nous pour leur rappeler que si la femme n'est pas l'homme, elle n'en est pas moins « homo », c'est-à-dire un *être humain* en latin ! Imaginez une femme ici, en gantelets noirs en latex, si jamais une maîtresse sadomasochiste venait à fantasmer à l'idée de transformer notre Temple en donjon et notre bande de guerriers à poils en valets épilés, poudrés et perruqués ! Moi, franchement, toutes ces femelles m'empêcheraient de réfléchir !

Excités par les images suggestives, les rangées d'hommes tenus au Silence hochaient la tête. Alioth avait parfaitement résumé leurs Peurs.

Scandalisé par ces évocations scabreuses, le Vénérable Maître n'osait inviter son Frère à plus de modération. Il n'avait obtenu son poste que par défaut, uniquement parce que l'autre candidat était encore plus despotique que lui. Ses nombreuses décisions arbitraires, en contradiction avec la démarche collégiale de la franc-maçonnerie, avaient donné raison à ses détracteurs. Mais il n'en avait pas pris Conscience, croyant que les remarques désagréables que lui valaient son intime conviction d'être supérieur et sa gouvernance trop autoritaire étaient motivées par la jalousie ou le manque de reconnaissance. Et il craignait d'intervenir, de crainte de passer, une fois de plus, pour un tyran.

Mais Alioth allait jusqu'à gloser sur le bleu et le rose des tabliers qu'ils devraient instituer si les femmes intégraient leurs rangs.

Eprouvé par l'indécision, le Vénérable triturait nerveusement son maillet.

Malgré sa Colère, Alkande prenait plaisir à voir les tiraillements de celui qui était censé les éclairer.

Le pauvre. Leur Maître à tous se faisait avoir comme le premier des Apprentis en cherchant à plaire.

C'est valable pour toi aussi, lui rappela l'oiseau, depuis son vol serein au-dessus des nuages.

Sur l'estrade, le Vénérable tomba sur le seul visage qui restait sérieux au milieu des colonnes, et qui l'observait avec un regard plein de commisération méprisante.

Alkande.

Mais le diplomate en disgrâce était mal placé pour se gausser de lui ! Et le premier des Officiers lui rendit la politesse.

Le Résistant lui sourit comme il eût souri à un enfant de dix ans. Quel crédit méritait un Vénérable Maître secondé par une taupe ?

Leur duel silencieux fut interrompu par l'emballement d'Alioth. Les deux hommes se concentrèrent à nouveau sur sa suite d'arguments qui avait quelque chose de musical, avec son long crescendo *allegro con fuoco*, et qui semblait se moquer d'eux.

— ... je vous pose la question ! Que ferions-nous ? Si un Frère décidait de changer de sexe ? Est-ce qu'on l'exclurait ? Uniquement parce qu'il serait devenu... *une Sœur* ?

Les hommes commençaient à se tortiller avec gêne. En effet, si le cas se présentait ?

Le Vénérable Maître jetait des regards furieux à l'intervenant. Mais la possibilité que se réalisât cette histoire gaguesque d'un Frère qui changerait de sexe progressait dans leur esprit.

— Mes Frères, je vous mets en garde ! continuait Alioth, solennel. Car un jour viendra où l'histoire se rappellera que les loges *grandorientines* n'ont été peuplées que d'hommes ! Un jour viendra où l'histoire se rappellera que ces mêmes hommes, convaincus d'être les défenseurs de l'humanisme, auront refusé à un être humain, pour ce qu'il avait – ou plutôt ce qu'il n'avait pas – dans la culotte, le droit d'entrer dans la Lumière !

Des souffles exaspérés fusèrent des colonnes, malgré le strict respect de l'écoute qu'ils se devaient de tenir.

Réconforté par leur rejet et amusé par les provocations d'Alioth, Alkande se dit qu'il avait eu de la chance de revenir ce jour-là.

Enfin, le Vénérable Maître exhorta l'intervenant à conclure. Alors, celui-ci s'exécuta, avec la grandiloquence d'un avocat qui termine sa plaidoirie :

— Rappelons-nous que nos actes seront nos legs et que nos mots seront nos témoins ! Gardons-nous de jeter l'opprobre sur la franc-maçonnerie en prenant une décision discriminante ! Sinon, pour les générations futures, nous aurons été plus que dans l'erreur ! Nous aurons été ridicules !

Et, avec une gravité dominée par l'autosatisfaction, il conclut :

— J'ai dit !

Les opposants à la mixité avaient presque perdu l'envie de Rire. Cette intervention, en apparence humoristique, regorgeait d'arguments non négligeables.

La vie était-elle aussi farfelue que les élucubrations d'Alioth ?

L'avenir verrait-il l'un d'entre eux être assez fou pour devenir une femme ?

Et surtout, l'histoire finirait-elle par les juger aussi étroits d'esprit, fanatiques et discriminants que çaux-là même qu'ils combattaient ?

Les débats houleux qui s'ensuivirent rassurèrent Alkande. Ceux qui étaient contre l'ordination des femmes formaient une écrasante majorité. Seuls deux ou trois hurluberlus s'entêtaient à faire de la chose un sujet. Et le Résistant préféra ressasser son éviction du pouvoir pendant qu'ils se déchiraient.

Le remaniement gouvernemental, après le départ de la Bluette, avait permis à Lorion de multiplier ses hommes aux postes les plus importants.

Delguebar était monté d'un cran dans la hiérarchie en passant des Affaires étrangères à l'Intérieur. Meissan dirigeait à présent les services secrets. Même le nouveau Premier ministre, après le fiasco de la Bluette, était un protégé du secrétaire général ! Et pour symboliser ce renversement des influences, celui-ci avait enfin réintégré le Salon Vert, tandis que le Résistant avait dû se contenter de son Bureau Marigny qui, bien que pourvu d'un couloir souterrain, était à l'autre bout du cœur du Pouvoir.

De Mégrez, le protégé d'Alkande, s'en tirait moins mal en passant de l'Économie à la Justice. Et, comme l'avait prévu son mentor, le jeune ministre avait commis une bourde monumentale.

Lors d'une séance à l'Assemblée Nationale, et sans même le consulter, le nouveau garde des Sceaux avait créé le scandale. A la tribune, brandissant des feuilles en papier en direction des parlementaires, il s'était écrié :

— J'ai ici une liste de noms qui, si elle était connue, purgerait la politique française !

De Mégrez n'avait réussi qu'à s'attirer la suspicion de toutes les personnes proches du pouvoir, partagées par la Peur de la dénonciation ou celle de la calomnie. Harcelé par la presse pour qu'il leur livrât des noms, sommé de s'expliquer par ses collègues, il avait piteusement fait marche arrière.

Mais le président avait cru qu'Alkande avait tout manigancé. Dans sa logique, si de Mégrez partait à la conquête de l'opinion, c'est qu'il partait à la conquête des urnes. Il devenait alors un rival. Tempestris y avait vu une manœuvre de son mentor pour se venger de sa disgrâce, et le Résistant n'avait toujours pas réussi à le détromper.

— Depuis mon initiation, j'ai appris que la franc-maçonnerie utilisait de nombreux symboles empruntés aux outils des maçons du Moyen-Âge, tels que le compas, le niveau, la règle, le maillet ou l'équerre.

La tenue, qui continuait par une planche d'Apprenti, lui permit de réfléchir à une stratégie.

Il devait revenir au premier plan, reconquérir la Confiance et l'estime du président. Mais il était lucide. Aux yeux de tout le Palais, il incarnait un passé révolu. Son réseau n'était plus indispensable au chef du pays. Et sa parole n'avait plus aucun poids. Il s'était fait reléguer à l'arrière-plan et devait reprendre l'offensive.

— *Comme les outils des maçons traditionnels servent à transformer la matière, nos symboles servent à nous transformer nous-mêmes. Voici ma réflexion sur le symbole qu'est l'équerre. Le mot équerre vient du latin populaire exquadrare, qui signifie rendre carré. À priori, cela va à l'encontre des recommandations habituellement faites en matière de vie sociale, qui font l'éloge de la rondeur et de la souplesse.*

De la rondeur et de la souplesse, reprit mentalement le Résistant. Il devait se montrer plus subtil, se faire passer pour leur ami et édifier dans l'ombre son propre édifice.

Mais c'était tant de personnes à convaincre ! En premier lieu, le président. Il devait parvenir à l'isoler pour dissiper le malentendu qui les séparait. Mais comment ?

— *En nous aidant à acquérir la rectitude, l'équerre est l'outil qui nous permet de contribuer à l'œuvre commune, au même titre qu'elle permet de transformer la pierre brute en pierre à angles droits, propre à soutenir les autres pierres et à s'insérer entre elles.*

Quel sera mon outil ? se demandait Alkande.

Et même s'il le trouvait, al était peut-être déjà trop tard. Il s'était mis tout le monde à dos, le complexe militaro-industriel, le Parti Patriote, Yser de Bellatrix, la nouvelle garde du Parti de l'Union et maintenant, le président !

À quoi devait-il d'être encore en vie ?

Charas, son vieux garde du corps, avait été réaffecté. À quelle mission ? Protection ? Espionnage ? Partait-il à la retraite ?

Alkande avait eu la faiblesse de lui en demander le motif. Naïvement, il avait espéré que ces années passées à le protéger avaient développé chez le militaire un... sentiment. Il n'avait obtenu qu'une poignée de main virile et un demi-sourire qui l'avait mis mal à l'aise. Quelle que fût sa mission, non seulement Charas ne lui en toucherait pas un Mot, mais il l'accomplirait, quand bien même elle consisterait en la *neutralisation* de son cher « patron ».

Désormais flanqué d'un trentenaire athlétique nommé Dasterion, il vivait sur le qui-vive, redoutant autant son nouveau garde du corps – sans nul doute placé là par Meissan, donc par Lorion – qu'une menace extérieure.

Il était certain d'être déjà sur écoute. Peut-être même était-il suivi. Dans la rue, il avait parfois l'impression de retrouver les mêmes inconnus dans son champ de vision. À l'hôtel Marigny par exemple, il avait plusieurs fois remarqué cette brune sublime au bar.

Jamais il n'avait senti une telle détermination chez un être humain. Mais chez celui-ci – il ne pouvait le nommer « femme », tant il l'impressionnait – cette force mentale semblait se doubler d'une sensualité et d'une maîtrise parfaite de son corps, lequel semblait doué d'attributs étrangers au monde humain, tels que la fulgurance, le Silence et la férocité propres aux grands félins. C'était sûrement une prostituée, quoique son androgynie laissât planer un doute.

Tant de gens pouvaient vouloir son élimination !

D'où viendrait le coup ?

Personne ne tue pour un changement de bureau...

Naïf animal qui planait tout là-haut, dans son éther irréel !

— *La transformation alchimique qui découle de ce travail est alors vécue de l'intérieur et intransmissible. Les francs-maçons, s'ils restent discrets sur leur confrérie par peur des persécutions, n'ont pas d'autre secret.*

Pas d'autre secret…

Et si le Résistant révélait au monde ceux du pouvoir ?

— *Dès lors, l'être humain ayant pour but l'amélioration de soi se voit confronté à l'immensité du travail. Travail sur soi, mais aussi travail sur les signes – symboles, mots, gestes, images – créateurs de sens, de réalité et de vérité.*

La vérité…

Le voile qui lui cachait l'horizon se leva.

Il eut la sensation de voir plus loin, que ses perspectives lui étaient rendues.

Seule la vérité serait assez forte pour lutter contre ses ennemis, les Lorion, les Kartajan, et tous çaux qui, en servant la Domination plutôt que l'humanité, emmenaient le monde au désastre.

Les Mots créaient du sens, de la réalité et de la vérité… *Et s'il écrivait un livre ?*

N'était-il pas un éminent linguiste ?

La question n'était même plus de reconquérir la Confiance du président ! Il pouvait s'en passer ! Par ses révélations, il serait utile au monde entier !

Dès lors, que lui importait l'avis d'un seul homme, fût-il le président de la France ?

Alkande regarda l'Apprenti qui continuait sa planche. C'était la jeune génération de francs-maçons, un trentenaire idéaliste sur lequel, sans que ce dernier en eût encore Conscience, reposait l'avenir de la loge. Et c'était ce petit Apprenti-là, avec sa fraîcheur et ses banalités, qui lui avait soufflé la solution !

Plein d'espoir, d'enthousiasme et d'énergie, déjà transformé, Alkande subissait à nouveau le pouvoir alchimique des signes.

Un livre lui rendrait l'occasion de parler et de convaincre. Le président restait un homme, et l'Élysée, un palais. Un livre lui offrirait le monde pour confident, et les médias pour tribune !

Et s'il devait mourir, qu'il mourût pour une autre raison que pour une histoire de bureau, qu'il mourût d'avoir révélé la vérité !

Il pourrait même aider les Aka, en dénonçant les massacres et les responsabilités. Peut-être, alors, empêcherait-il le génocide qui se profilait ? Peut-être que l'ONU serait saisie, que l'organisation installerait des contrôles aéroportuaires et suspendrait ou règlementerait plus fermement les ventes d'armes ?

Un livre pouvait-il empêcher une guerre ?

Il n'en savait rien. Mais il avait trouvé son outil.

— Tu écris tes mémoires ?

Le verre d'Alkande trembla dans sa main. Le Vénérable Maître avait-il lu dans ses Pensées ?

Les Frères étant sortis du Temple pour quelques minutes de pause, Alkande en avait profité pour féliciter l'Apprenti. Devant l'air égaré du Diplomate, le Vénérable précisa sa Pensée.

— Ça fait longtemps qu'on ne t'a pas vu. Tu travailles à un projet personnel ?

— Si seulement !

Un candidat devant ensuite subir *le passage sous le bandeau*, le Résistant détourna la conversation.

— As-tu pensé une question ?

— Evidemment. Et toi ?

Alkande en inventa une à la volée.

— Que pensez-vous de l'entrée de la Turquie dans l'Europe ?

— C'est celle qu'Alioth veut poser, je crois.

— Ah ! Eh bien, euh... peut-être une question d'ordre philosophique alors... L'impétrant a-t-il une solide culture ?

— Dans la moyenne. À quoi penses-tu ?

— Par exemple… *Une recherche épistémologique prenant pour objet la démarche maçonnique vous semblerait-elle pertinente ?*

Le Vénérable Maître fronça les sourcils devant l'exigence pointue du Diplomate. Il le savait linguiste, mais quand même ! Il risquait de déstabiliser le candidat.

— Une question de pure connaissance, alors…

L'Apprenti intervint :

— Le fait de poser une question de pure connaissance pose un problème ?

— Non, répondit le Vénérable. Mais une question de cette nature ne permet que de mesurer l'étendue d'un savoir. Or, l'essentiel pour nous n'est pas de recruter des savants. Ce n'est pas ce qui nous intéresse. Nous recherchons plus des qualités humaines et des capacités discursives qu'un empilement de connaissances.

— Eh bien voilà ! s'exclama Alkande. Je vais lui demander ce qui a le plus d'importance pour lui : le savoir ou la personne.

Un peu bateau, pensa le Vénérable Maître. Mais il se garda bien d'en faire la remarque à cet homme dont l'Orgueil semblait aussi éprouvé que le sien.

— Parfait.

— À propos…

L'Apprenti s'était tourné vers Alkande.

— Je voulais vous… *te* demander, rectifia-t-il, embarrassé de devoir tutoyer un homme qui aurait pu être son grand-Père, et aussi proche du pouvoir suprême. C'est vrai que Dubhos était *maçon* ?

La question plongea les deux Maîtres dans le souvenir du Premier ministre qui avait tant travaillé pour le pays. Ni l'un ni l'autre ne se précipita pour répondre. Finalement, le Vénérable reprit la parole.

— Dubhos était un *maçon sans tablier,* il aurait fait honneur à la franc-maçonnerie.

— Un hommage lui a été rendu ?

Regrettant de n'avoir pas assisté à la tenue qui avait suivi sa mort, Alkande constata sa propension récente à s'exclure des obligations de la vie en société, comme si une part de lui-même le préparait à l'essentiel.

— Bien évidemment, répondit le Vénérable. Son regard avait perdu toute sa hauteur et il leur demanda brusquement de l'excuser.

Alkande le regarda s'éloigner, voûté et vulnérable comme le vieillard qu'il était.

Lui aussi se prépare, pensa-t-il.

L'Apprenti enchaînait d'autres questions. Le Diplomate s'efforça de lui répondre sans lui donner toutes les clés, car cela faisait partie du travail maçonnique que de faire ses propres découvertes. Comme le Frère Secrétaire s'approchait d'eux, l'Apprenti s'interrompit.

— Je t'en prie ! s'exclama l'espion. Continue ! Ne te gêne pas pour moi !

Ses manières familières étaient fraternelles, mais son regard froid semblait aller à l'encontre de son encouragement. Quant au Résistant, son sourire s'était figé dans l'attente. Sans pouvoir se l'expliquer, l'Apprenti se sentit de trop.

— Euh… ce n'était pas très important.

— Bientôt Noël ! annonça le Frère Secrétaire, son regard glacial braqué sur lui. Tu vas prendre des vacances ?

— Quelques jours, oui.

— A l'étranger ?

— Non, je vais rester en famille.

— C'est à cela que servent les fêtes de fin d'année, renchérit le Résistant, étonnant de banalité.

Le Silence retomba entre les trois hommes, excluant plus encore l'Apprenti des enjeux cachés qui se jouaient.

— Et vous ? demanda poliment celui-ci au Secrétaire. Pardon, Et *toi* ? se rattrapa-t-il.

Le Frère Secrétaire se tourna vers lui :

— C'est en *Maghrébie* que j'passe toutes mes vacances.

— « En Maghrébie » ?! ria l'Apprenti.

— Là-bas, j'rencontre les petits gars que j'peux pas voir en France. Et en plus, c'est pas cher payé.

L'Apprenti resta coi, interloqué par ces paroles qui n'avaient ni queue ni tête.

— C'est comme ça que disent les jeunes ! Ah ! C'est reparti. À tout de suite.

Et le Frère Secrétaire tourna les talons pour retourner dans le Temple.

De retour à sa place, Alkande continua à réfléchir aux paroles du Frère Secrétaire.

La Maghrébie désignait-elle un pays en particulier ? Qui étaient « ces petits gars qu'il ne pouvait pas voir en France » ? Et que comprendre par « c'est pas cher payé » ?

Mais il n'eût pas le Temps d'y réfléchir davantage. Le candidat à l'initiation, dont ils avaient bandé les yeux, fut introduit.

Tandis que le Grand Expert conduisait l'homme aveuglé jusqu'à un siège placé au centre de leur assemblée, Alkande baissa la tête pour se concentrer et ne pas laisser les apparences l'influencer.

Le Vénérable Maître prit la parole :

— *Monsieur, vous êtes arrivé au terme d'une procédure visant à mieux vous connaître et à mieux connaître les motivations qui vous ont poussé à entrer en franc-maçonnerie.*

Il lisait ses notes en prenant tout son Temps, en homme lettré qui associe inconsciemment les pauses orales aux grands segments grammaticaux.

— Nous allons maintenant procéder à une séance de questions, dans le but de nous éclairer sur votre personne.

Il s'arrêtait lorsque la ponctuation le demandait, prenant soin de regarder le postulant, alors même que celui-ci ne pouvait le voir, comme si la courtoisie de son attitude pouvait compenser la perte sensorielle qu'ils lui infligeaient.

— Nous vous demandons de répondre à ces questions en vous remettant à un seul et suprême principe : l'honnêteté.

Nouvelle pause.

L'un d'eux se racla la gorge. Alkande gardait les yeux fixés sur ses gants blancs.

— Ensuite, nous vous raccompagnerons, et vous pourrez rentrer chez vous.

Le Vénérable Maître laissa passer quelques secondes pour que ses phrases aient le Temps d'être assimilées par le candidat, qu'il savait – pour être passé par là – ému et désorienté.

— Je vais maintenant vous poser la première question.

Le bruit de leurs respirations épaississait l'atmosphère. Même les plus blasés d'entre eux ressentaient l'émotion de qui est la proie d'un jugement public.

— Les deux critères historiques pour entrer en franc-maçonnerie étant « être libre et de bonnes mœurs », *que vous évoquent ces deux critères ?*

Quelques secondes passèrent. Alkande, comme tous ses Frères, attendait, curieux et sans impatience. Mais la voix du candidat lui causa un électrochoc.

KARTAJAN !

Il releva la tête pour regarder le candidat et mit quelques secondes à recouvrer sa capacité à penser.

Malgré le bandeau noir qui masquait une partie de son visage, al n'y avait aucun doute : cette peau luisante et trop bronzée, cette crinière léonine et orange n'appartenaient qu'à un seul homme.

Quel tour lui jouait la vie ! L'un de ses plus grands ennemis le poursuivait ici, jusque chez ses Frères, au sein de son refuge, sa famille, son Temple !

Mais pourquoi ?! geignit la Victime larmoyante en lui, qui tordait théâtralement ses mains vers le ciel.

Il restait ébahi devant le grand couturier.

Celui-ci, se trompant sur leurs attentes – ou ne parvenant pas à se livrer – avait répondu par une banalité. Et les questions s'enchaînèrent.

— *Quelle est votre définition de Dieu ?*

Alkande tenta de se ressaisir. Que lui reprochait-il, au fond ?

Mais tout ! rugirent ses Figures. Kartajan était l'incarnation de ce qu'il haïssait le plus au monde : la superficialité, l'ignorance, la fatuité, le mépris des faibles…

Tout ce qui est aussi en toi.

L'oiseau de sa Pensée survolait l'assemblée de ses Figures sans bouger les ailes.

Mais à un degré bien moindre ! lui hurla l'Orgueil.

L'oiseau ne répondit pas. Il s'éloignait, porté par les courants.

Il a raison, reconnut Alkande.

Et sa Colère s'éteignit d'un coup.

Il put envisager le problème à l'inverse : pourquoi ne pas accueillir cet homme en Frère ?

Et il se demanda quelle question il allait lui poser car, bien sûr, celle qu'il avait suggérée sans y réfléchir ne serait d'aucune utilité.

C'est lui qui apportera la réponse à ta question.

Facétieux, l'oiseau réapparaissait là où ses Figures ne l'attendaient pas, traçant des sillages blancs entre les formes nerveuses qui sursautaient à son passage et cherchaient à le saisir.

La Fraternité leva la main.

Regardez Kartajan ! Commanda-t-elle. *Regardez le monde qu'il construit ! Des armées d'esclaves au service d'un tout petit nombre ! L'hégémonie de la consommation ! La richesse matérielle érigée en valeur ! Qu'attendre de cette accumulation insatiable, au service de l'Argent ?*

Mais déjà, un autre Frère prenait la parole.

— *Que pensez-vous de cette citation d'Alfred de Musset :* « Nul ne se connaît tant qu'il n'a pas souffert ? »

Cette nouvelle question fit hésiter Kartajan. Hors ces murs, il eût éclaté de Rire à cette citation d'un autre Temps. Ici, il n'osa pas. Les secondes défilèrent sans qu'il osât prendre parti. Tous sentirent son embarras. Qu'est-ce qui le gênait dans la souffrance ?

Mais le grand couturier se débarrassa de la question d'une pirouette sur l'impossibilité de se connaître objectivement,

— *Que pensez-vous de l'entrée de la Turquie dans l'Europe ?*

— Je suis pour.

Ils attendirent en vain l'exposé de ses arguments. Mais Kartajan était trop déstabilisé pour les leur exposer. À présent, sa privation sensorielle lui pesait. Ne pas voir, ne pas savoir où il était, être jugé par une assemblée invisible : il eût aimé que cela restât un jeu, mais ses paroles retentissaient gravement dans un Silence trop vaste et trop pesant où il percevait la présence des flammes, l'odeur des tissus, une multitude d'esprits, comme s'il eût été en Outre-tombe, et que ses paroles eussent aussitôt été gravées sur le marbre de sa stèle funéraire, pour lui servir d'épitaphe.

Comme les autres, Alkande sentait grandir l'embarras du candidat. Ce n'était jamais agréable de provoquer le malaise de çaux qui frappaient à leur porte. Et il était partagé entre le désir d'aider un homme seul face aux autres, et son devoir de distinguer çaux qui seraient capable de servir leur Idéal.

— *Qu'espérez-vous trouver ici que vous n'avez pas trouvé ailleurs ?*

Cette fois, Kartajan opta pour la franchise.

— J'dois vous avouer que j'ai déjà tout !.. Même le réseau, je l'ai déjà ! Mais ça ne fait jamais de mal d'en avoir plus…

Pour certains, ces Mots décidèrent de son sort.

Mais d'autres voulaient encore lui accorder une chance.

— … pour la richesse qu'il peut apporter : richesse des rencontres, richesse qui peut découler des rencontres. Je crois au pouvoir de la richesse, finit-il par avouer, en se reprochant aussitôt sa tournure maladroite.

Il tenta de se rattraper avec un petit Rire nerveux et une expression de pure forme :

— Richesse immatérielle, bien sûr !

— *Quelle est la différence entre l'amitié et la Fraternité ?*

Le grand couturier n'en avait pas la moindre idée. Il ne voyait pas de différence, hormis celle de la parenté. Mais c'était sûrement trop évident pour être la bonne réponse.

Encore une fois, il ressentit le caractère sépulcral de ce moment. Le Silence provoqué par ses paroles prenait des proportions énormes, et semblait lui rappeler le vide qui avait précédé l'univers. Il préféra dire quelque chose, n'importe quoi, plutôt que réfléchir et laisser ce terrible Silence leur faire soupçonner la vérité.

— Je donne ma langue au chat !

Mais son espièglerie ne souleva aucune réaction.

— *Êtes-vous croyant ?*

C'était une question piège, puisqu'ils garantissaient à tous la liberté absolue de Conscience. L'idéal eût peut-être été de refuser de répondre, pour leur dénier des droits sur son intimité.

Mais, considérant le concept de divinité comme génial sur le plan politique et totalement risible sur le plan de la vérité, n'ignorant pas, de plus, leur attachement historique à la laïcité, Kartajan crut les impressionner en assumant son héritage culturel.

— Oui je suis croyant, même si je ne suis pas pratiquant. Mais je suis baptisé. Ma famille est catholique. Mes petits-Enfants sont baptisés.

Chaque précision tonitruait dans le Silence béant des premiers Temps du monde, avec le poids et les dimensions d'un slogan en gros caractères.

C'était au tour d'Alkande.

— *Nous sommes amenés à combattre bien des fléaux, que ce soit l'ignorance, l'absence d'esprit critique, le fanatisme religieux, l'attachement aux biens matériels et la fuite de la conscience dans la consommation pulsionnelle, tout aussi destructeurs les uns que les autres. Souvent, les moyens dont nous disposons pour les combattre peuvent se diviser en deux catégories : l'exclusion ou l'intégration. Quel est celui qui vous paraît le plus efficace ?*

Quelques têtes étonnées se tournèrent vers ce Frère qu'ils ne voyaient plus, mais qui semblait n'avoir jamais quitté les colonnes. Alkande, lui, gardait les yeux fixés sur Kartajan. Il attendait, délivré : son ennemi allait lui-même décider de son sort.

Le débat qui suivit le passage sous le bandeau fit entendre de nombreuses opinions qui toutes, convergeaient vers la même constatation : le candidat ne s'était pas livré. Il n'avait pas joué le jeu, cherchant davantage à donner une opinion favorable de lui-même qu'à dire sa vérité.

Kartajan avait lui-même expliqué que mieux valait l'exclusion de l'ennemi, plutôt que sa transformation par l'exemple ou par l'éducation.

Alkande savait que le nombre de boules noires serait supérieur à celui des boules blanches.

Le grand couturier avait eu Peur.

Mais de quoi ? se demandait le Résistant. N'avait-il pas eu soixante ans pour apaiser ses Figures les plus malveillantes ?

Malgré ses Mots reproduits en énormes caractères, ses rêves futiles qui contribuaient à faire régresser le monde et son influence sur le pouvoir, Kartajan était resté un enfant, un petit gars qui faisait semblant d'être une grande personne.

Un petit gars...

Les paroles du Frère Secrétaire lui revinrent en mémoire.

« C'est en Maghrébie que j'passe toutes mes vacances. Là-bas, j'rencontre les petits gars que j'peux pas voir en France. Et en plus, c'est pas cher payé. »

Un petit gars c'est un enfant...

Incrédule, Alkande voulut se détourner de la réalité qui prenait forme. Mais il ne pouvait retenir le vol de sa Pensée. Et un spectacle ignoble prit forme dans son esprit.

Sans qu'il en eût Conscience, il tourna un visage halluciné vers le Secrétaire qu'il ne pouvait toujours pas voir depuis l'endroit où il était assis.

« Et en plus, c'est pas cher payé... »

Le Secrétaire *voyait* des enfants.

Mais pourquoi, alors, se dénonçait-il ?

Parce que ce n'est pas lui qui « voit » des enfants.

Dépourvue de toute morale et de tous sentiments, sa Pensée continuait son dessin.

Pour un Français, le néologisme *la Maghrébie* désignait le Maroc, l'Algérie et la Tunisie.

Qui allait régulièrement au Maroc, en Algérie ou en Tunisie ?

Le Frère Secrétaire n'était pas assez bête pour se dénoncer.

Non... pas le Secrétaire... une autre personne...

Un seul homme passait toutes ses vacances au Maghreb. Il n'était pas marié. Il n'avait pas de maîtresses. Il n'avait pas de défauts.

Lorion.

Son visage ressortit enfin de ce spectacle ignoble.

Et Alkande comprit.

Il parvint à se maîtriser, comprenant aujourd'hui le dégoût inexplicable que lui avait toujours inspiré la vision de sa chair molle, ses cols ouverts sur sa chair en exposition, son expression joviale que contredisait la lueur fixe de ses yeux.

Le Résistant le détruirait.

Lorion serait chassé, vilipendé, puni. Après les ors et les honneurs du Palais, il finirait en prison, où il subirait la deuxième peine que les détenus réservaient aux pédophiles.

Mais ces Pensées vengeresses n'apaisaient pas l'écœurement d'Alkande.

Son regard égaré se remit à errer dans le Temple. Ne trouvant que des objets ou des hommes, il s'éleva vers le ciel pour y trouver un réconfort. Mais l'œil du Delta Lumineux, qu'il fût Raison, Conscience ou Géométrie, ne pouvait supporter une telle réalité. Même son astre fétiche semblait s'être obscurci, comme si lui non plus ne pouvait la réchauffer.

Qu'est-ce qui les sauverait ?

Il cherchait partout, dans leurs symboles, dans les matières, sur les visages et sur les corps, parmi les étoiles et les planètes qui constellaient le plafond, ce qui aurait pu soutenir son espérance. Mais ils avaient conçu le Temple pour que celui-ci fût une réplique de l'univers, et il n'y trouvait rien qui l'eût aidé à créer un monde meilleur.

Tout l'univers ?

Non. *Tout le monde n'était pas là.*

Le Misogyne sursauta.

Non ! Les femmes ne peuvent pas nous sauver ! Elles ne sont pas meilleures que nous !

Peut-être. Mais comment l'auraient-ils su ?

Alors Alkande fut renvoyé à son désespoir.

C'était la même humanité, partout, dans et hors des camps, le même Ordre qui reproduisait la Domination depuis la nuit des Temps, et le même univers, malheureux et sale, qui en procédait.

univers sale

Ces Mots le happèrent.

Ils se décomposèrent, leurs lettres s'envolant et se replaçant dans l'espace, pareilles à des balles en apesanteur qu'eût commandées la Grammaire. Puis, chacune d'entre elles se replaça, et Alkande put à nouveau contempler les signes combinés selon une autre logique.

unis vers al

Al ?

Il ne comprenait pas.

Mais sa Pensée, qui volait au-dessus des nuages, continua à s'élever vers ces Mots et disparut dans leur lumière.

Communio

Communion

J'ai vraiment cru que j'y arriverais. Ma prof de photo m'avait dit que l'armée embauchait des photographes. Putain, cette nana lisait dans ton esprit ! Mais non, ça s'mettait doucement en place.

Même dans l'esprit d'Argo, le vieux pédo dégueulasse, ça avait fait tilt. J'lui en avais parlé entre deux clopes, pendant qu'il m'noyait sous sa vision du monde. Pendant un quart de seconde, il a arrêté d'penser à lui et m'a parlé des avantages de l'armée : nourri, logé, encadré. Pas l'temps de penser, pas l'temps de déconner. Il avait fini par m'avoir à la bonne. Même s'il s'gargarisait avec tous ses beaux discours, il devait se savoir irrécupérable. Du coup il a peut-être fait pour moi ce qu'il aurait dû faire pour ses filles : penser un peu plus aux autres qu'à lui.

A Santa, j'étais moins seul que j'le croyais : Voiles mon CIP, ma prof de photo, Argo. Les infos circulaient entre ces trois-là. Quand une info arrivait pas à passer par une personne, elle finissait par m'arriver par une autre. T'as vu, je dis « une personne » maintenant, j'mets pas tout au masculin. Ben ouais putain, on a vu ce que ça a donné, avec nous aux commandes ! Mais

433

attends, t'emballe pas. J'ai hâte de voir comment vous allez vous vautrer vous aussi, on va bien rigoler !

Quand Voiles m'a dit que l'armée avait répondu favorablement à ma demande, j'y ai pas cru. Sauf que si, ils avaient vraiment besoin de photographes. Fallait encore remplir leur paperasse. *Faut que ça vienne de vous.* Qu'est-ce que mon CIP a pu m'péter les couilles avec cette phrase ! J'ai dit banco et il m'a aidé à remplir leurs papelards. Finalement ça a été la Légion (vu mon casier). Plus question d'photo à mon avis, mais j'pourrais toujours en faire pour mon loisir. J'devais m'présenter à leur CP, à Aubagne. Aucune idée de ce qu'était un CP. D'après Voiles, c'était un *Centre de Présélection*. Moi ça m'faisait penser à *Cours Primaire*. Comme si j'allais tout reprendre à zéro.

Mon plan c'était d'aller à leur CP à Aubagne dès ma libération de Santa, mais ça a pas marché. J'devais rentrer dans la ville de mon domicile, point barre, pour une période de six mois, et pointer au commissariat le plus proche. C'est ça qui m'a foutu dedans : retrouver Paname.

Popol qu'a sauté de joie en m'voyant, la pauvre, avec ses dents en moins. J'osais pas la regarder. Elle a voulu m'héberger. J'ai vu que le côté positif. J'étais trop content de pas devoir rentrer chez ma mère, à presque trente balais. J'en ai même été fier, comme si j'y étais pour quelque chose ! C'est dire si j'étais lucide.

Tout de suite les mauvaises habitudes ont repris le dessus. Ça a commencé tout bêtement par une petite pensée fugitive qui faisait de mal à personne : *une dernière fois.* Tu parles ! Une semaine plus tard, plus question de Légion. Ou alors plus tard, après. Après quoi ?

La tête de Gamal quand il m'a reconnu ! Il a lâché ses outils d'un coup et il a failli m'péter une côte ! Bien sûr qu'il m'reprenait. J'ai retrouvé mes charniers pleins de squelettes de métal. Ils m'ont joué un concerto pour deux soupapes et un arbre à cames. C'était triste comme le corps d'une amoureuse qui t'fait plus bander.

Au bout de six mois, j'aurais pu filer à Aubagne pour tenter la Légion. Mais j'étais pas si mal, nourri-logé-blanchi par Popol, bosser chez Gamal, sauter Popol le soir pour la remercier, fumer des pétards et m'shooter avec modération. Franchement, tu m'voyais à l'armée ? À la Légion en plus ! J'me foutais de ma gueule quand j'y repensais. Quel connard avait pu m'donner une idée pareille ?! J'voyais plus trop qui c'était. En tout cas il était fort !

Tout ce que j'avais vécu à Santa, toutes les belles pensées et les belles décisions ?

Ça avait servi à rien. Peau d'balle.

L'objectif des skinheads était le fameux Hôpital, le squat dont même les journaux parlaient. « Une poubelle », d'après Bad.

Celui-ci avait réuni une centaine d'entre eux. Leur bande partit avant l'aube pour un *Blitzkrieg*. Eridan et Theemin les suivirent avec méfiance. D'après la rumeur, le squat était gardé par des filles ! Ça faisait rigoler les autres. Eux, non. Après le lynchage à mille contre quatre, allaient-ils devoir frapper des filles ?

C'était extrêmement risqué. Ils ne connaissaient pas le terrain et l'Hôpital était aussi le repaire des chasseurs. Quelle gloire, s'ils en revenaient vivants ! Mais la descente prit tout de suite mauvaise tournure.

Mal réveillés, les skinheads se demandaient ce qu'ils faisaient dans ce train plein de courants d'air, qui transportait le peuple de comptables et de secrétaires tout aussi maussades et ensommeillées qu'eux. Ils étaient partants pour défendre la capitale, mais la banlieue, c'était une autre cause. La plupart s'endormaient, la tête contre la vitre.

Bad comprit qu'il avait fait une erreur. Cela lui servait de leçon : une bonne expédition punitive se faisait toujours à Paris, à la sortie des concerts, quand ils avaient bu, *à chaud*. Pas dans une banlieue sinistre, encore larvés dans ce demi-sommeil où leur violence restait engourdie. Mais al était trop tard pour faire machine arrière.

Le capo essaya de réveiller leur ferveur :

Entends Ville Lumière,
Notre amour pour notre terre

La Peur de çaux qui les entouraient leur redonna de l'énergie.

Ce chant de tes partisans
Qui vont faire couler le sang

Aux arrêts, plus personne ne montait dans leur rame. Mais Bad lui-même devait se forcer pour chanter. Il espérait que l'adrénaline serait au rendez-vous, une fois *au contact*.

Eridan ne se gênait plus pour observer leur chef. Progressivement, l'opinion négative qu'il s'en faisait avait dominé l'espoir de s'en faire apprécier. Son initiation lui avait trop coûté.

Profaner des sépultures !

Tu parles d'un courage, face à des macchabées !

Dans son esprit, il avait souillé cette forêt qui l'avait apaisé comme jamais. Et tout ça pour quoi ?

Pour un nom ! Un vulgaire mot parmi tant d'autres !

Même la famille qu'il avait cru trouver en eux était une illusion.

Et tous ces trucs d'intellos dont se réclamait Bad, la croix gammée, les références historiques, les Mots étrangers et incompréhensibles, lui paraissaient dorénavant n'avoir qu'un seul but : élever un écran de fumée pour leur cacher la médiocrité de leur chef.

Mais il ne savait quoi inférer de ces constatations. Et des évènements il attendait un signe, une réponse. S'ils avaient tort, cette folie s'arrêterait !

Enfin, ils atteignirent la zone d'activité abandonnée et déserte, alors que le matin plongé dans la nuit et le Silence était à peine troublé par le lointain chassé-croisé des trains et l'errance des objets que le vent promenait de-ci de-là. La centaine de skinheads progressa furtivement vers l'Hôpital. Ils devaient frapper vite car, sans doute, le personnel des gares les avait déjà signalés à la police.

Ils se perdirent dans la friche industrielle, perdant patience et se demandant ce qu'ils faisaient là, dans le froid, à errer entre ces hangars et ces immenses bureaux vides, qui semblaient rendre leur équipée encore plus absurde. Enfin, un panneau :

CENTRE HOSPITALIER UNIVERSITAIRE

Et ils découvrirent le fameux Hôpital.

Ils furent surpris par son aspect vénérable.

De ses tours massives de château fort, des entrelacements gothiques de ses toits et de ses fenêtres d'inspiration vénitienne sourdait un caractère fantastique. Et un calme absolu.

Bizarre, pour un squat.

D'ailleurs, il ne ressemblait en rien à un squat. La façade claire leur sembla toute récente, qu'elle vînt d'être bâtie ou restaurée. Sur toute la partie gauche du bâtiment, de hauts échafaudages s'élevaient jusqu'au toit.

Où était la poubelle dont Bad leur avait parlé ?

En remarquant les drapeaux blancs et arc-en-ciel qui flottaient au-dessus des chemins de ronde, Eridan sourit méchamment. Le drapeau de la défaite et celui des *pédés* ! N'était-ce pas le signe que leur attaque était juste ?

Mais dans le clan, certains restaient préoccupés. Etait-ce bien le squat en question ? N'était-ce pas plutôt un véritable hôpital ?

Bad les rassura. C'était le bon endroit.

Ils se résolurent à attaquer, mais avec prudence.

De l'autre côté de la grille d'enceinte, deux filles faisaient le guet.

Leurs voix résonnant parmi ces grands espaces déserts, elles fumaient des cigarettes en s'asénant des clichés sur les hommes. Et pour que leur veille, dans le froid et la nuit, passât plus vite, elles rivalisaient de confidences intimes.

Fascinés, les jeunes hommes écoutèrent les reproches et les stéréotypes dont elles accablaient le sexe masculin.

Eridan et Theemin eussent voulu profiter encore longtemps de cette incursion inespérée dans l'esprit des femmes. Cela ne leur eût même pas déplu de se mêler à leur conversation. Peut-être auraient-ils pu les faire changer d'avis, voire sympathiser. Mais, sur un signe de Bad, ils furent désignés pour les neutraliser.

Les deux amis se regardèrent. Mais ils n'avaient pas le choix. Le groupe les fixait avec des yeux phosphorescents. De leur décision dépendait l'estime d'une centaine d'hommes. Que valaient deux *nanas* à côté de ça ?

Ils se jetèrent sur la grille, prêts à l'escalader. Les jeunes femmes eurent un cri bref, de surprise plus que de Peur. La grille n'était même pas fermée. Et ils furent aussitôt sur elles.

Elles n'eurent pas le Temps de se défendre. Eridan vit du coin de l'œil Theemin assommer sa cible d'un seul coup de poing. La sienne ploya entre ses mains. Il la projeta à terre, entendit ses os craquer sous ses bottes. La fille resta immobile, le corps mou, la bouche entrouverte. *Etait-elle...?* Les autres étaient déjà là. Eridan voulut s'agenouiller, la ranimer. D'une rebuffade, Sick l'envoya au sol. Eridan obéit machinalement, se releva et marcha sur l'Hôpital avec leur petite armée.

Les premiers à pénétrer dans le bâtiment restèrent interdits.

Le vestibule de marbre était celui d'un palais. Cela sentait la peinture fraîche. Al n'y avait même pas un détritus par terre ! Au centre, s'élevait un gigantesque escalier de pierre, à double révolution. Et un magnifique lustre en cristal s'étoilait au-dessus de leurs têtes.

Ce n'était pas possible ! Ils attaquaient un véritable hôpital ! Les premiers rangs reculaient déjà quand un visage effaré apparut en haut de l'escalier.

Un visage noir.

Les skinheads se ruèrent à l'assaut du premier étage tandis que Bootes remontait à toute vitesse, hurlant pour prévenir les autres. Il ne parvint à réveiller qu'un seul couple, endormi dans leur lit à courtines.

La vague d'assaillants déferla dans le dortoir sans rencontrer aucune résistance. Les draps volèrent sur les cris, les fuites inutiles, les coups assénés à toute volée sur les corps engourdis par le sommeil. Et ce fut la fin de l'Hôpital.

Les skinheads remontaient du sous-sol avec leurs proies, les traînant par les vêtements, les pieds ou les cheveux. Dans leur fureur déchaînée par la certitude de la victoire, les jeunes hommes au crâne rasés frappaient les filles avec la même violence que les garçons, pour qu'elles n'oublient pas la leçon. *La place des femmes était à la maison.*

Eridan et Theemin cherchaient à fuir ce spectacle pitoyable. Mais, pour leur honte, eux non plus ne se distinguaient plus des lâches qu'ils prétendaient combattre. Dans leur désarroi, ils se séparèrent du gros de la troupe pour inspecter les étages.

Personne.

En actionnant les interrupteurs, ils découvrirent une enfilade de pièces : bureaux, bibliothèques, salles de classe, salles de sport, ateliers. En passant devant des étagères où s'alignaient les livres, Theemin eut l'œil attiré par un Mot en lettres d'or.

Il s'approcha du phénomène.

C'était un carnet qui trônait là. Son titre faisait face à l'espace ouvert de la pièce, et semblait s'offrir à lui.

Un seul Mot, mais incompréhensible.

Pendant quelques secondes, le jeune homme resta fasciné devant lui. Il ne parvenait pas à s'en détacher, comme si les cinq lettres qui composaient ce Mot formaient une parole magique et qui se fût ouverte sur un autre monde. Alors, comme Eridan s'éloignait, Theemin s'empara du carnet et le fourra dans sa poche.

Au deuxième étage, ils trouvèrent un long couloir plongé dans l'obscurité. C'était si calme qu'ils parvinrent presque à oublier ce qui se passait en bas.

Soudain, un claquement de porte leur fit tourner la tête. Leur regard bondit jusqu'au bout du couloir. Ils crurent percevoir des cris, des ordres, des déplacements prestes. Sans réfléchir, ils se ruèrent dans cette direction, remontèrent tout le couloir et, ensemble, se jetèrent contre la dernière porte. Mais celle-ci, qui n'était qu'entrebâillée, s'ouvrit largement.

Ils s'affalèrent au milieu de chaises et d'une nuée d'oiseaux qui s'enfuirent vers le toit. En les suivant des yeux, ils découvrirent, au plafond en coupole d'une belle et vaste rotonde, une lucarne entrouverte. Ils se relevèrent, chassant les oiseaux dont les ailes leur fouaillaient le visage. Et les sirènes retentirent.

La police !

Déjà ?

Par où s'enfuir ?

Ils n'avaient rien fait !

Et les deux filles ?

La perspective d'avoir enfin à répondre de leurs actes s'imposa à eux. Theemin pensa à son Père. Comme il serait déçu ! Et s'il perdait son travail ?!

Eridan se voyait déjà licencié, jeté nu et enchaîné aux pieds de son ancien bourreau, dépendant à nouveau de son Père, qu'il ne s'était pas privé d'humilier pour se venger de ses coups.

Ils devaient s'enfuir à tout prix !

Theemin retourna dans le couloir, appela Eridan. Mais celui-ci regardait les oiseaux disparaître par le toit. Retourner en bas, c'était à coup sûr tomber sur la police. Par le toit, al leur restait une chance ! Eridan cria à Theemin qu'il avait la solution et celui-ci revint en toute hâte.

En proie à la panique, les deux amis se mirent à la recherche d'une autre issue. *La porte est en dedans,* se répétait follement Eridan. Et, à force, ils en trouvèrent une.

Elle ouvrait sur un étroit escalier qui s'élevait dans les ténèbres. En tâtonnant dans l'obscurité, ils gravirent les marches et débouchèrent, éblouis, sur le toit.

Leurs yeux finirent par distinguer le ciel dégagé et pur. Les drapeaux de l'Hôpital claquaient, tordus par le vent. Ils contournèrent le poste électrique qui leur masquait la vue et, tout à coup, les virent.

Un petit groupe était massé sur la gauche du toit, derrière trois hommes qui pointaient leurs armes à feu sur eux deux.

Qui étaient-als ?

Eridan et Theemin ne distinguèrent que le plus voyant : un jeune homme habillé d'une longue robe noire qui aurait pu passer pour un prêtre, s'il n'avait eu les cheveux dressés sur la tête.

Et les trois hommes armés s'ébranlèrent dans leur direction, leur criant de lever les bras et de se mettre à genoux.

A genoux ?

Eridan ne se mettrait plus jamais à genoux. Plus jamais, devant quiconque.

Sans Peur, il courut dans la direction opposée. Les yeux rivés sur les armes à feu, Theemin hésita, ne bougea pas.

Déjà à l'autre bout du toit, un pied sur le rebord, Eridan se penchait dans le vide, plein d'espoir, à la recherche des échafaudages qu'il avait aperçus en arrivant sur le site.

Mais il n'en vit aucun. Ils devaient se trouver de l'autre côté. Et le toit était trop haut pour en sauter.

Il fouillait la façade des yeux, cherchant désespérément des points d'appui qui leur eussent permis de descendre en s'agrippant à la paroi, quand il entendit hurler son nom.

— Eridan !

Il fit volte-face, vit Theemin à genoux et les mains derrière la tête, devant l'un des trois hommes qui lui braquait son arme vers le front.

Les deux autres s'approchaient prudemment de lui en lui criant de se mettre dans la même position.

Foutus ! Lui aussi serait bientôt à genoux.

Son regard se reporta sur le petit groupe massé à l'autre bout du toit. Et derrière, il vit enfin les échafaudages.

Les deux hommes armés avaient déjà parcouru le tiers du chemin qui les séparait de lui. C'était des professionnels. Il le voyait à leur façon de se déplacer, fluide, calculée. C'était maintenant ou jamais !

— Eridan !

Stupéfait, il vit Theemin se jeter sur l'homme qui le tenait en joue. Par réflexe, les deux hommes qui marchaient sur lui se retournèrent. Son ami lui offrait une diversion !

Le skinhead vola vers l'autre bout du toit. Il traversait déjà le petit groupe. Les coups de feu, dans son dos, le firent sursauter. Les cris d'horreur le ralentirent à peine. Il put atteindre les échafaudages, monter sur une plateforme et descendre jusqu'au sol avec la prestesse d'un singe.

Eridan !

C'était pour Theemin, surtout, qu'Eridan avait de la peine. La place de son Frère n'était pas sur ce toit, mais dans un atelier d'artiste, entouré de crayons et de fusains, penché sur son ouvrage. Il le voyait déjà dans un atelier lumineux, entouré de ses futurs collègues auxquels il apporterait la Joie, comme il le faisait déjà pour lui. Theemin travaillerait pour le cinéma, concevrait les effets spéciaux des films catastrophe que tous deux affectionnaient.

Ce n'est qu'en mettant le pied à terre qu'Eridan prit la mesure de l'affolement qui régnait sur le toit. Et, avant de s'enfuir, il leva les yeux.

Il revit le drapeau blanc qui claquait au vent, au sommet de la tourelle. Et il comprit sa méprise.

Ce n'était pas le drapeau de la défaite, comme il l'avait cru. Car seul le fond du tissu était immaculé. Au centre, une fine colombe prenait son envol, tenant dans son bec un rameau d'olivier. Elle était si délicatement tracée que les flottements du tissu faisaient disparaître ses traits par intermittence, comme si la Paix qu'elle symbolisait n'existait jamais que fugacement, entre deux guerres, juste le Temps d'oublier quel trésor elle était.

Je remets la lettre d'Alpha dans son enveloppe. Cela fait des mois qu'il ne m'a pas écrit. Qu'est-il devenu ? A-t-il réussi la formation de légionnaire ? S'est-il seulement présenté à Aubagne ?

Ma solitude est désormais totale. Alors, je prends ce cahier que j'ai acheté pour continuer à écrire. Mais rien ne vient.

De phrases propres je n'ai pas. Celles qui viennent ne sont pas de moi. Ce sont celles des grands écrivains que j'ai lus, ou bien celles de mes Parents et de mes Maîtres dont, malgré moi, je reproduis la langue et la Pensée. Ou bien ce sont mes Figures qui me les dictent, ces créatures qui se débattent en moi et qui se disputent la préséance. Ce qu'elles disent est tellement singulier, fou ou ordinaire que je n'ose pas l'écrire. Et mon cahier reste vierge.

Pourtant, je sens que je n'ai plus de Temps à perdre. Ce que j'ai à écrire ne peut l'être par une adulte.

Un jour, Alpha et moi nous retrouvons sans nous toucher, sans nous sourire. Par les Mots nous étions si proches. Dans la réalité sensible nous ne savons comment gérer cette entente extraordinaire qui n'a existé qu'à l'écrit. Et un grand embarras a saisi nos corps.

Il a réussi à devenir légionnaire. Il a fait ce qu'al fallait : partir du jour au lendemain et nous abandonner, rompre avec l'ensemble de ses influences, bonnes ou mauvaises, afin de commencer une nouvelle vie.

Et il est libre.

Libre sous contrat avec l'armée, c'est-à-dire sous surveillance, sans liberté ni de parole ni de déplacement. Et libre de partir en première ligne, en cas de conflit.

Que faire, pour être à la hauteur de ce moment ?

Que de maladresse dans nos bras ballants, dans nos questions convenues. Il s'empare de mon appareil qui me permet d'être avec Elle et il L'écoute. Aussitôt il s'en défait et, le tenant à bout de bras, aussi éloigné que possible de ses oreilles, il me le rend. L'amusement nous rend un peu d'air.

Plus que son visage, son Rire me le restitue.

Il fissure la gangue que la Faim, la Peur et la Résignation font peser sur toutes choses. Son inconcevable douceur me soulage de leur poids, par ses trois petites notes qui tracent un huit parfait, surgies de ces lèvres pincées et qui n'osent parler. Alors je reconnais la petite phrase du début, celle par qui tout a commencé, et dont je n'ai jamais pu me déprendre.

Libre.

Quel est le sens de ce Mot ?

Nous quittons ce parc qui ne sera jamais à la hauteur de nos attentes. Mais quel lieu pourra l'être ?

Je le suis avec l'espoir qu'al se passe une chose extraordinaire, belle ou seulement pure.

Tu as déjà croisé le regard d'un insecte ? Celui d'un chien qui renifle le derrière d'un autre ? Deux cailloux côte à côte, voilà ce que nous sommes. Seul son Rire voltige et t'emporte, sans souci des contingences. Tu suis des yeux son vol fragile de papillon blanc.

Laid, grossier et inculte, Alpha est bien loin de l'Eros que ton imagination et ta solitude ont inventé et entretenu. Tu crois que la prison rend plus profonde, que la personne va en sortir vieillie ou mûrie ?

Elle en sort seulement usée.

Avec nos antennes, nous tâtonnons pour savoir quoi faire, quoi dire. Mais bien sûr, nous ne savons pas. Et al ne se passe rien.

Dans les rues, sur les quais, à la terrasse des cafés, Alpha boit les femmes du regard, mange sans regarder son plat. Moi, c'est de lui que je me nourris.

La Faim est devenue un problème, une guerre que tu n'es plus si sûre de gagner. Ainsi, à chaque repas, défies-tu l'univers et cherches-tu le sens de toutes choses. Par ta bouche entre ce que veulent faire de toi la Nature, tes Parents et tes Maîtres, l'histoire de ton pays et de l'humanité tout entière, en une messe cosmogonique qui te rabâche ses antiennes et que tu psalmodies sans en avoir Conscience, depuis que tu es née. Refuse de la rabâcher et tu seras assourdie d'exhortations venues du fond des âges, en plus d'être sans Mots pour dire ta vérité.

Tu es aussi la proie de ces images délirantes de *la Femme* qui sont partout, leurs injonctions à une maigreur inatteignable, à une plastique incurvée d'automobile, et tu ne sais à qui tu obéis alors, de quoi est réellement faite ta Volonté. Jeûnes-tu par révolte contre l'ordre du monde, ou au contraire, par soumission à sa multiplication de signes ?

Tant de Figures se disputent la maîtrise de ton orchestre ! Peut-être que l'Illusion les domine toutes, finalement ? Alors à qui, à quoi te fier, quand même ta Révolte, qui te sourit parmi leurs menaces ou leurs supplications, lorgne vers ces corps jeunes et beaux qui te sont donnés en exemple ?

Heureuse celle qui vibre à l'unisson de toutes ses voix !

La nuit. Al ne se passe toujours rien. Le Temps seul triomphe. Il est comme tout le reste, sans surprises. *Tu ne dois pas rentrer trop tard. En plus je sors après, j'ai un pote à voir.* Nous croyons posséder notre vie en l'emplissant d'obligations, de plaisirs et de rendez-vous, mais ce sont des voleurs de minutes précieuses, des molosses que nous introduisons nous-mêmes dans notre cage pour nous occuper, sous forme d'horaires et de contraintes, et qui nous arrachent notre vie par lambeaux. Oh non, nous ne sommes pas libres, le nez dans les aisselles des autres, dans cette parade immense qui nous entraîne malgré nous au bruit des flonflons et dans l'ivresse d'un sacre passager, poussées vers un destin que nous croyons choisir.

Tout au long de ces boyaux sous la terre, dans ce train qui nous emporte côte à côte vers notre fin sans que, pareilles aux autres voyageuses, notre Conscience puisse sauver une seule chose de ce monde, tu voudrais arrêter cette folie, te lever, parler. Mais quoi dire ? Avec quelle langue ? Ne pourrais-tu pas simplement le prendre dans tes bras ? Ce geste simple qui demande du courage dans cette ville où personne ne se touche, tu es trop jeune pour l'accomplir ; tu n'en saisis pas, quand tout mène à une impasse, la lumière de ce qui est la seule issue, la chaleur, les gestes simples de qui n'écoute que son cœur. Et tu restes passive, égarée, entraînée toi aussi vers ton enchaînement ; mais rien ne se fait par Volonté seule ; ce n'est pas toi qui décides, mais l'une de tes Figures dominantes ; laquelle ? Tu ne sais, à l'époque tu n'es pas vraiment un être humain ; davantage une poussière qui se meut au gré d'un Ordre supérieur et même pas sadique.

Et la vie va passer ainsi, à chercher ta place, sans que tu puisses toi-même te saisir à bras le corps pour te supplier d'arrêter cette course folle, tandis que toutes celles et tous ceux qui te constituent se cabrent et fomentent des stratégies pour se faire entendre, en t'envoyant des pulsions, des croyances, des certitudes, des maladies. Les publicitaires ont raison de voir nos corps comme des voitures ; qu'est-ce qu'un corps sinon un véhicule de chair dont les pièces tombent en panne les unes après les autres, dont les réparations deviennent de moins en moins possibles, et dans lequel tu dois pourtant vivre, jusqu'au bout ?

Le Silence nous prend, triomphant ; son défilé de non-évènements passe à toute vitesse tandis que de minces filaments blancs s'échappent du crâne d'Alpha, pareils à des algues autour du visage d'un noyé. Son regard s'affole, part en hélices. Sa chevelure que le rotor du Temps attrape s'arrache à lui avec des morceaux de scalp, fait et défait des nœuds toxiques, dessine des arabesques volatiles. Je suis des yeux sa destruction fumante où toutes nos particules se décomposent.

Le jour de la libération n'est pas venu.

Pour nous, il ne viendra jamais.

Alpha ne prend pas ma main, ne la caresse pas, ne la porte pas à sa bouche. Ce que nous vivons n'est pas du cinéma, cette réalité fantasmée où des personnages beaux et hiératiques crèvent la soie des malentendus qui les séparent. Ici, tu dis n'importe quoi, n'importe comment, tu n'écoutes jamais jusqu'au bout, et toi-même tu es sans cesse interrompue ; tu restes seule avec tes désirs, l'autre n'est jamais au rendez-vous, et tes messages n'ont pas le Temps d'être délivrés.

Alors, le Silence nous consume, nous sommes perdues dans la foule, déportées hors de tout sens, zombies parmi les zombies. Une cigarette s'éteint à ses lèvres ; derrière la fumée, son visage gondole et noircit, la fréquence de son Rire ondule ; des heures ou bien des minutes passent ; des chiffres, un cadran ; toujours une graduation mesure ; nos voix s'éteignent, nos têtes se réduisent, la lumière quitte ses yeux et le voilà absent, très loin, à cette terrasse de café où nous prolongeons en vain nos retrouvailles.

Et puis soudain, al se passe une chose.

Et même une chose incroyable.

— Alors, ce passage sous le bandeau ?

Le permanencier introduisit Kartajan dans son appartement du Palais. À la vue de l'expression dépitée du grand couturier, il haussa les sourcils.

— *Blackboulé* ?

— Ils ne l'disent pas tout d'suite mais... je n'le sens pas.

— Oh... des jaloux ! le consola-t-il.

— Encore des gens qui n'ont pas d'voiture de luxe ! Le railla Monoceros.

L'entrepreneur, à la tête du nouveau parti de radicaux de gauche créé pour affaiblir l'extrême-droite, pensa à celle qu'il venait d'acquérir, garée dans la cour de l'Élysée.

Kartajan soupira. Cette phrase n'allait quand même pas le poursuivre toute sa vie !?

— Les francs-maçons se prévalent davantage de leurs faiblesses que de leurs atouts. C'est à cela que se mesure leur force.

Personne ne releva la remarque de Saint-Rex. L'ex nazi ravivait des enjeux obsolètes. Celui-ci présenta son protégé au grand couturier.

— Voici un homme d'avenir : de Leonis, romancier et secrétaire de Charles Dhur.

Le grand couturier eut un sourire extatique.

— Le directeur de Valeurs françaises, l'aida Saint-Rex.

— Ah oui !

Kartajan n'avait jamais lu cette feuille de chou d'extrême-droite, mais l'impression qu'il causait à ce jeune homme au visage austère et malheureux ranima son estime de soi.

— Ah... les francs-maçons ! Ça s'vend bien !

Depuis le canapé où il était assis, l'éditeur et fondateur de Valeurs françaises levait son verre.

— C'est quoi ce passage sous le bandeau ? Faudrait nous raconter ça ! Vous n'avez jamais pensé à écrire vos mémoires ? Je les édite, si vous voulez !

— Oh moi je n'sais pas écrire, répondit Kartajan.

Et, au militaire qui faisait le service :

— Un Long Island.

— Oh, mais des nègres, j'en ai ! s'écria Ctesias. Vous en avez un devant vous !

De Leonis mit quelques secondes à comprendre que son employeur venait de l'humilier publiquement.

Kartajan fit deux bises à la blonde sculpturale assise près de l'éditeur.

— Une chose leur a déplu. Mais laquelle ?

— Ton costume, peut-être ?

Monoceros enfournait des cacahuètes dans sa large bouche. Son cou qui s'affaissait en plis sur ses épaules ressemblait au goitre d'un crapaud.

— Ça va, ma chérie ?

Kartajan s'écroula sur le canapé, près de la blonde qui les observait en Silence, et dont il pelotait le bras.

— Tant pis ! soupira-t-il. Je suis comme je suis ! Ce n'est pas à mon âge que j'vais changer !

— Seule l'élite peut changer.

Le président venait d'entrer.

— Trésor !

La blonde levait vers lui un sourire sans rides.

Tandis que le président venait l'embrasser, s'installant à son tour sur le divan stylisé et confortable qui faisait presque le tour de la pièce, sa sentence installa le Silence parmi les convives. De Leonis s'était pétrifié. *Le Président de la République !* Dans la même pièce que lui !

— Et nous passons notre vie à croire que nous en faisons partie, reprit le chef du pays.

— Ben dites donc, heureusement qu'on est entre nous !

Même lorsque Saint-Rex avait l'air aimable, les autres restaient sur leurs gardes.

— C'est quand même étrange d'entendre ça chez quelqu'un qui s'est fait élire en promettant de « changer les Hommes » !

Kartajan leva les mains.

— Le président n'a jamais aimé ce slogan !

— Il est stupide, asséna le chef de l'État.

— Oh…

Les yeux fixés sur son vernis à ongles, sa femme avait voulu, sinon tempérer l'assertion, au moins paraître tolérante.

— Nous ne pouvons pas échapper à notre nature, reprit Tempestris, tandis que le militaire de service se penchait vers lui.

Un apéritif, Monsieur le Président ?

En tournant les yeux, le Maître du pays vit son Fils à sa place habituelle, assis par terre et à demi caché derrière un énorme ficus dont le tronc en zigzag donnait l'impression que l'arbre dansait en oscillant des hanches. Mais cette fois, le jeune homme en soutane n'était pas seul.

Un jeune couple l'accompagnait.

Elle, vibrante, rongée de l'intérieur.

Lui, fataliste, persécuté.

Des squatteurs de l'Hôpital ?

Il songea à ce rêve qui s'était brisé si violemment.

Mais même lui, à la fonction suprême, n'avait pas pu faire de miracles. La France d'aujourd'hui ne se distinguait pas beaucoup de celle d'avant la Révolution, lorsque seul le peuple devait payer des impôts, et que les plus riches en étaient exonérés. Quelle était la différence, deux siècles plus tard ?

À quoi servaient les défiscalisations, les délocalisations et autres placements financiers si ce n'était de permettre aux Maîtres de toujours, le

Commerce, l'Armement et la Finance, de continuer à se gaver pendant que, pour le peuple, la crise se durcissait ?

Lui n'avait pas été inutile. N'avait-il pas apporté ses propres outils ? La construction de l'Europe, une Justice plus humaine, la foi dans le Savoir.

Il avait espéré que l'idéalisme de la jeunesse pourrait réussir là où la politique avait échoué. Vivre sans argent ! Rendre le pouvoir au peuple ! Il eût tant aimé vivre cette aventure avec aux. Mais pour lui, c'était trop tard. Il allait s'adresser à son Fils quand Saint-Rex s'approcha.

— Monsieur le Président, laissez-moi vous présenter *une belle plume* : Roland de Leonis. Son premier roman sortira en septembre.

— Un écrivain ? Vous me semblez bien jeune pour avoir une opinion qui vaille la peine d'être publiée.

De Leonis serra la main présidentielle, ébloui, interdit, muet.

Un embarras général suivit la remarque du président. Celui-ci tendit une autre perche au jeune homme.

— Et de quoi parle votre livre ?

Malgré sa paralysie devant l'énormité de sa chance, la parole de l'étudiant fusa, spontanée et franche.

— Mais… de tout !

Et il se tut.

Il sentit tous les yeux braqués sur lui. Saint-Rex le fixait avec intensité. *Développez ! Vite !*

Comme le Silence s'éternisait, l'éditeur se renfrogna :

— Vous êtes sûr que vous voulez faire de la télé ?

De Leonis comprit qu'il jouait son avenir. Acculé, il fit ce qu'il savait le mieux faire : citer la Pensée des autres.

— Vous savez, c'est Freud qui a dit : « Un patient préfère sa névrose à la guérison. »

La tension monta d'un cran. Quel rapport ? Traitait-il le président de névrosé ?!

L'étudiant sentit qu'il devait rectifier le tir.

— Vous parliez de la difficulté de changer, Monsieur le Président.

Celui-ci prit le verre que le militaire lui présentait sur un plateau. Il ne consentit pas à répondre, mais les autres se détendirent. Als voyaient le lien, à présent.

— D'après lui, si nous ne changeons pas, ce n'est pas parce que nous ne *pouvons* pas changer, c'est parce que nous ne *voulons* pas changer.

Leur Silence attentif lui fit comprendre qu'il les tenait. À présent, il ne devait plus les lâcher.

— Cette prise de conscience est la première étape du travail psychanalytique.

Kartajan renversa la tête contre le dossier du divan, portant la main à son front :

— Oh non ! Pas la psychanalyse !

— Chut !

Ctesias voulait entendre son poulain. Cette soirée était un excellent test pour les plateaux télé. Si De Leonis faisait le *show* à l'Élysée, il le ferait partout.

Le jeune écrivain s'engouffra dans le bref créneau qui lui était offert.

— La psychanalyse part du postulat que notre névrose est la répétition d'une situation d'échec, celle que crée le conflit entre une image idéalisée de soi et le désir de l'atteindre. Cette image idéalisée n'est pas soi, en effet, mais un creuset où se synthétisent les idéaux, les fantasmes, les légendes et les mythes de notre culture.

Als ne l'interrompaient pas !

— Tant que nous ne trouvons pas la solution pour atteindre cette fausse image de soi, nous sommes amenés à revivre l'échec, et nous restons dans la névrose.

— Ah les névrosés ! soupira Monoceros.

Sa déclaration n'apportait rien, mais au moins, il ne se moquait pas.

Accroche-toi ! pensa Saint-Rex.

— La chose principale qui nous empêche de changer est donc notre volonté. On *veut* se conformer à cette fausse image de soi, alors qu'elle ne correspond pas à ce qu'on est. De même on *veut* conformer l'autre à la fausse image qu'on en a. Cette prise de conscience n'est que le début du travail. Mais c'est aussi le début de la guérison. Parce qu'une fois qu'on a identifié à quelles résistances on se heurte, la *perlaboration* peut commencer.

— La quoi ?! s'esclaffa Kartajan.

— C'est le mot français pour traduire l'allemand « durcharbeitung », littéralement *le travail à travers*.

Leur jugement flottait, mais il les tenait !

— La perlaboration désigne le processus de guérison : un travail de réflexion qu'on doit mener à travers son corps, en remontant le temps jusqu'au moment où s'est construite cette vision faussée de soi-même. Seul ce travail psycho-chimique nous permet de surmonter les résistances qui s'opposent à notre changement. « Durch », en allemand, signifie *à travers, pendant* et *par-dessus*, toutes choses exprimées par la préposition latine « per ». D'où le mot *perlaboration*.

Ctesias croisa le regard de Saint-Rex. *Et tout ça pour quoi ?*

Bravement, de Leonis aborda la dernière partie de sa démonstration.

— Mais comme toutes les inventions judéo-marxistes, la psychanalyse n'a d'utilité que pour les faibles.

La phrase les arracha à leur hypnose. Ctesias sentit son cœur faire un bond. De Leonis avait-il oublié que le président avait été résistant, déporté ?! Avec sa rhétorique nazie, cet imbécile allait de se torpiller !

— Comment ça ? demanda prudemment Kartajan.

— L'Homme d'action n'est pas malade. Il n'est pas dans la névrose. Il ne se pose pas cette question de savoir s'il est bien l'Homme qu'il veut être. Il *est* l'Homme qu'il veut être. Contrairement à l'intellectuel.

— Ah !!!

Monoceros jubilait, le montrant du doigt.

— Ça, c'est pas faux !

Encouragé, de Leonis précisa.

— Celui qui a besoin de la psychanalyse n'est pas vraiment un Homme.

En voyant la physionomie décomposée de son éditeur, il rectifia.

— Ce n'est pas *encore* un Homme. C'est là qu'intervient le volontarisme.

Comment s'en sortirait-il ? Si jeune ! Et doté d'un tel aplomb ! Als suivaient le vol insensé et pourtant logique de sa Pensée provocante et se préparèrent à la phase cruciale de son atterrissage.

Saint-Rex regardait son protégé, authentiquement impressionné. Le voile d'urbanité qui modelait son visage s'était évanoui et, pour la première fois, de Leonis eut l'impression de croiser la véritable créature qu'était l'ancien SS : un Dominant. Celui-ci s'en sortirait toujours, quelles que fussent les avanies que lui ferait subir le cours de l'histoire. Et c'était cet homme-là qui le reconnaissait comme son égal !

— « Le volontarisme » ? questionna Kartajan.

— Encore un *isme* ! s'exclama Monoceros avec humeur. Qu'est-ce que c'est qu'ça encore, le volontarisme ?!

C'était sa naïveté à dévoiler sa soif d'apprendre qui rendait l'entrepreneur si attachant.

— Le volontarisme est une idéologie selon laquelle rien n'est impossible pour qui veut une chose avec suffisamment de force. Elle puise dans nos origines gréco-romaines, et notamment dans les valeurs spartiates, qui célèbrent la virilité, la discipline, la résistance, l'attachement à la patrie. C'est principalement l'idée que j'essaie de défendre dans mon œuvre.

Il s'emballait.

— Et l'enjeu est colossal, puisque nous avons à construire une puissance à la fois très ancienne en termes de civilisation, mais toute jeune en termes de structure politique : je veux bien sûr parler de l'Europe.

Il se tourna vers le président.

— Or, pour l'instant, le seul critère commun à l'Europe, c'est une morale sans éthique : celle du commerce. Exactement la même que celle qui a présidé à la Révolution américaine : la liberté du commerce, et non celle de l'Homme puisque, comme vous le savez, George Washington était un esclavagiste.

— Je ne suis pas d'accord avec vous.

Le président le prenait comme interlocuteur !

— Vous évoquez l'influence gréco-romaine dans notre culture.

Le chef du pays parlait lentement, détachant les syllabes, profitant de tout le Temps et de tout l'espace dont il disposait.

— C'est bien. Nous ne devons jamais oublier d'où nous venons, et nous devons rendre hommage au génie du passé.

Leur déférence lui offrait une écoute exceptionnelle.

— Mais si vous observez l'histoire, aucun dogme n'a résisté au temps. Dès lors qu'une pensée a cherché à avoir raison sur tout, elle a fini par avoir tort. Rappelez-vous le mot de Démocrite : *L'univers est infini car il n'est l'œuvre d'aucun démiurge.* La leçon de l'histoire est qu'aucun système n'est exempt de failles. Dès lors qu'on en impose un comme vérité suprême, il engendre la barbarie.

Le militaire qui se tenait en retrait se pencha. Le président posa son verre sur le plateau, goûtant chaque seconde, sûr de ne pas être interrompu, comme si chacune des fractions du Temps accordé à l'humanité n'eût appartenu qu'à lui.

— Bon alors c'est quoi la réponse ?

Monoceros en avait assez de ces digressions.

— On peut changer ou pas ?

— Qu'en pense la seule femme de l'assemblée ?

Kartajan avait fait sursauter sa voisine, toujours plongée dans la contemplation de son vernis à ongles.

— C'est toujours bon d'avoir un avis féminin, reprit le grand couturier, mi galant, mi sérieux.

La femme, blonde et délicate, le visage ovale et penché comme s'il s'efforçait de ressembler à un modèle de Primitif italien, s'arracha à sa rêverie.

— Ma foi... rappelle-moi la question ?

Hormis le président, chacun pétrifia son visage, pour que les autres ne vissent pas le Mépris prendre possession de lui.

Monoceros s'impatienta :

— On peut changer ou pas ?!

Elle prit Conscience de tous ces regards sans chaleur qui la fixaient, faisant nerveusement tourner son alliance entre le pouce et l'index de sa main droite. À toute vitesse, elle chercha les termes appropriés pour ne pas trop en dire, si jamais des journalistes se trouvaient dans la pièce ou pire, si jamais des mèches rebelles ne retombaient pas devant ses yeux dont, alors, als ne verraient plus le bleu extraordinaire.

— Eh bien, ça dépend qui, finit-elle par déclarer.

Elle avait redressé toute sa colonne, cherchant à aligner chacune des vertèbres dans une parfaite verticalité, pour ressembler à ces danseuses classiques au port de tête si gracieux.

— Exactement ! reprit de Leonis. Tout le monde n'est pas capable de changer.

La première dame voulut reprendre la parole.

— Tout dépend si c'est un homme ou si c'est une...

— Non, l'opposition de genres n'est pas pertinente.

De Leonis n'allait certainement pas permettre à une femme de lui voler la vedette, quand bien même celle-ci était la première dame !

Le président faillit le remettre à sa place quand il se ravisa.

Qu'elles se débrouillent !

Du reste, sa femme ne renonçait pas.

— Mais si ! Les hommes et les femmes c'est très différent !

Sa voix douce et légère disparut sous le débit sonore et affirmatif du jeune écrivain, pour qui la question de la femme était secondaire.

Elle s'empêcha de hausser le ton pour les obliger à l'écouter. Pour rien au monde, elle n'eût voulu ressembler à l'une de ces féministes au cheveu terne et à l'allure dramatique, qui se donnaient en spectacle à la télévision. Elle espéra que la conversation lui offrirait une nouvelle opportunité, qu'ils finiraient par être capables de respecter sa parole. Pendant que de Leonis tentait d'expliquer qu'il considérait les femmes comme des sous-hommes sans choquer personne, elle reprit le cours de sa Pensée.

Le changement n'était-il pas la condition même des femmes ?

Ne devaient-elles pas à chaque instant mentir pour leur ressembler et évoluer dans leur monde ?

Les véritables spécialistes du changement, c'était elles. Les hommes, eux, n'avaient pas besoin de changer. Le monde était fait pour eux, par eux.

Elle les regarda les uns après les autres, secrètement offensée malgré son visage souriant.

Heureusement, ils n'étaient pas tous pareils. Le grand couturier ne cherchait-il pas régulièrement à la valoriser ? Elle ressentit une telle effusion de gratitude qu'elle lui mit la main sur l'épaule.

Le président fronça les sourcils. Kartajan et sa femme ?

En surprenant ce regard, elle regretta aussitôt son geste et retira sa main. L'amertume l'étreignit davantage. Dans leur monde, si peu d'élans vrais pouvaient s'exprimer ! La Dame à la licorne n'avait jamais pu les étouffer complètement. Et, malgré ses efforts pour maintenir ce visage lisse et intemporel qu'elle s'efforçait d'user le moins possible, elle sentit les muscles de sa bouche se durcir, son regard se charger de Colère.

C'était si stupide, si injuste. Ne voyaient-ils pas qu'elle possédait une partie de leur réponse, et que leur réflexion eût avancé en l'écoutant ?

Elle eût aimé les considérer avec bienveillance, mais se sentait peu à peu envahie d'une violente rougeur. En elle, l'Enchaînée poussait des hurlements à la violence inouïe. Celle-ci était presque aussi terrible que la femme d'Alkande.

La première dame avait prévenu son ami. Trente ans d'infidélité conjugale avait édifié une Haine et une misandrie inimaginables chez la vieille épouse.

Mais il s'était contenté d'éclater de Rire.

Justement, la conversation roulait sur lui.

— Il fait partie de cette loge ?!

Kartajan regardait Saint-Rex avec des yeux ronds.

— Vous êtes sûr ?

— Puisque je vous le dis !

459

— Alors il était là ce matin !?

— Ah ben alors tout s'explique ! commenta Monoceros.

— Il n'y va plus depuis longtemps.

La surprise les fit tous se tourner vers elle.

— Comment le sais-tu ?

Tempestris ne comprenait pas. Lui qui n'avait jamais obtenu la moindre information, quand il interrogeait Alkande sur ses Frères ! Comment sa femme pouvait-elle connaître un détail aussi secret de la vie du Résistant ?

La Dame à la licorne prit le parti de la légèreté.

— J'ai mes informateurs, moi aussi !

Ils furent surpris, sinon étonnés. Le mystère et la ruse ne faisaient-ils pas partie de *l'éternel féminin* ?

Mais le président ne se laissait pas faire par les apparences. Il insistait.

— Comment le sais-tu ?!

Alors, ne sachant comment chasser les soupçons qui noircissaient le regard de son mari de seconde en seconde, elle retourna à son vernis à ongles et lança d'une voix détachée :

— C'est une loge connue ! Même moi je le savais.

De Leonis s'était éclipsé pour aller aux toilettes. Ce n'est que dans le couloir qu'il découvrit son rythme cardiaque précipité et la sueur qui l'inondait. Assis sur la lunette, il apprécia de pouvoir faire le point.

Incapable de savoir s'il avait laissé une impression favorable ou non, il savoura pleinement la chance qui lui était offerte de côtoyer *les grands de ce monde*.

En sortant, il passa devant la cuisine, capta deux voix féminines.

— Où ?

— À son bureau.

Ce ton neutre et bref lui sembla curieux. En jetant un coup d'œil dans la cuisine, il remarqua deux jeunes femmes en uniforme protocolaire. Des militaires, elles aussi.

Des femmes dans l'armée ! Il ne comprenait toujours pas ce qui poussait certaines d'entre elles à choisir les milieux les plus conservateurs – armée, police, religion – où leur sexe était encore plus méprisé qu'ailleurs. Et son regard de mépris pour leur inconséquence, en passant sur les deux jeunes femmes, les effaça de sa mémoire aussi vite qu'elles y étaient entrées.

Quand il revint des toilettes, Monoceros proposait de créer une nouvelle chaîne de télévision avec l'éditeur, dont les programmes seraient entièrement conçus pour vendre toute la gamme de produits fabriqués par leurs deux groupes.

— Tout sauf une télé culturelle ! On en a marre des documentaires sur la Shoah !

Kartajan avait une meilleure idée :

— Je reviens des États-Unis. Là-bas ils ont tout compris : les produits sont programmés pour s'autodétruire ! Ils tombent en panne à une date prévue par les ingénieurs et du coup, les consommateurs en rachètent ! Mais plus cher, bien sûr !

Il les amusait, à s'enflammer ainsi. Sacré Kartajan ! Cette idée était complètement folle, mais géniale. Faire tomber les produits en panne, voilà ce qui devait entretenir le commerce ! Tout changer, plutôt que changer les Hommes ! Mais que Kartajan, surtout, ne changeât rien !

— Et toi, qu'en penses-tu ?

Le président avait trop attendu l'occasion de parler à son Fils. Le trio s'efforçait de quitter la pièce sans attirer le regard, ce qui était paradoxal pour des jeunes gens à la mine aussi sombre, et dont l'un d'eux portait une soutane. Als avaient passé tout ce Temps à les écouter, avec ce regard fixe et dérangeant que toutes et tous avaient fait semblant de ne pas voir, pour ne pas subir davantage leur mépris.

Tempestris eût tellement aimé délivrer son Enfant de l'Idéal intransigeant qui l'empêchait de grandir.

N'obtenant pas de réponse, il fit une dernière tentative.

— Et tes amis ?

Il espérait au moins, à défaut d'obtenir leur avis, leur faire entendre sa bienveillance.

Sur le chemin de la porte, les trois jeunes gens se retournèrent.

Als ne se consultèrent même pas du regard.

Aucune autre chose n'est possible. C'est notre Conscience qui parle, plus que notre Joie.

Et notre Rire arrive enfin, de très loin, sans prévenir.

Il éclate dans le Silence, avec une puissance à la mesure du Temps qui l'a contenu.

Et enfin, il nous délivre.

Sa sorcellerie capte et fixe leur attention ; je perçois leur interrogation devant son grimoire, leur surprise ; moi-même je la partage, étonnée de cette communion par-delà les origines, les sexes et même les lois physiques.

À nouveau, j'entends ton Rire, ce son parfait comme un huit, avec ces notes qui chavirent et puis repartent, et qui font claquer les voiles de ton navire pour reprendre le voyage.

À nouveau, je ressens son pouvoir, qui efface les traits de nos visages pour y révéler les lignes du cosmos et de ses lois, et nous mener au sens caché derrière toutes choses. Par ses raccourcis, ses sas, ses fleuves et ses ponts, nous voici enfin dépouillées du superflu, lancées à la poursuite de nos astérismes, de nos galaxies, de nos constellations. Et, en une calligraphie aérienne et complexe, s'écrit enfin le triomphe de ce que nous sommes.

Ensemble, nous rions.

Nous rions de notre langue inexistante.

Nous rions de leur pitié, de leur boue.

Vibrant, notre Rire enfle, ses ailes se déploient et nous emportent.

Durant quelques secondes, nous flottons, enfin libres, dans cette dernière bulle de bonheur qui nous est offerte.

Et depuis ce jour, pour l'éternité, Alpha et moi nous rions ainsi, côte à côte, sans même nous regarder, à la barbe du Mal.

Absolve

Absous

Le Résistant, en bombe de velours cousue d'un nœud de soie, redingote noire à parements bleu marine et culotte de coupe demi-Saumur, allait vers une mise à mort inévitable. La forêt domaniale, vaste comme Paris, était entièrement close d'un mur infranchissable. Poussé vers la meute de chiens par les *rabatteurs*, le cerf ne pourrait pas leur échapper.

Avant l'aube, Alkande s'était sanglé de son manuscrit sous le costume de veneur qu'il endossait pour les chasses présidentielles, et s'était mis en quête de son cheval.

Le journaliste qui devait récupérer son ouvrage, un ancien commando reconverti dans les photos volées de célébrités, pouvait très bien avoir planqué sous les feuilles depuis la veille. Les scandales d'État qu'il avait révélés avaient fait sa fortune. Mais ces mercenaires de l'information vivaient sur écoute. L'homme avait forcément dû se débarrasser de ses mouchards avant de venir. De quelle manière, ce n'était pas le problème du Résistant, qui devait d'abord veiller à semer les siens.

Quelques mois plus tôt, il s'était retiré de la vie politique pour rédiger ses mémoires. Il y déballait tout.

Et dès sa parution, le livre aurait un effet dévastateur sur le pouvoir.

Par un processus alchimique imprévisible, l'écriture avait bouleversé l'ordre de ses priorités. S'il avait commencé à écrire pour lui, maintenant son propre sort ne lui importait plus. Il en espérait surtout des mesures qui ne le concernaient qu'indirectement : la protection des enfants dont Lorion abusait, l'intervention des Casques bleus au Katswanga et l'affaiblissement du complexe militaro-industriel.

Pour écrire sans être dérangé, il était retourné parmi les volcans de sa région d'origine. Le manuscrit avait reposé tous les soirs dans le coffre de son bureau dont il avait changé le code, afin que même sa femme ne pût l'ouvrir. Et, dans les moments de découragement, il s'était plu à imaginer que ses révélations allaient réanimer l'un de ces volcans qui l'entouraient, et dont la bouche muette s'ouvrait largement vers le ciel.

Par précaution, il avait secrètement rédigé son testament. Et la remise du manuscrit au journaliste devait avoir lieu au cœur de la forêt, avant le début de la chasse présidentielle.

Plus encore qu'avec ses palais ou ses musées, l'État français éblouissait les délégations étrangères avec de somptueuses chasses à courre. Alkande en avait souvent profité pour avancer sur les dossiers qui lui étaient confiés. Du reste, au cours du rapprochement favorisé par ces heures chargées d'excitation, les émissaires de tous les services s'y bousculaient. Les hôtes et hôtesses venues de l'étranger n'étaient que trop heureuses de sortir du circuit des interminables visites traditionnelles pour se divertir avec des sensations fortes, tout en découvrant un nouvel aspect de la culture française. Car c'était ainsi que leur était présentée la vénerie.

Plongées dans la nuit, les écuries violemment éclairées à la lumière électrique résonnaient des ordres des palefrenières et des marteaux des maréchaux-ferrants. Le Résistant circula quelque Temps entre les camions et les chevaux de louage puis trouva le box où sa monture l'attendait.

Une agente de l'Office National des Forêts s'enquit de son nom et s'étonna de sa présence, bien avant l'heure du départ de la chasse.

Le Résistant prétexta vouloir faire une promenade, pour faire connaissance avec l'animal. La femme haussa les épaules. Elle avait fort à faire.

Il s'enquit sans trop d'espoir du sort de la jument qu'il avait montée lors de la dernière chasse. Son souhait eût été de retrouver une monture qui possédât la même témérité. Car, à seulement cinq ans, cette jument était passée partout, dans la tourbe comme dans les rochers, sautant au milieu des ronces sans rechigner, attentive aux ordres comme si elle les eût anticipés, faisant volte-face à la seconde où il le lui avait demandé.

Mais, selon l'agente, elle avait pris froid lors de son retour en camion. La femme affairée grogna contre la multitude de tâches qui leur incombait durant les chasses, et qui ne leur permettait pas de sécher les bêtes. Le Résistant reconstitua la fin de l'histoire que son interlocutrice ne disait pas : la jument avait fini à l'abattoir, vendue au prix de la viande.

Son nouveau cheval était un puissant alezan réformé des courses de trot. Il chassa de la croupe quand Alkande l'enfourcha. Mais l'agente veillait qui le tenait au mors. Alors, attentif aux réactions du cheval, Alkande le dirigea au pas vers le château du domaine.

Dans le jour naissant, le bijou architectural du XVIe siècle apparaissait tout auréolé de brume. Ses tours massives et crénelées tenaient de la forteresse moyenâgeuse, mais l'ornementation foisonnante de ses toits hérissés de dômes et de flèches était celle de la Renaissance.

Alkande passa devant ce rêve de pierre pour descendre l'allée principale qui s'enfonçait dans la forêt, suivi des yeux par le personnel des services secrets. Als quadrillaient la zone et pouvaient tout faire capoter.

Il ne pouvait plus téléphoner, faire une rencontre ou un déplacement sans que son nouveau garde du corps rapportât ses faits et gestes à Meissan, donc à Lorion.

Celui-ci en référait-il seulement au président ?

Alkande n'était même pas sûr de savoir qui, exactement, avait demandé sa surveillance. Des adversaires, il en avait partout. Toute sa vie, son métier de diplomate l'avait exposé aux risques d'une jalousie ou d'une vengeance. Il avait fait perdre des millions, déjoué des complots, ruiné des alliances. Même en disgrâce, il pouvait encore représenter un obstacle. Et si son projet de mémoires était découvert, le risque d'être *neutralisé* en serait renforcé.

Une fois à couvert, Alkande voulut mettre son cheval au galop. Mais, son dressage inscrit dans la mémoire, l'ancien trotteur se contenta d'allonger le trot. Exaspéré, son cavalier joua de la cravache, et l'animal finit par comprendre. Le Résistant fut presque immédiatement en sueur. Or, la journée serait longue.

Il avait le plus grand mal à maintenir le galop, s'épuisant à exciter son cheval pour que celui-ci ne retrouvât pas son allure favorite. Ils atteignirent enfin les tourbières. Mais, pressé par le Temps et obnubilé par l'enjeu, Alkande trouvait que le paysage ne défilait pas assez vite.

Tout d'un coup, il crut discerner de l'agitation dans les fourrés. Il pria pour ne pas tomber sur l'une des sentinelles des services secrets. À la place, il distingua des formes courtes sur pattes, identifia une famille de sangliers. La zone devait être une aire où l'Office

National des Forêts jetait des betteraves à sucre. La fidélisation des animaux à un endroit particulier assurait la facilité des chasses.

D'une pression sur les rênes, le Résistant quitta l'allée cavalière pour s'engager dans un sentier. L'ancien trotteur baissa la tête, reprit son allure favorite. Ses petits sauts extrêmement rapprochés surprirent Alkande. Celui-ci voulut le cravacher pour qu'il allongeât son allure. Mais, tout comme la première fois, son cheval lui tint tête.

Plutôt que de perdre de l'énergie dans une nouvelle bataille, le Résistant résolut de le laisser à ce rythme. Prenant appui sur ses étriers, il apprit à se familiariser avec ce trot puissant, alternant les positions à une cadence soutenue. Et, comme une seule créature, l'homme et la bête traversèrent les sous-bois sans perdre de Temps.

Le sentier semblait sans fin, mais maintenant qu'il était à son aise, le cheval semblait ne jamais devoir se fatiguer. Ils engrangèrent les kilomètres, faisant s'envoler les pies et détaler lièvres et chevreuils. Alkande apercevait du coin de l'œil d'énormes hures traverser subrepticement les contre-allées.

Insensiblement, la nature s'ordonnait autrement autour d'eux. Le sol ferme et élastique s'ensablait, les frondaisons se dégageaient. Des roches de grès apparurent, toutes biscornues, piquetées de lichen et couvertes de mousses aux couleurs automnales, tandis que les arbres rapetissaient. Le sentier qui contournait les pierres montant de plus en plus, le cheval fut obligé de ralentir. Il dut bientôt repasser au pas pour gravir un monticule aux petites piscines naturelles, où patinaient des créatures amphibies.

Enfin, ils débouchèrent sur une aire haute et dégagée. De là, ils dominaient toute la canopée.

La vue était magnifique. Le mur qui ceignait le domaine restant invisible, la forêt se déployait sans limite, comme recouvrant les communes avoisinantes.

Mais Alkande ne s'attarda pas, de crainte d'être repéré. Il encouragea son cheval à se remettre en marche, restant vigilant pour que celui-ci ne se cognât pas contre ces gros rochers qui rendaient leur trajet sinueux.

A mesure qu'ils quittaient les hauteurs, l'ancien trotteur allongea de lui-même son allure. Et ils filèrent à nouveau, rapides et invisibles, abrités qu'ils étaient sous les frênes et les hêtres.

Ils longèrent les ruines du Prieuré de Sainte-Foi puis traversèrent de nouvelles zones humides qui entouraient un vaste étang.

Le Résistant prenait plaisir à l'harmonie avec sa monture, commençant à mieux la connaître. Si elle ne s'exécutait pas immédiatement, elle ne rechignait pas devant l'effort. Mais son énergie la faisait tirer sur les rênes. En d'autres circonstances, Alkande eût apprécié le rapport de forces, qui l'obligeait à engager tout son corps pour se faire comprendre de la bête, mais il devait se ménager pour l'autre épreuve que lui réservait la journée.

En arrivant aux abords d'une nouvelle allée cavalière, il préféra repasser au pas.

Ils sortirent prudemment des frondaisons et s'immobilisèrent au bord du ruban de sable et de copeaux de bois qui leur coupait la route. Penché au-dessus du pommeau de la selle, le cavalier scruta les alentours.

De part et d'autre, l'allée semblait se dérouler à l'infini.

S'il ne s'était pas perdu, le mur d'enceinte le séparant de la commune de Viscères devait se trouver tout au bout, vers le sud. Ne voyant personne, le Résistant s'engagea à découvert, et ils traversèrent prestement l'allée cavalière. Mais les branches s'entrecroisant au-dessus du nouveau sentier, ils furent aussitôt obligés de revenir au pas. Et la forêt leur révéla ses profondeurs.

De ce foisonnement de nuances et de détails, Alkande percevait l'élégie délicate, et se laissa un instant charmer par les plaisirs de la Nature, comme s'il eût connu la vanité de tous les autres.

Il reçut comme autant de caresses les effluves de ses ruisseaux embourbés, et comme autant de Mots tendres les variétés de sa luxuriance. Al lui semblait que son corps absorbait les sons de ce poème végétal, et ressentit l'émoussement de sa Peur. Lui qui était passé sans les voir, saisissait à présent tous les regards qui peuplaient les frondaisons, et s'étonnait devant les tapis de vivaces, muguets ou myosotis, qui créaient des édens au sein d'une mosaïque sépulcrale de verts et d'écorces. Mais il n'eût pas le Temps de se laisser aller davantage : le lieu du rendez-vous n'était plus très loin.

Le cœur du Résistant se mit à battre de plus en plus fort, au point qu'il croyait l'entendre, au fond des chocs mats des sabots heurtant la terre élastique.

Ils allèrent ainsi quelques minutes, puis Alkande vit le monticule de pierres qui devait lui servir de repère : les ruines d'une ancienne voie romaine.

Il tira sur les rênes.

Le cheval ne comprit pas tout de suite, mais le cavalier, qui avait appris à le connaître, avait prévu son obstination. Il put le laisser s'habituer à l'ordre, ralentir, s'arrêter. Et enfin, le Résistant put mettre pied à terre.

Tenant le cheval au mors, il lui fit quitter le sentier, et ils avancèrent avec précaution au milieu des fougères, à travers le rideau de la futaie. Entravé par l'enchevêtrement de ramifications qu'il ne voyait pas sous les larges arborescences, le cheval rechignait à progresser. Alkande l'encouragea, calme et patient, lui trouvant des passages dans les endroits difficiles, attentif à ne pas l'effrayer. Il savait qu'en s'enfonçant plus profondément, la futaie se dégageait pour déboucher sur une clairière.

Enfin, les buissons s'espacèrent.

Et le Prévoyant apparut.

Sur un épais tapis de feuilles, l'arbre dressait son tronc colossal, d'une dizaine de mètres de circonférence, depuis mille ans.

C'était le plus ancien chêne d'Europe, peut-être du monde. Par crainte du vandalisme, l'État cachait son existence et sa localisation, mais Alkande avait réussi à connaître cet autre secret.

Malgré l'avancée de la saison, l'aïeul végétal n'avait pas encore perdu toutes ses feuilles. Ses ramifications traversées de lumière couvraient un large champ circulaire, à tous les niveaux du tronc bourrelé et déformé par le Temps, jusqu'à vingt mètres de hauteur.

Le Résistant attacha son cheval à un hêtre où un chancre s'était développé et tendit l'oreille.

Les chants et l'activité avaient cessé tout autour de lui.

Il s'approcha du géant, écrasé par sa silhouette massive et le réseau inextricable de ses branches qui s'entrelaçaient avec celles des arbres voisins. Quand il en fut tout près, aussi minuscule que s'il eût été transformé en insecte, Alkande chercha une haute et large fente dans le tronc millénaire, qu'il savait creux.

Il la trouva dans un renfoncement des épaisses couches d'écorce et, avec circonspection, entra dans l'arbre.

Quatre-vingts hommes et une femme. C'était le plus gros équipage qu'Alkande eût jamais vu.

La suite d'Alnihan, le dictateur panarabiste du Mintaka, en constituait le plus grand nombre.

À son groupe s'ajoutait la délégation katswangaise menée par Bételgeuse qui, de nouvelle épouse, était devenue la principale interlocutrice pour le Katswanga, Hassaleh étant « tombé malade ».

La France était représentée par le président, grand amateur de chasse à courre, qui voulait garder la main sur le pétrole du Katswanga tout en se ménageant l'amitié d'Alnihan si ce dernier finissait par annexer l'île de Kivalu.

Remontant la troupe à leur recherche, Alkande saluait ses connaissances à travers l'assemblée disparate.

Delguebar, ministre de l'intérieur et confident attitré de Bételgeuse, qu'il couvrait de cadeaux au luxe clinquant, n'avait pu éviter de participer à cette mondanité sportive. Le directeur d'Aéro-France était chargé de vendre des Mirages aux deux délégations étrangères, et Meissan, chef du renseignement, venait espionner pour le compte de Lorion. Sa physionomie de mérou reflétait sa terreur à l'idée d'un dérapage de la part de ces gardes du corps qui vociféraient en arabe autour d'Alnihan. Sans compter les militaires qui étaient sous ses ordres !

Tous ces gens avaient une mission à remplir, mais certains n'étaient venus que pour le prestige d'en être. Parmi ceux-là, il reconnut son protégé et seul allié, de Mégrez, ministre de la Justice, ainsi que l'avocat d'Yser de Bellatrix, la pourvoyeuse du Parti Patriote. Quant au président de l'Assemblée nationale, il était aux prises avec de Mégrez pour ne pas se laisser écarter du cercle présidentiel.

Enfin, Alkande aperçut Tempestris avec Alnihan et Bételgeuse, entourées par la sécurité.

En tête patientait la meute et la trentaine de *boutons*, les veneurs professionnels.

Tandis que les *sonneurs* avaient pour mission de faire comprendre aux autres membres de l'équipage où en était la chasse – chaque air de leur trompe correspondant à une phase – les *piqueux* encadraient les chiens. Leur dague, pendant à leur ceinture, indiquaient qu'ils devraient *servir* – leur livrer –l'animal. Et toute la troupe répondait aux ordres du *Maître d'équipage*.

A soixante-sept ans, petit et râblé, les jambes arquées et le visage buriné, celui-ci n'avait rien de l'élégant cavalier tel que l'imagination se représentait le parfait veneur. C'était pourtant une légende.

Du plus loin qu'il s'en souvînt, Alkande l'avait toujours vu mener les chasses présidentielles. Ancien écuyer du Cadre noir, l'homme avait intégré les grandes écuries du domaine national trente ans plus tôt et, de même qu'autrefois il avait brillé dans le dressage, il était parvenu à une maîtrise inégalée de la chasse à courre. Son personnel admirait et enviait son autorité qui se dispensait de paroles, et qui lui permettait de dominer les bêtes comme les personnes. C'était sa dernière chasse avant sa mise à la retraite.

Près de lui trottinait Orgueil, son poitevin le plus abouti. Pour le Résistant, ce n'était qu'un chien comme les autres. Mais sa méconnaissance de l'élevage canin ne lui permettait pas de saisir la synthèse presque miraculeuse que représentait l'animal, avec ses qualités d'intelligence, de nez, de vitesse et de résistance. Ce n'était pas un chien, c'était *le produit* d'une race patiemment affinée depuis des siècles.

Alkande remonta tout le groupe, saluant avec assurance comme s'il n'eût pas été en disgrâce. Afin d'éviter toute question sur son équipée d'avant l'aube, il préférait attendre avant de changer de cheval. Personne n'avait remarqué son absence. Dans l'excitation tumultueuse du départ, als avaient eu d'autres préoccupations. Et apparemment, les services secrets n'avaient pas réussi à le filer.

Le Diplomate atteignait le groupe présidentiel quand le signal du départ fut sonné. Les quatre-vingts personnes s'ébranlèrent derrière la meute. Sa deuxième épreuve commençait.

C'était parti pour plusieurs heures de traque.

Alkande abhorrait la chasse. La vénerie en particulier, aussi avide de sang qu'elle l'était de noblesse. La bête se faisait dévorer vivante, mais au son de la fanfare. Et si l'une de ses pattes était tranchée bien que l'animal fût encore en vie, c'était pour l'offrir à une dame. Mais le Résistant reconnaissait la prédation où qu'elle se trouvât, même embellie par un rituel aussi complexe qu'ancestral, et qualifiée de « culturelle ».

Le principal argument des adeptes de la chasse, pour justifier son existence, remontait à un mensonge de François 1er.

Celui-ci, pour interdire au peuple de prélever du bois et du gibier sur son domaine, avait, le premier, prétexté *la garde et la conservacion des boys et buissons, bestes rousses et noires*. Ainsi privait-il le peuple, par la même occasion, de toute autonomie.

Quatre siècles plus tard, l'existence de la chasse en France reposait encore sur ce prétexte qu'était la conservation de la flore et de la faune. Par la magie de cette petite phrase, la chasse était devenue, pour les siècles à venir, la gardienne de l'équilibre écologique.

Et ses adeptes en avaient joué, décimant ou accroissant la population animale selon leurs besoins, introduisant parfois en milieu sauvage des espèces domestiques qui, en se reproduisant avec les espèces autochtones, avaient créé des races nouvelles à la fécondité incontrôlable. Mais même ces manipulations avaient servi leur cause : face à des déséquilibres qu'elle avait elle-même créés, la chasse devenait une solution de régulation.

C'était surtout sa puissance politique qui la rendait intouchable. Car la France en comptait un million d'adeptes. C'était le deuxième loisir de la population après le football. Elle rapportait un chiffre d'affaires de deux milliards chaque année, dont trente millions à l'État en location d'hectares. Ses liens avec le pouvoir étaient si étroits que le ministère de l'Éducation nationale avait autorisé son prosélytisme jusque dans les écoles primaires. Ainsi, dans les campagnes, dès les plus petites classes, als venaient présenter leurs trophées empaillés, évoquant leur amour de la nature pour expliquer aux plus jeunes que tuer était une nécessité et la traque, un plaisir.

En remontant vers la tête de la troupe, le Résistant perçut le Rire de la seule voix féminine de l'assemblée. Delguebar flattait outrageusement la femme d'Hassaleh.

— Elle est bien moins charmante ! Mais contrairement à vous, elle ne risque pas une insolation !

Et la première dame du Katswanga partit dans un nouvel éclat de Rire.

Il fait des progrès, pensa Alkande, inclinant la tête au passage, tenant la visière de sa bombe entre le pouce et l'index. Mais l'épouse d'Hassaleh se détourna.

À ce point-là ? s'interrogea le Diplomate.

Témoin de cette impolitesse, Delguebar lui adressa un sourire presque gentil, d'où toute raillerie semblait s'être volatilisée. Mais Alkande ne s'attarda pas. Il devait rejoindre le président et Alnihan qui trottaient côte à côte, juste derrière le groupe de tête que formaient les boutons.

Il voulut se placer à la hauteur d'Alnihan, le chef du Mintaka, mais le cercle des gardes du corps était trop compact. Résolu, il donna de la voix, créant un tumulte parmi la sécurité. Et les deux chefs d'État se retournèrent.

Le visage d'Alnihan s'éclaira. Il lança un ordre en arabe et le Diplomate put venir se placer à ses côtés.

— La paix soit sur toi et sur tous tes proches, *As-Samī'* ! commença ce dernier en arabe, usant des usages ancestraux. Il avait employé le surnom que le peuple du Mintaka avait donné à son tyran, et dont le sens pouvait être aussi bien *Celui qui écoute bien* que *Celui qui entend tout.*

— La paix soit sur toi et sur tous tes proches, Alkande ! répondit le dictateur. Il l'estimait bien plus que Delguebar, lequel, outre sa jeunesse et sa maladresse, ne parlait pas arabe.

— Où étais-tu passé ? Tu m'as manqué !

Et, se tournant vers le président français dont le visage s'était contracté à la vue de son ancien ami :

— Il parle notre langue, lui au moins !

Le traducteur français se baissa vers Tempestris pour traduire à voix basse.

— Pardonne-moi, *As-Samī'*, mais je me suis absenté suite à la mort de ma mère, mentit le Résistant.

— Ta mère ?

Alnihan se demanda si le vieil homme ne se moquait pas de lui. La physionomie de son interlocuteur le convainquit du contraire. Alors, le dictateur poussa un grand cri pour exprimer sa sympathie. S'ensuivirent les condoléances d'usage.

Le président français était furieux de l'effronterie du Diplomate. Si cela n'avait tenu qu'à lui, il se serait également tourné vers lui en s'exclamant, mais avec ironie : *Ta mère ?* Mais il ne pouvait prendre le risque de contrarier ce fou d'Alnihan.

Que voulait le Résistant ?

Tempestris sentit la complicité qui l'unissait au dirigeant du Mintaka et fut à nouveau conscient de la valeur de son ancien conseiller, diplomate expérimenté, polyglotte, ami de toute l'Afrique et d'une partie du Moyen-Orient.

Alkande n'avait pas le choix. Il devait convaincre Alnihan ici et maintenant, le président pouvant le faire écarter à tout moment.

— Je dois te parler du Katswanga, reprit-il en arabe.

Le dictateur l'interrompit sèchement.

— Pas maintenant !

— Alkande !

La réaction de Tempestris avait eu quelques secondes de retard à cause de la traduction.

Le dictateur sentit l'animosité entre les deux Français. Sa rouerie le poussa à en jouer.

— Je veux cet homme à ma table, ce soir, au dîn…

— Ils ne me laisseront pas venir ! l'interrompit Alkande. *As-Samī'*, écoute-moi !

Le ton suppliant du vieil homme surprit les deux chefs d'État.

— Mais bien sûr, Excellence, répondit le président français, concentré pour écouter la suite.

Le Diplomate alla droit au but.

— Je sais comment tu peux faire lever les sanctions internationales.

— Et récupérer mes avoirs ?

Alkande hocha la tête en signe d'assentiment. Il n'ignorait rien des comptes bloqués que le dictateur avait en Suisse.

Le président français restait irrésolu sur la décision à prendre. Il ne pouvait pas faire éloigner le Diplomate sans provoquer un incident. La Pensée du pétrole le poussa à patienter.

— La France sait que le Kivalu est une région qui excite les convoitises…

Le dictateur préféra ne pas commenter.

— ... mais son annexion te ferait perdre ton statut de Chef de la nation arabe !

— Enfin un interlocuteur français digne de ce nom !

Alnihan était ravi. Il était crédité de la stature fédératrice et internationale qu'il ambitionnait !

Mais le président français était atterré. Où Alkande voulait-il en venir ? Savait-il seulement ce qu'il faisait ?

— Quel rapport avec les sanctions internationales ? reprit le dictateur.

— Une invasion du Katswanga ne ferait que les renforcer, et pousserait sans doute l'ONU à voter pour une intervention des Casques bleus. Tes ennemis en profiteraient pour tenter de te renverser !

— Tu parlais de me faire récupérer mes avoirs.

— Si tu abandonnes ton projet d'annexion du Kivalu et si tu nous rejoins dans la lutte anti-terroriste, l'ONU pourrait lever l'embargo et faire débloquer tes comptes.

Mais, d'un claquement de langue, Alnihan dit tout ce qu'il pensait de la proposition. Son pays, ravagé par l'exploitation pétrolière, avait besoin de conquérir de nouveaux territoires.

— Une invasion te discréditerait définitivement ! Alors que tu peux gagner la considération de l'Occident par des moyens diplomatiques !

Le dictateur fut surpris de sa connaissance de la situation, et de la vitesse avec laquelle son interlocuteur enchaînait les contre-arguments. Il aimait prendre son Temps, mais Alkande avait réussi à l'intéresser.

— Quels moyens ?

— Crée une charte d'union et de bonne conduite des pays arabes et africains.

— Qu'est-ce que j'y gagnerais ?

— Un véritable partenariat avec l'Occident, qui t'apporterait de nouveaux contrats pour ton pétrole, des aides au développement et surtout, la reconnaissance internationale.

Quelques secondes plus tard, Tempestris faillit sourire. *N'exagérons rien.*

La précipitation d'Alkande intriguait le dictateur.

— Pourquoi es-tu si pressé ?

Le Diplomate éluda.

— Je ne suis pas très écouté, ici. Réfléchis ! s'écria-t-il. Ton pétrole ne durera pas. Tu dois anticiper la reconversion économique du Mintaka !

— Sa reconversion économique ? Pour quoi faire ?

— Alkande !!!

Mais le président français hésita, une fois encore, à faire intervenir la sécurité. Alnihan semblait tenir le Diplomate en haute estime. Comment réagirait-il à son éviction ?

Pourquoi le sort du Katswanga était-il si important pour son ancien ami ?

Tempestris redoutait d'avoir à annuler la chasse. Lui aussi avait des objectifs. Il n'allait pas les rater pour des… élucubrations ! Mais tout-à-coup, il écouta plus attentivement le discours haché du traducteur. Venait-il bien d'entendre « Il y a plus grave. Je ne t'ai pas tout dit. » ?

Et Alnihan se tournait vers lui.

— Pourquoi Alkande ne vient plus me voir ?

— Peu importe, *As-Samī'* ! Ecoute-moi !

Alkande semblait désespéré.

.— Préviens Hassaleh qu'il n'en a plus pour longtemps ! Aide-le à se débarrasser de ses ennemis intérieurs et il t'en sera reconnaissant ! Tu peux lui sauver la vie !

Le dictateur pensa à la femme qui batifolait avec les Français, derrière. Il était déjà informé du complot dont elle était la tête pensante.

— Si tu la laisses faire, les Aka seront décimés ! continuait le Diplomate.

Il était même au courant de ça ! Mais Alnihan ne voyait pas d'intérêt à empêcher une guerre civile qui le servirait.

— En quoi ça me concerne ?

— Si tu sauves la vie d'Hassaleh, vous trouverez un compromis pour le Kivalu ! Mieux qu'un accord commercial, un accord fondé sur sa reconnaissance ! Il te cèdera du pétrole ! Il te donnera tout ce que tu veux ! Vous serez amis ! Vous serez partenaires ! Entraidez-vous !

Et Alkande croisa le regard de Tempestris.

Celui-ci le regardait, bouche bée, sans avoir besoin d'entendre la traduction. *Il est fou.*

Le Diplomate ne voulut pas se laisser décourager. Il se tourna à nouveau vers le dictateur.

— Pense à ton grand projet de nation arabe ! Débarrasse-toi de ceux qui te poussent vers la guerre !

Il fut interrompu par l'un des piqueux.

— Monsieur le Président, les chiens forcent le gibier vers le sud ! Nous devons aller plus vite pour l'empêcher d'atteindre la zone humide. Sinon ce sera plus dur pour eux de trouver la bête !

La troupe fonça vers le sud.

Le tumulte et la fatigue de son cheval avaient rejeté Alkande au loin. Il vit le dictateur se lancer avec délectation à la poursuite de l'animal. Que déciderait-il ?

Du coin de l'œil, le Diplomate aperçut Bételgeuse penchée vers l'un de ses conseillers. Elle ralentit, disparut de son champ de vision. Il ne pensait pas qu'elle serait informée aussi vite.

Als traversèrent des chênaies mêlées de pins d'où s'enfuyaient des nuées d'oiseaux. Les animaux de la forêt jaillissaient de toutes parts, terrorisés par la cavalcade, mais les chiens n'*empaumaient* que la voie du cerf. Emmené par Orgueil, le champion du chenil, le gros de la meute ne lâchait pas le cerf et, le Maître d'équipage ne voulant pas se laisser distancer par ses poitevins, les chevaux allaient au grand galop.

La troupe passa à fond de train devant une succession de bâtiments de pierre, bas et clos, situés à la lisière de la forêt, et où les piqueux élevaient la meute. Alkande frissonna en pensant à toutes ces vies passées à la lumière artificielle.

Si la centaine de poitevins et d'anglo-français du domaine national bénéficiait de tous les soins nécessaires, ce n'était pas le cas pour de nombreux chiens destinés à la chasse à courre.

Jamais sortis, vivant et urinant les uns sur les autres, mangeant au milieu de leurs excréments, certains voyaient rarement un brin d'herbe pendant cinq mois. Seuls les spécimens exceptionnels étaient toilettés et entraînés pour servir de meneurs à la meute et décrocher des médailles aux concours.

Le camion qui allait à la recherche des chiens perdus venait justement à leur rencontre. L'équipage se déporta et le dépassa en trombe.

Les chiens apprenaient à force de *faire le bois*, mais les pertes étaient énormes. Nombre d'entre eux s'écartaient de la meute, flânaient et s'égaraient. L'Office National des Forêts était obligé de faire sans cesse des allers-retours pour secourir ceux qui se perdaient.

Avant deux ans, la plupart des chiens n'avaient pas le courage de suivre sur cinquante kilomètres. S'ils finissaient par comprendre leur tâche, ils étaient utiles pendant trois ans. Ensuite, leur santé se dégradait. Ceux que les camions ne retrouvaient pas mouraient la nuit qui suivait la chasse, d'épuisement, de blessure ou de froid. C'était la sélection naturelle d'un élevage de chiens courants.

Toute l'Europe bruissait de rumeurs d'interdiction. Mais Alkande n'y croyait pas. Ce serait comme le foie gras, ou la corrida. La majorité des êtres humains semblaient immunisés contre la souffrance animale. Et, protégés par leur statut « culturel », ces jeux avec la vie des plus faibles continueraient.

Les membres de l'équipage cravachaient leurs montures sans relâche. Beaucoup n'avaient jamais monté à cheval, avaient la vision du sang en horreur, mais le prestige et les relations à tirer des chasses présidentielles écartaient toute autre considération.

Alkande vit avec satisfaction qu'als prenaient la direction opposée à celle du Prévoyant. Le journaliste avait-il eu le Temps de quitter la forêt avec ses mémoires ?

Dans peu de Temps, als arriveraient au Jardin des Princes, où se trouvaient les serres de fleurs, le verger et le potager du domaine. Protégées par de hauts grillages de fer barbelé, les plantations ne risquaient rien.

Brusquement, Alkande sentit qu'une personne venait à sa hauteur. Il se raidit, prêt à tout entendre.

— Votre cheval ! Il déferre du postérieur gauche !

C'était un agent de l'Office National des Forêts. Du reste, la bête n'en pouvait plus. Les deux hommes se mirent à la recherche d'un camion de transport et quittèrent l'équipage.

Alkande surveillait prudemment l'agent du coin de l'oeil. Se pouvait-al que… ?

Mais l'hypothèse lui parut trop énorme.

Au bout d'un quart d'heure, ils trouvèrent un camion à l'ouest du domaine, avec sa réserve de bêtes fraîches. Le Diplomate descendit de cheval avec peine.

Cela faisait plusieurs heures qu'il chevauchait, et il eut la sensation que ses reins avaient été broyés à coups de marteau. Il regarda sa monture.

Le poil mouillé, fumante, elle gardait la tête basse. Il voulut taper sur son encolure, se retint, par pudeur. Une Figure en lui remercia silencieusement la bête. Finirait-elle à l'abattoir ?

Sa nouvelle monture était rétive. Sa bouche était si dure qu'elle sentait à peine le mors, comme si elle n'avait connu que des tractions trop longues sur les rênes. Alkande remarqua de profondes crevasses au niveau des commissures. Avait-elle été traitée trop sévèrement ?

L'agent le rassura.

— Elle a dû manger des herbes sèches.

Le Diplomate enfourcha la bête et la sollicita. Mais il n'obtint aucune réaction. Elle s'appuyait sur la douleur, insensible. Il interrogea l'agent du regard. Celui-ci haussa les épaules.

— Vous en voulez un autre ?

Alkande ne voulut pas faire de caprices. De tout son corps, il communiqua sa Volonté à son nouveau cheval. De mauvaise grâce, celui-ci finit par s'ébranler. Ils mirent longtemps à retrouver l'équipage.

Rien ne laissait deviner, derrière la rustique façade de rondins de bois, la salle luxueuse où la troupe avait fait halte.

Eclairée d'une cheminée centrale en forme d'œuf et suspendue au bout d'un tube de métal luisant, la pièce était garnie de tables somptueusement dressées, où les flammes des bougies faisaient scintiller l'argenterie. Alkande se mit en quête d'Alnihan au milieu du brouhaha des convives et des buffets gargantuesques.

Le vide s'était créé autour du dictateur, qu'il retrouva assis sur un canapé face au feu, sa garde rapprochée maintenant tout le monde à distance. À l'autre bout de la pièce, le président entretenait Bételgeuse sur les trophées de chasse qu'il lui désignait, suspendus aux murs.

Le Résistant hésita à rompre la solitude du panarabiste, dont le visage restait fermé. Les conversations le mirent au fait des derniers rebondissements.

Le cerf leur avait donné le change. La troupe avait fait une halte au Jardin des Princes, en attendant la décision des boutons. Finalement, als avaient appris que les chiens avaient *perdu son sentiment*. Le président avait alors pris à partie le Maître d'équipage. Ils avaient galopé presque deux heures ! Ils eussent déjà dû servir la bête ! C'était la moyenne pour ne pas lasser les convives. La forêt, grande comme la capitale, abritait tout un tas de gibier. Qu'il choisît un autre cerf !

La proposition, ignorant la tradition du courre, avait froissé le Maître d'équipage. Celui-ci avait sèchement promis qu'als ne tarderaient pas à retrouver leur proie.

Soudain, tout le monde se tut. Au loin, la fanfare retentissait.

La Vue !

La compagnie fut invitée à remonter à cheval en toute hâte. Le président hésita, s'enquérant de la Volonté de ses invitées.

Bételgeuse s'amusait encore. Quant à Alnihan, il se leva sans Mot dire.

Tempestris prévint le veneur envoyé par le Maître d'équipage :

— Vous avez une heure, pas une minute de plus.

La mine crispée, les courtisans remontèrent à cheval. Des chiens boitaient, couverts de boue et de sang après avoir couru dans les ronces. Les piqueux jouèrent du fouet pour relancer la meute. Et sous la crainte des coups, les canidés se remirent en route, la langue pendante.

La troupe s'ébranla lourdement à leur suite. L'Office National des Forêts n'avait pas eu le Temps de remplacer tous les chevaux. La plupart, encore trempés, rechignaient à forcer l'allure.

Quant à l'équipage, beaucoup n'y croyaient plus. Als avaient l'impression de revoir les chemins qu'als avaient empruntés plus tôt, comme si als n'eussent fait que tourner sur aux-mêmes.

Enfin, un groupe de sonneurs apparut. Postés sur un talus, ils orientaient leur cheval dans la direction à suivre.

Les informations circulèrent. Les boutons redoutaient le passage d'eau, où les chiens pourraient à nouveau perdre le cerf. Als devaient le cueillir avant que celui-ci atteignît la Saïfonne, un affluent du fleuve qui traversait le domaine.

Mais als quadrillèrent en vain l'immense forêt. L'humeur de plus en plus maussade, la compagnie n'échangeait plus de rires ni de plaisanteries. Et l'heure allouée s'écoula dans le Silence des convives, les cris des chiens et le claironnement des trompes.

Soudain, ce fut un paroxysme de cris et d'aboiements :

— Ils l'ont !

Le soulagement apparut sur tous les visages. Mais brusquement, la meute de chiens surgit d'une contre-allée. La tête d'équipage faisait demi-tour et fonçait sur le reste de la troupe !

— Dégagez !!

Les boutons hurlaient pour se frayer un passage. Les convives eurent à peine le Temps de s'écarter. Et, dans une grande confusion, als firent demi-tour et se jetèrent à leur poursuite.

Le Résistant avait pu ralentir à Temps. Sa bête, moins sensible à ses ordres qu'à l'excitation générale, était aussitôt repartie au galop, et il se retrouvait déjà à la hauteur du Maître d'équipage. L'un de ses hommes lui criait son rapport.

— Il longe le mur ! Ça peut durer toute la journée !

Le délai d'une heure était dépassé. La légende du domaine allait devoir conclure sa dernière chasse présidentielle sur une défaite. Etait-il devenu trop vieux ?

Il cria à son piqueux :

— Prenez Orgueil et la meute et collez-lui au train ! Je vais le barrer avec l'équipage !

— Mais la Saïfonne ?

Le Maître d'équipage ignora la mise en garde.

— Ramenez la bête vers moi !

— Et la curée ?

— Vous servirez l'animal !

Machinalement, le piqueux tâta son fourreau. Il avait bien sa dague.

L'homme dût aller prévenir le président de cette ultime tentative. Tempestris hocha sèchement la tête. Lui non plus ne voulait pas finir sur un échec.

La meute et le groupe de tête foncèrent à la poursuite du cerf, tandis que le reste de la troupe, menée par le Maître d'équipage, bifurqua vers la Saïfonne.

Alkande fut pris d'une sueur froide. Als se rapprochaient du Prévoyant ! Le journaliste se trouvait peut-être encore dans cette zone. Et si les chiens, au lieu du cerf, débusquaient l'homme auquel il avait confié son manuscrit ?

L'affluent, perpendiculaire au mur d'enceinte, devait barrer le chemin de la bête. Celle-ci serait prise en étau entre les deux groupes répartis sur les rives. Elle ne pouvait plus leur échapper.

Le reste de la troupe, derrière le Maître d'équipage, se jeta dans cette dernière poursuite avec la Conscience de vivre la phase finale de la traque. À force de tours et de détours, la plupart ne savaient plus où als étaient. Craignant de s'égarer, incapables de s'orienter au son des trompes, als tentaient à tout prix de ne pas se laisser distancer par leur guide, le seul parmi aux capable de se repérer dans l'immense domaine.

Privé de sa meute, celui-ci s'orientait au son des trompes. Il prit le risque de couper à travers la futaie plutôt que de faire le tour des tourbières, prévoyant que le cerf chercherait à *faire hourvari*, en revenant à son point de départ pour tromper les chiens.

Placé derrière le Maître d'équipage, Alkande le laissait ouvrir la voie. Alnihan, entouré de sa garde rapprochée, chevauchait non loin. Distancés, le président et Bételgeuse se trouvaient en milieu de peloton. Brusquement, leur guide s'enfonça sous des frondaisons qui affleuraient leurs têtes.

Des cris et des protestations s'élevèrent. Les branches fouaillaient et ralentissaient les convives. Soudain, une clameur jaillit : l'un d'entre aux avait chuté ! Le président faillit donner le signal de la fin. À présent, il se demandait pourquoi il ne le faisait pas. Mais un son de trompe, tout proche, retentit sur leur gauche.

Le Rembuché !

C'était le signal qu'attendait leur guide. Celui-ci poussa un cri de victoire et, certain de ce qui l'attendait, entraîna toute la troupe en avant.

Quelques minutes plus tard, als débouchèrent en terrain dégagé. Devant aux, la Saïfonne leur barrait le passage.

Et enfin, als virent la bête sur l'autre rive.

Le cerf aux abois se jetait droit sur aux.

Le cœur d'Alkande se crispa.

Il n'avait jamais traqué une créature d'une telle beauté, avec des bois si amples qu'ils semblaient envelopper un globe invisible, et se recourber délicatement au-dessus de lui.

Alors que le cerf fonçait sur aux, toutes et tous purent admirer sa profonde couleur rousse, son poil sombre et maculé de sueur, sa bouche écumante. Il était épuisé. Mais rien ne semblait pouvoir en altérer la noblesse.

Il s'immobilisa un instant au bord de l'eau, piétinant et tournant sur lui-même à la recherche de la solution. Alors, als distinguèrent son chanfrein clair et ses yeux affolés.

Déjà, les trompes sonnaient *l'Hallali*.

Derrière le cerf, les chevaux arrivaient au petit trot, les piqueux contenant les chiens avec leurs fouets. En voyant ces derniers sur le point de se jeter sur lui, l'animal fut pris de panique. Et, follement, il se jeta dans la rivière.

Bételgeuse poussa un cri de surprise.

Le cerf, immergé quelques secondes, réapparut. Alors, à présent qu'il était de profil, als découvrirent le gros trou que faisait une plaie béante et visqueuse à l'arrière de son encolure. Au milieu de sa blessure, du fil de fer barbelé pendait.

Il n'avait pu se blesser ainsi qu'aux serres du Jardin des Princes. Il avait dû se débattre au milieu de la ronce de métal, et avait préféré s'arracher ce morceau de lui-même plutôt que d'être pris.

Un murmure d'incrédulité parcourut les membres de l'équipage. C'était cette bête blessée qui les tenait en haleine depuis plusieurs heures ?

Et la Saïfonne s'échappant en un lacis de bras hors du domaine, le cerf pouvait réussir l'impossible !

Mais celui-ci avait peine à maintenir son museau hors de l'eau. Peu à peu, il s'enfonçait. Sa tête restant immergée un peu plus longtemps entre chaque retour à la surface, sa noyade semblait inéluctable.

Le Temps avait happé Alkande.

Celui-ci regardait cette agonie sans réaction, avec l'œil absent et fixe de qui n'est plus là. Car au camp de Dora-Mittelbau, quarante ans plus tôt, sous les rafales du Foehn qui soufflait depuis la Sibérie, il avait vu la même chose.

En plein hiver, leurs bourreaux avaient jeté l'un d'entre aux dans le réservoir d'eau pour se divertir. Impuissants, les autres déportés avaient regardé l'homme mourir de froid, parmi les aboiements des chiens et les cris de leurs Maîtres.

Cet homme aussi avait cherché la solution, tournant et grelottant dans le bassin sans issue, tandis que les nazis l'encourageaient en riant. Et puis, au bout d'un moment, le déporté avait cessé de pleurer. Il s'était laissé immerger, les yeux fermés. Et ses bourreaux, pour que son calvaire n'allât pas trop vite, l'avaient repêché, reproduisant leur manège jusqu'à ce que l'homme ne réagît plus, lourd et mou entre leurs mains, la tête renversée et la bouche ouverte, enfin mort.

N'était-ce pas le même genre de divertissement auquel Alkande assistait, quatre décennies plus tard ?

Tsk !

Par un sonore claquement de langue, Bételgeuse avait traduit sa contrariété. L'épouse d'Hassaleh se détournait déjà.

Alors, ce fut comme si ce bruit avait déclenché quelque chose dans l'esprit d'Alnihan. Criant quelque chose en arabe, le dictateur ouvrit sa parka et, à la stupéfaction de l'assemblée, brandit une arme de poing.

Ce fut l'indignation chez les boutons. Les plus proches crièrent et gesticulèrent dans sa direction, poussant leurs chevaux devant lui.

— *No gun ! No gun !*

Hurlant et dégainant à leur tour, les gardes du corps du dictateur pressèrent leurs montures contre celle de leur chef, la cohue empêchant Alnihan de viser correctement. Il n'osa pas tirer sur le cerf de manière approximative, à travers le rideau d'hommes qui s'agitaient devant lui.

Au bord de la Saïfonne, le Maître d'équipage ne s'était même pas retourné.

Il ne pouvait plus rien, sinon assister à son échec.

Sur la rive d'en face, les chiens, pour une raison inconnue, avaient pris Peur. Malgré les cris et les coups qui pleuvaient sur eux, ils refusaient de se jeter à l'eau. C'était une fin de chasse honteuse et navrante, une défaite pour tous les boutons, qui plus est lors d'une chasse présidentielle, censée faire la démonstration de leurs talents.

Le Maître d'équipage mit pied à terre en grimaçant de douleur et tendit les rênes à son second. N'ayant pas pris le Temps de récupérer toute la mobilité de ses jambes, il avançait péniblement, comme s'il eût porté des couches. Et soudain, als découvrirent ce que le vieil homme avait vu avant tout le monde.

Une barque amarrée non loin, à demi-cachée dans les roseaux.

En arrivant à sa hauteur, il cria quelque chose vers un piqueux, qui lui tendit sa dague. Tous comprirent. Il allait servir la bête !

Dans l'eau ?

Le courant avait déjà emporté le cerf. Quelques hommes se précipitèrent au bas de leur monture pour aider leur Maître, ils ne savaient comment. Mais celui-ci était déjà monté dans la barque et ramait seul en direction de sa proie.

Son énergie, pour une personne presque septuagénaire, sidérait. En un rien de Temps, il se retrouva au milieu de la rivière, se retournant sans cesse pour ne pas perdre le cerf de vue. Enfin, à force de Volonté, il parvint à sa hauteur.

De la bête ne restaient plus émergés que les bois et le chanfrein si délicat.

Le Maître d'équipage brandit sa dague.

Mais il s'était levé trop brusquement. La barque tangua dangereusement sous l'effet de son déplacement et il perdit l'équilibre, tandis que la lame tomba dans l'eau.

L'homme cria de frustration, alors que les remous de l'eau montraient les efforts du cerf pour se maintenir à la surface.

Le haut mur de clôture qui délimitait le domaine approchait. Le rempart en pierre enjambait la Saïfonne et le cours d'eau sortait du domaine en cascadant à travers un large orifice, assez grand pour laisser passer la bête. Le cerf allait leur échapper !

De rage, l'homme prit l'une des rames à deux mains, la leva très haut au-dessus de sa tête et, avec un cri arraché par l'effort, l'abattit sur la tête de l'animal.

Les boutons se regardèrent.

Les yeux de la bête passèrent sous la surface et, quelques secondes plus tard, en ressortirent. Alors, sous le regard médusé de l'assemblée, le Maître d'équipage lui administra une volée de coups.

Stupéfaits, les gens commençaient à s'interroger.

Et la bête qui ne voulait pas mourir !

Excédé, le vieil homme lança la rame à toute volée dans les airs. Mais, à nouveau, il fut déséquilibré. Le haut de son corps se cambra puis se pencha tout aussitôt, l'obligeant à se rattraper des deux mains sur le bord de l'embarcation. La forte bascule le força à se rasseoir.

Il n'avait plus qu'une seule rame. Ses boutons n'ayant pas assez de trempe pour nager jusqu'à lui afin de lui tendre leurs dagues, il fouilla fébrilement la barque.

Des caisses en plastique étaient cachées sous une bâche. Il les ouvrit, tâta des objets. Des cannes à pêche, des filets, une glacière, rien qui pouvait l'aider. Puis, sa main se posa sur un gros manche. Il tira l'objet jusqu'à lui.

C'était une pique de pêche télescopique pour empaler les grands poissons carnassiers, une fois amorcés.

Triomphant, l'homme brandit l'arme au-dessus du cerf, mais le courant l'en avait encore éloigné. Il se jeta sur la rame qui lui restait, se maudit d'avoir bêtement perdu l'autre. Il pagaya comme il put de chaque côté de la barque pour rejoindre le cerf avant que celui-ci s'échappât hors du domaine, emporté par le courant.

Ce dernier, à force d'agiter les pattes, parvenait à se maintenir à la surface. Il n'était plus qu'à quelques mètres du pont. La barque se rapprocha de la tête qui émergeait des flots et, bientôt, le vieil homme fut suffisamment près pour refaire une tentative.

Il plongea la pique en direction du corps.

L'arme s'enfonça dans l'eau et rata sa cible.

La pique, beaucoup plus longue qu'une dague, était difficile à manier. Dans sa hâte, le Maître d'équipage la tenait à son extrémité, sans parvenir à maîtriser son geste. Pour être efficace, il comprit qu'il devait la tenir par le milieu, et s'en servir comme d'une lance. Il essaya à nouveau, sous les yeux de l'assemblée qui l'avait suivi sur la rive.

La bête allait passer sous le pont quand soudain, elle s'immobilisa.

Des algues, sans doute, la retenaient.

Enfin, l'homme se trouva juste au-dessus d'elle. Il leva haut le coude et…

Le cerf brama sous la douleur.

Alkande sentit son cœur se vider. C'était le cri d'une créature qui ne pouvait parler ni réclamer Justice.

Le Maître d'équipage, à présent, avait compris quel était le bon geste à avoir.

Il recommença, encore et encore, tandis qu'à chaque coup de pique, le cerf poussait un cri insoutenable.

Des boutons l'ayant enfin rejoint, l'animal sanglant se laissa tirer hors de l'eau et coucher sur la rive, au milieu des chiens que les coups et les menaces peinaient à présent à éloigner.

Les sonneurs ne savaient s'ils devaient faire résonner *l'Hallali par terre*. L'un d'eux se lança, entraînant les autres.

Couché dans une mare de sang, l'animal gémissait.

Il était encore vivant.

Le Maître d'équipage, comme il s'y était engagé, fit signe de servir l'animal au piqueux qui l'avait rabattu vers la Saïfonne.

Ce dernier s'approcha, craignant plus que tout de ne pas être à la hauteur de son rôle. Il dégaina son arme à double tranchant, s'approcha, se méfiant des bois, puis se pencha vers la bête.

En apercevant son bourreau au-dessus de lui, celle-ci râla. Et le piqueux lui plongea son arme dans la gorge.

Le râle s'étrangla sous l'afflux de sang, tandis que l'homme inclinait son arme en tous sens pour déchirer les chairs.

Affolés, les chiens se précipitèrent, cueillis par les fouets. Leurs Maîtres espéraient que le piqueux ferait vite. Ils ne les tiendraient pas longtemps.

L'homme fouillait la gorge, affairé à trouver la veine carotide au plus vite, tentant de ne pas voir les yeux au-dessus des chairs poisseuses. La gueule grande ouverte et d'où ne sortait plus que des gargouillis dardait une langue pointée et raidie.

Mais le cerf ne voulait pas mourir. Il tremblait et soufflait, malgré les flots rouges qui jaillissaient par intermittence de ses plaies ouvertes.

Couvert de sang, le piqueux fouillait avec fébrilité les tendons du cou avec sa lame, heurtant les os, écartant les chairs, ne parvenant pas à cisailler l'artère. Le cou du cerf était maintenant largement entamé.

Mais la vie ne quittait pas ses yeux.

Agacé, le Maître d'équipage fit un signe.

— La patte, pour la dame !

Abandonnant le cou, le veneur se pencha sur l'une des pattes avant. Quand il commença à la cisailler, la gorge du cerf se remit à produire des sons, proches de gargouillis, insupportables, et des cris d'horreur montèrent de l'assemblée.

Enfin, l'homme tendit le membre découpé au Chef de meute qui, d'un geste, livra la bête aux chiens.

Et le cerf disparut sous leur grouillement hurlant.

La fanfare enchaîna les airs avec entrain.

Fascinée, Bételgeuse regardait la curée les lèvres entrouvertes, la langue presque sortie, dans une expression de dégoût mêlée de plaisir. Meissan avait fermé les yeux. Alkande, lui, en était devenu incapable.

Brusquement, un coup de feu retentit dans les profondeurs de la forêt et les arracha à ce spectacle.

Les membres français de la sécurité se précipitèrent dans la direction de l'explosion. Cela venait de l'autre rive.

Mais qui avait tiré ?

Les armes à feu étaient interdites lors des chasses à courre.

La sécurité ne tarda pas à retrouver un homme au milieu des arbres, étendu visage contre terre, une arme encore fumante à la main.

Ils le retournèrent.

De Mégrez.

Mort d'une balle dans la tête.

Afin de ne pas gâcher la chasse présidentielle, la nouvelle ne fut pas divulguée aux convives, la sécurité prétextant la mise à mort d'un chien grièvement blessé.

Mais Alkande ne se faisait pas d'illusions : il serait le prochain à mourir. Il revoyait de Mégrez à la tribune de l'Assemblée nationale, en train d'agiter sa fameuse liste de parlementaires coupables de corruption, et menacer de livrer tous les noms.

Le soir, les sonneurs et la garde républicaine en tenue d'apparat se réunirent pour *le tableau de chasse*.

Entre les drapeaux français et ceux des délégations étrangères qui claquaient au vent, la dépouille du cerf fut recouverte d'un drap et mise à la place d'honneur. L'assemblée se mit en cercle autour d'elle et la fanfare joua, rappelant toutes les phases de la chasse.

Les flammes se tordaient sur la bosse informe que faisait le corps mutilé et les grandes pièces de tissu portant les symboles des trois nations claquaient violemment, malmenées par le vent.

Le Maître d'équipage offrit solennellement la patte du cerf à la seule femme de la compagnie, présentant le membre tailladé sur un plateau, un ruban rose noué autour des fins tendons.

Dans le ronflement du feu et le retentissement des cuivres, Alkande n'avait pu s'extraire de la prostration dans laquelle l'agonie du cerf l'avait plongé. Même la mort de son seul allié au Palais lui paraissait moins monstrueuse. Ce n'était que la conséquence d'un Ordre selon lequel les Maîtres finissaient toujours par être absous.

Il se sentait étranger au présent, dans un espace-temps qui rendait impossibles les Mots et les gestes de la comédie sociale. Et çaux qui le sollicitaient se détournaient de son expression altérée en figeant leur propre sourire et en roulant des yeux pour confirmer le bien-fondé de sa disgrâce.

Devant lui, le drapeau du Katswanga s'agitait en tous sens, tremblant sous les ondes de chaleur dégagées par les torchères. Il le contemplait sans pouvoir en détacher les yeux quand soudain, il eut une hallucination.

Sous l'effet du vent et de l'air brûlant, le sorcier des Aka et le bœuf des Tirumbu prenaient vie dans les flammes et, à demi cachés par les ondulations du tissu, se jetaient l'un contre l'autre.

L'animal finissant par piétiner l'homme, al sembla à Alkande qu'il assistait au renversement de la situation qu'il venait de vivre. Mais peut-être n'était-ce que la Domination qui continuait à posséder les êtres, et qui faisait triompher les uns ou les autres au gré des circonstances.

Dies Irae

Jour de Colère

Avec une lenteur calculée, les skinheads se placèrent en demi-cercle autour du trou étroit et profond où le cercueil de Theemin devait descendre. Bien qu'Eridan fût parmi eux, c'était des Parents de son Frère qu'il se sentait le plus proche. Sans réaction, ces derniers s'étaient laissé déplacer depuis le début de l'enterrement, regardant toutes choses comme s'ils n'eussent pas compris. Et Eridan non plus ne comprenait pas quel rapport Theemin avait avec cette sinistre farce.

Rien à voir avec ce cercueil, ce cimetière, le prêtre qui avait cherché à vendre son Dieu à des hommes et des femmes transies et pressées d'en finir. Als en avaient profité pour découvrir l'église, la plupart se levant et s'asseyant en imitant les autres. Et tout ce qu'Eridan avait vécu depuis la mort de son ami, depuis le cri que celui-ci avait poussé sur le toit de l'Hôpital jusqu'à ce trou étroit et rectangulaire qui accueillait maintenant son corps, sans compter l'idée qu'une masse de terre allait ensevelir son visage rieur et que cette ignoble doublure rose et matelassée en serait à quelques centimètres, chaque détail de cette abomination faisait bouillonner la Colère qui avait pris possession de lui.

Au signal du capo, ce fut à eux. Leurs voix graves s'élevèrent à l'unisson, tandis que celle d'Eridan resta bloquée dans sa gorge.

Il eût voulu chanter leur Fraternité, leur Joie à être ensemble, leur entente parfaite lorsqu'ils avaient été seuls, et toutes ces coïncidences miraculeuses, qui lui avaient révélé le lien surnaturel qui existait entre leurs âmes, tout le bonheur qui avait procédé de leur rencontre.

Il en fut incapable.

Rien ne pouvait sortir du magma qui malaxait tout son être.

J'avais un camarade
De meilleur il n'en est pas

Cette Colère avait beau tout déchiqueter avec sa triple rangée de grandes dents affûtées, Eridan reconnaissait la chanson du premier jour, dans les égouts.

Eridan !

Theemin avait-il crié pour que son ami s'enfuît ou pour qu'il le sauvât ?

Eridan !

Etait-ce la souffrance qu'il entendait dans cette voix, ou la déception ?

ERIDAAAAAAAAAAAAAAAAAAAAAAAAAAAN !

Le skinhead ricana. Quelles conséquences aurait eues son arrestation ? En tant que mineur, il ne serait même pas allé en prison !

Et Theemin serait encore en vie.

Dans la paix et dans la guerre
Nous allions comme deux frères

Sur Eridan aussi, un cercueil s'était refermé. Et, de même que son Frère était livré à une horde microscopique lâchée dans ses organes, il l'était à cette déesse qui le dévorait de l'intérieur.

Mon cœur est déchiré

Déchiré !

Sa tête ploya sous la rage. Comme il eût voulu écraser, broyer dans ses poings le Mot trop faible !

A présent, le charisme de Bad, le monde des skinheads, leur tenue, leurs actes et même leurs valeurs lui semblaient dérisoires. La gueule hérissée de dents se refermait également sur aux, pauvres petits enfants brutaux qui ne cherchaient qu'à s'amuser.

Déchiré ! Est-ce que ce Mot n'était pas risible, franchement ?! Et son œil droit fit un bond de côté pour vérifier si personne ne l'avait entendu ricaner, car même s'il eût voulu être entièrement possédé par cette Colère dévorante, il ne l'était pas.

Il comprenait, maintenant.

Lui aussi était fait de choses dérisoires : gènes, éducation, coups, croyances, symboles, mythes, qui l'avaient dressé pour haïr.

Et il n'avait pas failli à son dressage.

Etait-ce de cette pauvre conformité qu'il avait tiré sa ferveur ?

Un flot d'insultes, de reproches et de quolibets le submergea, faisant vaciller ses fondations. Comme il s'était cru aussi froid que du marbre ! Maintenant il en avait du marbre ! Qu'il baissât les yeux sur cette dalle de pierre qui allait recouvrir Theemin, cette dalle de pierre aussi lugubre que son Frère avait été joyeux ! Et il fut sur le point de s'effondrer en larmes comme un petit enfant.

Adieu mon frère
Dans le ciel et sur la terre

Le prêtre le regarda.

Non ! Ces soutanes ridicules qui venaient les cueillir quand ils étaient à genoux !

Son ancien désir de Destruction le reprit, plus virulent que jamais. *La mort ! La mort pour tous ! Et les militaires ! Une petite chanson un peu virile et les hommes couraient à la mort ! Et en chantant, en plus ! Mais pour quoi ?! Pour qui ?!* Il grimaçait pour retenir ses larmes, sentant un nœud coulant se resserrer sur sa gorge.

Et dire qu'il les avait pris pour modèles, ces guerriers prêts à mourir pour leur pays, sans se poser de questions ! Mais cette France pour laquelle il s'était dit prêt à mourir, elle n'existait pas – il en avait la certitude, tout-à-coup – ou bien elle n'avait jamais existé !

En tous cas, elle ne valait pas la vie de Theemin.

Il suffoqua. L'étendue de son aveuglement corrompait la matière et il ouvrit la bouche à la recherche d'air.

Big lui jeta un regard inquiet. Allait-il s'évanouir ?

Mais Eridan ne pouvait plus le rassurer. Il était la proie de la Colère et, pour la servir, il dansait au milieu de son temple, un abattoir glacé qui résonnait du grognement des bêtes et du vrombissement des scies, et où il appelait à plus de folie encore, suppliant les personnes comme les bêtes, dansant de désespoir, découpant les êtres, embrochant leurs carcasses. Et il accueillit avec l'hébétude de qui est incapable de pleurer le mensonge du dernier vers :

Soyons toujours unis

C'était le jour qu'als attendaient, çaux qui professaient ne rien attendre, les filles anorexiques et les garçons violents que leurs Parents ne souhaitaient pas voir revenir, les délinquantes qui frappaient les personnes âgées et les drogués infectés par des maladies incurables, tous çaux que tu voyais Rire trop fort pour que cela exprimât de la Joie ; pour aux, ce jour était venu.

Et als croyaient que cet Ordre n'y survivrait pas, lui et tout ce qui était là pour le perpétuer : ses religions, ses dogmes, ses idéologies, tous ces systèmes de Pensée clos, aliénants, crétinisants, qui ne leur laissaient pas d'autre choix que la Soumission et la Résignation ; sur leur visage tu pouvais lire cet espoir qui mélangeait tout et, comme un cri, comme une vague, cet espoir monta avec la lumière, les faisant converger, le regard fixe et tendu, vers le Jugement dernier, le Grand Holocauste, la Destruction ultime qui allait avoir lieu, car aujourd'hui serait le dernier jour, aujourd'hui serait le jour roi. Parce que cela n'avait pas de sens de se lever chaque matin pour subir l'horreur d'une vie aux ordres, en se souhaitant « Bon courage ! Bonne journée ! » avant de consacrer sa vie à un travail d'esclave, sans autre effet que de détruire peu à peu ce que als avaient de meilleur, et sans autre but que de renforcer le pouvoir des Maîtres. Et als affluaient.

Als venaient de toute la France, de Paris, des banlieues, des grandes villes, mais aussi des campagnes, des vallées et des montagnes, et de toutes ces cités où, sur plusieurs dizaines d'étages, als s'enrageaient. Peut-être que c'était à cause de ce jour qu'als décourageaient les adultes, ces juges, ces éducateurs, ces vieilles dames à la retraite qui consacraient un jour par semaine aux associations d'aide à l'enfance, ces professeurs pleins de bonne Volonté qui les prenaient à part pour leur parler de leur avenir. Peut-être que c'était à cause de lui qu'als baissaient les yeux et restaient sans voix pendant leurs interrogatoires, leurs menaces et leurs leçons de morale, parce qu'als attendaient ce jour, parce qu'als y croyaient. Als l'avaient trop appelé, lorsqu'als s'étaient fait humilier dans leurs familles, leurs tribunaux, leurs écoles, leurs postes de police, dans les réduits des supermarchés où les vigiles leur avaient palpé l'entrejambe, dans les bureaux des conseillères d'orientation qui, en entendant leurs rêves, leur avait ri au nez. Et ce jour-là serait sans fin, ce serait un jour barbare, un jour dément. Als l'avaient trop désiré, mais désiré à en hurler, à en vomir, à se transformer en bêtes sauvages, pour que toutes ces personnes censées les guider comprissent ce qu'était un Idéal ; oh oui, als l'avaient désiré ! Mais désiré au point d'en jeûner, se mutiler, se tatouer, se couper toute possibilité de revenir en arrière et de se faire pardonner, pour ne pas oublier leurs rêves comme ces adultes, et devenir très exactement comme aux. Ces insultes, ces agressions, ces décisions sans retour et ces actes injustifiables : cela avait été seulement pour patienter. Car pour aux, ce jour-là serait.

Al fallait qu'il fût.

Aujourd'hui, un orage hante la ville.

Tout le jour sa rumeur monte, sourde, multiforme, déployant son grondement sourd dans l'air devenu immobile, et l'atmosphère est un mélange de cris, d'appels, de fracas et d'explosions. Le chœur de toutes ces voix qui menacent et qui ont arrêté d'attendre vient onduler à la surface des vitrines, des kiosques et des terrasses de cafés, et le ciel sans nuages est trop pur, tandis que les hirondelles fusent au ras des arbres, en lançant leur stridulation brève, sans bouger les ailes. Tout le jour, la ville est habitée par un tumulte sourd qui surprend, car aucune fête, aucune manifestation n'est prévue. Les passantes s'étonnent des ambulances qui se fraient un chemin, toutes sirènes hurlantes, et de ces convois de véhicules de police, équipés comme pour affronter des mastodontes. Derrière le grillage de leurs vitres, tu aperçois les sections d'hommes sains et carrés qui te suivent des yeux avec mépris ou gourmandise, et pour qui les rues se nettoient, tout simplement.

Alors les adultes chuchotent, als ne savent pas d'où vient ce malaise qui les étreint, de ce ciel chargé et immobile ou de cette confusion sonore en bruit de fond, comme à l'approche d'une armée formidable. Et comme la rumeur de troubles se propage, comme les boutiques ferment plus tôt et qu'au loin se répondent des alarmes qui couinent, des sirènes obsédantes et de lointaines déflagrations, als accélèrent le pas et désertent les rues.

Les informations qui arrivent dans les salles de rédaction font jubiler les journalistes, car les mauvaises nouvelles font vendre les médias qui les emploient : des trains fantômes, saccagés, éventrés, arrivent de partout dans les gares parisiennes. Als ne le savent pas, mais l'atmosphère de ces trains est fétide comme s'ils avaient transporté une foule de spectres à la mauvaise haleine, et qui n'eussent laissé là que leurs humeurs, leur sueur sur le sol glissant où tu patines, leur chaleur sur les poteaux, et leurs signatures hérissées en tous sens sur les cloisons.

Lyre s'aperçoit du comportement inhabituel des adultes qui l'entourent. Als ne se retournent plus sur elle une fois qu'elle a le dos tourné, pour s'en désintéresser sitôt qu'apparaît son A entouré d'un cercle. La passante à laquelle elle demande l'heure tourne vers elle une expression cuirassée par la méfiance et ne lui répond pas ; ses talons hauts trottinent énergiquement sur le béton. Maintenant, tout le monde la regarde comme si le simple fait d'être jeune était un danger.

La rue a été vidée de ses véhicules, la jeune fille n'en trouve même pas qui soient garés. Elle ne sait pas que des barrages ont été installés plus haut, pour contrôler la marée montante. Et cette rue aux devantures de fer baissées, sans personne ni dans les rues ni aux fenêtres, lui fait penser aux villes dortoirs, où çaux qui perpétuent ce monde ne comprennent pas pourquoi leurs Enfants refusent l'avenir qu'als veulent leur vendre.

Elle perçoit des sons qu'elle n'entend jamais : le bruit de l'eau qui s'écoule dans les canalisations, le pépiement des moineaux, les papiers que le vent fait glisser sur la chaussée. Mais quand elle lève les yeux, soudain tout ce qui est bruit retombe, tout ce qui est déplacement se fige, car là-haut, Elle a pris place, et s'annonce en immenses lettres rouges et lumineuses qui déchirent le ciel :

SOLEIL DE NUIT

Lyre ressent les premières gouttes sur son visage et soudain, elle les voit, sur les arbres, sur les panneaux, accrochées aux façades des immeubles, fusant de la foule pour y retourner aussitôt, tandis qu'éclatent les cris de leurs retrouvailles, de leurs corps à corps ou de leurs chutes, ainsi que des pas précipités et des bris de verre qui ne suspendent pas le brouhaha assourdissant que font toutes leurs voix.

Les quelques voitures qui sont là sont défoncées à coups de barres et de poteaux arrachés au mobilier urbain, puis renversées sur la chaussée ; déjà le tonnerre, le ciel grésille ; Lyre slalome entre les dealeuses, les revendeurs de billets, les militants d'extrême-gauche et çaux qui distribuent des tracts pour de nouveaux évènements. Et puis la jeune fille se sent soulevée du sol ; elle reconnaît la force et l'enthousiasme de Bootes. Son bras dans le plâtre le ralentit à peine.

Ensemble, als se présentent à l'entrée du théâtre. Mais le service d'ordre défend au jeune Noir d'entrer. *Interdit de concert.* En l'entendant protester, Lyre sursaute. Elle ne comprend pas les gargouillis qui sortent de sa bouche. Les séquelles de la descente ? Le jeune homme était en première ligne.

Mais c'est de l'histoire ancienne à présent. Als ont laissé l'Hôpital aussi dévasté qu'als l'ont trouvé. Tous ces mois de discussions, d'efforts, de travail et de partage, tous ces sacrifices, tout cet espoir en aux et en leur désir de réussir : réduits à néant en une seule heure. Encore un rêve à oublier, à abandonner, à enterrer ; ça non plus ça n'a pas été réussi, ça n'a pas été possible, ça n'a pas marché.

Cygne les rejoint, accompagnée de Flèche, qui ne quitte plus ses lunettes de soleil. Des rumeurs courent sur un œil crevé, des cicatrices.

Dresser l'Orgueil, se dit Lyre, lorsque l'amazone passe devant elle, la nuque un peu trop raide pour que cela soit naturel.

À l'autre bout de Paris, Eridan se retrouve sur un quai de métro. Un clochard insulte çaux qui font semblant de ne pas le voir. Celui-ci ouvre sa braguette, sort son pénis et urine sur lui-même. Une rame vide passe en trombe, tous wagons illuminés. Un chien mord nerveusement sa laisse, couvrant son lien de traces d'écume. Pourquoi les femmes s'éventent-elles et pourquoi les hommes défont-ils le col de leur chemise ?

Les portes du wagon se referment sur une adolescente qui monte à la dernière minute. Le skinhead la suit car elle lui ressemble, bien qu'il ne puisse dire en quoi. Dans les couloirs, il prend les mêmes directions, veillant à ne pas la perdre de vue et à s'asseoir derrière elle dans les wagons. Elle ne remarque rien, et lui ne sait pas ce qu'il lui veut. À sa suite, il sort du métro et entre dans l'orage.

Au milieu d'une foule surexcitée qui semble attendre sous l'averse, le skinhead égaré contemple des rues jonchées de tracts, de cannettes et de tessons, où il marche sur des débris et des décombres, tôles, pneus, cannettes, restes de sandwiches, tessons, papiers. Sans le vouloir, il fait sursauter une revendeuse de billets qui démarche la multitude.

— Dix, dix, dix.

Il tâte la poche intérieure de son blouson, en sort des billets de banque et une feuille de papier pliée en quatre : son portrait dessiné par Theemin. Machinalement, il le déplie.

Oui, il a bien été heureux et souriant avec le Père de son ami, près de ces barres parallèles.

Il avait gardé ce portrait comme lui servir de talisman. Et de quoi se plaindrait-il ? Son pouvoir l'a bien protégé.

Il froisse le papier et ouvre la main pour que celui-ci tombe à terre. La fille ose le ramasser, le regard rivé sur ses chaussures à bout renforcé, et le lui tend avec la place de concert. Comme il la regarde sans expression, elle a l'audace de lui fourrer l'ensemble des papiers dans la main avant de s'enfuir – elle le croit – dignement.

KRIIIIIIIII... KILIKILIK

La police les surveille depuis l'intérieur des camions blindés. Deux femmes en uniforme, postées près de leurs véhicules, les observent d'un air goguenard, comme si une seule issue était possible. Eridan les entend prononcer d'une voix métallique et sans bouger les lèvres des Mots qu'il ne saisit pas. Des ombres surgissent à ses côtés, s'écartent et se pressent contre lui, en l'entraînant vers de grandes lettres rouges qui lacèrent le ciel nocturne.

SOLEIL DE NUIT

Une altercation entre le service d'ordre et un Noir massif lui permet d'échapper à la fouille. Un clown attire son attention par sa bouche grossièrement ourlée de rouge et fendue jusqu'aux oreilles. À cause du khôl qui étire ses yeux en traînées noirâtres, Eridan ne sait pas s'il rit ou s'il pleure. Il l'observe prétendre être soûl pour avoir une raison de toucher les autres. Avec tous ces gens déguisés, son propre crâne rasé passe inaperçu.

À l'intérieur, la déesse qui le pilote depuis l'enterrement de Theemin le perd pendant quelques secondes devant l'étrangeté du lieu.

C'est un théâtre à l'ancienne, un écrin d'or et de velours où tous ces zombies semblent croire à la fin du monde, et il ne peut leur en vouloir, lui aussi a cru aux fléaux et aux super-héros, dans l'espoir qu'un film catastrophe vînt mettre un terme à sa vie misérable, en emportant le monde avec lui.

Le sol nu descend en pente douce jusqu'à la scène : la *fosse*. Là, l'air se fait aussi lourd et aussi moite que dans une jungle, et il se charge d'odeurs nauséeuses. Les substances passent de mains en mains et les plongent dans la prostration ou une fébrilité hallucinée. Çaux qui ont pris des drogues trop fortes, le ventre vide, se concentrent sur une nausée qui va crescendo. Lorsque les lumières puissantes des projecteurs exposent leur expression hagarde, les autres s'écartent pour qu'als ne vomissent pas sur aux. Des vagues de sifflets et de cris montent de la foule. Des chansons sont entonnées avec ferveur. Cette fois, pas d'espace vide aménagé entre le public et la scène. Les vigiles devront évacuer les blessées directement par le plateau. Soudain, un pli du rideau s'agite.

Leur hurlement d'allégresse monte vers le dôme ouvragé du plafond, parvenant jusqu'aux coulisses. Çaux qui discutent dans les toilettes ou dans le hall rentrent précipitamment. Le fond sonore cesse d'un coup et la salle plonge dans l'obscurité. La foule qui se presse vers la scène écrase çaux qui sont en première ligne. Et tout-à-coup, tandis que les premiers cris de détresse retentissent et que les faisceaux blafards des projecteurs éclairent la mer de visages et de corps, un son se rapproche.

Celui d'un gigantesque rotor.

Entre aux et le Ciel, tourne une monstrueuse machine à découper les rêves, à laquelle personne ne peut échapper.

Tu en vois qui tentent de résister de toutes leurs forces, d'autres qui tentent de s'échapper par la scène, mais les vigiles les ceinturent et les rejettent dans le flot mouvant et bouillonnant des êtres condamnés. Une boîte à rythme égrène les dix dernières secondes d'un compte à rebours et subitement, Elle explose.

La réalité se morcelle en autant de Figures.

Et enfin, ce jour est.

Eridan l'a repéré tout de suite dans cet asile, avec son képi blanc de légionnaire. Il ne sait pas ce qu'il fait là, dans sa tenue impeccable, avec ce couvre-chef qui n'est donné en récompense qu'à l'issue des douze semaines de préparation, au Centre de Présélection d'Aubagne. Il le sait, lui aussi a voulu entrer à la Légion.

Le lever de rideau a déclenché la folie du public. Pourtant, la voix est fausse, ordinaire, sans technique. Seul compte son zèle sacré qui exalte leur fureur, et les plonge dans les flammes. C'est la guitare qui mitraille, en hachant et en maltraitant ses notes, et c'est le saxophone qui hurle, en élevant de longues mélodies douloureuses qui s'achèvent brutalement, interrompues et étirées en une stridulation suraigüe. Leurs paroles sont toujours inconsolables, leur galop éperdu et leur urbanité, funèbre.

Eridan n'entend que de très loin cette agitation ridicule. Il est plus calme qu'il ne l'a jamais été, et reste concentré sur le but qui se forme et progresse dans son esprit. Le skinhead ne peut pas laisser son Frère se désagréger ainsi, loin de la surface, même si la flore grouillante qui habite Theemin, à présent lâchée sur ses os, a déjà commencé sa putréfaction. Car il sent bien que ce qui est absent finit par être oublié, et il ne peut laisser leur Fraternité se faire embrocher comme les autres embryons de ses rêves, et flamber dans ce grand barbecue universel.

L'océan de corps se déchiquète contre les poteaux et les enceintes, et dans le halo des projecteurs, saillent des formes méconnaissables, qui luttent quelques secondes pour rester à la surface, puis se font avaler par la foule déchaînée. Devant, les chasseurs fauchent et repoussent à coups de pied çaux qui sautent au milieu de leur cercle. Leurs bonds se calquent sur le tempo et, nus jusqu'à la ceinture, ils se défient, leur force décuplée et leur sensibilité anesthésiée par les drogues, se riant de la fatigue et des coups.

Lyre observe la foule qui danse de la fosse au plafond.

Servir la Pensée, se dit-elle, tandis que les chansons qui les enragent ou les désespèrent reproduisent partout, dans chaque cage lourdement ornementée des loges, son gigantesque brasier.

Plus il s'approche du légionnaire, et plus Eridan a la sensation de cheminer sous l'eau. Lui seul progresse calmement à travers cette frénésie, comme s'il eût marché en scaphandre sur un fond marin, au milieu des algues et des bancs de poissons. Il se repère aux battements de son cœur, parce que le vacarme trépidant glisse sur lui comme s'il était sourd, et que ces corps secoués de spasmes ne sont plus vraiment des personnes, mais les différentes parties d'un écosystème, aussi anguleuses que des morceaux de miroir ou de mosaïque, quoiqu'il les voie en détail, toutes dégoulinantes de sueur, leurs coiffures écroulées, le visage creusé et les ongles sales, quoiqu'il sente leur haleine, leur transpiration, les odeurs douceâtres et répugnantes de leurs drogues. Als ont beau se déchaîner, pour aux ce sera bientôt le retour au point zéro. Ne voient-als pas ce n'est pas Elle qui change quoi que ce soit ? Et il n'a plus besoin ni du regard ni de l'approbation de Bad, il n'a qu'une seule personne à convaincre et à ne pas décevoir.

Accaparée par le concert, la foule remarque à peine les deux militaires. L'un est un légionnaire, cela se voit à son uniforme et à son képi blanc, et l'autre, derrière lui, est rasé et vêtu de noir comme le membre d'une armée. Mais çaux qui assistent à la scène l'auront toute leur vie devant les yeux. Toute leur vie, als se rappelleront cet homme qui prend les cheveux d'un autre pour lui tirer la tête en arrière, et l'égorger.

Car des deux Frères, le pire à voir n'est pas celui qui souffre. C'est celui qui se réjouit.

Agnus Dei

Agneau de Dieu

Qui avait tué de Mégrez ?

Peu importait qui. Les personnes qui avaient commandité le meurtre du ministre de la Justice devraient logiquement commanditer celui de son mentor. À moins que cela ne fût déjà fait ?

Sitôt le tableau de chasse terminé, le Résistant avait demandé à son garde du corps de le ramener au Palais. Pas une seule seconde, il ne croyait à cette thèse ridicule du suicide. Il connaissait l'ambition de De Mégrez, sa foi en lui-même, malgré son manque d'assurance. Le jeune homme n'avait même pas eu le Temps de connaître un échec majeur, et son ascension vers le pouvoir suprême aurait pu être inéluctable. Quelle raison aurait-il eue de mettre fin à ses jours ?

Pour le Résistant, seule sa naïveté, qui l'avait fait menacer de livrer des noms, lui avait été fatale. Et lui-même avait commis une folie semblable ! À présent, il prenait la mesure de son acte. *Ecrire un livre*, faire connaître les responsabilités.

Als ne pourraient que le lui faire payer. Et il connaissait les hommes auxquels étaient confiées de telles tâches : ce n'était pas vraiment des hommes.

Où se réfugier ?

N'était-ce pas Dastérion, son nouveau garde du corps, qui se chargerait de la besogne ?

Il n'osa regarder franchement son crâne rasé de près, tandis que l'homme des services secrets était assis à l'avant du véhicule. Le Résistant fit mine de se gratter la nuque pour pouvoir l'épier. Le garde du corps nommé par Meissan avait le visage légèrement tourné vers l'extérieur. Son regard inexpressif fixait un point invisible, renvoyé par le reflet du rétroviseur. Ne jouait-il pas le rôle du parfait gardien en attendant de le supprimer ?

Mais Lorion ne pouvait être informé de l'existence de son livre. À moins qu'il eût fait espionner Alkande par sa femme ?

Ressaisis-toi.

Le Résistant ne connaissait même pas les noms de la fameuse liste. Il se remémorait le jeune ministre en train de la brandir crânement à la tribune de l'Assemblée nationale.

Mais son geste théâtral n'avait été qu'un coup de bluff ! Aucune dénonciation n'avait suivi son discours, et les membres de la commission parlementaire qui avaient prétendument rédigé cette liste n'en avaient jamais reparlé ! Alkande n'eût pas été étonné d'apprendre que de Mégrez n'avait agité que des feuilles vierges devant les parlementaires !

Mais çaux qui avaient quelque chose à se reprocher avait pris sa menace au sérieux. Et dans leur esprit, le ministre de la Justice et le Résistant ne devaient faire qu'un.

Il revit tous les courtisans, éprouvés par leur effort pour soutenir l'allure à cheval et rester concentrés sur leurs objectifs. Toutes et tous pouvaient avoir des raisons de faire tuer le mentor de De Mégrez.

Tempestris et Lorion, pour les révélations qui allaient ruiner leur carrière.

Delguebar et Meissan, pour les humiliations dont il les avait accablés.

Le complexe militaro-industriel, parce qu'il faisait capoter les crédits budgétaires alloués à l'armement.

Yser de Bellatrix, parce qu'il mettait toutes ses forces à combattre le parti des camps.

Et Bételgeuse, parce qu'il essayait d'empêcher la guerre.

Pourtant, il avait l'habitude. Chaque fois qu'il avait agi pour son pays, il avait menacé un bénéfice, fait obstacle à un autre. Il connaissait les raisons de la trop lente marche du progrès. Toute action politique déclenchait un conflit d'intérêts. Et seuls des êtres humains à l'éthique incorruptible pouvaient diriger le pays.

Il secoua la tête. Où étaient ces êtres exceptionnels ?

Qui serait capable de résister au harcèlement dont als faisaient l'objet ?

Tôt ou tard, par le Pouvoir, la Peur ou l'Argent, les groupes de pression finissaient par les circonvenir. Tempestris en était la preuve.

Lui avait résisté. Mais qui viendrait, après ?

Le pays ne devrait-il pas être dirigé par la société civile, pour que sa Direction privilégiât le bien commun sur les intérêts privés ?

Mais il songea à Bételgeuse. Bien que simple citoyenne, elle aussi s'était accaparé le pouvoir.

Désormais, ses Frères katswangais ne parlaient plus de massacres, mais de génocide. Sous l'influence de la dernière épouse, le gouvernement avait pris le relais de la propagande belliqueuse contre les Aka. Chaque jour, la radio nationale légitimait la Haine et poussait aux tueries. Les efforts que les Frères avaient déployés pour une société unie et réconciliée avaient même fini par compromettre leur sécurité. Quant à Alkande, à la fois franc-maçon et défenseur des plus faibles, il était doublement dans le viseur de Bételgeuse.

Le plus sûr était de se réfugier au Palais. Qui pourrait le frapper, dans la maison la mieux gardée de France ?

Brusquement, sa tête se renversa, pareille à celle d'un noyé qui eût regardé s'éloigner la surface. Etait-ce cela, la récompense de çaux qui faisaient leur devoir ?

A l'Élysée, il se dirigea vers l'escalier Murat d'un pas décidé.

Mais il n'avait nulle part où aller. Là-haut, c'était le Salon Vert et le Salon Doré, le domaine de Lorion. Les assistantes feraient barrage. Il ne savait même pas quelle raison il leur donnerait pour justifier sa présence.

Alors, au milieu de l'escalier, il ralentit, fit mine de renouer ses lacets pour que les gardes républicains ne le vissent pas redescendre aussitôt. Conscient d'être mauvais comédien, il fit celui qui se ravisait, se dirigea vers le Salon des Ambassadeurs. N'importe où, excepté son petit bureau, sombre et excentré, et devant lequel il avait envoyé son garde du corps. C'eût été lui rendre la tâche trop facile que de s'y rendre, alors que le militaire, une fois sa tâche accomplie, pourrait s'enfuir en empruntant le souterrain vers l'hôtel Marigny.

Egaré, le Résistant se mit à errer dans le Palais.

Partout, des geysers d'or avaient jailli, éclaboussant les objets, les meubles et les murs, jusqu'au plafond. Il fut submergé par l'omniprésence du métal doré, n'ayant jamais eu autant de recul avec le décor de sa vie, cette demeure où le destin de tant de personnes se décidait, qu'elles vécussent en France ou à l'autre bout du monde. *La demeure de l'Argent*, pensa-t-il, et ces gerbes lumineuses qui s'étaient répandues partout en milliards de gouttes lui évoquaient la pluie de sang d'une bête sacrée, comme si un sacrifice se fût tenu là, en l'honneur d'un dieu qui présidait à tous les autres intérêts, et au nom duquel il allait mourir.

C'était bien dans son temple qu'il évoluait, au milieu de tout ce qui lui était sacrifié, même leur Conscience, le cher Savoir de Tempestris, leur Idéal humaniste. Son attention s'attarda sur ces fauteuils tendus de lampas nué sur lesquels il avait reposé si souvent sans y penser, sur tous ces témoins de la grandeur artisanale de la France, ces horloges ouvragées indiquant une heure qui n'avait plus d'importance, ces bronzes patinés et indifférents à son sort, ces portraits de personnes qui le regardaient en Silence.

Il redécouvrait la facture extraordinaire de chaque élément, le travail si délicat des patines, les marqueteries où s'ajustaient les bois, la nacre, l'ivoire, les tapis en point de Savonnerie, les vases en cristal de Bohême. Et la concentration de tant d'amour et de savoir-faire voués à l'anonymat accélérait la cavalcade irraisonnée de ses Pensées.

Il ne retrouvait son sang-froid qu'avec le personnel de vestibule, surpris de le voir déambuler ainsi. Inventant à chaque fois quelque prétexte, il se laissait de nouveau happer par la Conscience de cet Argent maudit dès qu'il se retrouvait seul, ne trouvant le salut nulle part, ni au pied des fleurs de lys de la royauté, ni à l'écoute des aigles et des abeilles impériales, ni au milieu des symboles de la République.

Livré sans retenue à la Peur, il s'abîma dans la contemplation de ces derniers, trouvant un certain réconfort auprès de la Marianne, du drapeau, de la partition de la Marseillaise. Ces symboles n'étaient-ils pas les outils par lesquels s'était édifié un pays plus juste que celui de l'Ancien régime ?

Liberté Egalité Fraternité

La devise de la République française. N'avait-elle pas contribué à bâtir un monde meilleur que la devise des rois, *Supérieur à tous* ?

Cette Pensée l'apaisa.

Le progrès restait possible. Et il avait trouvé son outil pour *apporter sa pierre*. N'appartenait-il pas à une confrérie de bâtisseurs ? Que lui importait de mourir, s'il avait œuvré au grand édifice ?

Mais, devant la hache du faisceau de licteur, entourée de branches de chêne et d'olivier, il frissonna.

Alors, son sentiment de solitude fut tel que, dans ces pièces désertes à l'orée de la nuit, il s'inventa la compagnie de ces artistes dont il voyait défiler les œuvres, les grands Maîtres d'antan avec leur technique indépassable, mais aussi les modernes, avec leur audace qui avait défriché de nouveaux horizons pour la Pensée.

Se sentant à présent dans la peau d'un exclu, il accueillait avec une bienveillance toute nouvelle ces productions encore jeunes, s'ouvrait enfin à leur créativité, qui repoussait les limites de la perception et offrait de nouvelles perspectives, pour toujours plus de Liberté. Enfin, il saisissait le désir d'affranchissement et de singularité de l'art contemporain, mesurant l'écrasement que les artistes modernes avaient dû ressentir en constatant que l'imitation de la réalité sensible avait atteint la perfection.

Il fit marche arrière, traversa à nouveau le vestibule, entra dans le Salon des Tapisseries avec l'idée de traverser celui des Aides de camp, pressentant qu'il resterait sain et sauf tant qu'il aurait des témoins et qu'il se déplacerait.

Le Salon des Tapisseries n'était qu'une pièce de passage, dotée de tentures du XVIIe siècle issues de la manufacture des Gobelins et en restauration depuis quelques mois. La légende disait que ces tapisseries étaient si extraordinaires qu'aucune main n'avait osé les endommager, même lors des saccages qui avaient eu lieu sous la Révolution et la Commune. Le Résistant ne s'y était jamais intéressé. Les bâches qui les recouvraient ayant disparu, il s'approcha de ces œuvres qui avaient défié le Temps.

Mais soudain, le parquet craqua dans la pièce annexe.

Alkande se colla follement à une tenture, parut s'oublier dans sa contemplation alors même qu'il était devenu aveugle, tandis que la personne se rapprochait. Encore quelques secondes, et al déboucherait dans la pièce, le trouvant dans cette posture ridicule.

Mais les pas s'éloignèrent, étouffés par les lourds tapis du Jardin d'Hiver.

Il put se redresser, avaler sa salive. Mais en recouvrant la vue, il resta interdit.

Phaéton, le Fils du Soleil, chutait d'un ciel transformé en fournaise.

La tapisserie représentait le jeune présomptueux, foudroyé en plein ciel pour avoir conduit le char aux chevaux ailés du Soleil.

Et son étoile, son dieu et son Père le contemplait, impuissant.

C'était une représentation en telle adéquation avec sa symbolique qu'Alkande ne chercha plus à fuir. Sa mort était prédite, là, sous ses yeux, depuis trois siècles.

Alors, sa Figure la plus forte refit surface. Et il résolut d'en finir avec panache.

À présent calme et se faisant ouvrir les pièces sans plus se justifier, le Résistant refit lentement le tour du Palais.

Il voulait dire adieu à toutes celles et tous ceux qui avaient forgé son pays et sa civilisation, depuis les créatures mythiques jusqu'aux personnages bien réels, les Muses, les dieux et les héroïnes, mais aussi les rois, les favorites, les tsars, les marquises, les financiers et les artistes. Dans la bibliothèque, il crut même percevoir le Rire de Paul Deschanel, le président somnambule qui avait perdu la raison en cours de mandat.

Il pénétra dans le Salon d'Argent, qui donnait sur le jardin. Pour sa délicatesse, son raffinement, son histoire dramatique et rocambolesque, il était surnommé « le bureau des femmes ». Le président Félix Faure y était d'ailleurs mort entre les bras de sa maîtresse, ce qui parvint presque à le faire sourire.

Ah, les femmes !

Son regard passa sur le mobilier de couleur lavande, ondoyant et gracieux, qui évoquait si bien leur fléchissement naturel, leur âme soumise et délicate de biches apeurées et qui trottinaient sur leurs ongles. N'étaient-elles pas les grandes oubliées de l'histoire ?

Il reconnut enfin sa responsabilité. Lui, plus que tout autre, les en avait tenues éloignées.

Alors, dans le secret de son cœur, il leur demanda pardon.

Dans le Silence des meubles gracieux laissés à l'abandon, il ressentait leur absence, le vide énorme que leur asservissement laissait dans la marche du monde, et qu'elles n'avaient pas encore eu le Temps de combler.

Ne viendraient-elles pas pour le tuer, elles aussi ?

Folie !

Leur libération n'avait pas encore eu lieu. Il en eût été informé ! Ses Frères l'auraient su avant tout le monde.

Mais il eut un doute : puisque aucune femme n'était admise en leur cercle, comment l'eussent-ils appris ?

À nouveau, il se reprocha son aveuglement. Ne leur avait-il pas fait subir cette exclusion dont il s'était précisément cru l'ennemi ?

Et brusquement, il entendit bouger.

Qui ?!

Lorion ?

Il revit le visage effaré du secrétaire général en début de mandat, lorsque le Salon Vert lui avait échappé.

Allons ! Tuerait-il pour un changement de bureau ?

Oui. Lorion allait le faire tuer ici-même.

Alkande loucha vers le bureau sur lequel se trouvait un téléphone.

Impossible ! Appeler qui ? Les militaires ?! Et quelqu'un, en lui, ricana.

Il ne pouvait même pas appeler le président. Celui-ci le ferait interner !

L'individu s'approchait.

Alkande fit un suprême effort pour réfléchir. Seul un militaire français pouvait librement circuler ici. Cela éliminait Bételgeuse. Ou alors…

Un souffle passa sur sa nuque. Tétanisé, il crut sentir le froid d'une lame.

Il se donna trois secondes pour bondir sur son adversaire. À la deuxième, la même présence s'était déplacée devant lui.

Mais il ne voyait personne !

Ses yeux hallucinés fouillaient les gracieuses méridiennes qui lui évoquaient des corps de femmes allongées et appuyées sur un coude. Il se rappela sa vieille arme de poing familiale qui était rangée dans le tiroir de son bureau. Au même instant, derrière lui, la poignée de la porte s'abaissa.

— Monsieur Alkande ?

Un garçon de vestibule passait la tête dans l'entrebâillement.

— Votre garde du corps vous cherche partout.

Une manœuvre pour l'attirer dans son bureau.

Fuir ou faire face ?

Mais, depuis sa sortie du camp, il n'avait plus jamais fui.

Il suivit dignement le militaire, avec l'impression d'être mené à l'échafaud. Qui avait ordonné sa condamnation ? Il ne parvenait même pas à se décider sur un nom.

Et où en étaient ses mémoires ? Le journaliste avait-il réussi à sortir de la forêt domaniale ? Parviendrait-il à les faire publier ? Le livre porterait un coup terrible à ses adversaires.

En traversant le Jardin d'Hiver, il aperçut à travers l'ossature métallique de son toit courbe et entièrement vitré les fenêtres illuminées des appartements du permanencier. Des ombres se mouvaient derrière les baies.

— Zêtamon reçoit ?

Sans ralentir, le garçon de vestibule jeta un coup d'œil vers le toit transparent.

— Oui. C'est une soirée privée.

— Je vais passer le voir.

Habitué à ne pas faire de commentaires, le militaire le quitta sans le regarder.

A la porte du permanencier, son coup de sonnette se noya dans une scansion basse et lourde.

Il insista, tapa du poing contre la porte.

Elle finit par s'ouvrir sur un acteur célèbre qui lui serra chaleureusement la main en lui tapant sur l'épaule, avant de disparaître.

Posté au bout du couloir, un couple s'embrassait à pleine bouche et, à côté, une superbe androgyne se détachait d'un groupe de convives. Où l'avait-il vue, déjà ?

Depuis la pièce principale, le permanencier cria.

— Qui est-ce ?!

Alkande s'avança dans la lumière multicolore.

Zêtamon sut cacher sa contrariété de voir l'homme en disgrâce.

— Oui ? dit-il aimablement.

Enfumé et vociférant, le salon était rempli de jeunes adultes. Alkande crut reconnaître des gens connus. Aucune personne de son âge.

Inquiet du Silence du Résistant, le permanencier s'enquit :

— Un problème ?

Devant l'attente de tous ces visages tournés vers lui, appâtés par le malheur, Alkande resta muet, sidéré de voir tous ces jeunes gens s'amuser alors que se jouait sa vie. Et il perçut les bruits de son cœur dans la vacuité incommensurable de cette jeunesse qui ne songeait qu'à s'amuser. Qui étaient-als ?

Il avait maudit les nouveaux cadres du Parti de l'Union pour leur superficialité. Mais la génération suivante ne serait-elle pas encore pire ?

Il pressentit l'embarras qu'il créerait en expliquant ses craintes, prenant toute la mesure de cette colossale indifférence qui affleurait sous ces fronts ingénus et beaux.

Nulle part. Personne. Rien ne pouvait le sauver. Il mourrait seul, exposé à tous les yeux.

L'affreuse demeure !

Il quitta les lieux, sans revoir l'androgyne qu'il avait cru reconnaître.

En arrivant devant son bureau, le Résistant ne trouva pas son garde du corps. Il entra dans la pièce sombre et exiguë, dont la porte du fond donnait sur le couloir souterrain menant à l'hôtel Marigny, et s'enferma à double tour.

Une fois assis à son bureau, il hésita à ouvrir le tiroir où se trouvait son arme. Il avait rêvé, dans le Salon d'Argent. Personne n'avait été là. Encore moins un fantôme !

Tempestris. Il pouvait encore s'enfuir. Il n'avait plus jamais fui. *Lorion.* Se faire oublier parmi les volcans. *Delguebar, Meissan, Kartajan.* Il n'avait écrit que la vérité. *Les militaires.* Il pouvait s'enfuir à l'étranger. *Yser de Bellatrix.* Il serait poursuivi, retrouvé. *Bételgeuse.* Supprimé avec encore plus de facilité qu'ici. Et qu'irait-il faire, loin de la France ?

Au pendule qui lui faisait face, il eût l'impression que l'aiguille du cadran ne bougeait plus. Sur une impulsion, il ouvrit le tiroir qui contenait son arme, vérifia qu'elle était toujours chargée. Alors que sa main qui avait perdu l'habitude de la tenir se resserrait sur la crosse, il se dit que qu'il avait eu raison sur tout. Cela le rendit grave, confirmant ses craintes. Et soudain, il perçut l'odeur.

Son odorat ne pouvait pas le tromper.

Sa mémoire ne l'oublierait jamais.

A nouveau, il fut sur le quai du camp de Dora, cherchant à échapper au Foehn, ce vent qui vous ramenait les cendres de çaux qui brûlaient dans les fours, et qui vous emplissait d'aux, en répandant cette odeur de chair brûlée sur une dizaine de kilomètres aux alentours.

Qui pouvait porter cette odeur, sinon l'un de ses anciens camarades de camp ?

Tempestris !

Mais Tempestris n'avait pas été déporté à Dora ! Et il ne ferait pas cela de ses propres mains ! La liaison d'Alkande avec la Dame à la licorne était de l'histoire ancienne. Le président ne se vengerait pas maintenant, des années plus tard, et tout ça pour une coucherie ?!

Etait-ce Wernher von Braun, l'ingénieur en chef du camp qui, une fois récupéré par les Américains, leur avait permis de développer leur programme spatial ?

Ce n'était pas possible ! Le nazi était mort dix ans plus tôt aux États-Unis ! Les témoins de cette époque disparaissaient tour à tour, tandis que çaux qui ignoraient l'existence des camps ou qui en doutaient semblaient augmenter proportionnellement.

Et il eut la certitude que l'humanité en inventerait toujours de nouveaux, toujours plus inventifs, toujours plus performants.

Accablé, il laissa sa tête ployer vers son bureau, le canon de l'arme retombant sur le sous-main. Pourquoi se démener autant si c'était pour en arriver là ?

À nouveau, son odorat le mit en alerte. L'odeur était même plus forte que jamais !

Mais ce n'était plus la même…

Des brumes de son esprit, le beau coffre de marqueterie qui contenait les cigares offerts au président surgit. Ce n'était pas l'odeur des camps. C'était celle de…

De Mégrez !

De Mégrez ? Mais il est mort !

Alors c'était un fantôme de plus dans le temple de l'Argent.

Alkande se prit le front de sa main libre, conscient de la folie qu'avait déchaînée sa Peur.

Il guetta.

À nouveau, le Silence envahit la pièce.

Il avait tout inventé.

Le pouvoir l'avait rendu fou.

Ou bien était-ce sa lucidité, cadeau empoisonné de la vieillesse ?

Un nouveau bruit, métallique cette fois, lui réinjecta une dose d'adrénaline. Son ouïe le localisa au-dessus de sa tête.

Il se moqua de lui-même.

Un fantôme volant, maintenant ! Bien sûr !

Et il se rappela.

Les travaux ! De simples travaux de rénovation de la façade et du toit ! Des structures métalliques avaient été montées le long des murs du Palais. Elles pouvaient résonner ainsi sous l'effet du vent.

Et tout aussitôt, cette nouvelle thèse s'évanouit. Car cette fois, il avait distinctement entendu quelque chose derrière lui, qui ne pouvait le tromper : la porte de communication avec le souterrain.

Il avait oublié de la fermer.

Il sut d'instinct qu'il ne devait pas relever la tête.

Tandis que ses doigts se crispaient à nouveau sur la crosse de son arme, le Résistant se tint prêt à bondir.

La personne venue pour le tuer s'approcha, invisible mais non silencieuse, laissant une infime trace auditive dans son sillage. Il put suivre l'approche de son corps qui se glissait tout près, jusque derrière lui.

Il avait encore le Temps d'attaquer !

À la place, il tendit l'oreille.

Toutes ses Figures hurlèrent en même Temps. Noyé au milieu des autres, l'Orgueil ne parvenait plus à se faire entendre. Qu'est-ce que le tueur attendait ? Ces hommes sans visage et sans voix ne rataient pas leur cible. Alkande les connaissait : ce n'était pas vraiment des hommes. Et lui, armé et inoffensif, incapable de se défendre ! Pourquoi ne bougeait-il pas ?!

N'était-ce pas la mort la plus digne ?

Alors, son menton et sa joue s'écrasèrent brutalement contre son sous-main.

La lumière du Soleil se referma sur lui et l'étouffa dans son flamboiement.

Sa dernière Pensée fut pour les méridiennes du Salon d'Argent, si gracieuses et si légères, comme faites uniquement pour épouser le corps d'une femme.

Lacrimosa

De Larmes

Le site mégalithique se trouvant non loin de leur route, Flèche en avait profité pour le visiter avec Cygne au cours de leur voyage.

Il était situé en pleine montagne, dans un sanctuaire sauvage que les autorités n'avaient pas encore défiguré. Sur le sentier forestier où les porcs à demi-sauvages fouillaient le sol, parmi les troncs tortueux des pins laricio et les blocs de roches plutoniques couverts de mousse, les deux jeunes filles marchèrent vers la falaise où se trouvaient les pierres multimillénaires.

Un petit bois les soulagea de la chape que le soleil faisait peser sur elles, leur offrant la fraîcheur de son clair-obscur. Elles ralentirent, s'attardèrent. Cygne se retourna, marcha à reculons en s'imprégnant des parfums et de la paix du feuillage, tout innervé de fraîcheur et de vitalité, qui lui permettait de se ressourcer avant la rencontre.

Bientôt, les mégalithes furent en vue.

Alors, dans l'espace nu qui menait à eux, les deux camarades retrouvèrent les Forces qui se partageaient ce pays : le Soleil implacable, le Ciel pur, la Terre escarpée où moutonnait le maquis. Et, au-delà des montagnes, la Mer qui les encerclait.

Seules dans le site préhistorique, elles remontèrent lentement le chemin qui menait aux pierres colossales. Celles-ci tournaient le dos à la mer, tout au bord de la falaise tombant à pic. Dix millénaires plus tôt, elles avaient été acheminées là, placées côte à côte, et sculptées pour avoir forme humaine.

Cygne et Flèche s'approchèrent en Silence, conscientes de ce retour aux premiers Temps du monde.

Cela les forçait à marcher dans l'attention, presque la vigilance, à toutes choses : au grain de l'air, aux chants des oiseaux, à ce qui montait des gouffres aux versants abrupts. Et elles avaient l'impression de gravir la dernière langue de terre de cette planète, avant leur arrivée dans les nuages.

Enfin, elles firent face aux mégalithes.

Le fameux alignement de statues, sculptées au Néolithique, ne les déçut pas. Ces pierres ressemblaient bien à des êtres humains, malgré l'érosion qui avait déformé leurs membres et les avaient fondus dans une gangue minérale.

Cygne contempla longuement la roche anthropomorphe.

Un être humain, figé et encagé dans la pierre : voilà ce qu'elle ne voulait pas devenir. Elle aussi, l'ossification l'avait guettée. L'ancrage, la pétrification de sa chair dans des certitudes.

Mais, en elle, d'autres puissances en avaient triomphé, plus éprises de Vérité que de Soulagement.

Les deux camarades finirent par repartir.

Sans avoir besoin de se concerter, elles ne firent pas demi-tour, et rejoignirent le sommet du plateau qui, plus loin, libéré de toute présence humaine, surplombait le maquis.

Un océan verdoyant d'arbousiers, de genêts, de myrte et de lavande se développait à perte de vue, dominé au loin par l'horizon que déchiquetaient de formidables murailles rocheuses.

Cygne resta là, fascinée par cet espace sans limites. Son regard n'avait jamais vu autant d'arbres, n'avait jamais porté aussi loin. Elle ne se lassait pas de ces lieux fantastiques, de leur Silence si pur comparé au vacarme urbain, ni de leur isolement, dans lequel ils vivaient baignés de chaleur et de lumière, sous le règne du Soleil.

Un peu plus loin, assise sur un bloc de granit, Flèche attendait qu'elle se remît, posée et tournée vers la Conscience de la moindre parcelle de son corps. Elle connaissait déjà la Corse. Et, comme à son habitude, elle cherchait à s'imprégner de sérénité et de force, captant les énergies des lieux. Plus que toute autre, elle serait capable de surmonter l'épreuve de la cécité.

Elle aussi pouvait rester là sans s'ennuyer. Elle aimait cette nature sauvage, la persévérance de ces pins poussant à l'horizontale sous l'effet du vent.

De retour dans la voiture, les jeunes filles descendirent vers le sud, pratiquement en Silence.

À mi-chemin, elles trouvèrent une petite auberge sur les conseils d'un berger croisé sur le bord de la route, et qui les avait encouragées à s'arrêter d'un simple regard.

L'aubergiste leur avait proposé une table en terrasse, au milieu des ruisseaux qui tintinnabulaient et des arborescences odorantes. Au moment du café, celle-ci était revenue bavarder. Les jeunes filles étaient restées vagues sur le but de leur voyage.

Le visage de Cygne ne trahissait rien de l'accueil que son être faisait à cette terre. Elle restait là, sans même regarder le paysage, s'imprégnant, comme sa camarade, de tout ce que cette île avait à leur offrir : son absolu, sa nature inviolée, les mélodies de ses ruisseaux et de ses rossignols.

Mais Flèche avait fini par se lever : elles avaient encore de la route.

Les kilomètres défilèrent dans un Silence de plus en plus lourd. Machinalement, l'amazone cherchait de Temps en Temps à apercevoir sa camarade de son œil mort.

Comment cela allait se passer, là-bas ?

Cygne arrêta le véhicule devant la barrière rouge et blanche. Le gardien, prévenu de leur arrivée, regarda descendre les deux filles dont les shorts dévoilaient les belles jambes nues, et s'efforça de ne pas avoir d'avis ni là-dessus ni sur cette visite. Elles lui remirent leurs papiers d'identité et il appela le directeur.

Celui-ci arriva bientôt au volant d'un véhicule découvert. La barrière s'ouvrit devant elles, pour qu'elles le suivissent en conduisant à travers le domaine.

Surprises, elles découvrirent – chacune à leur manière – les allées impeccables, les terrains de tennis, les champs et les parterres de fleurs. La première tenta d'éviter le regard des hommes, qui s'arrêtaient pour les regarder passer le long des allées, un chapeau de paille sur la tête et des outils à l'épaule.

Une fois dans son bureau, le directeur leur présenta le psy et le CIP qui s'occupaient du détenu. Les trois hommes soumirent la jeune fille à une longue série de questions. La requête de Cygne était une première, dans toute l'histoire du centre. Ils ne voulaient pas qu'elle gâche des années de travail.

Alors, une nouvelle fois, celle-ci s'interrogea avec non moins de crainte qu'une honnêteté plus grande encore.

Sa Souffrance serait toujours là.

Mais la jeune fille en avait triomphé.

Égrugée et dispersée à travers tout son être, la déesse ne la dominerait plus jamais. Et Cygne les rassura.

Le directeur proposa à Flèche de lui faire visiter le domaine, en attendant.

Laissée à elle-même dans son bureau, Cygne sentit décroître son assurance. Elle était persuadée de la justesse de cette démarche dont elle avait eu l'idée. Mais maintenant qu'elle n'avait plus à prouver sa détermination qu'à elle-même, elle douta une ultime fois. N'était-ce pas une épreuve inutile qu'elle allait s'imposer ?

Vous avez fait le travail.

Après de longs débats pour éprouver ses raisons, sa psy l'avait approuvée. Mais Cygne redoutait ce qu'elle allait déchaîner en défiant son plus grand Ennemi.

Elle se leva pour regarder par la fenêtre. C'était curieux d'avoir été laissée seule et sans surveillance dans ce bureau, avec tous les secrets que celui-ci devait renfermer.

Flèche, en se retrouvant avec le directeur, ne put s'empêcher de lui demander si sa camarade ne risquait rien.

Il faillit lui répondre que ce n'était pas des gens violents.

— Ça va bien se passer, lui dit-il pour la rassurer.

Il lui cachait que, s'il l'espérait, au fond il n'en avait pas la garantie.

L'amazone cherchait à percer le mystère qu'était son visage. Malgré son sexe, cet homme lui inspirait de l'estime.

Al en existait donc ?

Elle se laissa conduire par lui, n'entendant pas un seul Mot de sa présentation du domaine.

Son cœur battait trop fort.

Trop fort pour une simple camarade.

À la fenêtre du bureau du directeur, Cygne ne cessait pas d'être étonnée par les palmiers qui agrémentaient le lieu. Elle repensa aux terrains de tennis qu'als avaient longés. La jeune fille comprit qu'ils participaient à adoucir la vie des prisonniers et, curieusement, se sentit confortée dans sa démarche.

Tout-à-coup, des pas s'approchèrent.

Son cœur bondit dans sa poitrine.

Les mêmes et antiques forces se déchaînèrent en elle, ressurgissant intactes de son enfance, et, malgré toutes ces années, tout ce travail, tous ses efforts et tous ses renoncements, malgré toutes ces heures à essayer de grandir et de se libérer, Cygne fut à nouveau une petite fille sans défense sous l'emprise de la Perversion. Et, avant qu'elle eût pu s'enfuir, elle se retrouva devant son Père.

Elle fut stupéfaite.

Etait-ce là le Démon qui régnait sur ses nuits ?

Il portait des tongs et ses gros mollets laissaient apparaître des varices. Sa silhouette alourdie étirait un débardeur informe et, bien qu'environné de cheveux gris, son regard apeuré était celui d'un enfant.

Démuni, Argo regardait sa Fille.

Au bout d'un certain Temps, Cygne se rendit compte qu'il attendait.

C'était à elle de décider.

Alors, elle se sentit sourire.

Et elle sut que cela allait bien se passer.

C'était une adulte, maintenant.

En se retrouvant seul avec la milliardaire, dans le bureau du somptueux hôtel particulier que les Bellatrix possédaient près de l'Académie française, de Leonis éprouva un vertige. Où s'arrêterait son ascension ?

Il mesurait la Confiance que l'une des plus grandes fortunes de France lui accordait en le recevant ainsi en tête à tête, lui le néant, le romancier débutant, l'humble thésard et secrétaire d'un historien à peine moins obscur.

Il songea à ce dernier.

Dans son bureau désert, sombre et poussiéreux de l'Institut des Sciences Sociales, Charles Dhur devait en ce moment même étudier quelque texte, et pester une fois de plus contre son secrétaire.

L'étudiant eût souhaité que son directeur de recherches fût là pour assister à son triomphe. Il pouffa intérieurement en se souvenant qu'il avait envisagé une action violente pour vaincre le vieillard, et accéder à une destinée supérieure.

Mais il n'avait pas eu besoin de violence ! Il possédait des armes bien plus puissantes : l'Ambition qui primait sur tout le reste, la rhétorique et, il le découvrait à présent dans le trouble qu'il observait chez la vieille femme, le charme de ses vingt ans !

Si vraiment, d'après Saint-Rex et son éditeur, la milliardaire s'intéressait au jeune homme, cette entrevue était la chance de sa vie.

Elle le considérait sans détours, sans qu'il pût déchiffrer son expression.

Allait-elle lui demander un service sexuel ?

Il se sentait prêt à tout.

Assise à son bureau, Yser de Bellatrix s'inclina sur le côté. Il comprit qu'elle composait un code et détourna poliment le regard.

En se redressant, la vieille femme posa une antique chemise en carton devant elle, avec la même vénération qu'une abbesse aurait eue en manipulant des reliques.

Du bout des doigts, elle ouvrit la chemise et, à la recherche d'un passage précis, tourna soigneusement les feuilles de papier.

Enfin, son visage s'éclaira, et son auréole de cheveux blancs et fortement laqués s'élargit autour de son visage. Elle souleva la chemise et, attentive à lui éviter tout frottement superflu, la fit pivoter pour que les documents pussent être parcourus par l'étudiant.

— Lisez.

Il découvrit des phrases manuscrites dont les caractères élégants couraient irrégulièrement sur le papier.

— *Nous, Anthelme Christian Godefroy de Bellatrix, déclarons solennellement vouer notre fortune au service d'une France débarrassée de la race juive et de l'influence marxiste, franc-maçonne, tzigane, efféminée et pédéraste, pour que notre culture reste entre les mains d'une élite éclairée, pure, chrétienne, virile et blanche.*

Le jeune homme leva la tête pour la regarder, se demandant s'il devait lire le deuxième chapitre. Elle hocha la tête.

— À *compter de ce jour, l'ensemble de notre patrimoine et acquisitions, biens meubles et immeubles, ainsi que nos biens en nue-propriété, est légué par nous, Anthelme Christian Godefroy de Bellatrix, à notre fondation Cœur de France, dans le but de soutenir toute organisation politique, associative ou citoyenne œuvrant pour cette cause.*

La vieille dame au brushing vaporeux l'interrompit.

— Le testament politique de mon aïeul, rédigé de sa main. Malheureusement, ajouta-t-elle avec amertume, il n'a pas été suivi de beaucoup d'effet.

Il faillit plaisanter en lui conseillant de dire cela aux millions de victimes de la seconde guerre mondiale, mais se ravisa à Temps.

Il ne l'aurait pas ainsi.

— Cet esprit n'est pas mort, commença-t-il pompeusement. Il a survécu et s'est transmis à travers les années, bien que l'histoire ait été écrite par les vainqueurs.

Il regardait sa peau flétrie et tachée, son visage dominé par la tristesse.

Vulnérable.

C'était d'énergie qu'elle avait besoin ! D'énergie et de Jeunesse !

Il misa tout là-dessus et osa un sourire complice.

— Grâce à vous, cet esprit fait encore entendre sa voix. Le Parti Patriote la fait entendre…

Elle eut un geste de mépris. Il rectifia aussitôt :

— … mais pas avec autant de force que *moi* j'aimerais la faire entendre.

Elle haussa un sourcil, peu surprise de le voir ramener les choses à lui.

L'amuserait-il ?

Comme elle se taisait, il continua.

— Ce parti n'est plus adapté à la défense de nos valeurs. Ses dirigeants se sont amollis, ils ne correspondent plus à l'idéal guerrier de votre aïeul.

Il naviguait à vue, et le visage impassible de la vieille dame ne l'aidait pas. Acculé, il prit son Silence pour un encouragement.

— La solution, ce serait une organisation plus ambitieuse, plus percutante, et rassemblée autour d'une seule personnalité.

Elle ne comprenait pas.

— Un nouveau parti, lâcha-t-il, se laissant emporter par sa propre logique affabulatoire. Une nouvelle structure politique pour rompre radicalement avec le discours tiède du Parti Patriote, qui ne veut pas choquer le bourgeois.

Il se tut brusquement, conscient de l'énorme erreur qu'il venait de commettre.

« Le bourgeois ! »

Il sentit son visage se décomposer. Cette rhétorique communiste, en face d'une milliardaire !

Son origine modeste avait trahi de Leonis.

Si près du but ! fulmina-t-il. Il avait tout gâché !

Et il attendit la sentence.

Mais bizarrement, la vieille dame lui rendit son sourire.

Oui, il l'amuserait.

— *Ecoute... tu ne dois t'en prendre qu'à toi-même, John. Le fait que tu as couché avec Priscilla n'est pas étranger à Sandy.*

— *Mais de quoi donc est-ce que tu parles ?*

Eridan se réveilla en sursaut en entendant le fracas du trousseau de clé qui cognait contre la porte de la cellule. Al n'était que sept heures du matin, et son codétenu avalait déjà sa dose de télévision.

Après le petit-déjeuner, le gardien escorta l'ancien skinhead jusqu'à l'atelier où se trouvait le matériel de nettoyage. Eridan sortit la volumineuse et bruyante autolaveuse et la mit en marche.

Quatre heures à tirer.

Tandis qu'il poussait la machine à petits pas le long des cellules, dans le vrombissement des brosses qui nettoyaient le sol, sa Pensée, libérée par l'action mécanique, ressassa le cirque des *Infos* de la veille.

Les Princes de Paris vendus aux Arabes ! Ou plutôt à la chaîne de télévision Hexagone, détenue majoritairement par des émirs du Moyen-Orient !

L'entrepreneur Monoceros avait expliqué les avantages de cette transaction : le club pourrait se payer des joueurs encore plus chers !

Mais Eridan n'arrivait pas à s'en remettre. *Les Princes de Paris vendus aux Arabes !* Voilà qui devait faire enrager Bad ! Feraient-ils toujours le salut nazi dans les tribunes, maintenant que les propriétaires de leur équipe préférée étaient des *bougnoules* ?

Cette association qu'il n'eût jamais crue possible le fit ricaner. Cela lui plaisait d'imaginer Bad piégé par les surprises de la vie.

Les autres détenus le regardaient passer sans le saluer.

Jusqu'à présent, il était parvenu à survivre à l'écart de leur faune, n'ayant eu que des petits délinquants comme codétenus. Avec sa lourde peine, Eridan avait toujours réussi à les impressionner. Son mutisme incompréhensible – alors que les autres passaient leur Temps à se vanter de crimes imaginaires – les avait encore davantage éloignés. Mais rien ne garantissait sa tranquillité, et il restait sur ses gardes, circulant dans les couloirs la tête rentrée dans les épaules, le regard vigilant et s'interdisant toute interactivité.

Il n'avait jamais aussi bien vécu qu'en prison. Respecté et soumis à des rituels dont il approuvait le bon sens, il menait enfin une vie tranquille, austère et routinière. Sa reprise d'études par correspondance avait même été acceptée et, grâce aux Parents de Theemin, il avait pu s'acheter les manuels nécessaires.

Odin, dieu de la Victoire et du Savoir.

L'après-midi, alors que son codétenu restait dans la léthargie face à la télévision, lui se plongeait dans ses manuels. Une fois par semaine, il avait droit à une douche. Et s'il évitait la cour de promenade, il s'entraînait régulièrement dans la salle de musculation. Son reflet, dans le miroir, prenait de l'épaisseur.

Une vie spartiate, en somme.

À l'heure du déjeuner, il retourna dans sa cellule et regarda les Infos de treize heures. Puis, ce fut le moment de se consacrer à ses études.

Le soir venu, il s'accorda une pause en regardant un film d'action. Il en aimait les effets spéciaux, les sensations offertes au désert qu'il traversait. Sa Pensée, éveillée à la critique, s'occupait également en démasquant les clichés véhiculés par ce genre de productions, les héros musculeux, les jeunes femmes qui leur servaient de faire-valoir, la morale puérile et les solutions simplistes qui leur étaient vendues.

Son codétenu restait devant l'écran jusqu'à l'extinction des feux, tandis qu'Eridan, sitôt le film terminé, sortait son carnet de notes pour s'occuper.

Il mit ses bouchons d'oreilles et se tourna vers le mur. Il sentait que, s'il laissait faire son bavardage absurde et continuel, la télévision finirait par avoir raison de lui, comme elle avait eu raison de son codétenu.

Peu à peu, il remplissait son carnet de notes. Mais, à cette heure-ci, il avait plus de mal à se concentrer. Alors, il couchait sur le papier ce qui lui passait par la tête, des Mots, des phrases, des gribouillis.

Il s'était trompé de cible. Un drogué et un voleur, qu'il avait pris pour l'incarnation de son ancien Idéal ! Il avait vraiment eu tout faux !

À son procès, l'ancien skinhead avait dû s'expliquer sur sa sauvagerie. Mais il en avait été incapable.

Pourtant, tout était parfaitement logique dans son esprit.

Mais il n'avait pas les Mots.

Quant aux faits eux-mêmes, ils avaient disparu de sa mémoire. Ils semblaient avoir été effacés par un processus de sécurité interne comme si, depuis une région inexplorée de lui-même, une personne voulait le protéger de son acte.

Dans ces conditions, comment exprimer des regrets, des excuses ?

Son avocat n'avait rien pu faire. Et il s'était vu infliger la peine maximale.

La famille de sa victime, affaissée sur un banc, l'avait moins touché que celle de Theemin, à l'enterrement de son Frère.

De toutes façons, les deux hommes étaient morts.

C'était lui, le vivant.

Il caressa son carnet de notes. Il l'aimait bien parce qu'il était noir et austère, et qu'il avait appartenu à Theemin. Apparemment, celui-ci l'avait sur lui le jour de sa mort. Les Parents de son Frère le lui avaient apporté un jour de parloir, comme ils lui avaient donné le reste de ses affaires.

— Ça peut servir.

Ses propres Parents n'avaient pas encore demandé de pass pour venir le voir.

Aujourd'hui, il n'avait pas d'inspiration. Il tournait et retournait son carnet, la pulpe de son pouce glissant sur son revêtement en plastique. La seule originalité de l'objet était son titre, incrusté en lettres dorées :

Eridan ne savait pas ce que ça voulait dire.

Des Mots et des dessins qu'il posait sur les feuilles vierges, une Figure surgissait, toujours la même. Il l'avait repoussée si longtemps, dans la Peur de ce qu'elle était, qu'à chaque fois, son apparence lui causait une surprise.

À traits vifs, il essayait de reproduire ses ailes, son regard sans sommeil dans son visage doux et triste. Mais il était incapable de rendre sa puissance.

Désormais, il la consultait pour les choix les plus importants. Et la réponse venait sans qu'elle ouvrît la bouche.

D'elle, il tirait des idées toutes nouvelles. Par exemple, ne plus jamais se laisser avilir. Mais il ne savait pourquoi.

Pour comprendre, il avait cherché leurs Mots dans un dictionnaire.

« Skinhead » ne s'y trouvait pas. Ni « Bad ». Ni « Slim ». Aucun d'eux. Il ne retrouva que son propre nom : « Tomb », écrit « tombe ». Celui-là était facile à comprendre, aussi facile que « Nazi ». Mais que voulait dire le nom des autres ?

Il s'était souvenu de l'intello dans la forêt, qui avait prétendu que les skinheads venaient d'Angleterre. Peut-être que ces noms étaient des Mots étrangers ?

Il avait ouvert un dictionnaire anglais-français. Et il les avait tous trouvés.

Il s'était trompé sur Bad.

« Bad » avait plein de sens. Cela voulait dire *mauvais*, mais aussi *méchant, malade, défectueux, intense, violent, pourri, abîmé, coupable, faux*, tout ce qui, à la réflexion, pouvait caractériser Bad. Il trouvait que ce sens-là, plus que les autres, était juste : *faux*. Un faux chef.

Il s'était trompé sur tant de choses !

Tourné contre le mur, il sentit le sommeil ralentir ses réflexions.

Avant de s'endormir, il caressa du doigt la petite image qu'il avait collée contre la cloison, à hauteur de son oreiller. Elle représentait les armoiries de l'université de Paris. Ses yeux en suivirent la devise, inscrite sur le listel élégamment déroulé à la pointe du blason, « Hic et ubique terrarum » :

Ici et partout sur la terre.

Comme le sommeil le gagnait, il se plut à imaginer qu'il rejoignait cette nouvelle Figure en lui. Il aimait s'endormir ainsi, en pensant qu'elle l'attendait, à l'orée du Sommeil, pour l'accompagner et l'emmener loin d'ici. Et il s'endormit, tandis que les motifs du blason se fixaient dans sa mémoire : entre trois fleurs de lys, un livre descendait du ciel, tenu par une main qui sortait des nuages.

Pégase avait été laissé seul pour la dernière prière. Les paumes tournées vers le ciel comme ses guides le lui avaient appris, il resta immobile jusqu'à ce que sa Pensée s'élevât vers le trou en demi-lune et garni de barreaux qui donnait sur la rue. Une bougie allumée, près du tapis où il dormait, luisait dans la demi-obscurité. Et, les yeux fermés, tout entier tendu vers le jour qui commençait, il s'ouvrit à ce qui venait.

Il écouta ce peuple et sa langue, avec ses *h* rauques et indignés, toutes deux reproduisant une fois encore, dans cette région du monde, un modèle de société fortement hiérarchisé, à la fois simple et complexe extension de la loi de la jungle, contre laquelle il lutterait jusqu'à son dernier souffle.

Ne pouvait-il vraiment rien sauver ?

Prêt à changer d'avis, il s'interrogea.

Mais c'était sans compter sur la première de ses Figures.

Elle avait entretenu son horreur du monde en images insoutenables, traques, guerres, vautours se nourrissant d'enfants et tueuses en blouse blanche éviscérant des souris vivantes sans y penser et, désormais, ces milliards de cris qui n'avaient pas été entendus s'entrelaçaient en un grondement qui mélangeait tout, lequel était parfois traversé de fulgurances sifflantes – *sometimes, you, crazy* – et d'appels à la clémence qui ne trouvaient plus aucun écho.

Mais l'Idéal était si beau, avec sa fougue boudeuse et ses yeux d'extralucide.

N'était-ce pas ce qu'il avait connu de mieux ?

Alors, il inclina la tête.

Ses paumes se refermèrent.

D'un souffle, il éteignit la bougie.

Ils s'avancèrent au-devant de son acte, tandis que la lumière de la foi l'habitait maintenant tout entier.

Une myriade de souvenirs, d'espoirs et de doutes l'envahit comme jamais, cherchant à le détourner de son objectif.

Peut-être que c'eût été un bonheur de vivre ainsi, en esclave, au milieu de ces fortes odeurs d'épices, de cuir et de pourriture, loin du pays où il était né, en apprenant cette nouvelle langue, en s'inventant une autre vie, avec la seule préoccupation de profiter de ses avantages.

Mais ces éventualités ne trouvaient pas de prises, elles glissaient sur son corps comme s'il eût porté une armure invisible.

Pour un peu, ses guides feraient tout rater !

Des protestations s'élevaient, attirant l'attention sur eux, et Pégase fut ramené sur terre.

Un marchand de primeurs, ses cagettes renversées aux pieds, leur lançait des invectives.

Ses guides s'éloignaient déjà dans des directions opposées.

Pégase examina la situation.

Il était bien placé.

Ainsi, enfoncé au cœur de la foule, il en atteindrait un maximum.

Alors, désormais aussi pur que son cher Idéal, il tira sur le câble actionnant le déclencheur.

Il n'avait pas crié « Allahu akbar ».

Jamais de la vie !

Al ne manquerait plus que ça.

Lux aeterna

Lumière éternelle

Le soleil réchauffe la Terre. Mais tu ne sens pas sa chaleur sur ton corps. L'univers passe en un carrousel de saisons. Mais rien ne parvient jusqu'à toi. La mort d'Alpha a emporté quelque chose d'essentiel, de plus important, même, qu'un lien de parenté, d'amitié ou d'Amour.

Mais quoi ?

Plus rien n'a d'importance.

Tu abandonnes tes études et tu rejoins les faibles, çaux qui subissent les choix que les autres font à leur place. Les Maîtres qui veulent t'employer tiquent et finissent par rejeter ta candidature. Dans ton œil noir, ils voient le maelström de la souffrance, le refus en bloc de cet avenir qui t'attend. Malgré leur discours que tu as appris par cœur – car tu as besoin de leur emploi pour survivre – ils sentent comme tu te cabres, pareille à un cheval sauvage qui sent s'approcher un danger mortel. Et les chiffres des heures, des jours et des années se succèdent à toute vitesse.

Tu traverses le monde sous l'écoulement poisseux et glacé de ton imposture, jeune sans être insouciante, femme sans être séduisante, asservie sans être stupide.

Le feu ne te sort pas des yeux, tes gestes ne les clouent pas au mur. Seul domine ton sentiment d'injustice.

Et le chagrin, dévastateur.

Tu habites un couloir ponctué de portes closes, d'où n'émanent que des bruits de contention, des chocs sourds, des corps réprimés à qui als intiment *Chut !*

Ton voisinage est composé de fantômes qui se dépêchent de rentrer chez aux pour que tu ne les croises pas, et qui attendent que tu aies refermé ta porte pour sortir. Tu finis par comprendre qu'als ont honte, soit parce qu'als se considèrent comme étant simplement de passage dans ce couloir, soit qu'au contraire, l'absence de toutes perspectives ne peut leur faire espérer mieux.

La comédie que se jouent les Maîtres, la fascination qu'ils exercent sur les plus faibles et la lâcheté de çaux qui leur obéissent te construisent ce visage qu'a tout Paris : impitoyable, quoique souriant. Bien qu'il passe pour la normalité et soit largement répandu, sa laideur est telle que, même dans cet état de déréliction qui est le tien, tu le fuis dans le miroir.

Car c'est le visage de qui est profondément malade.

As-tu remarqué comme les solitaires voient des signes partout ? La réalité semble toujours sujette aux symboles pour aux.

Ainsi, à la pointe de l'île, là où ce monde s'est édifié, se trouve un saule dont les branches souples effleurent la pierre séculaire. Traversées par un souffle, elles ressemblent à une main qui te défendrait l'accès au rivage, en faisant *non* de ses doigts fins, inlassablement. Quand une personne vient s'asseoir à tes côtés, est-ce le caractère intraitable de cette île qui s'impose à toi ? Tes larmes roulent sans bruit, et çaux qui s'assoient près de toi ne peuvent rester bien longtemps.

Ce sont des petites choses comme celles-là qui s'accumulent et construisent une existence plus sidérale chaque jour, faite d'accostage impossible, de phrases travaillées jusqu'à ce qu'elles disparaissent, d'un travail colossal et qui ne sera jamais rémunéré.

L'intérêt gesticulant de ta Sœur pour ton quotidien t'empêche de sombrer tout à fait. Ses serres se sont refermées sur tes épaules pour te secouer et tu traverses, tel un poisson qui étouffe et se tortille, le défilé des évènements dérisoires qui te concernent. Car malgré le Temps qui passe, tu restes la petite Sœur qui fut éblouie et demeure dominée par son aînée.

Et puis, malgré ton indifférence pour ce qui peut advenir, al reste ce mystère en rapport avec Alpha, que tu ne parviens pas à nommer, mais qui t'empêche de tomber dans la clochardise.

Longtemps, tu cherches le nom à donner à cette chose.

Tu ne sais même pas si tu l'as perdue ou gagnée avec sa disparition.

Et tu restes cette créature indéterminée, molle et transparente, qui contemple leur insouciance ou leur bonheur avec le sentiment d'assister à une ignominie.

Ne devraient-als pas s'arracher les cheveux et se couvrir de cendres ?

Mais als l'ont fait à son enterrement.

Cela ne t'a pas suffi.

Et, durant ces repas de famille qui n'en finissent pas, tu t'ancres dans le malheur, qui est le seul moyen que tu as trouvé de lui rester fidèle.

Lorsque des enfants arrivent dans l'histoire familiale, tu assistes à la multiplication des chairs à son image. Ce sont des êtres du même sang que lui, mais qui ne l'ont pas connu, qui ignoreraient tout de lui si sa Mère ne faisait pas spontanément entendre sa surprise, lorsqu'elle retrouve chez aux l'un de ses traits.

Alors, malgré la prison stellaire qui t'embouteille et te fait voguer au hasard, à des années-lumière du présent, comme s'élève ta reconnaissance de le voir, pour un instant, ressuscité !

Mais en ces après-midis que peuplent désormais les babillements, son souvenir n'est pas le bienvenu. Alors, pendant ces repas interminables où als mangent et boivent sans Faim ni soif − car la nourriture n'est qu'un prétexte pour se retrouver et rester ensemble le plus longtemps possible − deux sentiments parviennent presque à te ramener sur Terre.

La Colère, quand als cherchent à théoriser son parcours. *Il n'était pas fiable, il se droguait, il a fait de la prison, il a entraîné cette pauvre Polaris dans la déchéance.* De son passage fulgurant parmi vous s'extrait une caricature, une marionnette qui tantôt gigote, tantôt reste inerte, et qui ne ressemble en rien à celui que tu as connu. Sa Mère balbutie, ses Frères restent sans voix.

Toi-même, que pourrais-tu invoquer pour le défendre, son Rire ?

Et l'éblouissement, quand, des courbes de ta Sœur qui babille avec ses Enfants, s'élèvent des Mots inarticulés, des bruits de gorge et de palais qui traversent ses chairs closes. Ce que tu entends alors n'est plus le cri de l'aigle dont la confiance n'a jamais été brisée, et qui revendique le règne de la terre et du ciel, ce n'est plus le dur rebond de ses doigts qui s'acharnent à tirer un son qui aurait un sens ou de la valeur de la peau de ton crâne excavé, mais la vibration de marteaux cristallins, d'où fusent une pureté, une innocence et une douceur extrêmes.

Fascinée, tu écoutes le son féérique et merveilleux que ta Soeur fait entendre, et tu découvres sa jouissance d'instrumentiste qui semble voguer à dix mille pieds, pareille à un ballon qui rebondirait de-ci de-là, sans poids ni souci, sur les notes séraphiques d'un célesta. Ainsi est ta Sœur avec ses Enfants, faisant entendre la fugue des anges.

Et ainsi découvres-tu qui est l'être le plus aimant qui existe.

Depuis, tu les croises, tout le Temps.

Als sont caissières, clochards, factrices, employés des impôts, policières, instituteurs, maîtresses-nageuses, et digèrent leur jeunesse comme als le peuvent. Les filles tatouées sur le visage ont trouvé refuge à la campagne, où la bonhommie paysanne est plus supportable que les sarcasmes parisiens. Les garçons se sont laissé pousser les cheveux et ont remplacé leurs blousons bardés de signes par une cravate. Mais Alpha avait raison : çaux qui arrivent ne sont pas mieux.

Tu les repères facilement, avec leur arrogance et leur verbe haut. *Bienvenue au club, losers.* Car leur morgue et le bruit qui sort de leurs bouches ne remettent rien en cause. A peine si leur effervescence frise à la surface des ondes où le Silence noie le monceau des êtres et des choses. Leur révolte reste cantonnée aux apparences et, pendant qu'als reproduisent le modèle de réussite enseigné par les Maîtres, le Commerce, la Finance et l'Armement continuent à détruire.

Un million de personnes tuées en trois mois, dix mille victimes par jour : c'est le génocide le plus rapide de l'histoire, et il s'est produit à l'époque moderne.

Tu crois qu'une telle atrocité, dont la gestation et le développement se sont faits dans l'indifférence, a conduit à ne serait-ce que limiter le pouvoir de ces groupes de pression ?

Ils n'ont jamais été inquiétés.

Alkande a essayé de le faire, dans un livre sur les coulisses de la politique.

Il a été retrouvé mort dans la maison la mieux gardée de France.

Suicide.

Tu sais, au Katswanga, tous les efforts qui ont suivi pour tenter de rendre la Justice, les nombreux procès et emprisonnements, la multitude d'articles et d'analyses ont mis à jour le caractère *familier* de ce génocide. Les tueries n'ont pas été perpétrées par une ennemie extérieure, lointaine et inconnue, qui ne te connaissait pas, mais par ton propre voisinage, parfois même par les membres de ta propre famille et qui, un jour, ont pris leur machette et improvisé des armes avec leurs outils agraires datant du Moyen-Âge pour essayer, en vain, de se débarrasser de toi.

Et toi aussi tu as pris part à ces tueries.

N'as-tu pas fermé ta Conscience et mangé devant ces massacres, dans l'espoir de vivre heureuse et en paix ?

Depuis, les victimes côtoient leurs bourreaux, et se disent à nouveau bonjour, pour entretenir des rapports de bon voisinage.

Pourquoi pas ?

Tu crois qu'al est possible de mettre toute l'humanité en prison ?

Les camps de concentration n'ont jamais disparu.

Car tu crois encore à l'exclusion.

Tu y mets tes opposantes politiques, des migrants, des familles, des réfugiés de guerres, des hommes, des femmes et des enfants qui fuient la famine ou l'absence d'avenir, tandis que les camps d'extermination, à proprement parler, sont réservés aux animaux.

Le livre d'Alkande a fait scandale, mais il n'a pas changé « les Hommes ».

Aucun livre ne le pourra. Aucune preuve, aucun raisonnement, pas même les preuves apportées par la science ne pourra jamais les changer, car les êtres qui se définissent ainsi ne servent pas la Pensée, mais leur attachement à la notion de privilèges.

Et puis un livre, aussi complet soit-il, n'est jamais que le produit d'un instant et d'une époque, tandis que l'humanité, elle, évolue sans cesse. Elle a ce pouvoir qu'un livre ne peut avoir : être toujours en création.

Une seule chose peut l'affranchir de la Domination : sa Pensée. Et en particulier, sa créativité.

Sa capacité à imaginer, à innover, à inventer.

Mais pour cela, al lui faut une langue juste.

Nous courons après nous-mêmes, pensant nous définir par notre seule Volonté, quand ce qui nous construit est souterrain, Inconscient, à l'échelle moléculaire : le passé bien sûr, mais aussi nos désirs, nos rêves, nos regards, nos pulsions, tout ce qui nous motive et décide à la place de notre Conscience. D'où l'importance de ce que tu manges, la moindre de tes paroles, le moindre de tes gestes. Chaque seconde de ta vie te définit, et nous avec.

Lyre ?

Tu ne l'as jamais revue. Tu ne sais pas si elle est rentrée dans le rang ou si, au contraire, elle s'est radicalisée. Elle s'est envolée avec le mystère de sa foi inaltérable en l'avenir, et son espièglerie qui lui permettait de patienter.

N'est-ce pas le propre de çaux qui croient en la Justice ?

Comme Alpha, elle ne t'a plus jamais quittée. Et tu as enfin compris ce que signifiait son symbole :

A comme *Alpha*, la première des lettres, la base sur laquelle peut s'édifier tout le reste : l'Engagement, la responsabilité individuelle.

Et *A* comme *Art*.

Mais cela, tu l'ignores encore.

Moi aussi j'aurais pu garder ce visage détruit, lorsqu'als se déversent dans la gueule des entreprises par wagons entiers, et que l'enfant crucifiée en aux garde les yeux baissés.

Mais al n'en a pas été ainsi.

Une voisine insiste pour que je l'accompagne à ses cours de danse. Je cède à son insistance, n'ayant aucune idée de ce qui m'attend. Je ne vois pas comme tout s'est mis en place depuis le début : la Musique, le désir de Liberté, les Mots.

Tu ne décides jamais vraiment, ce sont les autres, tes Parents, tes Maîtres, tes amies et tes camarades qui te façonnent très tôt bien que, finalement, tu réussisses toujours à devenir une autre personne que celle qu'als eussent voulu faire de toi.

Ce jour-là, j'ai vingt-deux ans, je marche dans le Marais. A mon insu, le Temps me déplace entre les différents âges de mon être, comme entre les différentes époques de cette ville, et je découvre ce quartier qui depuis le Moyen-Âge contemple, avec les yeux agrandis de ses façades, le flot humain charrié par ses rues. Enfin, d'un geste vers le haut, ma voisine désigne un antique porche de pierre.

Suivant l'arc de la voûte, une inscription gravée dans la pierre prévient quiconque entre ici :

Mieuxvautraterjustequereussirfaux

Incompréhensible.

Et je me retrouve seule dans la cour.

Une charmille sonore et luxuriante afflue des hautes fenêtres qui me surplombent. De sa fusion de mélodies devrait naître le chaos, tout au moins le vacarme. Mais c'est l'Harmonie qui se penche vers mon visage, avec son sourire et ses mains ouvertes. Et cet assaut est le plus fort, le plus puissant de tous ceux que j'ai subis.

Tandis que je gravis l'escalier, mon souffle haletant et mes muscles tétanisés m'obligent à ralentir. Je me souviens de ce corps épuisé, gauche et engraissé qui est devenu le mien. Et le linceul qui me recouvre se met à glisser.

Du plafond pleuvent des milliards de facettes qui se colorent et scintillent sous les rayons du soleil. Ce n'est que de l'air et de la poussière, mais à nouveau, le Temps me happe. Derrière ces poutres grignotées et conçues pour un autre siècle, dans cette maison hors d'âge, avec la dentelle de fer rongé de ses rampes et son escalier de marbre creusé à force de passage, des silhouettes s'activent à leurs occupations, images de ce que tu as été ou de ce que tu seras, mais que tu ne peux aider, et je comprends que ce n'est pas dans une mystérieuse demeure que je voyage, mais en moi. Lorsque tu passes près d'elles, elles ne te remarquent pas, et toi tu ne peux les atteindre, les rassurer ni leur demander conseil. Mais parfois, tu réentends leurs Mots, tu revis leurs sensations, et c'est comme si, grâce à ces lettres inscrites à jamais dans ton être, et que vous vous envoyez depuis le passé ou l'avenir, vous vous retrouviez.

Sur le seuil des vestiaires, un liseré de lumière rougeoie avec intensité.

N'était-ce pas le même liseré qui rougeoyait sous la porte de ma chambre d'enfant ?

Quand je pousse cette porte, le Silence, à nouveau, m'accueille.

Je me déshabille, attentive à ce qui monte des profondeurs.

D'autres jeunes filles arrivent à leur tour. Elles chuchotent, rient, détournant le regard de leurs chairs qu'elles mettent à nu.

Puis, des femmes nous rejoignent, avec dans leur regard une exigence hautaine. Elles ne craignent pas de te dévisager en te saluant, et leur regard t'empêche de baisser les yeux.

Enfin, entrent de vieilles et pauvres choses, avec leurs corps flasques, leurs mains tachées. Malgré mon horreur, j'observe leurs cous hideux et plissés renfermant je ne sais quelle crasse et, quand elles passent près de moi, je reconnais avec dégoût les effluves de l'urine et du pourrissement.

Qu'est-ce qui se passe, ici ?

Un regard délavé plonge dans mes yeux, s'attarde pour me sourire vraiment, avec une curiosité que je n'ai jamais rencontrée pour mon corps, la façon dont je bouge, regarde, respire. Sans doute comprend-elle le chaos qui m'habite, car la professeuse ne s'attarde pas.

Avec les autres, nous descendons dans le *studio*.

C'est une grande pièce vide et silencieuse où courent des barres en bois horizontales, à hauteur de notre ventre.

Le soleil illumine de hauts rideaux clairs que le vent soulève et gonfle longuement.

Dans le calme renforcé par l'imminence d'un évènement, nous restons assises au sol. Je me demande ce que je fais là, sur cet antique parquet, lisse et sans échardes, mais creusé de sillons qui le défigurent comme des rides ou des cicatrices.

Et soudain, un tumulte bouleversant se fraie un chemin à travers moi.

Elle est là.

Alors, je me coule en son explosion douce et dévastatrice qui me traverse, en son anéantissement libérateur.

Elle couvre tous les bruits de la terre, tandis que je me précipite le long de la falaise, et que des forces telluriques secouent le ciel, même les prénoms scandés, le brouhaha incessant, les grondements de la foule. Tous les bruits sont happés par Elle, son écharpe les a cueillis et ils se sont envolés avec sa partition, qui traverse le toit de verre et s'élève sans fin vers le ciel.

Je suis les feuilles d'automne qui hésitent, en l'air, sur la direction à prendre. Je suis le lent voyage du pollen qui monte vers le ciel. Je suis la douceur d'une pluie sur la mer. Mais aussi les colères explosives, les gifles reçues à l'improviste de la personne que tu aimes le plus au monde.

Je suis des choses incroyables, une interjection, un élément chimique, un flocon de neige, une extraterrestre. Et je peux me mouvoir avec une délicatesse sans nom, une facilité et une grâce que seule une enfant qui a Confiance en tout ce qui l'entoure peut posséder. De cet espace étoilé, soit très grand, soit très petit, auquel j'ai soudain accès, je deviens une partie mouvante et libre, une créature qui n'est plus vraiment humaine.

Enfin, je La rencontre.

La Musique.

Et Celui qui l'a toujours accompagnée.

Je n'étais pas si folle en jouant, seule chez moi, à la cheffe d'orchestre. Nous avons toutes et tous une personnalité dominante qui commande à toutes les autres.

Désormais, cette nouvelle Figure sera en pleine lumière, afin qu'existe la féérie qui consiste à être soi, et que la Joie soit toujours renouvelée.

C'est peut-être cela, être adulte : ne plus se construire *contre*, mais *pour* quelque chose.

Et peu à peu la Musique s'atténue, Elle s'éloigne, Elle retourne dans l'instrument noir qui l'a fait ressurgir, avec le naturel d'une langue de dragon.

Cette chose si précieuse que je ne peux nommer à l'époque, car je n'ai pas encore fait le travail, je ne comprends pas que c'est la lumière d'Alpha, la richesse de son voyage intérieur.

Je ne le comprendrai que dans plusieurs décennies, quand j'aurai pris le Temps de chercher les Mots qui désignent les êtres et les choses. Alors, je saurai nommer ce qu'avec lui, j'ai à la fois perdu et trouvé. Et je comprendrai pourquoi, depuis lors, je lui suis restée fidèle.

Ne m'a-t-il pas confié son *âme* ?

Je reprendrai l'étude des Mots.

Je saurai en retrouver le génie sous les scories langagières, les fossiles lovés des Dominations, le glossaire à la mode et les croyances qui se faisaient passer pour de la science.

Je saurai l'origine des règles grammaticales, pourquoi elles ont été sacralisées, et d'où sont issus les préjugés qui les protègent : *du cerveau de simples hommes.*

Alors, je commencerai à forger mon outil.

Et ce sera la mort de leur langue.

Sa disparition entraînera celle du monde qu'elle a contribué à construire, sa Pensée bancale et discriminante, son système vertical qui ne fait qu'engendrer l'esclavage, sa politique pyramidale où toujours s'opposent les deux parties d'une vision binaire, l'érection et la ruine, la raison et les émotions, le fort et le faible.

Et ce sera la mort de leur réussite.

En attendant, je leur échappe.

Je m'éloigne de cette planète que je n'ai fait qu'effleurer en un point de tangente, pour retourner à cette nouvelle Figure que j'ai découverte en moi, mouvante et insaisissable, afin d'explorer le Mot qui la nomme, dans cette réalité où, grâce à elle, dorénavant, tout va changer.

Ce Mot, ce tout petit Mot qui m'a toujours accompagnée. M'habitant à présent tout entière, le voici qui m'emporte dans son voyage, me révélant son art fugitif, son éternité mobile, son cosmos de mondes encore vierges.

Et sa force est telle qu'elle m'arrache même à ces racines qui ordinairement me ligotent, plongent dans mon histoire prénatale et me déterminent.

Désormais, je tremble dans son aire révélée.

Je tremble dans sa lumière qui m'enveloppe, vibrante au miracle de sa puissance et de sa poésie, comme lorsque le Rire d'Alpha m'illuminait.

Et, enfin redevenue Musique, prête à affronter le prodigieux Silence qui nous attend et à te rejoindre là où tu ne peux mourir, je retourne au *Mouvement*.

Codex

Vivre en Conscience
Choisir ses Mots
Servir la Pensée
Poursuivre la Justice
Dresser l'Orgueil
Vomir la Colère
Explorer l'Inconscient
Soutenir la Volonté
Oser la Confiance
Autopsier la Haine
Lasser la Peur
Connaître la Faim
S'allier le Temps
Rester en Mouvement
Rire du Silence

Remerciements

A Patrick,
pour toutes ces années de bonheur.

A Palmyre,
pour son aide constante dans les moments difficiles.

A Dominique,
pour ses suggestions.

A Corinne,
pour son Temps.

A Anne,
pour l'adage.

Liens

Site

www.alpheratz.fr

Contact

contact@alpheratz.fr

Table des matières

Printed in Poland
by Amazon Fulfillment
Poland Sp. z o.o., Wrocław